Das Rektorat
der Christian-Albrechts-Universität zu Kiel
- Wissenschaftliche Weiterbildung -

AUSGEMUSTERT

Inventarisiert unter WB
Inv.-Nr.: 109047
Datum/Unterschrift: 17.07.06
T. Erich

WISSENSCHAFTS- UND HOCHSCHULMANAGEMENT

Herausgegeben von Prof. Dr. Detlef Müller-Böling, Gütersloh, und Prof. Dr. Reinhard Schulte, Lüneburg

Band 2
Steffen Heise
Hochschulkostenrechnung – Forschung durch Entwicklung ausgehend vom Projekt der Fachhochschule Bochum
Lohmar – Köln 2001 ♦ 336 S. ♦ € 46,- (D) ♦ ISBN 3-89012-829-7

Band 3
Uwe Schmidt
Kosteninformationen für universitäre Hilfsdienste – Bedarf und Erhebungskonzept
Lohmar – Köln 2004 ♦ 274 S. ♦ € 46,- (D) ♦ ISBN 3-89936-012-5

Band 4
Roland Gilles
Performance Measurement mittels Data Envelopment Analysis – Theoretisches Grundkonzept und universitäre Forschungsperformance als Anwendungsfall
Lohmar – Köln 2005 ♦ 286 S. ♦ € 48,- (D) ♦ ISBN 3-89936-369-8

Band 5
Rödiger Voss und Thorsten Gruber (Hrsg.)
Hochschulmarketing
Lohmar – Köln 2006 ♦ 254 S. ♦ € 47,- (D) ♦ ISBN 3-89936-423-6

Band 6
Michaela Knust
Geschäftsmodelle der wissenschaftlichen Weiterbildung – Eine Analyse unter Berücksichtigung empirischer Ergebnisse
Lohmar – Köln 2006 ♦ 370 S. ♦ € 55,- (D) ♦ ISBN 3-89012-438-4

JOSEF EUL VERLAG

Reihe: Wissenschafts- und Hochschulmanagement · Band 6
Herausgegeben von Prof. Dr. Detlef Müller-Böling, Gütersloh, und
Prof. Dr. Reinhard Schulte, Lüneburg

Dr. Michaela Knust

Geschäftsmodelle der wissenschaftlichen Weiterbildung

Eine Analyse unter
Berücksichtigung empirischer Ergebnisse

Mit einem Geleitwort von Prof. Dr. Matthias Schumann,
Universität Göttingen

Bibliographische Information der Deutschen Bibliothek

Die Deutsche Bibliothek verzeichnet diese Publikation in der Deutschen Nationalbibliographie; detaillierte bibliographische Daten sind im Internet über <http://dnb.ddb.de> abrufbar.

Dissertation, Universität Göttingen, 2005, u. d. T.:
Geschäftsmodelle der wissenschaftlichen Weiterbildung an Hochschulen –
Strategische Positionierung im Umfeld sowie Ausgestaltung der Hauptelemente

ISBN 3-89936-438-4
1. Auflage Februar 2006

© JOSEF EUL VERLAG GmbH, Lohmar – Köln, 2006
Alle Rechte vorbehalten

Printed in Germany
Druck: RSP Köln

JOSEF EUL VERLAG GmbH
Brandsberg 6
53797 Lohmar
Tel.: 0 22 05 / 90 10 6-6
Fax: 0 22 05 / 90 10 6-88
http://www.eul-verlag.de
info@eul-verlag.de

Bei der Herstellung unserer Bücher möchten wir die Umwelt schonen. Dieses Buch ist daher auf säurefreiem, 100% chlorfrei gebleichtem, alterungsbeständigem Papier nach DIN 6738 gedruckt.

Geleitwort

Die wissenschaftliche Weiterbildung steht im Zusammenhang mit dem lebenslangen Lernen seit vielen Jahren in der wissenschaftlichen und hochschulpolitischen Diskussion. Globalisierte Märkte sowie verkürzte Entwicklungs- und Produktlebenszyklen führen zu neuen beruflichen Anforderungen und veränderten Berufslebensläufen. Dies macht es notwendig, dass die Mitarbeiterinnen und Mitarbeiter über Weiterbildungsmaßnahmen neues Fach- und Methodenwissen erwerben.

Die wissenschaftliche Weiterbildung hat seit der Novellierung des Hochschulrahmengesetzes im Jahr 1998 als zusätzliche Aufgabe zur Forschung und Lehre Berücksichtigung gefunden. Allerdings kommen die staatlichen Hochschulen in Deutschland dem gesetzlichen Weiterbildungsauftrag eher zurückhaltend nach. Als Erklärung werden vielfach knappe Ressourcen und ein mangelndes Anreizsystem angeführt.

Die Arbeit von Frau Knust setzt an dieser Ausgangssituation an. Das Ziel der Arbeit ist es, Gestaltungsempfehlungen für das Geschäftsmodell der wissenschaftlichen Weiterbildung zu formulieren, wobei das Konstrukt des Geschäftsmodells als Struktur gebender konzeptioneller Rahmen die Ausführungen der Arbeit umschließt. In Anlehnung an das strategische Management betten sich die Gestaltungsempfehlungen in einen größeren Kontext ein. So beschreibt Frau Knust im Rahmen einer Situationsanalyse zunächst die globale und engere ökonomische Umwelt sowie die Institution der Hochschule aus einer Innenperspektive, bevor – aufbauend auf einer empirischen Analyse der Kundenanforderungen – Ziele formuliert und die einzelnen Hauptelemente des Geschäftsmodells, d. h. das Leistungsportfolio, der Grad der Integration und die internen Strukturen, die Finanzen sowie die nachhaltige Absicherung, eingehend diskutiert werden.

Frau Knust kann bei ihren Ausführungen auf Erfahrungen der Projekttätigkeit an meinem Institut aufbauen. Als Mitarbeiterin im Rahmen eines vom BMBF geförderten Projektes (Bildungsnetzwerk Winfoline) war sie maßgeblich am Aufbau und an der Etablierung eines onlinebasierten Weiterbildungsstudiengangs an der Georg-August-Universität Göttingen beteiligt. Viele der im Rahmen dieser Projekttätigkeit aufgekommenen Fragen oder Probleme konnten als Impulse für die praktischen Überlegungen in der Arbeit aufgegriffen werden.

Die vorliegende Dissertation liefert einen wertvollen Beitrag zur aktuellen hochschulpolitischen Diskussion. Sie stellt eine sehr umfassende und in sich geschlossene Abhandlung dar, die für die Etablierung und nachhaltige Fortführung der wissenschaftlichen Weiterbildung einen wichtigen Erkenntnisgewinn bietet.

Göttingen, im Januar 2006

Prof. Dr. Matthias Schumann

Vorwort

Der nachhaltig erfolgreiche Einsatz der wissenschaftlichen Weiterbildung, nicht nur zur Erfüllung des gesetzlichen Bildungsauftrags, sondern zur Erwirtschaftung einer entsprechenden Querfinanzierung, stellt sich aus Sicht der staatlichen Hochschulen als sehr wünschenswert dar. Die vorliegende Arbeit beschäftigt sich mit der wissenschaftlichen Weiterbildung aus einer strategisch betriebswirtschaftlich orientierten Perspektive. Indem das Konstrukt des Geschäftsmodells gewählt wurde wird verdeutlicht, in welchem Rahmen die Diskussion über die wissenschaftliche Weiterbildung geführt werden sollte. Ein isoliertes Betrachten einzelner Aspekte erscheint in diesem Zusammenhang als unzureichend, da hierdurch die bestehenden Interdependenzen unberücksichtigt bleiben, was ein aufeinander abgestimmtes Vorgehen aus Sicht der Hochschule als Institution sehr erschwert.

Die Idee zu dieser Arbeit entstand während meiner Tätigkeit als wissenschaftliche Mitarbeiterin am Institut für Wirtschaftsinformatik, Abteilung 2 an der Georg-August-Universität Göttingen. Ich möchte mich an dieser Stelle bei all denjenigen, die mich beim Anfertigen der Arbeit in vielfältiger Weise unterstützt haben, herzlich bedanken.

Bei meinem Doktorvater, Herrn Prof. Dr. Matthias Schumann, bedanke ich mich für die Gelegenheit zur Promotion, für seine fachlich sehr versierte Unterstützung und die mir gewährten kreativen Freiräume bei der Realisierung meiner Arbeit. Ich danke zudem Herrn Prof. Dr. Günter Silberer für die Übernahme des Zweitgutachtens und die wertvollen fachlichen Anregungen in dem lehrstuhlübergreifenden Forschungskolloquium. Schließlich danke ich meinem Drittprüfer, Herrn Prof. Dr. Dr. h. c. mult. Frank Achtenhagen, der freundlicherweise den pädagogischen Prüfungsteil im Rigorosum übernommen und mich bereits im Rahmen meines Studiums sehr warmherzig und kompetent ausgebildet hat.

Ich danke weiterhin meinen Kolleginnen und Kollegen, die mir – nicht nur als Kollegen, sondern vielmehr als echte Freunde – in zahlreichen wissenschaftlichen Diskussionen als kreative, kompetente und kritische Gesprächspartner wertvolle Unterstützung zur Ausgestaltung meiner Arbeit geleistet haben. Ein ganz besonderer Dank geht in diesem Zusammenhang an Kerstin Weihe, Andre Daldrup und Heide Duczmal, die mich insbesondere am Ende meiner Promotionszeit durch die Übernahme der Endkorrekturen der Arbeit sehr unterstützt haben.

Die Promotion war nicht immer ganz einfach und leider auch von einem für mich sehr schmerzlichen Todesfall in der Familie überschattet. Den Menschen, die mich in dieser Zeit gestützt haben, kann ich nicht genug Dank aussprechen!

Da ist in erster Linie meine Familie, und insbesondere meine Mutter und meine Großmutter, zu nennen. Des Weiteren sind es zwei ganz besondere Menschen, auf die ich – nicht nur in dieser Zeit – immer zählen konnte: Meine Freundinnen Eva Nathusius und Margot Steffens. Schließlich danke ich von ganzem Herzen meinem Freund Manfred P. Zilling, der mir während der Promotionszeit nicht nur fachlich unerschöpflich zur Seite stand, sondern als ruhender Pol immer für mich da war und mir liebevoll half zu erkennen, was das wirklich Wichtige im Leben ist.

Göttingen, im Januar 2006

Michaela Knust

Inhaltsübersicht

1 Einleitung

2 Grundlagen

3 Bezugsrahmen für Geschäftsmodelle der wissenschaftlichen Weiterbildung

4 Analyse der Situation von Hochschulen im Weiterbildungsmarkt

5 Ziele und Hauptelemente von Geschäftsmodellen der wissenschaftlichen Weiterbildung

6 Zusammenfassung der Ergebnisse und Ausblick

Inhaltsverzeichnis

Abbildungsverzeichnis XVII

Tabellenverzeichnis XIX

Abkürzungsverzeichnis XXI

1 Einleitung 1
   1.1 Problemstellung und Zielsetzung der Untersuchung 1
   1.2 Methodik und Aufbau der Arbeit 3

2 Grundlagen 7
   2.1 Die Hochschule als Institution 7
      2.1.1 Begriff und Charakteristika 7
      2.1.2 Organisationsebenen in der Hochschule 11
      2.1.3 Wettbewerb im deutschen Hochschulsystem 14
   2.2 Die wissenschaftliche Weiterbildung 22
      2.2.1 Begriff 22
      2.2.2 Ausprägungsformen 25
      2.2.3 Notwendigkeit 28

3 Bezugsrahmen für Geschäftsmodelle der wissenschaftlichen Weiterbildung 31
   3.1 Weiterbildungsprozess 31
      3.1.1 Analyse der wertschöpfenden und unterstützenden Prozesse 31
      3.1.2 Herstellen der Leistungsbereitschaft 34
      3.1.3 Durchführen der Weiterbildung 37
   3.2 Geschäftsmodelle 38
      3.2.1 Allgemeine Hauptelemente von Geschäftsmodellen 39
      3.2.2 Spezielle Hauptelemente von Geschäftsmodellen der wissenschaftlichen Weiterbildung 46
   3.3 Fazit 48

4 Analyse der Situation von Hochschulen im Weiterbildungsmarkt 51

4.1 Analyse der Umwelt 52

    4.1.1 Methodisches Vorgehen und strukturierende Vorüberlegungen 52

    4.1.2 Globale Umwelt 53

        4.1.2.1 Bestimmung der Indikatoren in den Hauptsektoren 54

        4.1.2.2 Analyse der bestehenden Beziehungen zwischen den Indikatoren 63

        4.1.2.3 Abschätzung der Entwicklung 68

    4.1.3 Engere ökonomische Umwelt 69

        4.1.3.1 Der strategisch relevante Markt 69

        4.1.3.2 Analyse der Branchenstruktur 71

    4.1.4 Fazit 79

4.2 Analyse der Hochschule und der Kundenanforderungen 83

    4.2.1 Methodisches Vorgehen und strukturierende Vorüberlegungen 83

    4.2.2 Wertschöpfungszentrierte Analyse 84

    4.2.3 Kundenzentrierte Analyse 87

        4.2.3.1 Qualitative Studie 87

            4.2.3.1.1 Forschungsziel und Forschungsleitfragen 88

            4.2.3.1.2 Auswahl der Untersuchungseinheiten 94

            4.2.3.1.3 Ergebnisse der Expertenbefragung 95

            4.2.3.1.4 Gütekriterien der qualitativen Studie 97

            4.2.3.1.5 Zusammenfassung 99

        4.2.3.2 Quantitative Studie 101

            4.2.3.2.1 Forschungsziel und Forschungsleitfragen 102

            4.2.3.2.2 Auswahl der Untersuchungseinheiten 103

            4.2.3.2.3 Ergebnisse der Online-Befragung 104

                4.2.3.2.3.1 Privatpersonen 105

                4.2.3.2.3.2 Unternehmensverantwortliche 122

            4.2.3.2.4 Gütekriterien der quantitativen Studien 132

            4.2.3.2.5 Zusammenfassung 134

    4.2.4 Fazit 139

5 Ziele und Hauptelemente von Geschäftsmodellen der wissenschaftlichen Weiterbildung 141

5.1 Ziele der wissenschaftlichen Weiterbildung 141
5.1.1 Strukturierende Vorüberlegungen 141
5.1.2 Leitbild der Hochschule 144
5.1.3 Handlungsziele der Hochschule 147
5.1.4 Fazit 152

5.2 Leistungsportfolio der wissenschaftlichen Weiterbildung 153
5.2.1 Strukturierende Vorüberlegungen 153
5.2.2 Strategische Planung 154
5.2.3 Strategische Konzeption 161
5.2.4 Fazit 170

5.3 Grad der Integration und interne Strukturen der wissenschaftlichen Weiterbildung .. 171
5.3.1 Strukturierende Vorüberlegungen 171
5.3.2 Eigenfertigung 173
5.3.2.1 Organisationsformen 173
5.3.2.2 Verantwortlichkeiten in wertschöpfenden und unterstützenden Prozessen 180
5.3.2.3 Auswirkungen auf die identifizierten Schwächen 184
5.3.3 Kooperationen 186
5.3.3.1 Öffentlich-privatwirtschaftliche Kooperationen 186
5.3.3.1.1 Systematisierung des Kooperationsbegriffs 186
5.3.3.1.2 Verantwortlichkeiten in wertschöpfenden und unterstützenden Prozessen 189
5.3.3.1.3 Auswirkungen auf die identifizierten Schwächen 193
5.3.3.2 Öffentlich-öffentliche Kooperationen 195
5.3.3.2.1 Systematisierung des Kooperationsbegriffs 195
5.3.3.2.2 Verantwortlichkeiten in wertschöpfenden und unterstützenden Prozessen 196
5.3.3.2.3 Auswirkungen auf die identifizierten Schwächen 198
5.3.4 Good-Practice-Beispiele 199
5.3.4.1 Universität Augsburg 201
5.3.4.2 Fachhochschule Nürnberg 203

5.3.4.3 Universität Heidelberg 205

5.3.4.4 Universität Göttingen 208

5.3.4.5 International University Bruchsal 210

5.3.4.6 Donau-Universität Krems 211

5.3.4.7 Aggregation der Erkenntnisse aus den Fallstudien 213

5.3.5 Fazit 215

5.4 Finanzielle Aspekte der wissenschaftlichen Weiterbildung 217

5.4.1 Strukturierende Vorüberlegungen 217

5.4.2 Kosten der wissenschaftlichen Weiterbildung 219

5.4.2.1 Personalkosten 219

5.4.2.2 Materialkosten 220

5.4.2.3 Raumkosten und kalkulatorische Miete 222

5.4.2.4 Dienstleistungskosten 223

5.4.2.5 Sonstige Kosten 224

5.4.2.6 Kostenarten in Abhängigkeit der betrachteten Leistungsmenge 225

5.4.3 Erlöse und Einnahmen der wissenschaftlichen Weiterbildung 226

5.4.3.1 Durch die Hochschulen beeinflussbare Erlös- bzw. Einnahmequellen 226

5.4.3.2 Nicht durch die Hochschulen beeinflussbare Erlös- bzw. Einnahmequellen 233

5.4.4 Fazit 235

5.5 Nachhaltige Absicherung der wissenschaftlichen Weiterbildung 236

5.5.1 Strukturierende Vorüberlegungen 236

5.5.2 Qualitätsorientierung 237

5.5.2.1 Organisationsbezogene Qualitätssicherungsverfahren und -modelle 237

5.5.2.2 Kundenbezogene Qualitätsmodelle 247

5.5.3 Markierungsorientierung 253

5.5.3.1 Identität und Image von Hochschulen als Anbieter von Weiterbildung 254

5.5.3.2 Spezifische Markierungsprobleme 256

5.5.3.3 Strategische Optionen zur Identitätsbildung 258

5.5.3.4 Kommunikationsbeziehungen 259

5.5.4 Fazit 262

6 Zusammenfassung der Ergebnisse und Ausblick 265

Anhang I: Leitfragen für die qualitative Studie 275

Anhang II: Fragebogen an Privatpersonen 277

Anhang III: Fragebogen an Unternehmensverantwortliche 295

Anhang IV: Leitfragen zur Datenerhebung der Good-Practice-Beispiele 307

Literaturverzeichnis 309

Abbildungsverzeichnis

Abbildung 1.2-1:	Aufbau der Arbeit	5
Abbildung 2.1-1:	Drei-Ebenen-Struktur der universitären Selbstverwaltung	12
Abbildung 2.2-1:	Ausprägungsformen von Weiterbildungsprogrammen	26
Abbildung 2.2-2:	E-Learning als Schnittmenge des Präsenz-, Distanz- und Online-Lernens	27
Abbildung 3.1-1:	Tätigkeiten in den Hauptphasen der wissenschaftlichen Weiterbildung	33
Abbildung 3.1-2:	Wertschöpfende und unterstützende Prozesse	34
Abbildung 3.2-1:	Strategischer Rahmen zur Konstruktion von Geschäftsmodellen	45
Abbildung 3.2-2:	Strategischer Rahmen von Geschäftsmodellen der wissenschaftlichen Weiterbildung	48
Abbildung 4.1-1:	Einflussnehmende Kräfte auf das Geschäftsfeld	53
Abbildung 4.1-2:	Prognose der Studienanfänger, Studierenden und Absolventen (absolut)	55
Abbildung 4.1-3:	Weiterbildungsteilnahme 1979-2000 im Vergleich	55
Abbildung 4.1-4:	Beziehungen zwischen den Indikatoren der globalen Umwelt	64
Abbildung 4.1-5:	Teilnahme an Weiterbildung nach Altersgruppen	76
Abbildung 4.1-6:	Teilnahme an Weiterbildung nach Berufsabschluss	76
Abbildung 4.1-7:	Teilnahme an Weiterbildung nach beruflicher Stellung	77
Abbildung 4.1-8:	Teilnahme an Weiterbildung nach Erwerbstätigkeit	77
Abbildung 4.1-9:	Übernahme der Finanzierung der Weiterbildung bei Erwerbstätigkeit	78
Abbildung 4.1-10:	Zusammenfassung der Einflüsse aus der globalen und engeren Umwelt	80
Abbildung 4.2-1:	Perspektiven der Analyse der Hochschule und Kundenanforderungen	83
Abbildung 4.2-2:	Abbrecherquote (Privatpersonen)	105
Abbildung 4.2-3:	Altersverteilung der Teilnehmer (Privatpersonen)	106
Abbildung 4.2-4:	Berufstätigkeit der Teilnehmer (Privatpersonen)	106
Abbildung 4.2-5:	Vertretung der verschiedenen Fachbereiche in der Studie (Privatpersonen)	107
Abbildung 4.2-6:	Teilnahme an wissenschaftlicher Weiterbildung (Privatpersonen)	107
Abbildung 4.2-7:	Ergänzen des Präsenzunterrichts durch CBT (Privatpersonen)	109
Abbildung 4.2-8:	Ergänzen des Präsenzunterrichts durch WBT (Privatpersonen)	109
Abbildung 4.2-9:	Ersetzen des Präsenzunterrichts durch CBT (Privatpersonen)	109
Abbildung 4.2-10:	Ersetzen des Präsenzunterrichts durch WBT (Privatpersonen)	110
Abbildung 4.2-11:	E-Learning ergänzt Präsenzunterricht (Privatpersonen ohne E-Learningerfahrung)	111

Abbildung 4.2-12:	E-Learning ersetzt Präsenzunterricht (Privatpersonen ohne E-Learningerfahrung)	111
Abbildung 4.2-13:	Präferierter Zugang zu Lehr-/Lernmaterialien (Privatpersonen)	112
Abbildung 4.2-14:	Bevorzugte Form der Erreichbarkeit von Kommilitonen, Dozenten und Organisatoren (Privatpersonen)	113
Abbildung 4.2-15:	Telefonische Erreichbarkeit von Dozenten werktags (Privatpersonen)	114
Abbildung 4.2-16:	Telefonische Erreichbarkeit von Dozenten am Wochenende (Privatpersonen)	115
Abbildung 4.2-17:	Reaktionszeiten bei kursbezogenen und organisatorischen Fragen (Privatpersonen)	115
Abbildung 4.2-18:	Organisatorische Unterstützung (Privatpersonen)	120
Abbildung 4.2-19:	Telefonische Erreichbarkeit eines Service Centers werktags (Privatpersonen)	120
Abbildung 4.2-20:	Telefonische Erreichbarkeit eines Service Centers am Wochenende (Privatpersonen)	121
Abbildung 4.2-21:	Gründe für bzw. gegen die Teilnahme an wissenschaftlicher Weiterbildung (Privatpersonen)	122
Abbildung 4.2-22:	Abbrecherquote (Unternehmen)	123
Abbildung 4.2-23:	Altersverteilung der Teilnehmer (Unternehmen)	124
Abbildung 4.2-24:	Anzahl der Jahre in der Personalentwicklung tätig (Unternehmen)	124
Abbildung 4.2-25:	Eingesetzte Lehr-/Lernformen (Unternehmen)	127
Abbildung 4.2-26:	Ziele der Weiterbildung (Unternehmen)	131
Abbildung 5.1-1:	Zielebenen im Spannungsfeld aus externen und internen Anforderungen	143
Abbildung 5.1-2:	Handlungsziele der wissenschaftlichen Weiterbildung	152
Abbildung 5.3-1:	Kontinuum zwischen Eigenfertigung und Fremdvergabe	172
Abbildung 5.3-2:	3D-Matrixorganisation in der wissenschaftlichen Weiterbildung	177
Abbildung 5.3-3:	Beispielhafte Organisation der wissenschaftlichen Weiterbildung	181
Abbildung 5.3-4:	Kooperationsmodell zwischen Hochschule und Privatwirtschaft	192
Abbildung 5.5-1:	EFQM-Modell als spezielle Branchenversion für Weiterbildung	241
Abbildung 5.5-2:	Prozessmodell der PAS 1032-1	244
Abbildung 5.5-3:	Das GAP-Modell der Dienstleistungsqualität	248
Abbildung 5.5-4:	Blueprint für ein Weiterbildungsprogramm	250
Abbildung 5.5-5:	Kommunikationsmöglichkeiten in einem integrierten Kommunikationskonzept	260

Tabellenverzeichnis

Tabelle 3.2-1:	Hauptelemente von strategisch-orientierten Geschäftsmodellen	43
Tabelle 4.1-1:	Gegenüberstellung der attraktivitätssteigernden und -senkenden Faktoren	82
Tabelle 4.2-1:	Stärken und Schwächen aus der wertschöpfungszentrierten Analyse	87
Tabelle 4.2-2:	Qualitätsaspekte und -kriterien auf Kurs-, Programm- und Hochschulebene	90
Tabelle 4.2-3:	Abgeleitete Qualitätsaspekte und -kriterien der Top-Business-Schools	92
Tabelle 4.2-4:	Synopse theoretischer und empirischer Ergebnisse auf Kurs-/Programmebene	100
Tabelle 4.2-5:	Synopse theoretischer und empirischer Ergebnisse auf Hochschulebene	101
Tabelle 4.2-6:	Forschungsleitfragen	103
Tabelle 4.2-7:	Art des Zugangs zu Informationen (Privatpersonen)	108
Tabelle 4.2-8:	Formen des Praxis- und Forschungsbezugs (Privatpersonen)	112
Tabelle 4.2-9:	Prüfungsmodalitäten und -formen (Privatpersonen)	113
Tabelle 4.2-10:	Kommunikationsmöglichkeiten im Fernstudium (Privatpersonen)	116
Tabelle 4.2-11:	Art der Betreuung und Kontaktmöglichkeiten (Privatpersonen)	116
Tabelle 4.2-12:	Flexibilität im Studienverlauf / Curriculum (Privatpersonen)	117
Tabelle 4.2-13:	Formelle Absicherung der Weiterbildung (Privatpersonen)	117
Tabelle 4.2-14:	Qualitätssiegel in der Weiterbildung (Privatpersonen)	118
Tabelle 4.2-15:	Stätten der Forschungs- und Methodengenerierung (Privatpersonen)	119
Tabelle 4.2-16:	Qualifikation der Dozenten (Privatpersonen)	119
Tabelle 4.2-17:	Art des Zugangs zu Informationen (Unternehmen)	125
Tabelle 4.2-18:	Häufigkeit und empfundene Schwierigkeit der Informationssuche (Unternehmen)	126
Tabelle 4.2-19:	Formen des Praxis- und Forschungsbezugs (Unternehmen)	127
Tabelle 4.2-20:	Flexibilität im Studienverlauf / Curriculum (Unternehmen)	128
Tabelle 4.2-21:	Formelle Absicherung der Weiterbildung (Unternehmen)	129
Tabelle 4.2-22:	Stätten der Forschungs- und Methodengenerierung (Unternehmen)	130
Tabelle 4.2-23:	Qualifikation der Dozenten (Unternehmen)	130
Tabelle 5.2-1:	Merkmale zur „Lehre" inklusive Ausprägungen	163
Tabelle 5.2-2:	Merkmal zum „Praxisbezug" inklusive Ausprägungen	163
Tabelle 5.2-3:	Merkmal zur „Internationalität" inklusive Ausprägungen	164
Tabelle 5.2-4:	Merkmale zu den „Prüfungen" inklusive Ausprägungen	165
Tabelle 5.2-5:	Merkmale zur „Betreuung" inklusive Ausprägungen	166
Tabelle 5.2-6:	Merkmale zur „Studienstruktur/Curriculum" inklusive Ausprägungen	167
Tabelle 5.2-7:	Merkmale zur „Qualifikation" inklusive Ausprägungen	167

Tabelle 5.3-1:	Tätigkeiten der zentralen Weiterbildungsabteilung	183
Tabelle 5.3-2:	Beispiele zur Auslagerung der Tätigkeiten in den unterstützenden Prozessen	192
Tabelle 5.3-3:	Gesprächspartner für die Telefoninterviews und deren Funktionen in den Hochschulen	200
Tabelle 5.3-4:	Auswirkungen der einzelnen Integrationsformen auf die identifizierten Schwächen	215
Tabelle 5.4-1:	Kostenarten und Zurechenbarkeit aus der wissenschaftlichen Weiterbildung	226
Tabelle 5.4-2:	Vor- und Nachteile verschiedener Studiengebührenmodelle	229
Tabelle 5.5-1:	Beschreibungsmodell für den Teilprozess der Bedarfsanalyse	245
Tabelle 5.5-2:	Markierung von Dienstleistungen in der wissenschaftlichen Weiterbildung	257
Tabelle Anhang I:	Übersicht der Leitfragen für die Experteninterviews	275

Abkürzungsverzeichnis

Abs.	Absatz / Absätze
ACQUIN	Akkreditierungs-, Certifizierungs- und Qualitätssicherungs-Institut
AHPGS	Akkreditierungsagentur für Studiengänge im Bereich Heilpädagogik, Pflege, Gesundheit und Soziale Arbeit e.V.
AQAS	Agentur für Qualitätssicherung durch Akkreditierung von Studiengängen
ASIIN	Akkreditierungsagentur für Studiengänge der Ingenieurwissenschaften, der Informatik, der Naturwissenschaften und der Mathematik
BA	Bundesagentur für Arbeit
BBesG	Bundesbesoldungsgesetz
BDA	Bundesvereinigung Deutscher Arbeitgeberverbände
BfW	Bewertungsstelle für Weiterbildungsangebote
BGB	Bürgerliches Gesetzbuch
BIP	Bruttoinlandsprodukt
BMBF	Bundesministerium für Bildung und Forschung
BSW	Berichtswesen Weiterbildung
CBT	Computer-based-Training
D	Dozent(en)
DAAD	Deutscher Akademischer Austausch Dienst
DIHK	Deutscher Industrie- und Handelstag
DUK	Donau-Universität Krems
dWB	dezentrale Weiterbildungsabteilung bzw. dezentraler Weiterbildungsbeauftragter
ECTS	European Credit Transfer System
EFQM	European Foundation for Quality Management
EK	Einzelkosten
F	Fakultät
FIBAA	Foundation for International Business Administration Accreditation
FL	Forschungsleitfrage
GK	Gemeinkosten
GSO FH	Georg-Simon-Ohm Fachhochschule
GSO MI	Georg-Simon-Ohm Management Institut
HECS	Higher Education Contribution Scheme
HIS	Hochschul-Informations-Systeme
HRG	Hochschulrahmengesetz
HRK	Hochschulrektorenkonferenz
HS-Ebene	Hochschulebene
HTO	High-Tech-Offensive
i. e. S.	im engeren Sinn
i. w. S.	im weiteren Sinn

IES	Integratives Evaluationssystem
IMD	International Institute for Management Development
IT	Informationstechnologie
IU	International University
IuK	Information- und Kommunikation
Kap.	Kapitel
KapVO	Kapazitätsverordnung
KMK	Kultusministerkonferenz
ksm	kontaktstudium management
LQW	Lernerorientierte Qualitätstestierung in der Weiterbildung
MBA	Master of Business Administration
MbO	Management by Objectives
MEB	Markteintrittsbarriere(n)
MWK	Ministerium für Wissenschaft und Kultur
Nds. Mbl.	Niedersächsisches Ministerialblatt
NHG	Niedersächsisches Hochschulgesetz
oD	operative Durchführung
P	Personal
P/U	Privatpersonen / Unternehmen
PAS	Publicly Available Specification
PPP	Public-Private-Partnership
PR	Public-Relations
Rd. Erl.	Runderlass
S/K	Steuerung und Koordination
SGB	Sozialgesetzbuch
SLA	Sciences and Liberal Arts
SRH	Stiftung Rehabilitation Heidelberg
SWS	Semesterwochenstunde(n)
UMTS	Universal Mobile Telecommunications System
uP	unterstützender Prozess
VWA	Verwaltungs- und Wirtschaftsakademie
WA	Weiterbildungsangebot
WB	Weiterbildung
WBT	Web-Based-Training
WHU	Wissenschaftliche Hochschule für Unternehmensführung
WP	Weiterbildungsprodukt
wP	wertschöpfender Prozess
WS	Wintersemester
ZEvA	Zentrale Evaluations- und Akkreditierungsagentur
ZSW	Zentrum für Studienberatung und Weiterbildung
ZVS	Zentrale Vergabestelle für Studienplätze

zWB	zentrale Weiterbildungsabteilung
ZWW	Zentrum für Weiterbildung und Wissenstransfer

1 Einleitung

Dieser Abschnitt gibt eine kurze Einführung in die Themenstellung der vorliegenden Dissertation. Zunächst wird die allgemeine Problemstellung erläutert (Kap. 1.1) und es werden erste zentrale Forschungsfragen gestellt, die im Verlauf der Arbeit weiter zu konkretisieren und zu beantworten sind. Im Anschluss daran wird die gewählte Forschungsmethodik diskutiert sowie der Aufbau der Arbeit erläutert (Kap. 1.2).

1.1 Problemstellung und Zielsetzung der Untersuchung

Die wissenschaftliche Weiterbildung[1], d. h. die Weiterbildung durch Hochschulen, ist bereits seit einigen Jahren als Aufgabe der Hochschulen neben der Forschung, der Lehre und dem Studium im Hochschulrahmengesetz (HRG) festgeschrieben (HRG 2002, § 2 Abs. 1) und wird im Zusammenhang mit dem Thema des „lebenslangen Lernens" intensiv diskutiert. Die Statistiken, wie z. B. die repräsentative Umfrage des Berichtswesen Weiterbildung (BSW) VIII, deuten darauf hin, dass der Markt für Weiterbildung zwar insgesamt wächst,[2] dass jedoch der Anteil der Hochschulen an diesem Markt noch sehr gering im Vergleich zu Unternehmen, privaten Instituten oder Kammern ist (Kuwan et al. 2003, S. 241). Es ist anzunehmen, dass die wissenschaftliche Weiterbildung aufgrund des wachsenden Marktes und der Stellung der Hochschulen als wissenschaftliche, seriöse und unabhängige Stätten der Aus- und Weiterbildung (Wagner 2002, S. 226) das Potenzial hat, neben einer Querfinanzierung für die oftmals gedeckelten oder rückläufigen Hochschulhaushalte auch eine Unterstützung zur strategischen Neupositionierung am Bildungs- und Weiterbildungsmarkt zu leisten. Dies sind auch die Erwartungen, die die Hochschulen aktuell an die wissenschaftliche Weiterbildung stellen (Herm et al. 2003, S. 16).

Insbesondere staatlich finanzierte Hochschulen haben sich jedoch trotz des gesetzlichen Auftrages auf dem Weiterbildungsmarkt i. d. R. noch nicht etabliert und sind in vielen Fällen sehr inaktiv. Hierfür werden verschiedene Erklärungen angeführt, wie z. B. die anhaltend hohe Auslastung der Hochschulen durch die Forschung und grundständige Lehre. Ein anderes Hemmnis wird in den sehr restriktiven Rahmenbedingungen gesehen, wie z. B. dem Dienstrecht, dem Haushaltsrecht, den fehlenden Anreizen oder den organisatorischen Schwierigkeiten (Stifterverband 2003, S. 11). Zudem dominiert an den Hochschulen oftmals eine Angebots- und nicht eine Nachfrageorientierung, was die Etablierung der bereits entwickelten Weiterbildungsprogramme aufgrund mangelnder Nachfrage durch den Markt erschwert. Es

---

[1] Eine genauere definitorische Eingrenzung der wissenschaftlichen Weiterbildung folgt in Kap. 2.2.
[2] Die Erhebung des BSW VIII zeigt, dass die Teilnahme an Weiterbildung insgesamt mit zunehmender beruflicher Qualifikation langfristig steigt. Sie ist in Abhängigkeit der beruflichen Qualifikation innerhalb von ca. 20 Jahren (von 1979 bis 2000) von 12% auf 19% (keine Berufsausbildung), von 21% auf 40% (Lehre oder Berufsfachschule), von 32% auf 54% (Meister- oder andere Fachschule) und von 45% auf 63% (Hochschulabschluss) angestiegen. Dieser Anstieg verlief jedoch nicht monoton steigend, da z. B. die Teilnahmequoten im Jahre 1997 teilweise höher lagen als im Jahr 2000 (Kuwan et al. 2003, S. 108 f.).

gilt also für die Hochschulen, entsprechende Handlungsalternativen zu identifizieren und im Rahmen der bestehenden Gesetze und Regelungen ein geeignetes strategisches Planungs- und Steuerungsinstrument zu entwickeln, um die Weiterbildung als möglichst gleichwertige Aufgabe neben der Forschung und der grundständigen Lehre zu etablieren.

Im Rahmen dieser Arbeit werden zum einen die wesentlichen Ziele, die seitens der Hochschulen mit dem Engagement in der wissenschaftlichen Weiterbildung verfolgt werden bzw. zu berücksichtigen sind, aufgezeigt und diskutiert. Zum anderen werden die wesentlichen Elemente identifiziert und eingehend beschrieben, die bei einem Engagement in der Weiterbildung seitens des Hochschulmanagements berücksichtigt werden sollten. Das Konstrukt des Geschäftsmodells[3], welches darüber Aufschluss geben soll, in welchem Umfeld sich die staatlichen Hochschulen aktuell befinden und welche Handlungsoptionen im Rahmen welcher strategischen Elemente bestehen, dient für diese Ausführungen als Struktur gebender und umfassender Rahmen. Ziel ist es letztendlich, Gestaltungsempfehlungen für die identifizierten Hauptelemente vorzustellen.

Es ist kennzeichnend für die wissenschaftliche Literatur zum Thema „Weiterbildung durch Hochschulen", dass zwar eine Vielzahl an Publikationen zu einzelnen Themenbereichen, wie z. B. dem „lebenslangen Lernen", der „Hochschulfinanzierung" oder der „Qualitätssicherung" existiert, diese Publikationen jedoch i. d. R. sehr spezifisch gestaltet sind. Die jeweils betrachteten Aspekte werden überwiegend isoliert von anderen relevanten Aspekten diskutiert, so dass eine derart umfassende Darstellung des Themengebietes der wissenschaftlichen Weiterbildung, wie sie diese Arbeit bietet, bislang noch nicht erfolgt ist. Um eine solche Darstellung des Themengebietes zu unterstützen, wird im Rahmen dieser Arbeit eine Reihe zentraler Forschungsfragen diskutiert. Diese Forschungsfragen sind jeweils speziellen Kapiteln zugeordnet, wie die nachfolgende Abbildung 1.2-1 erkennen lässt. Im Einzelnen lauten sie:

I   Aus welchen Phasen und Teilprozessen besteht der Prozess der wissenschaftlichen Weiterbildung?
II Welche Hauptelemente weisen Geschäftsmodelle der wissenschaftlichen Weiterbildung auf?
III Wie ist die globale und engere ökonomische Umwelt zu beschreiben, in der sich die staatlichen Hochschulen mit ihrem Engagement in der wissenschaftlichen Weiterbildung befinden?
IV Welche Stärken und Schwächen zeigen staatliche Hochschulen beim Aufbau und der Etablierung der wissenschaftlichen Weiterbildung?
V   Welche Anforderungen stellen die Kunden an die Dienstleistung der wissenschaftlichen Weiterbildung?
VI Welche Ziele verfolgen die Hochschulen mit der wissenschaftlichen Weiterbildung?

---

[3] Eine genauere Definition der einzelnen Aspekte eines Geschäftsmodells erfolgt in Kap. 3.2.

VII Welche zentralen Fragestellungen sind innerhalb der identifizierten Hauptelemente zu diskutieren?

VIII Wie lassen sich die Kundenanforderungen in der Gestaltung der Hauptelemente angemessen berücksichtigen?

1.2 Methodik und Aufbau der Arbeit

Der Untersuchungsgegenstand umfasst eine in der Praxis staatlicher Hochschulen entstandene Problemstellung. Insofern entstammt die allgemeine Forschungsmethodik dieser Arbeit eher einer realitäts- bzw. anwendungsorientierten Forschung (Bea/Dichtl/Schweitzer 2004, S. 69). TOMCZAK formuliert in diesem Zusammenhang, dass die anwendungsorientierte Forschung versucht „relevante Probleme und Phänomene auf dem Wege eines theoriegeleiteten Empirismus zu beschreiben, zu erklären und zu lösen" (Tomczak 1992, S. 83). Im Kern geht es ihm darum, theoretische Fragen an die Realität zu stellen und die Forschung innerhalb eines iterativen Prozesses voranzutreiben. Dies wird auch in der hier vorliegenden Untersuchung verfolgt, indem eine Kombination aus *analytisch-deduktivem* und *empirisch-induktivem* Vorgehen angewendet wird (Chmielewicz 1994, S. 101 ff.; Schweitzer 2000, S. 69 ff.): Bei der *analytisch-deduktiven* Methode wird von plausibel erscheinenden Grundaussagen ausgegangen aus denen Erkenntnisse abgeleitet werden. Dieses Vorgehen dient als Basis für die gesamte Arbeit. Bei der *empirisch-induktiven* Methode wird hingegen aus empirischen Einzelbeobachtungen auf einen allgemeinen Zusammenhang geschlossen. Dieses Vorgehen wird im Rahmen der „kundenzentrierten Analyse" sowie dem „Grad der Integration" eingesetzt und dient dazu, spezielle Erkenntnisse für ein bis dato noch sehr unerforschtes Themengeblet zu erarbeiten.

Die Arbeit gliedert sich insgesamt in sechs Kapitel. Im Kapitel **zwei** werden die Grundlagen beschrieben. In einem ersten Schritt gilt es, die Hochschule als Organisationseinheit näher zu charakterisieren, bevor in einem zweiten Schritt für den Begriff der wissenschaftlichen Weiterbildung eine Arbeitsdefinition entwickelt wird sowie die verschiedenen Ausprägungsformen charakterisiert und die Notwendigkeit zur Weiterbildung dargestellt werden.

In Kapitel **drei** wird der Bezugsrahmen für die nachfolgenden Ausführungen erarbeitet, indem Antworten auf die zentralen Forschungsfragen I und II diskutiert werden. Der Bezugsrahmen umfasst zunächst den Weiterbildungsprozess, der zum einen dahingehend analysiert wird, durch welche Phasen und Teilprozesse er beschrieben werden kann. Zum anderen wird diskutiert, welche der identifizierten Teilprozesse eher wertschöpfungsorientiert sind und welche sich eher als Verwaltungsprozesse charakterisieren lassen und insofern eine unterstützende Funktion übernehmen. Des Weiteren werden die wesentlichen Hauptelemente von Geschäftsmodellen anhand einer vergleichenden Literaturstudie herausgearbeitet und auf die wissenschaftliche Weiterbildung als Untersuchungsobjekt übertragen. Zum Abschluss dieses Kapitels wird die eingangs gestellte Forschungsfrage zwei mit Bezug auf die wissenschaftliche Weiterbildung weiter konkretisiert.

Kapitel **vier** befasst sich mit den zuvor genannten zentralen Forschungsfragen III bis V. Im Rahmen einer Situationsanalyse der Hochschulen wird auf der einen Seite die globale und engere ökonomische Umwelt diskutiert. Auf der anderen Seite wird die Hochschule als Organisationseinheit inklusive der Kundenanforderungen analysiert, d. h. es findet sowohl eine wertschöpfungszentrierte (von innen nach außen gerichtete Perspektive) als auch eine kundenzentrierte (von außen nach innen gerichtete Perspektive) Analyse statt. Während die wertschöpfungszentrierte Analyse rein literaturbasiert verläuft, wird die kundenzentrierte Analyse sowohl literaturbasiert als auch empirisch durchgeführt.

Im Anschluss an diese Situationsanalyse werden in Kapitel **fünf** die zentralen Forschungsfragen VI bis VIII aufgegriffen. Zunächst werden die Ziele der Hochschulen beschrieben, die mit der wissenschaftlichen Weiterbildung verfolgt werden, bevor im Anschluss daran die im Bezugsrahmen identifizierten Hauptelemente eingehender diskutiert werden. Des Weiteren werden insbesondere die Erkenntnisse der wertschöpfungs- und kundenzentrierten Analysen in den einzelnen Hauptelementen von Geschäftsmodellen der wissenschaftlichen Weiterbildung berücksichtigt.

Kapitel **sechs** fasst schließlich die erarbeiteten Erkenntnisse der vorherigen fünf Kapitel zusammen und gibt einen Ausblick auf weiteren Forschungsbedarf zu der hier vorliegenden Thematik. Die nachfolgende Abbildung fasst den Aufbau der Arbeit in einer Übersicht zusammen.

1.2 Methodik und Aufbau der Arbeit

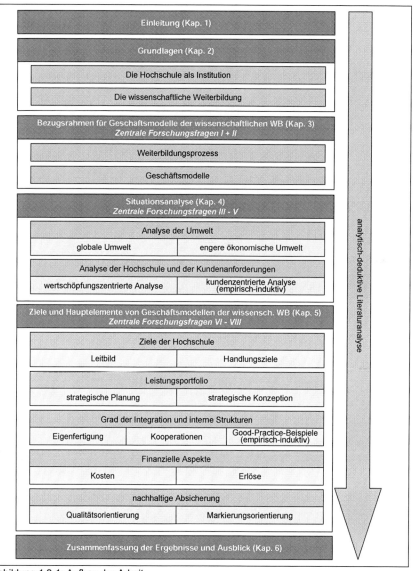

Abbildung 1.2-1: Aufbau der Arbeit

2 Grundlagen

Ziel dieses Abschnitts ist es, die Grundlagen für die nachfolgenden Ausführungen der Kapitel drei bis fünf zu erarbeiten. Hierzu wird in Kap. 2.1 zunächst die Hochschule als Institution beschrieben, bevor im Anschluss daran die wissenschaftliche Weiterbildung charakterisiert wird (Kap. 2.2).

2.1 Die Hochschule als Institution

Im Rahmen der nachfolgenden Ausführungen wird zunächst geklärt, welche Organisationseinheiten als Hochschule bezeichnet werden und was die Charakteristika aus bildungspolitischer, rechtlicher und betriebswirtschaftlicher Perspektive sind (Kap. 2.1.1). Im Anschluss daran werden die einzelnen Organisationsebenen innerhalb der Hochschule vorgestellt (Kap. 2.1.2). Schließlich folgt eine Analyse des Wettbewerbs im deutschen Hochschulsystem, bei der insbesondere geprüft wird, in welchen Hochschulbereichen es überhaupt zu einem Wettbewerb kommen kann (Kap. 2.1.3).

2.1.1 Begriff und Charakteristika

Universitäten repräsentieren die älteste Form von Hochschulen. Bereits im Jahr 1088 wurde mit der Universität Bologna die älteste, noch bestehende Universität gegründet. Ihr folgten im 12. Jahrhundert die Universitäten Paris und Oxford (Müller 1990, S. 9). Zu den Hochschulen[4] gehören gemäß des HRG neben den Universitäten auch noch Pädagogische Hochschulen, Kunsthochschulen, Fachhochschulen und sonstige Einrichtungen des Bildungswesens, die als staatliche Hochschulen anerkannt sind (HRG 2002, § 1).

Der Begriff Universität lässt sich vom lateinischen Begriff *Universitas Litterarum* (Gesamtheit der Wissenschaft) ableiten. Universitäten sind wissenschaftliche Hochschulen, die zur Aufgabe haben, die Pflege und Entwicklung der Wissenschaften und der Künste durch Forschung, Lehre, Studium und Weiterbildung zu übernehmen. Sie bereiten auf berufliche Tätigkeiten vor, die die Anwendung wissenschaftlicher Erkenntnisse und Methoden erfordern sowie den Wissens- und Technologietransfer fördern (HRG 2002, § 2, 1+7). Hierbei sollen sie den Grundsatz der Einheit von Forschung und Lehre erfüllen, und somit dem Idealtyp der Hochschule nach der „Humboldtschen Tradition" entsprechen (Hödl/Zegelin 1999, S. 53 ff.). Universitäten verfügen über ein breites Fächerspektrum und verleihen akademische[5] und nicht-akademische[6] Grade (Rosigkeit 1996, S. 35).

---

[4] Im Folgenden werden die Begriffe Hochschule und Universität synonym verwendet und beziehen sich auf sämtliche staatlich gesteuerten und finanzierten Bildungseinrichtungen, die der § 1 HRG umfasst.
[5] Akademische Grade sind bundesweit anerkannt, wie z. B. Hochschuldiplome, -magister, -bachelor, -master, Doktortitel oder Habilitationen.
[6] Nicht-akademische Abschlüsse stellen einfache, nicht bundesweit anerkannte Zertifikate dar.

Aus bildungspolitischer Sicht stellen Universitäten ein Subsystem des Gesamtbildungssystems im tertiären Bereich dar, da sie einen Teil der von Bund, Ländern und Gemeinden zu sichernden Grundversorgung in der Bildung wahrnehmen (Seidenschwarz 1992, S. 12). Universitäten haben einen gesetzlichen Bildungsauftrag, der die Forschung, die Lehre, das Studium und die Weiterbildung umfasst. In der Novellierung des HRG im Jahre 1998 wurde der Aspekt der Weiterbildung als eigenständige Aufgabe neben den anderen drei Aufgaben gesetzlich verankert (HRG 2002, § 2).

Aus rechtlicher Perspektive sind staatliche Hochschulen i. d. R. Körperschaften des öffentlichen Rechts und zugleich staatliche Einrichtungen, können jedoch auch in einer anderen Rechtsform bestehen (HRG 2002, § 58, 1). Eine Sonderstellung wird von den privaten Hochschulen eingenommen, die in ihren Finanz- und Organisationsstrukturen, ihrer Trägerschaft und ihrem Fächerspektrum zum Teil erhebliche Unterschiede zu den staatlichen Hochschulen aufweisen (Schröder 2003, S. 100). Sie nehmen jedoch gemessen an der Zahl der eingeschriebenen Studierenden einen sehr geringen Anteil ein, d. h. dass gerade 2,5% aller Studierenden im Jahr 2000 an privaten Hochschulen studierten (BMBF 2002, S. 246 ff., eigene Berechnung).

Aus betriebswirtschaftlicher Perspektive stellen staatlich finanzierte Universitäten Non-Profit-Organisationen[7] dar, die nach Wissensgebieten aufgegliedert sind, durch den Einsatz von Produktionsfaktoren i. d. R. immaterielle Leistungen hervorbringen und insofern als Dienstleistungsbetriebe besonderer Art bezeichnet werden können (Bolsenkötter 1976, S. 3; Scheidegger 2001, S. 19; Seidenschwarz 1992, S. 11 f.). Wird die Dienstleistung Lehre betrachtet, ist die vermittelte Aus- und Weiterbildung immaterieller Natur. Auch die Dienstleistung Forschung ist immaterieller Natur, denn sie „dient der Gewinnung wissenschaftlicher Erkenntnisse sowie der wissenschaftlichen Grundlegung und Weiterentwicklung von Lehre und Studium" (HRG 2002, § 22). Durch die Immaterialität ergibt sich die Problematik einer schwierigen Nutzenvermittlung für die potenziellen Kunden[8], denn anders als Produktionsbetriebe können Hochschulen ihre Leistungen nur schlecht „veranschaulichen". Zudem ist nicht davon auszugehen, dass selbst wenn z. B. ein grundsätzlich erkannter Bedarf am Bildungsmarkt vorliegt (z. B. der Bedarf nach wissenschaftlicher Weiterbildung im IT-Bereich), die bloße Existenz der Leistungsbereitschaft ausreicht, damit diese Dienstleitung vom Markt angenommen wird. Die universitären Leistungen Lehre und Forschung besitzen im Wesentlichen auch das andere Basismerkmal von Dienstleistungen, d. h. dass sie unter Einbezug eines externen Faktors (Bodendorf 1999, S. 2 f.) erstellt werden. Bei der Lehre sind die Studierenden als Leistungsempfänger an der Leistungserstellung direkt beteiligt und bei der Forschung muss zwischen bedarfsinduzierter und autonomer Forschung unterschieden werden. Ist bei der be-

---

[7] Der Non-Profit-Gedanke bezieht sich in diesem Zusammenhang auf die grundständige Forschung und Lehre und umfasst nicht die Weiterbildung oder die Auftrags- bzw. Drittmittelforschung.

[8] Ohne den Ausführungen des Kap. 4 vorweg zu greifen, wird hier der Kundenbegriff kurz charakterisiert: Kunden der wissenschaftlichen Weiterbildung sind zum einen die Privatpersonen, die sie zur eigenen Qualifizierung nutzen. Zum anderen sind es die Unternehmen, die die Weiterbildung zur Personalentwicklung ihrer Mitarbeiter einsetzen.

2.1 Die Hochschule als Institution

darfsinduzierten Forschung i. d. R. eine unmittelbare Beteiligung eines externen Faktors anzunehmen,[9] weil dieser den Impuls zur Forschung gibt, so liegt bei der autonomen Forschung[10] i. d. R. kein externer Impuls zum Forschungsbedarf vor (Staudt 1993, S. 1191 f.). Aus den Basismerkmalen von Dienstleistungsbetrieben lassen sich drei weitere Merkmale ableiten (Bodendorf 1999, S. 3 f.): Die *Bedarfsdeckung erfolgt durch Leistung*, die *Erstellung der Dienstleistung ist mehrstufig* und die *Erstellung und Verwertung müssen i. d. R. simultan erfolgen (Uno-Actu-Prinzip)*. Nachfolgend wird kurz beschrieben, inwiefern diese Merkmale auch auf Hochschulen als Dienstleistungsbetriebe zutreffen.

Das erste Merkmal beschreibt, dass die *Bedarfsdeckung durch den Konsum einer Leistung* erfolgt. Der Bedarf eines Nachfragers wird nicht durch den Erwerb eines Sachgutes, sondern durch den Konsum einer Leistung (hier der Forschung oder Lehre) gedeckt. Die Erzeugung und der Konsum der Dienstleistung haben Prozesscharakter: Herstellen der Leistungsbereitschaft (Beschaffung und Kombination der Einsatzfaktoren), Leistungserbringung (im direkten Kontakt mit dem Kunden) und Leistungsergebnis (Zufriedenheit oder Unzufriedenheit der am Prozess Beteiligten) (Bodendorf 1999, S. 9). In diesem Zusammenhang wird auch angeführt, dass die erbrachten Dienstleistungen von Hochschulen nicht lagerfähig sind (z. B. Krumbiegel 1997, S. 23). Die Dienstleistung „Forschung und Lehre" muss jedoch teilweise von dieser Aussage ausgeklammert werden, denn durch Publikationen der wissenschaftlichen Erkenntnisse oder durch deren Überführung in vermarktungsfähige Produkte (z. B. Medizin) werden die Forschungsergebnisse sozusagen lagerfähig (ggf. werden sie durch neue Ergebnisse ergänzt oder ersetzt). Es muss zwischen den materiellen Hilfsmitteln (z. B. Bücher, Datenträger etc.) und der tatsächlichen immateriellen Dienstleistung (Vermittlung von Informationen, Aufbau von Wissen) unterschieden werden. Die materiellen Hilfsmittel sind unbestritten lagerfähig, während dies beim Aufbau von Wissen davon abhängt, ob das Wissen vom Lernenden tatsächlich gespeichert und angewendet werden kann oder ob dies nicht der Fall ist.

Das zweite Merkmal beschreibt, dass die *Erstellung der Dienstleistung mehrstufig* ist. Vor dem Absatz der Dienstleistung kann lediglich die Leistungsbereitschaft hergestellt werden. Die eigentliche Leistungserstellung erfolgt dann im Anschluss unter Einbeziehung des externen Faktors. Im Fall der Forschung wird in der ersten Stufe entsprechendes Forschungspersonal ausgewählt und ggf. ausgebildet, welches dann in der zweiten Stufe die Forschungsergebnisse „produziert". Im Fall der Lehre werden in der ersten Stufe die benötigten Inputfaktoren kombiniert und zu einer Gesamtleistung (z. B. einzelne Veranstaltung, komplette Veranstaltungsreihe oder kompletter Studiengang) zusammengefügt. In dieser Phase werden die Hochschulen mit dem Risiko konfrontiert, durch eine suboptimale Planung der Nachfrage so genannte Leerkosten zu verursachen, d. h. dass Ressourcen vorgehalten werden (z. B. Räume, Dozenten, (computer- bzw. web-basierte) Lehr-/Lernmaterialien etc.), die aufgrund

---

[9] Zum Beispiel gibt ein Praxispartner den Auftrag, eine spezifische Fragestellung am „realen Objekt des betrachteten Unternehmens" wissenschaftlich aufzuarbeiten bzw. bestimmte Phänomene zu erklären.
[10] Dies ist oftmals in der Grundlagenforschung der Fall.

mangelnder Studierendenzahlen nicht im geplanten Umfang genutzt werden. In der zweiten Stufe erfolgt dann die Vermittlung der Lehre, entweder in Präsenzform oder über entsprechende Informations- und Kommunikationstechnologien (IuK-Technologien).

Das dritte Merkmal beschreibt, dass das *Erstellen und Verwerten der Dienstleistung simultan erfolgen (Uno-Actu-Prinzip)*. Aus theoretischer Sicht müssen das Herstellen und der Konsum der Leistung hierdurch zeitlich und örtlich gekoppelt sein, d. h. synchron erfolgen. Im Rahmen der Forschung und Lehre besteht die Dienstleistung, wie bereits zuvor angesprochen, zum einen in der Entwicklung von Forschungsergebnissen oder Inhalten für Lehr-/Lernszenarien, die auf materiellen Trägern, wie z. B. Büchern, Skripten oder CD-Rom gespeichert werden. Zum anderen besteht die Dienstleistung in der Übertragung des Wissens auf den externen Faktor. Aus der Sache selbst begründet muss es bei Ersterem keine zeitliche oder örtliche Kopplung geben, denn die Bücher, Skripte oder Dateien werden z. B. in Bibliotheken oder im Internet „gelagert" und können jederzeit eingesehen werden. Bei Letzterem kann angenommen werden, dass unter anderem aufgrund der diversen Förderprojekte von Bund und Ländern, durch die seit Ende der 1990er Jahre verstärkt computer- oder web-basiert aufbereitete Lehr-/Lernarrangements entwickelt wurden, eine Reduktion der zeitlichen und örtlichen Kopplung vollzogen wurde. Solche computer- oder web-basierten Lehr-/Lernarrangements erlauben grundsätzlich eine asynchrone Beziehung zwischen Lehrenden und Lernenden.

Es lässt sich festhalten, dass Hochschulen Dienstleistungsbetriebe darstellen, da sie sowohl die Basismerkmale als auch im Wesentlichen die daraus abgeleiteten Merkmale erfüllen. Auch wenn die Hochschulen die grundlegenden Charakteristika von Dienstleistungsbetrieben aufweisen, so gibt es jedoch eine Reihe von Merkmalen, die sie von anderen, privatwirtschaftlich organisierten Dienstleistungsbetrieben abgrenzen (Seidenschwarz 1992, S. 11 f.; Scheidegger 2001, S. 23 f.):

- Die Art der angebotenen Leistungen ist für die Hochschulen nicht frei bestimmbar, sondern wird durch das Gesetz definiert: Pflege und Entwicklung der Wissenschaften und Künste sowie Vorbereitung auf berufliche Tätigkeiten, die die Anwendung wissenschaftlicher Erkenntnisse und Methoden oder Fähigkeiten zur künstlerischen Gestaltung erfordern (HRG 2002, § 2).
- Hochschulen sind in ein (bildungs-)politisches Zielsystem eingebettet, aus dem heraus sie externen Zielvorgaben, speziellen Nebenbedingungen und Auflagen unterliegen (Bolsenkötter 1976, S. 23 ff.). Die gesellschaftlichen und ökonomischen Ziele von Hochschulen leiten sich aus diesem Grund in gewissem Umfang von den übergeordneten Zielen der Trägerorganisationen ab. Hierdurch kommt es zu einer Einflussnahme auf die strategische und operative Ausrichtung durch den Staat, der die Rechtsaufsicht über die Hochschulen ausübt (HRG 2002, § 59): Zentrale Aufgaben, wie z. B. Gründung und Erweiterung von Hochschulen oder die Berufung von wissenschaftlichem Personal, werden i. d. R. durch die Ministerien übernommen bzw. beeinflusst (z. B. Frackmann/de Weert 1993, S. 85 ff.; Liefner 2002, S. 11).

2.1 Die Hochschule als Institution

- Die zentralen Einnahmequellen von Hochschulen werden nicht über den privatwirtschaftlichen Markt erschlossen, sondern sind bis dato im Wesentlichen staatliche Verwaltungseinnahmen und Drittmittel aus privaten und öffentlichen Stellen, wobei die Drittmittel im Jahr 2001 bzw. 2002 einen Anteil an den Gesamteinnahmen der Hochschulen von ca. 18,0% bzw. 25,5% ausmachten (die wichtigsten Drittmittelgeber waren die Deutsche Forschungsgemeinschaft, die Unternehmen und der Bund) (Leszczensky 2004, S. 23; Haug 2004, S. 487 f.).
- Hochschulen sind Großbetriebe, deren Aufbauorganisation durch die jeweiligen Hochschulgesetze der Länder geregelt wird (z. B. NHG 2002, § 36 ff.) und die durch eine Vielzahl dezentraler Organisationseinheiten mit hoher Autonomie in der Selbstverwaltung (Institute und Fakultäten) sowie einer übergeordneten zentralen Leitung (Präsidium) gekennzeichnet sind. Entscheidungen auf Instituts- oder Fakultätsebene können selbstständig getroffen werden, sofern ihre Reichweite diese Ebenen nicht übersteigt (Entscheidungen, die zwar Auswirkungen auf Fakultäten und Institute haben, jedoch von der zentralen Leitung getroffen werden müssen, sind z. B. Berufungsentscheidungen oder die Eröffnung bzw. Schließung von Studiengängen). In Abgrenzung zu einem Konzern stellen die dezentralen Organisationseinheiten von Hochschulen keine rechtlich selbstständigen Einheiten dar. Die Art der Organisationsstruktur hat maßgeblich Einfluss auf die Flexibilität der Hochschulen, auf veränderte Rahmenbedingungen (seitens des Staates oder des Marktes) zu reagieren, weshalb dieser Punkt im nächsten Abschnitt gesondert behandelt wird.

Als Fazit lässt sich festhalten, dass Hochschulen Dienstleistungsbetriebe besonderer Art sind, die dem Gedanken der Einheit von Forschung und Lehre folgend einen gesetzlichen Bildungsauftrag erfüllen. Sie sind Körperschaften des öffentlichen Rechts und zugleich öffentliche Einrichtungen und agieren hierbei im Wesentlichen als staatlich finanzierte Non-Profit-Dienstleistungsbetriebe, die in ihrem Ziel- und Organisationssystem externen Einflussnehmern unterworfen sind.

2.1.2 Organisationsebenen in der Hochschule

Die Organisation in den Hochschulen wird durch die jeweiligen Hochschulgesetze der Länder geregelt. So sieht z. B. das Niedersächsische Hochschulgesetz (NHG) mit der Hochschul- und Fakultätsebene eine Zwei-Ebenen-Struktur der Selbstverwaltung vor, wobei das Präsidium und der Senat die zentralen Organe der Körperschaft sind und die Dekanate sowie Fakultätsräte die dezentralen Organe darstellen (NHG 2002, § 36). Obwohl nicht explizit per Gesetz als organisatorische Grundeinheit definiert, ergibt sich mit den wissenschaftlichen Einrichtungen bzw. Instituten eine weitere organisatorische Selbstverwaltungsebene (Bolsenkötter 1976, S. 110 ff.). Hierdurch entsteht eine Drei-Ebenen-Struktur in der Selbstverwaltung der Hochschule als Körperschaft.

Die nachfolgende Abbildung zeigt den Sonderfall der Hochschulen in Trägerschaft von rechtsfähigen Stiftungen. Hochschulen in Trägerschaft des Staates, die keine Stiftungshochschulen sind, haben allerdings die gleiche Drei-Ebenen-Struktur in der Selbstverwaltung, denn diese bezieht sich stets nur auf die Körperschaft und nicht auf die Stiftung, wie der Abbildung zu entnehmen ist.

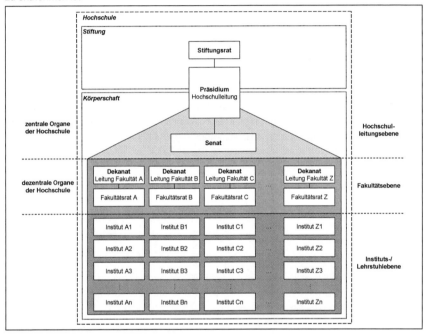

Abbildung 2.1-1: Drei-Ebenen-Struktur der universitären Selbstverwaltung

Das Präsidium leitet als zentrale Organisationseinheit die Hochschule. Es beschließt über strategische und grundsätzliche Aufgaben der Hochschule. Der Senat beschließt die Ordnungen der Hochschule sowie die Entwicklungsplanung im Einvernehmen mit dem Präsidium. Er nimmt Stellung zu Selbstverwaltungsangelegenheiten, wie z. B. dem Errichten, Ändern oder Schließen von Fakultäten oder dem Einführen von Studiengängen und hat ein umfassendes Informationsrecht gegenüber dem Präsidium. Für den Fall der Hochschulen in Trägerschaft von rechtsfähigen Stiftungen berät der Stiftungsrat die Hochschule, beschließt über grundsätzliche Angelegenheiten der Stiftung und überwacht die Tätigkeiten des Präsidiums (z. B. NHG 2002, §§ 37 ff.).

Das Dekanat leitet die Fakultät, setzt Entscheidungen des Fakultätsrats um und ist diesem gegenüber verantwortlich. Der Fakultätsrat entscheidet über Angelegenheiten von grundsätzlicher Bedeutung in der Forschung und Lehre. Er beschließt Ordnungen der Fakultät (z. B.

2.1 Die Hochschule als Institution

Studien- oder Prüfungsordnungen) und nimmt Stellung zu Themen, die auf der Ebene der Universitätsleitung beschlossen werden (NHG 2002, §§ 43+44).

Instituts- bzw. Abteilungsleiter sind für die Forschung und Lehre am eigenen Institut bzw. der eigenen Abteilung verantwortlich und erhalten zur Ausübung dieser Aufgaben entsprechende Haushaltsmittel (Grundausstattung). Bei der Steuerung ihrer Organisationseinheit verfügen sie über einen hohen Autonomiegrad gegenüber der Fakultät und der Universitätsleitung und sind nur eingeschränkt weisungsgebunden (Oechsler/Reichwald 1997, S. 282 ff.; Forschung und Lehre 1997, S. 4 ff.; Hagenhoff 2002, S. 88).

Aus dieser Organisation der Selbstverwaltung resultieren Besonderheiten aus Sicht der Hochschule, die nachfolgend kurz beschrieben werden (Reichwald 2000, S. 318 f.):

- Einzelne Instituts- bzw. Abteilungsleiter verfügen über eine gesetzlich verbriefte hohe individuelle Autonomie in der Ausübung der Tätigkeiten im Rahmen der Forschung und Lehre, da sie sich diesbezüglich auf die Ausführungen des Artikels 5 Absatz 3 Satz 1 des Grundgesetzes (Wissenschaftsfreiheit) berufen können.[11] Diese dezentrale Machtverteilung ist zwar durchaus begründbar, da auf dieser Ebene die erforderliche Fachkompetenz für Entscheidungen im Bereich der Forschung und Lehre zu erwarten ist (Seidenschwarz 1992, S. 26 f.). Sie kann jedoch u. U. zu einer nur schwach ausgeprägten Loyalität zur Gesamtinstitution (Scheidegger 2001, S. 24) sowie einer mangelnden Koordination der Institutsleistungen im Sinne einer fakultätsbezogenen strategisch/taktischen Ausrichtung führen. Die sich hieraus ergebenden Verluste von Synergiepotenzialen und ungewollten Redundanzen in der Forschung und Lehre müssen deswegen in Kauf genommen werden.
- Entscheidungen in den Fakultätsratssitzungen können durch langwierige und konfliktreiche Informations-, Abstimmungs- und Entscheidungsprozesse geprägt sein, denn aufgrund der heterogenen Zusammensetzung innerhalb einer Fakultät (z. B. bezüglich der Forschungsinhalte oder -traditionen bzw. des Selbstverständnisses der Teildisziplin) kommt es durchaus zu unterschiedlichen Interessenslagen.
- Die Mitglieder des Senats können Interessensvertreter ihrer Fakultäten sein und insofern zum Vorteil der jeweiligen Fakultät agieren.[12] Im traditionellen Hochschulmodell waren fakultätsübergreifende strategische Ziele zum Wohl der Gesamtuniversität im Senat oftmals nicht konsensfähig, wenn sie negative Auswirkungen auf die jeweiligen Fakultäten der Senatsmitglieder hatten (z. B. Umstrukturierungen, Kürzungen, Umverteilungen etc.). Wichtige und ggf. auch innovative Entscheidungen (z. B. auch die Implementierung eines neuen Leitbildes) konnten somit herausgezögert oder komplett blockiert werden. Viele Landeshochschulgesetze sehen jedoch mittlerweile eine Reduktion der Gremientätigkeit

---

[11] Diese Freiheiten beziehen sich jedoch ausschließlich auf die Funktion des Wissenschaftlers, nicht auf die des Instituts- oder Abteilungsleiters.
[12] In beratender Funktion können Vertreter sämtlicher Fakultäten an den Senatssitzungen teilnehmen. Da die stimmberechtigten Mitglieder des Senats jedoch nach Gruppen (Hochschullehrer, Mitarbeiter, Studierende) direkt gewählt werden und die Anzahl an Senatsmitgliedern begrenzt ist, können nicht sämtliche Fakultäten durch angehörige Hochschullehrer, Mitarbeiter oder Studierende stimmberechtigt vertreten sein.

und eine Stärkung der Hochschulleitung vor (monokratisches Leitungsorgan), so dass solche wichtigen bzw. innovativen Entscheidungen direkt durch das Präsidium beschlossen werden können und der Senat verstärkt eher Stellung zu den Selbstverwaltungsangelegenheiten nimmt als dass er sie konkret beschließt.

Angesichts der Heterogenität, der Anzahl und Vielfalt der Organe und Organisationseinheiten der Hochschule wird an dieser Stelle festgehalten, dass sich die Hochschule als eine sehr komplexe Institution darstellt. Probleme in der Entscheidungsfindung können aus den gegebenen Machtverhältnissen, den unterschiedlichen Präferenzen der Entscheidungsträger, den ungenügend definierten Vorgehensweisen zur Entscheidungsfindung und der wechselnden Teilnahme der Entscheidungsträger in den Entscheidungsgremien resultieren (Scheidegger 2001, S. 28 f., S. 183). Die in diesen Strukturen vorherrschende Verwaltungsorientierung der zentralen Leitung mit den dezentralen Subeinheiten kombiniert mit der kollegialen Entscheidungsstruktur und einem ggf. hohen Mitbestimmungsgrad können dazu beitragen, dass strategische Entscheidungen auf der Ebene der Gesamtuniversität, wie z. B. ein strategisches Neupositionieren mit einem Schwerpunkt in der wissenschaftlichen Weiterbildung, das Einführen neuer Weiterbildungsstudiengänge oder das Restrukturieren zugunsten einer prozessorientierten Selbstverwaltung, unflexibel und langwierig sind.

2.1.3 Wettbewerb im deutschen Hochschulsystem

Der Begriff „Wettbewerb" ist in der bildungspolitischen Diskussion zu einem Schlüsselbegriff geworden. Immer wieder wird insbesondere mit Blick auf die angloamerikanischen Hochschulsysteme gefordert, verstärkt Wettbewerbselemente im deutschen Hochschulsystem zu integrieren (z. B. Oechsler/Reichwald 1997, S. 282; Rosigkeit 1996, S. 145; Erichsen 1995, S. 21 f.; Müller-Böling 1995, S. 37 f.; Botti/Junga 2004, S. 20 f.). Es wird jedoch nicht immer deutlich, in welchen Formen sich der Wettbewerb äußert und wer mit wem im Wettbewerb steht. Aus diesem Grund werden nachfolgend, den Ausführungen von ROSIGKEIT folgend, zunächst die *Voraussetzungen* für einen Wettbewerb im Hochschulsystem und anschließend die *Wettbewerbsarten* systematisch dargestellt. Die Voraussetzungen für den Wettbewerb umfassen einen geeigneten *Handlungsspielraum*, *Konsequenzen* in Form von Belohnungs- und Bestrafungsmechanismen sowie eine angemessene *Transparenz* in den Wettbewerbsbedingungen. Die Wettbewerbsarten, in denen geprüft wird, ob die zuvor genannten Voraussetzungen erfüllt sind, umfassen den *Wettbewerb zwischen Individuen* und *zwischen Institutionen* (Rosigkeit 1996, S. 147 ff.):

Voraussetzungen für den Wettbewerb: Handlungsspielraum, Konsequenzen und Transparenz

Erst wenn die Akteure gewisse Freiheiten in ihrem *Handlungsspielraum* haben, besteht die Möglichkeit, auf die Aktionen der Wettbewerber angemessen und flexibel reagieren zu können. Aufgrund der hochschulpolitischen Gesetzgebung sind den Hochschulen jedoch z. B. in Bezug auf personal-, arbeits-, dienst- und haushaltsrechtliche Entscheidungen extern vorgegebene Rahmenbedingungen gesetzt, die den Handlungsspielraum zum Teil erheblich eingrenzen (Stifterverband 2003, S. 11).

Als zweite wesentliche Voraussetzung für den Wettbewerb sind die *Konsequenzen* in Form von Belohnungs- und Bestrafungsmechanismen zu nennen. Erst wenn durch gute Leistungen Vorteile und durch schlechte Nachteile realisiert werden, besteht ein ausreichender Leistungsanreiz besser zu sein als die Konkurrenz. Zwar lassen sich solche positiven bzw. negativen Konsequenzen zurzeit noch nicht in sämtlichen Bereichen des Hochschulwesens realisieren, jedoch wurden bereits erste Versuche (z. B. partiell eingeführte Deregulierungsansätze) unternommen mehr Wettbewerbsorientierung zu schaffen. Echte Wettbewerbszüge hatte seit jeher lediglich das Einwerben von Drittmitteln. Durch die Möglichkeit, Hochschulen in die Trägerschaft von Stiftungen zu überführen, ist nun auch das Einwerben von Stiftungsmitteln einem echten Wettbewerb ausgesetzt. Die klassischen Steuerungsverfahren staatlich koordinierter Hochschulsysteme waren inputorientiert, d. h. dass den Hochschulen bestimmte Ressourcen (Personal, Räume, finanzielle Mittel etc.) zur Verfügung gestellt wurden, deren Höhe bzw. Umfang auf vergangenheitsorientierten Kennzahlen (z. B. Anzahl an Studierenden, Anzahl an Professoren, Umfang des wissenschaftlichen Personals, Curricularnormwerte bzw. Lehrkapazitäten etc.) basierte. Eine solche Steuerung ist jedoch völlig losgelöst von Leistungs- und insofern Wettbewerbsgesichtspunkten, weshalb aktuell mehr und mehr ergebnisorientierte Steuerungsverfahren, wie sie z. B. durch die Zielvereinbarungen zwischen Ländern und Hochschulen mittlerweile durchgeführt wird (z. B. NHG 2002, § 1), Einsatz finden. Ziel dieser Veränderung ist es, die Hauptkritikpunkte der inputorientierten Steuerung, d. h. die mangelnde Zielorientierung, die Tendenz zur Unwirtschaftlichkeit und zum Fortschreiben der einmal eingeführten Haushalte zur Aufrechterhaltung des Status quo, zu reduzieren. Erforderliche Umstrukturierungen sollen hierdurch ermöglicht und Innovationen gefördert werden (Kreutz-Gers 1997, S. 23). Durch eine ergebnisorientierte Steuerung werden einzelfallbezogene und zukunftsgerichtete Vereinbarungen über Ziele und die damit verbundenen Mittelzuweisungen getroffen sowie deren Einhaltung kontrolliert (Schröder 2003, S. 56 ff.). Problematisch ist diesbezüglich jedoch, dass für den Ausbau der Weiterbildung i. d. R. keine Landesmittel zur Verfügung gestellt werden, auch wenn entsprechende Zielvereinbarungen getroffen wurden. Auch das öffentliche Dienstrecht wurde in der Vergangenheit kritisiert, weil es nicht leistungsbezogen war und insofern keine wettbewerbsbezogenen Anreize setzte. Durch die Änderung des Bundesbesoldungsgesetzes (BBesG) und der jeweiligen länderspezifischen Besoldungsgesetze wurde spätestens zum 01.01.2005 in allen Landesgesetzen sukzessive die so genannte W-Besoldung im öffentlichen Dienst an den Hochschulen eingeführt (BBesG

2004, S. 13 f., S. 33), die den Hochschullehrern eine bestimmte Grundvergütung sichert, jedoch die Optionen bietet, auf Grundlage besonderer Leistungen zusätzliche Bezüge zu erhalten (Vergaberahmen für variable Leistungsbezüge; z. B. Niedersächsisches Finanzministerium 2004, § 2a). Solche zusätzlichen Leistungsbezüge können aus Anlass von Berufungs- und Bleibeverhandlungen, für besondere Leistungen in Forschung, Lehre, Kunst, Weiterbildung und Nachwuchsförderung sowie für die Wahrnehmung von Funktionen oder besonderen Aufgaben im Rahmen der Hochschulselbstverwaltung oder der Hochschulleitung vergeben werden. Das BBesG besitzt insofern Charakterzüge einer wettbewerbsorientierten Vergütung und beinhaltet positive bzw. negative Konsequenzen für die Hochschullehrer.

Schließlich ist das Merkmal der *Transparenz* der Wettbewerbsbedingungen zu betrachten. Transparenz bedeutet in diesem Zusammenhang, dass die Akteure Kenntnis über die Wettbewerbsbedingungen haben und diese Bedingungen auch qualitativ beurteilen können. Auf Hochschulebene ist diesbezüglich insbesondere eine Transparenz im Bereich der Reputation von Hochschullehrern und -institutionen relevant. Die Hochschulen leisten hier jedoch noch eine unzureichende Aufklärungsarbeit, so dass z. B. den Studierwilligen oftmals die Kenntnisse fehlen, welche Hochschule für sie die optimalen Studienbedingungen (Fächerkombinationen, Betreuungsrelationen etc.) bietet.

Wettbewerbsarten

Bei der Betrachtung der Wettbewerbsarten wird in *Wettbewerb zwischen Individuen* und *Wettbewerb zwischen Institutionen* unterschieden. Wettbewerb zwischen Individuen findet auf den Ebenen der Studierenden und der Hochschullehrer statt, wohingegen der Wettbewerb zwischen Institutionen auf der Hochschulebene stattfindet (Turner 1986, S. 35 ff.; Rosigkeit 1996, S. 149 ff.):

1. Bei dem *Wettbewerb zwischen Individuen* konkurrieren

    - zum einen Studienbewerber, Studierende und Hochschulabsolventen mit anderen Studienbewerbern, Kommilitonen und Hochschulabsolventen um Studien-, Doktoranden- und Habilitandenplätze, in- und ausländische Stipendien sowie um möglichst gute Voraussetzungen auf dem Arbeitsmarkt nach dem Hochschulabschluss,
    - zum anderen Hochschullehrer mit Kollegen der eigenen Universität und anderer nationaler wie internationaler Hochschulen um finanzielle Ressourcen (z. B. Etat- und Drittmittel), um materielle Ressourcen (z. B. Räumlichkeiten und technische Infrastruktur), um personelle Ressourcen (z. B. qualifizierte Diplomanden, Doktoranden und Habilitanden) sowie um „Ungreifbares" (z. B. Reputation und wissenschaftliche Anerkennung).

2. Bei dem Wettbewerb *zwischen Institutionen* konkurrieren die Hochschulen mit anderen Hochschulen und Forschungseinrichtungen des Bundes oder der Länder sowie mit anderen Bildungseinrichtungen um finanzielle Mittel des Bundes, der Länder und der Drittmittelgeber (Grundausstattung (Personal- und Sachmittel), Projekt- bzw. Drittmittel etc.), um Personal (qualifizierte Hochschullehrer, Doktoranden, Habilitanden etc.) und um qualifizierte Studierende.

Nachfolgend werden die beiden zuvor skizzierten Wettbewerbsarten eingehender dargestellt, indem diskutiert wird, inwiefern die Voraussetzungen für den Wettbewerb, d. h. der Handlungsspielraum, die Konsequenzen sowie die Transparenz, gegeben sind:

Zu 1.: Wettbewerb zwischen Individuen: Der Wettbewerb zwischen den Individuen kann zu einem hohen Anteil als funktionstüchtig angesehen werden, da die zuvor angesprochenen Voraussetzungen im Wesentlichen erfüllt sind bzw. neue Regelungen diskutiert werden, die die Voraussetzungen zum Wettbewerb erfüllen, wie nachfolgend gezeigt wird.

- Ebene der Studienbewerber, der Studierenden und der Hochschulabsolventen: Der *Handlungsspielraum* ist auf dieser Ebene zu einem hohen Anteil gegeben, denn die Studienbewerber, Studierenden und Hochschulabsolventen bestimmen grundsätzlich selbst bei welchen Hochschulen, Instituten bzw. Stipendienprogrammen sie sich bewerben und welchen Aufwand sie hierfür betreiben. Durch die Regelungen der Zentralen Vergabestelle für Studienplätze (ZVS), die als zentraler „Marktplatz" aktuell[13] ca. ein Drittel aller Studienanfängerplätze möglichst wunschortorientiert vergibt, wird jedoch der Handlungsspielraum für die Gruppe der Studienanfänger eingeschränkt. Dies betrifft die grundständigen Studiengänge Biologie, Medizin, Pharmazie, Psychologie, Tier- oder Zahnmedizin, die zum Wintersemester (WS) 2005/2006 zentral von der ZVS vergeben werden (ZVS 2005).[14] Durch eine Abschaffung der ZVS, die aktuell immer wieder diskutiert wird (z. B. BDA/HRK 2003, S. 13 f.; Müller-Böling 2003), würde der Handlungsspielraum auch für die Gruppe der Studienanfänger gegeben sein. Im Bereich der Weiterbildung existiert keine zentrale Vergabe von Studienplätzen, d. h. der Handlungsspielraum der Bewerber wird nicht eingegrenzt. Die *Konsequenzen* aus dem eigenen Tun sind insofern gegeben, als gute Leistungen in den vorangegangenen Ausbildungszeiten (z. B. Abiturnote, Note des Hochschulzeugnisses, sonstige Zusatzleistungen oder das Renommee der gewählten Hochschule) Vorteile im Wettbewerb um Studien-, Doktoranden-, Habilitanden- oder Arbeitsplätze bzw. Stipendien bringen. Für den Bereich des grundständigen Studiums ist diesbezüglich anzumerken, dass die Vergleichbarkeit der Abiturnoten in den verschiedenen Bundesländern nicht gegeben ist.

---

[13] Stand: September 2005.
[14] Eine Ausnahme bildet das Land Nordrhein-Westfalen, bei dem noch eine Reihe weiterer Studiengänge zentral vergeben wird.

Aus diesem Grund wird diskutiert, neben der Abiturnote auch entsprechende Eignungstests oder differenziertere Auswahlverfahren[15] mit ergänzenden Leistungskriterien für den Hochschulzugang zu nutzen. Eine weitere Variante stellt in diesem Zusammenhang auch eine Eignungsfeststellung durch Vorlage entsprechender Leistungsnachweise nach den ersten zwei Semestern dar (Dallinger/Gieseke 2004, S. 143; Wissenschaftsrat 2004). Für den Bereich des weiterbildenden Studiums werden i. d. R. die Note des Hochschulzeugnisses sowie ggf. weitere Aspekte herangezogen. Bei der *Transparenz* in den Wettbewerbsbedingungen geht es darum, dass die Individuen wissen, welche „Spielregeln" sie bei der Bewerbung einhalten müssen und auf was sie sich einlassen (z. B. Reputation der Hochschule, Qualität der Studienbedingungen, Bedingungen am Lehrstuhl als Doktorand, Stipendienbedingungen etc.). Durch einen Vergleich der Hochschulen (z. B. mittels Hochschulranking[16]), der Ausschreibungen der Doktoranden-/Habilitandenstellen und der Stipendienprogramme sowie durch zusätzliche persönliche Gespräche mit den jeweiligen Entscheidungsträgern vor Ort können die Studierenden bzw. Hochschulabsolventen für eine gewisse Transparenz sorgen, jedoch ist eine umfassende Marktkenntnis aufgrund der Vielzahl an Arten und Formen der angebotenen Leistungen der Hochschulen aus Sicht der einzelnen Individuen kaum zu erarbeiten.

- Ebene der Hochschullehrer: Der *Handlungsspielraum* der Hochschullehrer im Wettbewerb um finanzielle, materielle und personelle Ressourcen sowie um „Ungreifbares" kann teilweise als gegeben angesehen werden, da sie ihren Lehrstuhl bzw. ihr Institut mit einem hohen Autonomiegrad gegenüber der Fakultäts- und Universitätsleitung führen (Hagenhoff 2002, S. 88). Die Einschränkung, dass der Wettbewerb lediglich teilweise als gegeben angesehen werden kann, bezieht sich im Wesentlichen auf die finanzielle und materielle Ausstattung der Hochschullehrer bzw. deren Institute. Spielte sich der Wettbewerb um finanzielle und materielle Ressourcen in den vergangenen Jahren insbesondere im Bereich der Akquisition von Drittmitteln ab (Rosigkeit 1996, S. 155 f.), wird es aktuell durch die Zunahme der Lehrstuhlevaluationen und der Einführung der W-Besoldung gleichfalls möglich, eine leistungsabhängige Komponente in der finanziellen bzw. materiellen Ausstattung für die Hochschullehrer bzw. deren Institute zu vergeben. Dies ist jedoch noch nicht der Regelfall an den deutschen Hochschulen. Den Wettbewerb um qualifiziertes Personal können die Hochschullehrer dadurch beeinflussen, indem sie die Stärken des Lehrstuhls bzw. Instituts (z. B. Evaluationsergebnisse der Forschung und Lehre, Publikationslisten etc.) entsprechend nach außen kommunizieren. Den Wettbewerb um „Ungreifbares" beeinflussen die Hochschullehrer indem sie ihre Forschungsergebnisse durch die „Scientific Community"

---

[15] So wird z. B. das Ministerium für Wissenschaft und Forschung in Nordrhein-Westfalen auch für zuvor zentral durch die ZVS vergebene Studienplätze ein neues Auswahlverfahren zum WS 2005/2006 einführen. Dieses sieht vor, dass 20 Prozent der Studienplätze an die Abiturbesten (Bundesebene) gehen, weitere 20 Prozent nach der Wartezeit verteilt und 60 Prozent der Studienplätze nach dem Ergebnis eines hochschuleigenen Auswahlverfahrens vergeben werden (Breustedt 2004).

[16] Die Bedeutung des Hochschulranking wird z. B. bei ROSIGKEIT analysiert (Rosigkeit 1996, S. 185 ff.).

beurteilen lassen. Aus den vorgenannten Ausführungen wird deutlich, dass auch das Kriterium der positiven bzw. negativen *Konsequenzen* zumindest teilweise erfüllt ist (mit der zuvor genannten Einschränkung in der Besoldung). Des Weiteren ist auch das Kriterium der *Transparenz* der Wettbewerbsbedingungen insbesondere bei der Akquisition von Drittmitteln über veröffentlichte Ausschreibungen als gegeben anzunehmen.

Zu 2.: Wettbewerb zwischen Institutionen: Im Vergleich zum Wettbewerb auf individueller Ebene stellt sich das Wettbewerbsbild zwischen den einzelnen Institutionen eher negativ dar. Die Hochschulen haben in vielen Bereichen als Institution nicht den erforderlichen *Handlungsspielraum*, um auf Aktionen der Wettbewerber reagieren zu können. Zunächst ist in diesem Zusammenhang die Kapazitätsverordnung (KapVO) zu nennen, die die Handlungsfähigkeit der Hochschulen im Bereich des grundständigen Studiums empfindlich einschränkt. Bereits im Jahr 1972 entwickelt, sollte sie für eine gleichmäßige Belastung der Hochschulen und eine möglichst erschöpfende Nutzung vorhandener Kapazitäten sorgen. Die planwirtschaftliche Verteilungslogik der KapVO geht von einer Gleichartigkeit sämtlicher Studiengänge einer Fachrichtung an den verschiedenen Hochschulen aus und verringert insofern den Handlungsspielraum in der individuellen Profilbildung. Das der KapVO immanente angebotsorientierte Denken in Curricularnormwerten behindert zudem die Entwicklung von Innovationen (z. B. Ausgestaltung von am Markt nachgefragten, innovativen Studiengängen) und reduziert insofern die Handlungsfähigkeit im Bezug auf Flexibilität und Innovationsfähigkeit. Schließlich baut das Modell der KapVO auf dem Präsenzunterricht auf und berücksichtigt nicht die Entwicklungen im Bereich der neuen Medien (Müller-Böling 2001, S. 4 ff.). Ebenfalls als problematisch anzusehen ist die Tatsache, dass die staatlichen Hochschulen im Bereich des grundständigen Studiums zurzeit noch keine Bewerber ablehnen dürfen sofern die Kapazitäten (d. h. Anzahl der zu vergebenden Studienplätze) nicht ausgeschöpft sind. Im Weiterbildungsbereich ist der Handlungsspielraum jedoch weitestgehend gegeben, denn zum einen unterliegt er i. d. R. nicht der KapVO und zum anderen treffen die Hochschulen die Auswahl der Bewerber eigenverantwortlich, so dass auch bei Unterschreitung der zulässigen Aufnahmekapazität unqualifizierte Bewerber durchaus abgewiesen werden können. Jedoch schränken die geltenden Rahmenbedingungen aus dem Haushalts-, Dienst- und Arbeitsrecht den Handlungsspielraum der staatlichen Hochschulen sowohl in der grundständigen Forschung und Lehre als auch im weiterbildenden Studium ein.

Im Bereich des Wettbewerbs um qualifiziertes Personal für das aus Landesmitteln finanzierte grundständige Studium besitzen die Hochschulen ebenfalls nicht den nötigen Handlungsspielraum, um positive Anreize für besonders herausragendes Personal zu setzen. Das Berufungsverfahren stellt im Wettbewerb um hervorragende Hochschullehrer zwar grundsätzlich ein geeignetes, qualitätsorientiertes Verfahren dar, jedoch wird den Hochschulen hierbei ein wesentliches Anreizinstrument genommen, da die Hochschullehrer Beamte des jeweiligen Landes sind und insofern den geltenden Besoldungsgesetzen unterliegen (Rosigkeit 1996, S. 172 f.). Auch die flexiblere W-Besoldung, bei der theoretisch die Möglichkeit besteht auch sehr attraktive Dienstbezüge zu zahlen, sofern die Tatbestände für die zusätzlich zahlbaren Leistungsbezüge erfüllt sind, bietet bei Berücksichtigung der sinkenden bzw. oftmals gedeckelten Hochschulbudgets (z. B. Frackmann/de Weert 1993, S. 85 f.) nicht den benötigten Handlungsspielraum, um entsprechend spezielle Fachbereiche, Fächer oder Module langfristig mit besonders renommierten Dozenten zu besetzen, insbesondere nicht im Vergleich zu privatwirtschaftlich organisierten Bildungseinrichtungen oder im internationalen Vergleich (Schröder 2003, S. 121).

Anders sieht die Sachlage jedoch in denjenigen Bereichen aus, in denen die Hochschulen Einnahmen generieren, wie z. B. der Weiterbildung. In den Landeshochschulgesetzen ist üblicherweise geregelt, dass für spezielle Kurse, die z. B. aufgrund fehlender fachlicher oder technischer Spezialisierung nicht durch eigenes Personal angeboten werden können, hochschulfremde Dozenten auf bestimmte Zeit per Lehraufträge gebunden werden können. Im Bereich der Weiterbildung wäre hier z. B. an besondere Fachvertreter aus Wirtschaft und Wissenschaft zu denken, um somit das Profil der Weiterbildung entsprechend aufzubauen. Für das grundständige Studium sind die Vergütungssätze für solche Lehraufträge in den Ministerialblättern[17] festgeschrieben. Ein wettbewerbsförderndes Beispiel für das weiterbildende Studium stammt aus Niedersachsen, denn dort gelten diese einheitlich festgesetzten Vergütungssätze nicht, sondern es dürfen besondere Vergütungen bezahlt werden, sofern die Einnahmen aus dem Weiterbildungsstudium die Kosten mindestens decken. Eine Subventionierung der zu zahlenden Vergütungen aus Mitteln der Hochschule ist jedoch ausgeschlossen (MWK 2000).

Der Wettbewerb um hochqualifizierte Doktoranden und Habilitanden ist ebenfalls aufgrund der desolaten Haushaltslage nicht ausreichend durch die Hochschulen zu beeinflussen. Zusätzlich spielen externe Einflüsse, wie z. B. die allgemeine Arbeitsmarktsituation, eine erhebliche Rolle. Insbesondere in Fachbereichen, in denen die Privatwirtschaft einen hohen Bedarf hat und den Hochschulabsolventen viel versprechende Gehälter zahlt, fällt es den Hochschulen schwer, qualitativ hochwertigen Nachwuchs zu rekrutieren (Rosigkeit 1996, S. 173). Dieser Effekt tritt bei einer sich im Aufschwung befindlichen Volkswirtschaft noch stärker zutage.

---

[17] Am Beispiel Niedersachsen sind dies: Nds. MBl. Nr. 19/1999 mit dem RdErl. des MWK vom 12.05.1999 sowie Nds. MBl. Nr. 33/1992 mit dem RdErl. des MWK vom 24.08.1992 geändert mit RdErl. des MWK vom 12.05.1999.

2.1 Die Hochschule als Institution

Aufgrund der hohen Auslastungsquoten in den Massenfächern, wie z. B. Betriebswirtschaftslehre, und der Tatsache, dass für das grundständige Studium zurzeit noch keine Studiengebühren erhoben werden,[18] war es für die Hochschulen in den vergangenen Jahren weniger wichtig, einen entsprechenden Handlungsspielraum zur Akquisition qualifizierter Studierender zu besitzen. Dieser wird jedoch sowohl im Rahmen der Einführung von Studiengebühren im grundständigen Studium als auch des weiterbildenden Studiums wichtig, da den Hochschulen daran gelegen sein wird, eine angemessene Anzahl an qualifizierten Studierenden als „zahlende Kunden" zu akquirieren.

Positive oder negative *Konsequenzen* aus dem eigenen Tun ergeben sich bei Betrachtung der institutionellen Ebene in denjenigen Bereichen, in denen die Hochschulen einen stärkeren Handlungsspielraum, sprich größere Autonomie, haben. Dies bedeutet, dass z. B. eine strategisch verfolgte Schwerpunktsetzung in der Forschung und Lehre, die Akquisition hervorragender Hochschullehrer mit entsprechender Reputation, ein attraktiver Fächerkanon sowie attraktive Studiengänge (im konsekutiven und weiterbildenden Studium) zu einer positiv besetzten Profilbildung der betrachteten Hochschule beitragen. Durch eine solche Schwerpunktsetzung nehmen die Hochschulen zwar Abschied von der traditionellen „Universalität" im Sinne der Gemeinschaft aller Wissenschaften (Müller-Böling 1995, S. 39), können sich jedoch zu „Centers of Excellence" wandeln um wettbewerbsfähig zu nationalen bzw. internationalen staatlichen oder privaten Forschungs- und Bildungseinrichtungen zu werden (BDA/HRK 2003, S. 8 f.).

Die *Transparenz* der Wettbewerbsbedingungen wird zusehends durch institutionelle Evaluationsprozesse unterstützt, deren Ergebnisse zu veröffentlichen sind (HRG 2002, § 6). Die Notwendigkeit zur regelmäßigen Evaluation ist in den jeweiligen Landeshochschulgesetzen weiter konkretisiert, so heißt es im NHG die „Hochschule begutachtet und bewertet in regelmäßigen Abständen die Erfüllung ihrer Aufgaben. (...) Auf der Grundlage der Ergebnisse der internen Evaluation führt eine vom Land und von der Hochschule unabhängige wissenschaftsnahe Einrichtung im Abstand von höchstens sieben Jahren eine weitere Begutachtung und Bewertung der Hochschule durch (externe Evaluation)" (NHG 2002, § 5). Problematisch ist jedoch, dass die Evaluationsverfahren durch verschiedene Einrichtungen[19] und unter

---

[18] Stand: September 2005. Im HRG (HRG 2002, § 27) und in den Landeshochschulgesetzen ist zwar vorgesehen, dass keine Studiengebühren für das konsekutive Studium gezahlt werden müssen, jedoch hat das Bundesverfassungsgericht am 26.01.2005 entschieden, dass das im HRG verankerte Verbot von Studiengebühren im Erststudium nichtig sei, weil es gegen den Grundsatz der Länderhoheit über die Bildung verstößt (BMBF 2005a). Aufgrund dieses Urteils ist zu erwarten, dass zumindest von den klagenden Ländern Pläne zur Einführung von Studiengebühren im Erststudium realisiert werden. Bis dato sehen die meisten Landeshochschulgesetze Bildungs- bzw. Studienguthaben vor, welche die Regelstudienzeit zuzüglich einiger weiterer Semester umfassen. Hochschulen sind ermächtigt nach Ablauf dieses Guthabens bzw. für die Inanspruchnahme nichtkonsekutiver Studiengänge (Weiterbildung) Gebühren und Entgelte zu erheben (z. B. NHG 2002, §§ 11-13; Hochschulgebührengesetz 2004, Artikel 2).

[19] Eine Übersicht, die zwar die hohe Anzahl an verschiedenen Einrichtungen und Netzwerken zur Evaluation verdeutlicht, dennoch nicht sämtliche der existierenden Einrichtungen bzw. Agenturen enthält, findet sich beim VERBUND NORDDEUTSCHER UNIVERSITÄTEN (VNU 2004).

Berücksichtigung unterschiedlicher Qualitätsaspekte durchgeführt werden. Die Ergebnisse sind insofern kaum vergleichbar und erschweren die objektive, transparente Beurteilung der Tätigkeiten staatlicher und privater Hochschulen bzw. Bildungsanbieter.

Zusammenfassend kann an dieser Stelle festgehalten werden, dass ein tatsächlich funktionierender Wettbewerb zurzeit lediglich auf der Ebene einzelner Individuen gegeben ist. Auf der Ebene der Institutionen ist ein Wettbewerb nur in solchen Bereichen möglich bzw. vorhanden, in denen die Hochschulen eine Stärkung in ihrer Autonomie, ihrer Profilbildung und Innovationsmöglichkeiten erhalten haben bzw. zukünftig erhalten werden. Der Stifterverband schätzt diesbezüglich die wissenschaftliche Weiterbildung als einen Sektor des deutschen Hochschulsystems ein, in dem ein funktionstüchtiger Wettbewerb zwischen den Institutionen am ehesten stattfinden kann, weil dort die Voraussetzungen für den Wettbewerb weitestgehend gegeben sind (Stifterverband 2003, S. 9).

2.2 Die wissenschaftliche Weiterbildung

In den folgenden Ausführungen wird zunächst der Begriff der wissenschaftlichen Weiterbildung definiert (Kap. 2.2.1). Die sich anschließenden Ausführungen erläutern die verschiedenen Ausprägungsformen wissenschaftlicher Weiterbildung und die Entwicklungen durch Nutzung der neuen Medien in der Lehre (Kap. 2.2.2). Schließlich wird die Notwendigkeit der wissenschaftlichen Weiterbildung im tertiären Bildungssystem erläutert (Kap. 2.2.3).

2.2.1 Begriff

Bevor die spezielle Form der wissenschaftlichen Weiterbildung charakterisiert wird, wird in einem ersten Schritt dargestellt, in welchen Formen Weiterbildung generell stattfinden kann:

- Weiterbildung lässt sich in eine *allgemeine* und *berufliche* Weiterbildung aufteilen. Die *allgemeine* Weiterbildung umfasst sämtliche Weiterbildungsprogramme, die nicht direkt berufsbezogen sind, wohingegen die *berufliche* Weiterbildung, die in der Praxis noch in Weiterbildung zum Aufstieg oder zur beruflichen Anpassung unterschieden wird, dazu dient eine Vertiefung oder Ergänzung der beruflichen Kenntnisse und Fähigkeiten zu erlangen (Kuwan et al. 2003, S. 17 ff.). Eine strikte Trennung zwischen der allgemeinen und beruflichen Weiterbildung ist in vielen Fällen nicht möglich. Aus diesem Grund ist es nur verständlich, dass Hochschulen als Anbieter für beide Formen der Weiterbildung auftreten können.
- Das Lernen im Rahmen von Weiterbildung kann *formell*, *non-formell* oder *informell* erfolgen (Erpenbeck/Sauer 2001, S. 32 ff.; Willich/Minks/Schaeper 2002, S. 3). *Formelles* Lernen ist „... ein von Bildungsinstitutionen veranstaltetes, planmäßiges, strukturelles Lernen, das zu anerkannten Abschlüssen und Zertifikaten führt" (Dohmen 1996, S. 29). *Non-formelles* Lernen findet in Projektgruppen, Netzwerken oder Coachings statt und führt nicht zu anerkannten Abschlüssen wohingegen *informelles* Lernen durch Learning-by-Doing im Arbeits-

prozess oder im Rahmen sonstiger sozialer Situationen stattfindet (Dohmen 1996, S. 29; Strake 2000, S. 27). Bezogen auf die nachfolgend beschriebene Konzeption von Geschäftsmodellen der wissenschaftlichen Weiterbildung liegt der Fokus auf dem formellen Lernen.

Der Begriff der *wissenschaftlichen* Weiterbildung drückt aus, dass die Weiterbildung durch die wissenschaftliche Institution der Hochschule getragen und durchgeführt wird. Wird die Weiterbildung durch andere Bildungseinrichtungen (z. B. Corporate Universities, Akademien o. Ä.) angeboten und durchgeführt, handelt es sich hingegen um nicht-wissenschaftliche Weiterbildung. Weiterbildungsmaßnahmen von Hochschulen schließen zum einen mit einem bundesweit anerkannten *akademischen* Grad bzw. Titel (z. B. von Diplom- oder Masterstudiengängen) oder zum anderen mit einem *nicht-akademischen* Abschluss (z. B. von Zertifikats- oder Kurzzeitseminaren) ab (Hagenhoff 2002, S. 103). Zu klären ist jedoch, ab wann es sich um eine Weiterbildung anstelle einer Ausbildung handelt:

- Der Deutsche Bildungsrat definiert die Weiterbildung als „…Fortsetzung oder Wiederaufnahme (des) organisierten Lernens nach Abschluss einer unterschiedlich ausgedehnten ersten Ausbildungsphase…" (Deutscher Bildungsrat 1970, S. 197). Das Ende der ersten Ausbildungsphase, und damit der Beginn der Weiterbildungsphase, wird i. d. R. durch das Erlangen der vollen Erwerbstätigkeit gekennzeichnet. Eine Wiederaufnahme des Lernens nach einer kurzen Anlern- oder Einarbeitungsphase gehört insofern nicht zu dem Bereich der Weiterbildung. Interessant aus dieser Perspektive ist, dass Aus- und Weiterbildungsphasen an unterschiedlichen Institutionen stattfinden können. Dies erweitert die potenzielle Kundengruppe, die mit der wissenschaftlichen Weiterbildung angesprochen werden soll, weil eine wissenschaftliche Weiterbildung auch dann aufgenommen werden kann, wenn keine wissenschaftliche, sondern z. B. eine kaufmännische Erstausbildung absolviert wurde (sofern die Zulassungskriterien dies ermöglichen).
- Nach HOLTKAMP und KAMZADEH umfasst die wissenschaftliche Weiterbildung sämtliche Veranstaltungen an Hochschulen, die der Erneuerung, Erweiterung und Vertiefung des in der Erstausbildung sowie im Rahmen beruflicher Erfahrungen gewonnenen Wissens dienen (Holtkamp/Kazemzadeh 1989, S. 28 ff.).
- Die Bundesvereinigung Deutscher Arbeitgeberverbände (BDA), die Hochschulrektorenkonferenz (HRK) sowie der Deutsche Industrie- und Handelstag (DIHK) verstehen die wissenschaftliche Weiterbildung in den gemeinsamen Empfehlungen zur Weiterbildung durch Hochschulen als Oberbegriff für sämtliche Hochschulangebote, die zur Fortsetzung oder Wiederaufnahme des organisierten Lernens aufgenommen werden und somit zu einer Erweiterung, Vertiefung oder Spezialisierung von zuvor erworbenem Wissen dienen. Sie nehmen die bereits durch den Deutschen Bildungsrat formulierte Definition auf und präzisieren weiter, dass die wissenschaftliche Weiterbildung solche Angebote umfasst, die inhaltlich und didaktisch-methodisch auf Hochschulniveau aufbereitet sind und das spezifische Zeitbudget Berufstätiger berücksichtigen, die diese Weiterbildung nach Ab-

schluss einer ersten berufsqualifizierenden Ausbildung und einer Phase beruflicher Tätigkeiten in Anspruch nehmen (BDA/HRK/DIHK 2003, S. 6).

Aufgrund der Vielzahl an Definitionen, die unterschiedlich weit gefasst sind, nehmen sowohl WILLICH und MINKS als auch WOLTER eine Präzisierung des Begriffs der wissenschaftlichen Weiterbildung vor. Sie definieren die wissenschaftliche Weiterbildung in Abhängigkeit von verschiedenen Kriterien, d. h. dem *Bildungsträger*, dem *wissenschaftlichen Niveau* und der *Unabhängigkeit* gegenüber fremden Interessen (Willich/Minks 2003, S. 2 f.; Wolter 2004, S. 24)[20]:

Wissenschaftliche Weiterbildung kann

- in Abhängigkeit vom *Bildungsträger* definiert werden, d. h. solche Angebote umfassen, die exklusiv von Hochschulen angeboten werden. Andere Träger von Weiterbildung wären durch diese Definition ausgeschlossen.
- in Abhängigkeit des *wissenschaftlichen Niveaus* definiert werden. Sollen die Angebote neben einem hohen fachlichen Niveau auch einen entsprechenden Forschungsbezug und eine Methodenreflexion aufweisen, wären Hochschulen bei dieser Definition bevorzugte Anbieter von Weiterbildung.
- anhand der *Unabhängigkeit* gegenüber fremden Interessen definiert werden. Im Gegensatz zu innerbetrieblicher Weiterbildung bzw. zu Weiterbildung durch an Unternehmen gebundene Bildungseinrichtungen, weisen Hochschulen einen höheren Grad an Unabhängigkeit gegenüber fremden Interessen, jedoch i. d. R. auch einen geringeren Grad an Praxisbezug, auf.

Als Arbeitsdefinition wird festgehalten, dass es sich bei der wissenschaftlichen Weiterbildung um eine Form des organisierten Lernens handelt, durch welche allgemeine und/oder berufliche Kenntnisse erneuert, erweitert oder vertieft werden. Die wissenschaftliche Weiterbildung wird nach Abschluss einer ersten berufsqualifizierenden Ausbildungsphase aufgenommen und weist auf einem hohen Niveau einen intensiven Forschungsbezug sowie eine umfassende Methodenreflexion auf. Sie ist inhaltlich und didaktisch-methodisch sowie organisatorisch auf die Bedürfnisse von Berufstätigen abgestimmt. Die wissenschaftliche Weiterbildung weist einen gewissen Grad an Unabhängigkeit gegenüber hochschulfremden Interessen auf und es können neben nicht-akademischen auch akademische Abschlüsse verliehen werden.

---

[20] Die beiden Autoren definieren die Weiterbildung auch in Abhängigkeit von der *Zielgruppe*. Da diese Definition jedoch wenig aussagekräftig ist, weil sich je nach Definition der Zielgruppe ggf. Änderungen ergeben, wurde sie im Fließtext nicht aufgeführt.

2.2.2 Ausprägungsformen

Der Begriff der wissenschaftlichen Weiterbildung spezifiziert nicht eindeutig, ob es sich hierbei um ein einzelnes *Weiterbildungsprodukt* oder ein komplexes *Weiterbildungsangebot* handelt:

- Unter einem *Weiterbildungsprodukt* wird im Folgenden Lehr-/Lernmaterial verstanden, welches in verschiedenen Präsentationsformen realisiert wird, wie z. B. in Form von Lehrbüchern, Foliensammlungen, videobasierten Vorlesungsaufzeichnungen oder als online- bzw. computerbasierte Vorlesungen (Computer-Based Trainings (CBT) oder Web-Based Trainings (WBT)), deren Inhalte in Form von Text- und Graphikdarstellungen (ggf. inklusive kleiner Animationen) aufbereitet wurden. Solches Lehr-/Lernmaterial kann entweder mit oder ohne Betreuungsleistungen durch Präsenz- bzw. Teletutoren[21] zu den Inhalten eingesetzt werden und variiert bei einem einfachen Komplexitätsgrad zwischen einem geringen und einem hohen Standardisierungsgrad (z. B. firmenindividueller Kurs versus Standardkurs im E-Commerce). Der Komplexitätsgrad beschreibt, ob es sich um einen einzelnen Kurs handelt oder um ein Bündel aus verschiedenen Kursen, die unter einem Curriculum zusammengefasst und angeboten werden. Der Komplexitätsgrad drückt in diesem Zusammenhang nicht die Komplexität innerhalb eines einzelnen Kurses aus (Hagenhoff 2002, S. 152).
- Unter einem *Weiterbildungsangebot* wird hingegen die Bündelung mehrerer Weiterbildungsprodukte unter einer gemeinsamen organisatorischen Struktur verstanden (z. B. kompletter Studiengang). Auch auf der Ebene der Weiterbildungsangebote variiert der Standardisierungsgrad zwischen den Extremen standardisiert und individualisiert, jedoch auf einem hohen Komplexitätsgrad aufgrund der Bündelung von einzelnen Kursen innerhalb eines übergeordneten organisatorischen Rahmens.

Anhand der Dimensionen Komplexitäts- und Standardisierungsgrad können die realisierbaren Weiterbildungsprodukte und -angebote differenziert werden, wie die nachfolgende Abbildung zeigt (in Anlehnung an Hagenhoff 2002, S. 152). Sofern keine Unterscheidung bezüglich des Komplexitätsgrades erforderlich ist, werden die beiden Begriffe Weiterbildungsprodukt und -angebot nachfolgend unter dem Begriff „Weiterbildungsprogramm" zusammengefasst.

---

[21] Ein Teletutor ist ein über synchrone und/oder asynchrone Kommunikationswege erreichbarer kurs- oder studiengangbezogener Ansprechpartner für inhaltliche, organisatorische und technische Fragen (z. B. Zimmer 2003, S. 8).

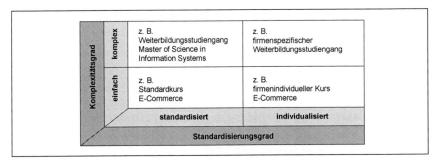

Abbildung 2.2-1: Ausprägungsformen von Weiterbildungsprogrammen

Der Stifterverband für die deutsche Wissenschaft fasst in seinen Ergebnissen zur Studie „Hochschulen im Weiterbildungsmarkt" zusammen, dass die Programme in der wissenschaftlichen Weiterbildung nicht nur inhaltlich variieren, sondern auch in der Art des Aufbaus (modulares Curriculum, teilweise sehr flexibel, mit und ohne Wahlmöglichkeiten zwischen Kursen etc.). In vielen Fällen werden die Programme berufsbegleitend angeboten. Neben weiterführenden Studiengängen mit einer i. d. R. zwei- bis viersemestrigen Laufzeit, werden Veranstaltungsreihen mit einzelnen Tages- und/oder Abendveranstaltungen sowie Blockveranstaltungen an Wochenenden oder über einzelne Wochen verteilt angeboten. Ein schrittweiser Erwerb von akademischen Abschlüssen anhand eines Curriculums aus baukastenähnlichen einzelnen Modulen, die in sich thematisch abgeschlossen, zeitlich unabhängig und eigenständig zertifizierbar sind, ist noch nicht sehr verbreitet (Stifterverband 2003, S. 19). Zu den gleichen Resultaten kommen auch HERM ET AL. in ihrer explorativen Studie zu den Implementierungsstrategien der Weiterbildung an Hochschulen (Herm et al. 2003, S. 42 f.).

Neben dem traditionellen Präsenzunterricht, der üblicherweise in Form von Frontalunterricht mittels Vorträgen oder Demonstrationen sowie Diskussionen durchgeführt wird und durch eine Abhängigkeit von Ort und Zeit sowie den Möglichkeiten der Interaktion und direkten Kommunikation geprägt ist (Dubs 1995, S. 48 ff.), treten durch die Nutzung der neuen Medien die verschiedenen Realisierungsformen des E-Learnings (vgl. Abbildung 2.2-2, gekennzeichnet durch die gestrichelte Linie). Diese ermöglichen ein, bezogen auf den Ort und die Zeit, unabhängiges Lernen und variieren im Ausmaß der Interaktivität. Die Interaktivität wird beim E-Learning z. B. mittels Video- oder Audiokonferenzen sowie durch Chats realisiert, nicht-interaktives Lernen erfolgt eher im Rahmen des Selbststudiums von computer- oder internetbasierten Lehr-/Lernarrangements. Nachfolgende Abbildung visualisiert das zuvor Beschriebene (in Anlehnung an Lang 2002, S. 35).

2.2 Die wissenschaftliche Weiterbildung

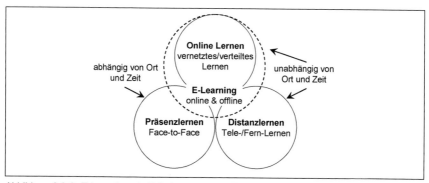

Abbildung 2.2-2: E-Learning als Schnittmenge des Präsenz-, Distanz- und Online-Lernens

Die Nutzung neuer Medien impliziert jedoch keine hierarchische Überordnung zu den alten Medien oder gar deren Abwertung. Die neuen Medien bringen sowohl neue Möglichkeiten und Chancen als auch Risiken und Probleme mit sich und sind deshalb nicht per se besser oder schlechter als die alten Medien. Das Besondere an den neuen Medien ist, dass sie computer- bzw. webbasiert, multimedial, hyperstrukturiert, teilweise interaktiv und kommunikativ gestaltet sein können und i. d. R. eine komplexere Eindrucksqualität aufweisen (Lang 2002, S. 29 ff.). In einer explorativen Studie der Universität Dresden wurde festgehalten, dass als positive Aspekte unter anderem eine Ortsunabhängigkeit des Bildungsangebotes, verbesserte Recherchemöglichkeiten unter Rückgriff auf entsprechende Datenbanken sowie der verstärkte Einbezug von Bild- und Tonmaterialien möglich ist. Dem gegenüber stehen die Probleme der kostenintensiven Entwicklung, der aufwendigen Aufbereitung von Lehr-/Lernmaterialien und Pflege dieser Programme sowie des erhöhten Betreuungsaufwandes (Herm et al. 2003, S. 47). Durch eine geeignete Aufbereitung der E-Learning-Materialien kann jedoch zumindest das Problem der hohen Kostenintensität gemildert werden. KAMIN stellt in diesem Zusammenhang eine Konzeption zur Mehrfachverwendung von E-Learning-Materialien vor, indem er eine modulare und offene Bildungsproduktarchitektur entwickelt und anhand von beispielhaften Anwendungen verdeutlicht, wie die Anpassung solcher modularer Lehr-/Lernarrangements an die jeweilige Kundengruppe, und somit die Mehrfachverwendung, vollzogen werden kann (Kamin 2004, S. 211 ff.). Bereits HAGENHOFF konstatiert, dass sich der Einsatz neuer Medien in der Hochschullehre erst bei einer hohen Teilnehmerzahl rechtfertigen lässt, welche sich entweder dann einstellt, wenn eine Veranstaltung über einen möglichst langen Zeitraum angeboten wird[22] oder durch entsprechende kostengünstige Anpassungen verschiedenen Nutzergruppen zugänglich gemacht werden kann (Hagenhoff 2002, S. 73 f.).

---

[22] Hierbei stellt sich jedoch die Frage nach der Wahrung der Aktualität der Lehrmaterialien.

Zusammenfassend wird festgehalten, dass die Ausprägungsformen wissenschaftlicher Weiterbildung nach Komplexitäts- und Standardisierungsgrad variieren. Es kann sich sowohl um Weiterbildungsprodukte mit oder ohne Betreuungsleistungen als auch um komplexe Weiterbildungsangebote handeln, innerhalb derer mehrere Kurse unter einem Curriculum zusammengefasst sind. Die Weiterbildung kann sowohl in Präsenzform als auch per Fernlehre organisiert sein, wobei die Fernlehre oftmals unter Nutzung der neuen Medien umgesetzt wird.

2.2.3 Notwendigkeit

Die Notwendigkeit zur wissenschaftlichen Weiterbildung resultiert aus zwei Faktoren, die nicht unabhängig voneinander gesehen werden können:

In der wissenschaftlichen Literatur wird vielfach davon ausgegangen, dass sich die Industriegesellschaften hin zu Wissensgesellschaften entwickelt haben (z. B. Stehr 1994; Beck/Giddens/Scott 1996; Bell 1976). Die Unternehmen müssen in der Lage sein, auf die dynamischen und komplexen Marktanforderungen (Kunden, Lieferanten, Wettbewerber) zu reagieren und in diesem Zusammenhang spielt der Produktionsfaktor Wissen sowohl als Innovationskraft als auch zur Abgrenzung von den Wettbewerbern eine immer stärkere Rolle. Der Übergang zur Wissensgesellschaft sei gekennzeichnet durch eine zunehmende Geschwindigkeit, mit der Wissen entsteht, sich verbreitet und veraltet. Der Entwicklungs- und Herstellungszeitraum von Produktinnovationen verkürze sich zusehends durch den Einsatz computergestützter Entwicklungsverfahren, so dass es zu einer Verkürzung der Produktlebens- und Innovationszyklen kommt (z. B. Gerpott/Wittkemper 1991, S. 121 ff.; Foray/Lundvall 1996, S. 14 ff.; Schröder 2003, S. 22). Diese Aussage ist die vielfach vertretene wissenschaftliche Meinung, jedoch muss an dieser Stelle auch darauf hingewiesen werden, dass es vereinzelt diesbezüglich auch kritische Stimmen gibt: Zum einen ist die Geschwindigkeit, mit der Wissen entsteht und veraltet sicherlich branchen- und inhaltsabhängig, denn die Erkenntnisse z. B. im IT-Bereich oder in der Bio- bzw. Gentechnologie erneuern sich relativ schnell im Vergleich zu dem Wissen im Bereich der Literatur- und Sprachwissenschaften und die Lehren von Euklid, Pythagoras, Aristoteles oder Kant werden auch in den nächsten Jahrhunderten Gültigkeit bewahren (Schlaffke 2005). Zum anderen ist es insbesondere auch in innovationsträchtigen Unternehmensbereichen durchaus sinnvoll, sich auf seine Kernkompetenzen zu konzentrieren und nicht jedwedes zusätzliche Know-how zu akquirieren um den durchaus begrenzten menschlichen Wissensspeicher nicht zu überfrachten (Grundwald/Kieser 2003, S. 36). Schließlich determinieren auch die mit der Innovation einhergehenden Veränderungen den Umfang des neuen Wissensbedarfs. Grundsätzlich gilt jedoch, dass durch die fortschreitende Technologisierung motorische Fähigkeiten heute im Vergleich zu reiner Kopfarbeit in geringerem Ausmaß benötigt werden als noch vor 30-40 Jahren (Miles 1996, S. 123 ff.). Aus diesem Grund wird analog zu einer Vielzahl von Autoren ein grundsätzlicher Bedarf gesehen, die wissenschaftliche Weiterbildung auszubauen, um den stärker wissensbasierten beruflichen Qualifikationen Rechnung zu tragen (z. B. Heß 2003, S. 4; BDA/HRK/DIHK 2003, S. 5; Müller-Böling 1995, S 28). In den wissensintensiven Bereichen befinden sich die Beschäftigten in einem

2.2 Die wissenschaftliche Weiterbildung

sich permanent wandelnden Arbeitsumfeld und bedürfen einer kontinuierlichen Weiterbildung. Sie müssen die Fähigkeit besitzen, sich durch fundiertes Fach- und Methodenwissen eigenständig neue Erkenntnisse zu erarbeiten und diese im Arbeitsumfeld situationsbezogen anzuwenden (Schröder 2003, S. 21 f.). In solchen Nationen, in denen es an natürlichen Ressourcen mangelt, spielt die Qualität der Beschäftigten und die Innovationsfähigkeit eine sehr wichtige Rolle, um das wirtschaftliche Überleben und die soziale Sicherheit zu stärken (Hödl/Zegelin 1999, S. 83; Foray/Lundvall 1996, S. 16 f.).

Des Weiteren stellt sich das Lernen als ein kontinuierlicher Prozess dar, der nicht mit dem Erwerb der ersten Berufsqualifikation (z. B. akademische Ausbildung) endet, sondern zu einem integrativen Bestandteil des gesamten Berufslebens wird. Im Zusammenhang dieses „lebenslangen Lernens" wird demzufolge auch die Abkehr vom Lernen auf Vorrat hin zum Lernen auf Abruf gefordert (z. B. Kraemer/Milius 2000, S. 25 f.). Auch wenn die wissenschaftliche Weiterbildung zurzeit an den Hochschulen eher noch ein doppeltes Nischen-Dasein führt (Stifterverband 2003, S. 10; Wolter 2004, S. 22), da sie sowohl innerhalb der Hochschule als auch auf dem Markt für Weiterbildung lediglich eine Nische besetzt, könnte dieser demographische Faktor eine motivierende Schubkraft leisten, die Weiterbildung durch Hochschulen zu intensivieren.

3 Bezugsrahmen für Geschäftsmodelle der wissenschaftlichen Weiterbildung

Als Bezugsrahmen wird nachfolgend zum einen der Weiterbildungsprozess betrachtet (Kap. 3.1). Dieser wird zerlegt in solche Prozesse, die den Kernkompetenzen[23] der Hochschulen entsprechen, wie z. B. den Aufgaben in der Forschung und Lehre (wertschöpfende Prozesse) und in solche, die dem Verwaltungs- oder Overheadbereich zuzuordnen sind, wie z. B. nichtwissenschaftliche Aufgaben im Rahmen der Vermarktung von Weiterbildungsprogrammen (unterstützende Prozesse). Zum anderen wird erörtert, was unter einem Geschäftsmodell im hier vorliegenden Zusammenhang zu verstehen ist (Kap. 3.2). Ziel hierbei ist es, die wesentlichen Hauptelemente von Geschäftsmodellen in der wissenschaftlichen Weiterbildung zu identifizieren und für den weiteren Verlauf konkrete Forschungsfragen zu stellen.

3.1 Weiterbildungsprozess

Die Leistungserstellung von wissenschaftlicher Weiterbildung unterscheidet sich in den Grundsätzen nicht von anderen Dienstleistungen: Bestimmte Produktionsfaktoren werden kombiniert (Input) und zu einer Gesamtleistung zusammengefügt (Herstellung), um diese dann bereit zu stellen und an den Markt abzugeben (Output) (Bodendorf 1999, S. 8 f.). Es können die beiden Hauptphasen *Herstellen der Leistungsbereitschaft* und *Durchführen der Weiterbildung* identifiziert werden, wobei Erstere die zuvor genannten Teilphasen Input und Herstellung und Letztere die Bereitstellung der Weiterbildung sowie den Absatz an den Weiterbildungsmarkt (Output) umfasst (analog Hagenhoff 2002, S. 31 ff.). Diese beiden Hauptphasen sind jedoch noch sehr allgemein und geben wenig Anknüpfungspunkte für die Entwicklung von Geschäftsmodellen in der wissenschaftlichen Weiterbildung. Aus diesem Grund wird analysiert, welche Aufgaben innerhalb dieser Phasen den Kernkompetenzen zuzuordnen sind und welche sich eher dem Verwaltungs- bzw. Overheadbereich von Hochschulen zurechnen lassen. Diese Aufgaben werden getrennt nach den wertschöpfenden und unterstützenden Prozessen jeweils zu einzelnen Teilprozessen zusammengefasst.

3.1.1 Analyse der wertschöpfenden und unterstützenden Prozesse

Die Phase des *Herstellens der Leistungsbereitschaft* ist dadurch gekennzeichnet, dass die zu treffenden Entscheidungen sehr weit reichend sind. Insofern weist sie einen längerfristigen

---

[23] Die Idee der Kernkompetenzen geht im Wesentlichen zurück auf PRAHALAD und HAMEL, die bereits zu Beginn der 1990er Jahre in der Managementliteratur hierzu entsprechende Ausführungen machten. Kernkompetenzen sind diejenigen Fähigkeiten, die die Einzigartigkeit einer Person oder einer Organisation ausmachen. Sie nutzen sich nicht ab und nehmen im Gegensatz zu materiellen Aktiva, die sich mit der Zeit verbrauchen, durch Gebrauch zu. Kernkompetenzen bieten Zugang zu einer Vielzahl von Märkten, sollten wesentlich zum wahrgenommenen Nutzen des Endprodukts für den Kunden beitragen und für Wettbewerber schwer zu kopieren sein (Prahalad/Hamel 1991, S. 69 ff.). Die Konzentration auf seine Kernkompetenzen, d. h. auf die Fähigkeiten in denen die Person oder Organisation besser als andere ist, wird im Allgemeinen als Möglichkeit zur Realisierung eines strategischen Vorteils gesehen.

Bezugszeitraum auf, so dass sie auch als strategischer Rahmen (Bea/Haas 2001, S. 49 ff.) für das Angebot eines Weiterbildungsprogramms zu bezeichnen ist. Im Gegensatz dazu weist die zweite Phase, d. h. das *Durchführen der Weiterbildung*, einen eher kurzfristigen Bezugszeitraum auf. Analog zu SCHEIDEGGER, der die gesamten Aufgabenbereiche von Hochschulen in Hauptaufgabenbereiche und Hilfsfunktionen der Leistungserstellung unterteilt (Scheidegger 2001, S. 21), wird nun analysiert, ob die einzelnen Aufgaben innerhalb der beiden zuvor genannten Phasen der wissenschaftlichen Weiterbildung eher wertschöpfende oder unterstützende Prozesse darstellen:

- Wertschöpfende Prozesse der wissenschaftlichen Weiterbildung stellen im vorliegenden Zusammenhang all diejenigen Teilprozesse dar, die den üblichen Kernkompetenzen von Hochschulen im Bereich der Lehre entsprechen und im Wesentlichen dem Wertschöpfungsprozess zuzuordnen sind, wie z. B. Lehre planen, konzipieren und durchführen oder inhaltliche Betreuung durchführen und Prüfungen abnehmen.
- Unterstützende Prozesse sind hingegen Tätigkeiten des Verwaltungs- bzw. Overheadbereichs. Hierzu gehören zum einen die Abwicklung von Bewerbungen, Im- und Exmatrikulationen, Rückmeldungen oder Beurlaubungen, allgemeine Studienberatung und Verwaltung von Studierendenakten mit persönlichen oder Prüfungsdaten. Zum anderen entstehen weitere unterstützende Prozesse speziell für die Weiterbildung, wie z. B. das Durchführen von gezielten Marktstudien als Basis für ein nachfrageorientiertes Angebot und um das gegebene Potenzial eines Marktbereichs aufzudecken, das Erstellen von Business- und/oder Finanzierungsplänen für neue Weiterbildungsprogramme sowie die Kommunikationspolitik und Kundenakquisition.

Die nachfolgende Tabelle zeigt verschiedene Aufgabenbereiche innerhalb der beiden Hauptphasen *Herstellen der Leistungsbereitschaft* sowie *Durchführen der Weiterbildung* und ordnet sie in wertschöpfende und unterstützende Prozesse ein. Die Inhalte sind teilweise entnommen aus (Hagenhoff 2002, S. 33 ff., 157 ff.). Des Weiteren fließen die Erfahrungen aus der Einführung des Weiterbildungsstudiengangs „Master of Science in Information Systems" an der Georg-August-Universität Göttingen in die Ausführungen ein:

3.1 Weiterbildungsprozess

	Herstellen der Leistungsbereitschaft			Durchführen der Weiterbildung
	Input	Herstellung		Output
Wertschöpfende Prozesse	**Planung:** • Zielbestimmung für das Weiterbildungsprogramm. • Planung der verschiedenen Programme in der Weiterbildung sowie der Zusammensetzung der Programmstruktur (Kurzzeitprogramme, Studiengänge etc.). • Lehr-/Lernmaterial auswählen, zusammentragen und systematisieren.	**Konzeption:** • Didaktisches Konzept erstellen für ein WP[24]. • Konzept und Curriculum erstellen für ein WA[25]. • Prüfungs-/Studienordnungen erstellen für ein WA. **Realisierung:** • Lehr-/Lernmaterial bzw. Kurse zu einem Weiterbildungsprogramm zusammenstellen. • Studiengang akkreditieren lassen.		**Lehre:** • Halten der Lehrveranstaltung bzw. Bereitstellen über eine Lernplattform (Wissensvermittlung). • Betreuung der Studierenden. • Prüfungsabnahme durchführen. • Evaluation der Lehre durchführen.
Unterstützende Prozesse	**Planung:** • Marktanalysen durchführen. • Erstellen von Businessplänen für neue Weiterbildungsprogramme (Finanzierung über den Markt). • Entwicklung eines Organisationsmodells. • Sicherung der Finanzierung für neue Weiterbildungsprogramme.	**Organisation:** Prozesse koordinieren. **Realisierung:** • Geeignete Räume (Tagungsräume, Hörsäle etc.) auswählen und ggf. buchen. • Ggf. Anschaffen einer Lernplattform, sofern der Zugang zu den Lehr-/Lernmaterialien nicht ausschließlich in Präsenzform erfolgen soll. • Graphiken und Medienobjekte für ggf. einzusetzende E-Learning-Materialien erstellen. • Dozentenakquisition durchführen. • Spezielle Lehraufträge erstellen. **Organisation:** Neuorganisation der Hochschulstrukturen zur Einbindung und Abwicklung der neuen Weiterbildungsprogramme.		**Verwaltung und Administration:** • Kommunikationspolitik durchführen (z. B. Marketing und PR[26]). • Kundenakquisition durchführen. • Überprüfung der Zulassungsvoraussetzungen (und ggf. Durchführen von Eignungsprüfungen). • Verwaltung der Studierenden. • Überwachung und Initiierung von Zahlungsausgängen. • Überprüfung und Quittierung der Zahlungseingänge. • Beschwerdemanagement durchführen.

Abbildung 3.1-1: Tätigkeiten in den Hauptphasen der wissenschaftlichen Weiterbildung

Der obigen Tabelle ist zu entnehmen, dass die beiden Hauptphasen *Herstellen der Leistungsbereitschaft* sowie *Durchführen der Weiterbildung* in die Teilprozesse der „Planung", „Konzep-

---

[24] WP = Weiterbildungsprodukt.
[25] WA = Weiterbildungsangebot.
[26] PR = Public Relations.

tion", „Realisierung", „Organisation", „Lehre" sowie „Verwaltung und Administration" zerlegt werden können.

Die beiden Teilprozesse „Konzeption" und „Lehre" stellen im Rahmen der Weiterbildung ausschließlich wertschöpfende Prozesse dar, da sie traditionell zu den Kernkompetenzen der Hochschulen zu zählen sind. Die Teilprozesse „Planung", „Realisierung" und „Organisation" weisen hingegen sowohl wissenschaftliche als auch nicht-wissenschaftliche Aufgabenbereiche auf und sind insofern sowohl den wertschöpfenden als auch den unterstützenden Prozessen zuzuordnen. Als ausschließlich unterstützender Prozess kann schließlich die „Verwaltung und Administration" bezeichnet werden. Die nachfolgende Abbildung visualisiert diese Zuordnung bevor im Anschluss die einzelnen Unterphasen jeweils näher beschrieben werden.

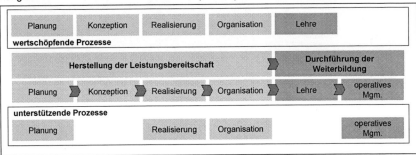

Abbildung 3.1-2: Wertschöpfende und unterstützende Prozesse

3.1.2 Herstellen der Leistungsbereitschaft

Teilprozess „Planung"

<u>Wertschöpfende Prozesse:</u> Innerhalb der Planungsphase findet zunächst eine Einigung auf das Ziel statt, welches mit der Bereitstellung eines Weiterbildungsprogramms erreicht werden soll. Es ist die Frage zu klären, ob es sich um die Ergänzung eines bereits bestehenden Curriculums handelt oder ein komplett neues Weiterbildungsprogramm (z. B. ein neuer Weiterbildungsstudiengang) geschaffen werden soll. Die Zielfindung hängt hierbei eng mit der Profilbildung der anbietenden Institution zusammen (Scheidegger 2001, S. 147 ff.). Ist es das Ziel, ein bereits bestehendes Curriculum durch zusätzliche Weiterbildungsprodukte zu ergänzen, so sind vordergründig die Lehrinhalte auszuwählen, zusammenzutragen und zu systematisieren. Ist es das Ziel, ein komplett neues Weiterbildungsprogramm zu entwickeln, fallen eine Reihe nicht-wissenschaftlicher Aufgaben an, die nachfolgend näher beschrieben werden.

Unterstützende Prozesse: Im Rahmen der Entwicklung neuer Weiterbildungsprogramme sollte zunächst eine Marktanalyse durchgeführt werden bevor die einzelnen Inhalte zusammengetragen werden, damit das Programm auf die Bedürfnisse des Marktes abgestimmt werden kann (Benkenstein et al. 2003, S. 109; zur Relevanz von Marketing- und Marktforschung siehe auch Meffert 2000, 93 ff.). Zum einen muss analysiert werden, welche Weiterbildungsprogramme absetzbar sind (Zielgruppe, Output) und zum anderen welche bereits auf dem Weiterbildungsmarkt angeboten werden (Wettbewerb, Input), um sich in geeigneter Weise vom Wettbewerb abzugrenzen bzw. die durch andere Bildungseinrichtungen angebotenen Weiterbildungsprogramme ggf. zur Komplettierung des eigenen Weiterbildungsprogramms (anstelle eigener Herstellung) einzukaufen (Hagenhoff 2002, S. 79 ff.). Des Weiteren fällt das Erstellen eines Organisations- und Finanzierungsmodells in die Planungsphase. Das Organisationsmodell (Schreyögg 2003, S. 11 ff.) legt neben der Bestimmung der Verantwortlichkeiten für einzelne Teilaufgaben auch einen Zeit- und Ablaufplan für die Realisierung der gesetzten Ziele fest, wohingegen innerhalb des Finanzierungsplans festzulegen ist, aus welchen Quellen die Mittel zur Realisierung des Vorhabens zur Verfügung stehen (vgl. Kap. 5.4.3). Es ist zu prüfen und zu bestimmen, ob öffentliche Ressourcen genutzt werden können, indem das Weiterbildungsprogramm aus Landes- bzw. hochschuleigenen Mitteln finanziert wird oder ob das Vorhaben durch die Erhebung von Studiengebühren und/oder Kooperationen mit der privaten Wirtschaft (teil-)finanziert werden soll. Die aufzustellenden Finanzpläne müssen hierbei den gesamten Prozess des Herstellens der Leistungsbereitschaft sowie des Durchführens der Weiterbildung abdecken und sollten Aufschlüsse über das benötigte Kapital in den einzelnen Phasen sowie Prognosen über die Rückflüsse/Überschüsse aus der Vermarktung des Weiterbildungsprogramms geben, da die Hochschulen, wie bereits zuvor angesprochen, angehalten sind, die Konzeption solcher Weiterbildungsprogramme kostendeckend zu gestalten (Anz 2003, S. 10; BDA/HRK/DIHK 2003, S. 11).

Teilprozess „Konzeption"

Ausschließlich wertschöpfende Prozesse: Im Rahmen der Konzeption ist sowohl die Mikro- als auch die Makroperspektive zu berücksichtigen, wobei sich die Mikroperspektive primär auf die Ebene eines Weiterbildungsproduktes und die Makroperspektive auf die Ebene eines Weiterbildungsangebotes bezieht (Kamin/Hagenhoff 2004, S. 200 ff.). Das Spektrum von Weiterbildungsprogrammen wurde diesbezüglich bereits in der Abbildung 2.2-1 vorgestellt. Auf der Ebene eines Weiterbildungsproduktes ist zu bestimmen, welche Inhalte in welcher Form dargeboten werden. Hier spielen vordergründig technisch/didaktische Aspekte eine wesentliche Rolle, wie z. B. Erfassen und Strukturieren der Inhalte sowie die Erstellung des didaktischen Konzepts. Im Rahmen der Makroperspektive sind in Abgrenzung dazu zunächst das Curriculum zu bestimmen sowie die Ordnungen (Zulassungs-, Studien-, Prüfungs- und ggf. Gebührenordnung) für das Weiterbildungsangebot zu entwickeln (Hagenhoff 2002, S. 156 ff.), sofern akademische Grade vergeben werden sollen. Akademische Grade können

z. Zt. nur bei standardisierten Bildungsangeboten verliehen werden, da individuelle Bildungsangebote eher der nicht-akademischen Weiterbildung zuzuschreiben sind (analog Hagenhoff 2002, S. 102 f.). Bei nicht-akademischen Bildungsangeboten müssen keine Zulassungs-, Prüfungs- oder Studienordnungen erstellt werden, vielmehr handelt es sich dann um Kursbeschreibungen bzw. Studienempfehlungen. Des Weiteren ist festzulegen, in welcher Form bzw. in welchem Umfang Präsenzphasen in das Weiterbildungsprogramm integriert werden, ob es in einer Vollzeit- und/oder in einer Teilzeitvariante angeboten wird und inwiefern die einzelnen Inhalte modularisiert und im Rahmen eines Leistungspunktesystems, wie z. B. dem European Credit Transfer System (ECTS; HRK 2003; ECTS 2003), angeboten werden.

Teilprozesse „Realisierung" und „Organisation"

Wertschöpfende Prozesse: Die Teilprozesse der Realisierung und Organisation sind zum Abschluss des Herstellens der Leistungsbereitschaft zu durchlaufen. Im Rahmen der Realisierung wird auf der Basis des ausgearbeiteten Konzepts und unter Berücksichtigung der zur Verfügung stehenden Finanzmittel das Weiterbildungsprogramm aufgebaut. Auf der Ebene einzelner Weiterbildungsprodukte betrifft dies hauptsächlich die Durchführung und Koordinierung des physischen Herstellungsprozesses. Auf der Ebene komplexer Weiterbildungsangebote werden die benötigten Weiterbildungsprodukte gemäß des entwickelten Curriculums zusammengestellt. Wurden bzw. werden die Weiterbildungsprodukte nicht eigenständig durch die Hochschule hergestellt, so besteht die Möglichkeit, die benötigten Weiterbildungsprodukte mit oder ohne Betreuungsleistung im Rahmen eines Akquisitionsprozesses „einzukaufen". Damit der „exportierende" Dozent, von dem ein Weiterbildungsprodukt inklusive der Betreuungsleistung eingekauft wird, eine Lehr- und Prüfungsberechtigung an der „importierenden" Hochschule erhält, sind formale Vereinbarungen zwischen der „importierenden" Hochschule und dem „exportierenden" Dozenten, z. B. in Form von Lehraufträgen, einzugehen. I. d. R. sind solche zusätzlichen Lehraufträge über Nebentätigkeitsgenehmigungen abzusichern (NHG 2002, § 23). Schließlich ist für neue Weiterbildungsstudiengänge eine Akkreditierung vorzunehmen, die in den einzelnen Bundesländern vor Einrichtung und Genehmigung verpflichtend vorgeschrieben ist (Akkreditierungsrat 2004b).

Unterstützende Prozesse: Zunächst ist zu klären, wie den potenziellen Kunden die Lehrinhalte zugänglich gemacht werden sollen. Im Rahmen präsenzorientierter Lehr-/Lernszenarien sind diesbezüglich geeignete Räume auszuwählen und zu buchen (Hörsäle, Tagungsräume, Räume zur Prüfungsabnahme ggf. an verschiedenen Standorten etc.). Im Rahmen E-Learning-basierter Lehr-/Lernszenarien müssen Server und ggf. eine geeignete Lernplattform ausgewählt und beschafft werden. Für die Umsetzung der E-Learning-Materialien sind zudem eine Vielzahl von Medienobjekten sowie ggf. Animationen zu realisieren, die die Sachverhalte visualisieren sollen und für deren Herstellung spezielles Know-how benötigt wird. Oftmals sind diese speziellen Kenntnisse innerhalb der Hochschulinstitute nicht im erforderlichen Umfang vorhanden, so dass diese zunächst erlernt werden müssen oder dass solche Aufträge durch externe Partner übernommen werden. Des Weiteren muss die gesamte Organisationsstruktur der Hochschule auf das neue Angebot eingerichtet werden, was bedeutet, dass eine Vielzahl von Abteilungen mit den neuen Aufgaben vertraut gemacht werden muss. So müssen z. B. die zentrale Studienberatung und das Studentensekretariat über die Zulassungs- und Rahmenbedingungen des Weiterbildungsangebotes informiert werden, damit korrekte Auskünfte erteilt werden können. Gegebenenfalls ist ein Call-Center einzurichten, durch welches die Anfragen der Kunden (Studierende, Hochschullehrer, Unternehmen) möglichst schnell und unbürokratisch beantwortet werden können. Des Weiteren ist auch die entsprechende Abteilung zur Aufnahme ausländischer Studierender mit einzubeziehen, da durchaus gesonderte Aufnahmebedingungen existieren können. Bei der (Teil-)Finanzierung durch Studiengebühren und der leistungsabhängigen Vergütung der Dozenten muss weiterhin die interne Buchhaltung eingebunden werden, um die entsprechenden Zahlungsströme zu überwachen.

3.1.3 Durchführen der Weiterbildung

Das Durchführen der Weiterbildung geschieht, insbesondere im Teilprozess der Lehre, unter Einbezug des externen Faktors und ist grundsätzlich durch das „Uno-Actu-Prinzip" (vgl. Kap. 2.1.1) gekennzeichnet. Der Kunde gestaltet in jedem Fall die Dienstleistung mit oder sie wird an seiner Person vollzogen. Da der Kunde am Dienstleistungsprozess der Weiterbildung selbst beteiligt sein muss, müssen die Erbringung der Dienstleistung und deren Konsum räumlich und zeitlich gekoppelt sein (Präsenzlehre; Scheidegger 2001, S. 20). Die räumliche Kopplung bei virtuellen Weiterbildungsprogrammen übernimmt eine Lernplattform, über die die Lerninhalte angeboten und die Betreuungsleistungen, z. B. in Form von E-Mail-Kontakten, Chats oder Diskussionsforen, abgewickelt werden. Die zeitliche Kopplung ist bei virtuellen Weiterbildungsprogrammen lediglich im Rahmen der Präsenzphasen (z. B. Prüfungsabnahme) erforderlich.

Lehre

<u>Ausschließlich wertschöpfende Prozesse:</u> Der Teilprozess der Lehre umfasst die Vorbereitung, Durchführung und Nachbereitung einzelner Lehrveranstaltungen. Im Rahmen eines E-Learning-basierten Lehr-/Lernszenarios übernehmen ein Server und/oder eine Lernplattform das Bereitstellen der relevanten Lerninhalte. Zusätzlich sind die Betreuung der Studierenden bei inhaltlichen und organisatorischen Fragen zu der jeweiligen Lehrveranstaltung sowie die Prüfungsabnahmen durchzuführen. Im Rahmen der Evaluation bewerten schließlich die Kunden (Studierende und Unternehmen) die angebotene Dienstleistung. Die Erkenntnisse aus dieser Evaluation werden dann in idealtypischer Weise zur sukzessiven Verbesserung des Weiterbildungsprogramms herangezogen (Hagenhoff 2002, S. 36).

Verwaltung und Administration

Ausschließlich unterstützende Prozesse: Die Verwaltung und Administration umfasst das Tagesgeschäft zur Abwicklung der angebotenen Weiterbildungsprogramme. Insbesondere, wenn die Dienstleistung Weiterbildung über Studiengebühren finanziert werden soll, ist es erforderlich, eine an den Kunden orientierte Kommunikationspolitik durchzuführen, um den Bekanntheitsgrad der Weiterbildungsprogramme sowie der anbietenden Institution zu steigern und insofern die Kundenakquisition zu fördern. Diese umfasst z. B. Werbemaßnahmen in verschiedenen Medien, Eventmarketing, Öffentlichkeitsarbeit, Bildungsmessen, Direktmarketing, persönliche Kommunikation, Sponsoring und Internetpräsenz (Benkenstein et al. 2003, S. 4 ff.). Des Weiteren ist eine Akquisition von Kunden durchzuführen und vor Aufnahme in das neue Weiterbildungsprogramm zu prüfen, ob die erforderlichen Zulassungsvoraussetzungen von den Bewerberinnen und Bewerbern erfüllt sind. Diese Aufgabe gestaltet sich zuweilen als sehr komplex, da insbesondere durch die unterschiedlichen Abschlussformen an deutschen und ausländischen Hochschulen[27] nicht unmittelbar die Gleichwertigkeit zu dem geforderten Abschluss bestimmt werden kann. Zu den hier zu betrachtenden Maßnahmen zählt weiterhin die Überprüfung der Zahlungsströme an der In- und Outputseite (Lehraufträge, Studiengebühren). Auch die zentrale Studierendenberatung (z. B. bei technischen Problemen, zur Planung des Studienverlaufs etc.) und das Beschwerdemanagement, stellen wichtige Komponenten der Verwaltung und Administration dar. EULER spricht davon, dass es speziell im Rahmen der Fernlehre gilt, die Motivation der Studierenden zu erhalten, indem geeignete Betreuungs- und Rückmeldeszenarien entwickelt werden (Euler 2001, S. 10 ff.).

3.2 Geschäftsmodelle

An dieser Stelle ist zu klären, was unter dem Begriff „Geschäftsmodell" im Rahmen der hier vorliegenden Arbeit zu verstehen ist und aus welchen Bestandteilen ein solches Geschäftsmodell besteht bzw. welche Aspekte betrachtet werden. In der wissenschaftlichen Literatur ist eine Vielzahl von Definitions- und Interpretationsversuchen zu dem Begriff des Geschäftsmodells vorgenommen worden, jedoch ist eine wissenschaftlich fundierte Betrachtung speziell im Bereich der Weiterbildung durch Hochschulen bis dato nur in sehr eingeschränktem Rahmen geschehen: HAGENHOFF beschäftigte sich intensiv mit dem Thema der Geschäftsmodelle für Bildungskooperationen (Hagenhoff 2002, S. 100 ff.) und hatte hier den Aspekt der Kooperation in der universitären Erstausbildung im Fokus. Verschiedene andere Autoren befassen

---

[27] Die unterschiedlichen akademischen Grade umfassen z. B. Diplome, Staatsexamen und Magister (nur an Universitäten verliehen) sowie Master und Bachelor (an Berufsakademien, Fachhochschulen und Universitäten verliehen). Die Überprüfung auf Gleichwertigkeit von akademischen Graden, die in Deutschland vergeben wurden, wird i. d. R. durch die Hochschulen selbst vorgenommen, gestaltet sich jedoch nicht immer einfach, weil üblicherweise die Regelstudienzeit sowie der Workload nicht aus den Zeugnissen hervor geht. Die Feststellung der Gleichwertigkeit von ausländischen zu deutschen akademischen Abschlüssen wird aufgrund der Komplexität durch die Zentralstelle für ausländisches Bildungswesen in Bonn vorgenommen.

sich mit dem Thema von E-Learning Geschäftsmodellen für Hochschulen (z. B. Kleimann 2005, S. 225 ff.; Breitner/Hoppe 2005, S. 179 ff.; Grob/vom Brocke/Bensberg 2005, S. 101 ff.) und fokussieren dabei auf die nachhaltige Implementierung von E-Learning-Szenarien an Hochschulen. Einem gewissen Pragmatismus folgend werden diverse Erfahrungsberichte über die Etablierung der wissenschaftlichen Weiterbildung an Hochschulen dokumentiert (z. B. Stifterverband 2003, S. 8 ff.; Vogt et al. 2004, S. 33 ff.; Heß 2003, S. 6). Die strategischen Aspekte hinter diesen Geschäftsmodellen, d. h. warum z. B. die betreffenden Schritte vorgenommen wurden und welcher Markt mit den jeweiligen Geschäften bearbeitet werden soll, werden jedoch nicht betrachtet. Aus diesem Grund wird folgendes Vorgehen gewählt: Zunächst werden verschiedene neuere Geschäftsmodelldefinitionen aus dem Bereich des E-Learnings und der Internetökonomie vorgestellt, da im Rahmen der Weiterbildung durchaus die Möglichkeit besteht, die Lehre nicht ausschließlich in Präsenzform, sondern auch E-Learning-basiert anzubieten und sich ggf. auch onlinebasierte Geschäftsmodelltypen für die Hochschulen eignen. Im Anschluss daran werden Geschäftsmodelldefinitionen aus dem strategischen Managementbereich dargestellt. Eine Gegenüberstellung der jeweiligen Teilmodelle dieser Definitionen soll die als strategisch sehr relevanten Hauptelemente identifizieren, d. h. die Bereiche, die von sämtlichen Definitionen behandelt werden. Schließlich werden die so identifizierten Hauptelemente auf den Untersuchungsgegenstand der wissenschaftlichen Weiterbildung übertragen und spezielle Forschungsfragen für den weiteren Verlauf der Arbeit vorgestellt.

3.2.1 Allgemeine Hauptelemente von Geschäftsmodellen

Der Begriff des Geschäftsmodells besteht aus den Bestandteilen *Geschäft* und *Modell*[28], wobei ein Geschäft als eine auf Gewinn abzielende Unternehmenseinheit und ein Modell als eine vereinfachende Abbildung der Wirklichkeit, die aus Elementen und deren Verknüpfungen besteht, definiert werden kann. Somit ist die logische Schlussfolge, dass ein Geschäftsmodell eine vereinfachte Abbildung einer auf Gewinn abzielenden Unternehmenseinheit unter Berücksichtigung der sie konstituierenden Elemente und deren Verknüpfungen darstellt (zu Knyphausen-Aufseß/Meinhardt 2002, S. 65). Diese Definition bleibt jedoch sehr unspezifisch, da nicht eindeutig dargestellt ist, was unter den *konstituierenden Elementen* zu verstehen ist und wie diese untereinander in Verbindung stehen. Die nachfolgende Literaturübersicht zum Thema Geschäftsmodelldefinitionen soll Aufschluss über solche Elemente geben.

Bei Betrachtung der Geschäftsmodelle speziell im Bereich der Hochschulbildung durch E-Learning ist festzustellen, dass hier oftmals versucht wird, verschiedene Grundtypen anhand der aktuell zu beobachtenden Situation innerhalb des Hochschulbildungswesens zu identifizie-

---

[28] Der allgemeine Modellbegriff ist im Wesentlichen auf STACHOWIAK zurückzuführen (Stachowiak 1992, S. 219 f.). Ein Modell ist durch drei Merkmale gekennzeichnet: Es ist stets ein Abbild natürlicher oder künstlicher Originale. Es sollte zudem lediglich die aus Sicht des Modellerstellers und -nutzers relevanten Attribute erfassen (Verkürzung) und einen angemessenen Pragmatismus aufweisen (für wen und warum wird es aufgestellt).

ren. So beschreibt z. B. KEATING, dass sich in den USA vier Grundtypen von Geschäftsmodellen für den Bildungsmarkt im Internet herausgebildet haben (die zugrunde liegende Systematisierung entspricht der Verbreitungsintensität in den USA): Das *integrierte Modell*, bei dem sämtliche Tätigkeiten innerhalb der anbietenden Institution abgewickelt werden, das *Modell mit Partnern*, bei dem es zu einer Funktionsabstimmung zwischen kooperierenden Partnern kommt, das *Orchestrator-Modell*, bei dem ein Netzwerkpartner den Kundenkontakt managt, die Inhalte, die Entwicklung der Curricula und die Vermarktung der Bildungsprogramme jedoch von verschiedenen Partnern bzw. Zulieferern übernommen werden und das *Navigator-Modell*, bei dem der Schwerpunkt auf der Vermarktung von Bildungsprogrammen liegt und sämtliche Inhalte fremd erstellt werden (Keating 2002, S. 58). BREITNER und HOPPE greifen die Typologisierung von KEATING auf und bilden insgesamt fünf verschiedene Geschäftsmodelltypen, die auf der E-Learning-Wertschöpfungskette basieren (Breitner/Hoppe 2005, S. 2), jedoch wird hier nicht darauf verwiesen, ob dies die am häufigsten vorkommenden Typen sind bzw. ob es noch weitere gibt.

KLEIMANN nimmt ebenfalls eine Typologisierung anhand der aktuellen Situation an Hochschulen vor und beschreibt insgesamt sechs Geschäftsmodelltypen: *Academic Studies and Degree Providing*, bei der die Vermarktung von Bachelor- und Masterstudiengängen in nachgefragten Branchen oder Nischensektoren im Vordergrund steht. *Knowledge Resources Providing*, bei der es um eine entgeltpflichtige Bereitstellung von Wissensdatenbanken für Hochschulnetzwerke und kundenorientiert aufbereitete Lerneinheiten geht. *Educational Brokerage*, bei der die Vermittlung zwischen digitalem Weiterbildungsangebot und der Nachfrage einer Region im Vordergrund steht. *Software Sales*, bei dem der Vertrieb von Lernplattformen und Autorentools verfolgt wird. *Consultancy and Training*, bei dem die technische, didaktische, rechtsbezogene und strategische Beratung von Hochschulen und Unternehmen beim Aufbau von E-Learning-Strukturen übernommen wird und schließlich *Integrated E-Learning Services*, die sich aus verschiedenen Kombinationen der zuvor genannten Typen zusammensetzen (Kleimann 2005, S. 4). Die jeweils hinter diesen Typologisierungen stehenden Abgrenzungsmerkmale werden jedoch bei einer solchen Form der Geschäftsmodellformulierung nicht transparent gemacht und es bleibt oftmals zu fragen, ob dies die am häufigsten vorkommenden oder lediglich vorstellbare Geschäftsmodelltypen sind, da die entsprechenden empirischen Erhebungen zum Vorkommen solcher Geschäftsmodelltypen ausbleiben. Auch ist fraglich, ob es sich z. B. bei den von KLEIMANN genannten Typen nicht eher um Aufgaben von Bildungsdienstleistern anstelle von Geschäftsmodellen handelt. Solchen Beschreibungen sind die jeweils konstituierenden Elemente der Geschäftsmodelle nicht zu entnehmen und es entsteht der Eindruck einer eher wahllosen Auflistung von verschiedenen Ausprägungsformen. Basierend auf Geschäftsmodellformulierungen der Internetökonomie kritisiert auch PORTER eine solche Verwendung des Geschäftsmodellbegriffs sehr eindrücklich, indem er ihn als Unwort des Internets bezeichnet: Geschäftsmodelle seien i. d. R. nur vage Konzepte, wie ein Unternehmen Geschäfte betreiben und Erlöse erzielen will. Die Abkehr von einer strategischen Positionierung unter Rücksicht auf die Umwelt- und Branchenstruktur läuft seiner Mei-

3.2 Geschäftsmodelle

nung nach „auf eine Einladung zu ungenauem Denken und zur Selbsttäuschung hinaus" (Porter 2001, S. 72). Im Gegensatz zu einigen anderen Autoren will er seine Betrachtung von Geschäftsmodellen nicht auf die reine Erzielung von Umsätzen reduzieren, sondern, seinen früheren Werken folgend, auf die Generierung eines Mehrwertes fokussieren, indem im Wesentlichen die Wertkette und Strategie berücksichtigt werden (Scheer/Deelmann/Loos 2003, S. 14).

Einem ähnlichen Ansatz folgen ZU KNYPHAUSEN-AUFSEß und MEINHARDT sowie CHESBROUGH und ROSENBLOOM, die Geschäftsmodelle als Fortentwicklung des allgemeinen Strategiekonzepts, welches bereits seit den 1960er Jahren diskutiert wird, verstehen (zu Knyphausen-Aufseß/Meinhardt 2002, S. 64; Chesbrough/Rosenbloom 2002, S. 533 f.). Das Thema Geschäftsmodelle bringe eine neue Perspektive innerhalb der Strategiediskussion zum Vorschein, da eine Art analytisches Raster für die Analyseeinheit des Geschäftsfeldes unter Berücksichtigung strategisch relevanter, marktorientierter Aspekte innerhalb der Wertschöpfungskette geschaffen wird (Bieger/Bickhoff/zu Knyphausen-Aufseß 2002, S. 8 f.). In die gleiche Richtung geht auch RÜEGG-STÜRM, der aus einem eher strategieorientierten Verständnis von Geschäftsmodellen beschreibt, dass eine Strategie oder ein Geschäftsmodell aus inhaltlicher Sicht mindestens Antworten auf folgende fünf, teilweise ineinander übergreifende, Themenkomplexe geben sollte (Rüegg-Stürm 2000, S. 10; Rüegg-Stürm 2002, S. 40 f.):

- Mit welchen *Anspruchsgruppen* hat das Geschäft auf der Abnehmer- und Beschaffungsseite zu tun?
- Welches *Leistungsangebot* und welcher Nutzen soll für die Kunden geschaffen werden?
- Welche Teile der *Gesamtwertschöpfung* sollen durch das eigene Unternehmen erstellt werden und welche Teile anderen Partnern überlassen werden?
- Aus dem vorherigen Punkt ergeben sich Implikationen für eine mögliche kooperative Geschäftstätigkeit: Wie sollen die betreffenden *Kooperationsfelder* ausgestaltet werden?
- Welche *Kernkompetenzen* hat das betrachtete Unternehmen mit denen es sich auf dem Markt gegenüber den Wettbewerbern durch eine nachhaltige Nutzenstiftung bei den Kunden auszeichnen kann?

NEHLS und BAUMGARTNER werden ebenfalls aus einer strategisch orientierten Sichtweise etwas konkreter bezüglich der konstituierenden Elemente innerhalb eines Geschäftsmodells, indem sie verschiedene Komponenten identifizieren (Nehls/Baumgartner 2000, S. 89; Bieger/Rüegg-Stürm/Rohr 2002, S. 40 f.):

- Die *Marktpositionierung* zur Auswahl der werthaltigen Marktsegmente und Zielkunden.
- Das *Organisationssystem*, welches die unterstützenden Prozesse zur Leistungserstellung beschreibt.
- Die *Kultur*, die die Werte und das Verhalten der betrachteten Geschäftseinheit berücksichtigt.

- Der *Ressourcenfokus* zur Bestimmung auf welche Wertschöpfungsstufen sich das betrachtete Geschäft konzentriert.
- Das *Gewinnmodell* zur Erschließung von Gewinnzonen und Vermittlung der Werte für die Kunden.
- Die *strategische Absicherung* des eigenen Gewinnmodells vor dem der Wettbewerber (z. B. durch abnehmerorientierte, konkurrenzorientierte, absatzmittlergerichtete oder anspruchsgruppengerichtete Strategien).

Analog führt Wirtz folgende Teilmodelle von strategisch orientierten Geschäftsmodellen auf (Wirtz 2003, S. 56 ff.):

- Das *Marktmodell* betrachtet die Akteure, denen das Unternehmen auf den Märkten gegenüber steht (Wettbewerber, Kunden).
- Das *Leistungserstellungsmodell* stellt die Kombination von Gütern und Dienstleistungen sowie deren Transformationsprozess zu Angebotsleistungen dar.
- Das *Beschaffungsmodell* beschreibt, welche Inputfaktoren von externen Lieferanten bzw. Partnern bezogen werden können.
- Das *Kapitalmodell* betrachtet die benötigten finanziellen Ressourcen und die verschiedenen Erlösformen, die dem Unternehmen zur Verfügung stehen.
- Das *Leistungsangebotsmodell* definiert, welches Leistungsspektrum das Unternehmen an welche Kunden anbieten wird.
- Das *Distributionsmodell* beschreibt, über welchen Absatzkanal, zu welchem Preis und zu welchem Zeitpunkt die Produkte bzw. Dienstleistungen vom Anbieter zum Kunden gelangen.

BÖNING-SPOHR wählt analog zu HEINRICH und LEIST einen weiteren Weg der Formulierung von Geschäftsmodellen, denn sie stellt fest, dass ein Geschäftsmodell sowohl eine Außensicht als auch eine Innensicht aufweist, wobei die Außensicht auf die Eigenschaften der zu erstellenden Leistungen sowie auf die Beziehungen zwischen Unternehmenseinheit und Umwelt (Nachfrager, Lieferanten, Wettbewerber) fokussiert und die Innensicht die internen Abläufe betrachtet (Böning-Spohr 2003, S. 12 f.; Heinrich/Leist 2000, S. 141 ff.). Ähnlich spannt auch SCHÖGEL einen Bogen von der Innen- zur Außensicht, indem sie auf einer recht abstrakten Ebene beschreibt, dass ein Geschäftsmodell eine vereinfachende aber strukturähnliche Abbildung von ausgewählten Aspekten der Ressourcentransformation auf der einen und der Austauschbeziehungen eines Unternehmens mit anderen Marktteilnehmern auf der anderen Seite darstellt (Schögel 2002, S. 380). In diesen Definitionen werden demnach zwei Ansätze aus dem strategischen Management vereint: Der Market Based View und der Resource Based View (z. B. Krüger 1997, S. 63).

3.2 Geschäftsmodelle

Schließlich ist TIMMERS anzuführen, der in zeitlich nachfolgenden Arbeiten häufig als Grundlage zur Beschreibung von Geschäftsmodellen herangezogen wurde, und in seiner Geschäftsmodelldefinition von Produkten, Dienstleistungen und Informationsflüssen spricht. Des Weiteren betrachtet er die involvierten Akteure, deren Rollen und Anteile am Geschäft sowie mögliche Einnahmequellen (Timmers 1998, S. 4).

Die hier vorliegende Aufzählung von verschiedenen Geschäftsmodelldefinitionen ist bei Weitem nicht vollzählig. Hierzu müssten mehrere Duzend Definitionen einander gegenüber gestellt werden. SCHEER, DEELMANN und LOOS haben in ihrer Arbeit zu Geschäftsmodellen und internetbasierten Geschäftsmodellen allein 33 verschiedene Definitionen aus den Jahren 1996-2002 gesammelt und einander gegenübergestellt (Scheer/Deelmann/Loos 2003), wobei auch diese Auflistung nicht sämtliche existierenden Definitionen von Geschäftsmodellen umfasst. Ziel dieses Abschnittes ist es auch nicht, eine umfassende Übersicht sämtlicher Definitionsversuche von Geschäftsmodellen zu erstellen, sondern aus den bestehenden Definitionen die wesentlichen Merkmale aus einer management-orientierten Sicht herauszufiltern und diese dann auf den Untersuchungsgegenstand der Weiterbildung durch Hochschulen zu übertragen. Aus diesem Grund zeigt die nachfolgende Tabelle die Überschneidungen der eher strategisch ausgerichteten Definitionen von Geschäftsmodellen. Hierbei sind die verschiedenen Autoren in eine chronologische Reihenfolge gebracht (von links nach rechts) und die Teilaspekte der jeweiligen Autoren zu umfassenderen Hauptelementen (linke Spalte) zusammengefasst worden:

Hauptelemente der Geschäftsmodelle	Timmers (1998)	Nehls / Baumgartner (2000)	Rüegg-Stürm (2000, 2002)	Wirtz (2003)	Böning-Spohr (2003)
nachhaltige Absicherung		strategische Absicherung			
interne Strukturen	Informationsflüsse		Kernkompetenzen	Leistungserstellungsmodell	Innensicht
			Teil der Gesamtwertschöpfung		
			Organisationssystem und Kultur		
finanzielle Aspekte	Einnahmequellen	Gewinnmodell		Kapitalmodell	
Grad der Integration	Akteure und Rollen	Ressourcenfokus	Kooperation	Beschaffungsmodell	Schnittstellen zwischen Innen- und Außensicht
			Anspruchsgruppen	Distributionsmodell	
Leistungsportfolio	Produkte und Dienstleistungen	Marktpositionierung	Leistungsangebot	Marktmodell	Außensicht
				Leistungsangebotsmodell	

Tabelle 3.2-1: Hauptelemente von strategisch-orientierten Geschäftsmodellen

Aus dieser Gegenüberstellung wird ersichtlich, dass sich die einzelnen Teilaspekte der jeweiligen Autoren in eine Innen- und Außensicht (rechte Spalte) einteilen lassen, wobei es einen

Übergangsbereich gibt, bei dem eine Zuordnung nicht exakt möglich ist. Als Raster zur Konzeption eines strategisch-orientierten Geschäftsmodells der wissenschaftlichen Weiterbildung erscheint die Aufteilung in diese Sichten jedoch nicht geeignet, weil sie sehr unspezifisch ist. Aus diesem Grund wurden die unterschiedlichen Teilaspekte zu insgesamt fünf übergreifenden, in sich geschlossenen Hauptelementen zusammengefasst:

- Die nachhaltige Absicherung wird zwar ausschließlich von NEHLS & BAUMGARTNER betont, sie wird jedoch insbesondere für die Kontinuität und Nachhaltigkeit der angebotenen Weiterbildungsprogramme als sehr relevant angesehen. Im Bereich der abnehmergerichteten Strategien umfasst sie z. B. die Entscheidung für eine Präferenz- oder Preis-Mengenstrategie, die Innovations-, Qualitäts-, Markierungs-, Programmbreiten- oder Kostenorientierung.
- Im Hauptelement der internen Strukturen befinden sich die Teilaspekte der Kernkompetenzen, Teil der Wertschöpfung sowie die Informationsflüsse und das Organisationssystem bzw. die Kultur, die grundsätzlich auch innerhalb des Leistungserstellungsmodells von WIRTZ angesprochen werden.
- Die finanziellen Aspekte wurden durch die Einnahmequellen von TIMMERS, dem Gewinnmodell von NEHLS & BAUMGARTNER sowie dem Kapitalmodell von WIRTZ aufgegriffen.
- Beim Hauptelement des Grades der Integration beeinflussen die zu treffenden Entscheidungen auf der einen Seite das Ausmaß des Fremdbezugs sowie der Kooperation, und es werden die Berührungspunkte an der Input- (Beschaffungsmodell) und der Outputseite (Distributionsmodell) aufgezeigt. Auf der anderen Seite beeinflussen sie die Möglichkeiten der Eigenfertigung und insofern auch die Organisationsform der internen Strukturen. Für die nachfolgenden Diskussionen werden deshalb diese beiden Hauptelemente, d. h. der Grad der Integration sowie die internen Strukturen, in einer Einheit betrachtet.
- Im Hauptelement des Leistungsportfolios werden schließlich die Marktpositionierung sowie die Produkte und Dienstleistungen, also das Leistungsangebot, welches am Markt angeboten werden soll, betrachtet. TIMMERS und RÜEGG-STÜRM weisen mit den Teilaspekten der Akteure und Rollen sowie der Anspruchsgruppen in diesem Hauptelement ein relativ hohes Abstraktionsniveau auf und umfassen mehrere der Teilaspekte der anderen Autoren.

Die Gestaltung von Geschäftsmodellen wird als ein strategischer Prozess gesehen und insofern in einen größeren Kontext eingeordnet, der aus der Literatur zum strategischen Management entnommen werden kann (z. B. Steinmann/Schreyögg 2002, S. 157 f.; Welge/Al-Laham 2003, S. 98):

3.2 Geschäftsmodelle

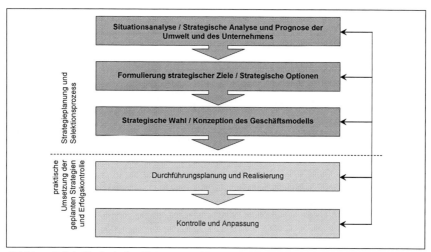

Abbildung 3.2-1: Strategischer Rahmen zur Konstruktion von Geschäftsmodellen

Wie jede strategische Planung soll auch die Konzeption von Geschäftsmodellen auf den Grundpfeilern der Situationsanalyse und der anschließenden Zielfindung aufbauen. Im Rahmen der Situationsanalyse werden die Chancen und Risiken aus der Umwelt den Stärken und Schwächen des Unternehmens gegenüber gestellt (Steinmann/Schreyögg 2002, S. 158). Neben einer Umweltanalyse, in der die allgemeine Umwelt sowie das Wettbewerbsumfeld und die allgemeine Kundenstruktur betrachtet werden, wird zusätzlich eine Unternehmensanalyse durchgeführt, in der eine wertschöpfungs- sowie eine kundenzentrierte Analyse stattfindet (z. B. Wirtz 2003, S. 68; Steinmann/Schreyögg 2002, S. 160 ff.). Die Formulierung der strategischen Ziele baut auf den Ergebnissen der Situationsanalyse auf, um im Rahmen der gegebenen Möglichkeiten anschließend sinnvolle Strategiealternativen auszuwählen. Erst im dritten Schritt erfolgt die strategische Wahl, d. h. die Ausgestaltung der einzelnen Teilbereiche innerhalb des Geschäftsmodells. In diesem Bereich sind die bereits zuvor in Tabelle 3.2-1 genannten Aspekte entsprechend auszugestalten. Im Anschluss an die Strategieplanung und den Selektionsprozess schließt sich die Durchführungsplanung an, d. h. es erfolgt die praktische Umsetzung der geplanten Strategien. Parallel zum gesamten Prozess findet eine fortwährende Erfolgskontrolle und Anpassung statt, d. h. es werden Feedbackschleifen durchlaufen, da es sich bei einem strategischen Prozess um einen hoch-selektiven Prozess handelt, der einer kontinuierlichen Kontrolle bedarf, um frühzeitig Irrwege und Bedrohungen aufzudecken.

Die Ausführungen in der hier vorliegenden Arbeit haben generischen Charakter und beziehen sich nicht auf einen speziellen Fall. Aus diesem Grund werden die Aspekte der Durchführungsplanung und deren Kontrolle nicht explizit behandelt. Die Implementierung einer Strategie erfolgt immer anhand eines konkreten Falls, denn erst bei Berücksichtigung der jeweiligen individuellen Umstände kann die festgehaltene Strategie im operativen Tagesgeschäft nachhaltig verankert und auf Zielkonformität, Effizienz und Erfolg kontrolliert werden (Steinmann/Schreyögg 2002, S. 159). Im nachfolgenden Abschnitt werden die generischen Ausführungen zu Geschäftsmodellen auf die wissenschaftliche Weiterbildung durch Hochschulen übertragen und in eine für den vorliegenden Untersuchungsgegenstand sinnvolle Reihenfolge gebracht. Zusätzlich wird jeweils kurz erläutert, welche Forschungsfragen in diesem Zusammenhang zu klären sind.

3.2.2 Spezielle Hauptelemente von Geschäftsmodellen der wissenschaftlichen Weiterbildung

Werden die zuvor erarbeiteten Teilbereiche zur Konzeption von Geschäftsmodellen auf den Untersuchungsgegenstand der wissenschaftlichen Weiterbildung durch Hochschulen übertragen, so sind die nachfolgenden Fragestellungen zu beantworten:

Situationsanalyse

- Umweltanalyse: Welche Besonderheiten weist die globale Umwelt auf? In diesem Zusammenhang ist das soziokulturelle, (markro-)ökonomische, rechtlich-politische und technologische Umfeld zu analysieren. Wie gestaltet sich die engere ökonomische Umwelt? Diesbezüglich ist die Branchenstruktur darzustellen und es sind die auf das Geschäftsfeld der wissenschaftlichen Weiterbildung einwirkenden Kräfte zu untersuchen. Aus dieser Umweltanalyse lassen sich die Chancen und Risiken des betrachteten Geschäftsmodells ableiten.
- Analyse der Organisationseinheit Hochschule: Von innen (Hochschulmanagement) nach außen (Markt) wird z. B. analysiert, welche Kernkompetenzen Hochschulen im Vergleich zu möglichen Wettbewerbern haben und welche Vor- bzw. Nachteile sich hieraus ergeben. Zudem wird analysiert, welche personellen, infrastrukturellen und finanziellen Ressourcen den Hochschulen grundsätzlich zur Verfügung stehen, um das Engagement in der Weiterbildung zu unterstützen. Von außen nach innen wird hingegen analysiert, welche strategisch relevanten allgemeinen Kundenanforderungen im Rahmen der wissenschaftlichen Weiterbildung zu berücksichtigen sind. Aus diesen beiden Analysen lassen sich die Stärken und Schwächen der staatlichen Hochschulen im Bereich der wissenschaftlichen Weiterbildung identifizieren.

Zielfestlegung

Welche Ziele werden seitens der anbietenden Institution mit einem verstärkten Engagement in der wissenschaftlichen Weiterbildung verfolgt?

Hauptelemente von Geschäftsmodellen der wissenschaftlichen Weiterbildung

- Leistungsportfolio: Die Tiefe und Breite des Leistungsportfolios sind im Rahmen einer strategischen Planung sorgfältig zu definieren. Hierbei sind sowohl die eigentlichen Weiterbildungsprogramme als auch potenzielle Zusatzleistungen (Value-Added-Services) zu berücksichtigen. Die jeweils zu treffenden Entscheidungen bezüglich Neuentwicklung, Variation bzw. Differenzierung oder Eliminierung von Programmen sind ggf. durch die Anwendung geeigneter Analysetechniken zu unterstützen. Auf Basis der Ergebnisse der Situationsanalyse kann im Anschluss an die Planung eine Konzeption neuer Weiterbildungsprogramme stattfinden. Sofern die Konzeption marktbezogen erfolgen soll, ist es wichtig, die Kunden in die Beurteilung der Konzepte einzubeziehen. Hieraus wird ersichtlich welche Ausprägungsformen (z. B. Zugang, Abschlussformen, Betreuungsleistungen, Preise etc.) der Weiterbildung von den Kunden präferiert werden.
- Grad der Integration und interne Strukturen: Hierbei ist zu klären, zu welchem Anteil die auszuführenden Tätigkeiten in den zuvor spezifizierten wertschöpfenden und unterstützenden Prozessen der Hochschulen selbst erstellt oder fremd vergeben werden können. Auch zu klären sind mögliche Kooperationsformen sowie deren Vor- und Nachteile für Hochschulen als Weiterbildungsdienstleister. Basierend auf diesen Entscheidungen ist des Weiteren zu klären, in welcher Organisationsform die Weiterbildung betrieben werden kann. Dies betrifft die internen Strukturen: Je nach Grad der Integration müssen entsprechende Organisationsformen innerhalb der Hochschule geschaffen werden, um die verschiedenen Aufgaben abzuwickeln.
- Finanzielle Aspekte: Das Thema der Hochschulfinanzierung wird in generischer Weise aktuell vielerorts diskutiert (z. B. Faulstich/Bayer 2005; Faulstich 2004; Expertenkommission 2004). Mit speziellem Fokus auf die wissenschaftliche Weiterbildung ist in diesem Hauptelement zu klären, welche Kosten für die anzubietenden Produkte und Services entstehen, welche Erlöse bzw. Einnahmequellen aus diesen Angeboten resultieren oder welche sonstigen Einnahmequellen (z. B. Sponsoring, Lizenzen, Werbung etc.) sich für Hochschulen als Weiterbildungsdienstleister anbieten.
- Nachhaltige Absicherung: Wie soll das Angebot der zuvor spezifizierten Produkte und Services strategisch abgesichert werden? Relevante Fragestellungen sind diesbezüglich z. B. welche marktteilnehmergerichteten Strategien als am wichtigsten erachtet (abnehmer-, konkurrenz-, absatzmittler- oder anspruchsgruppengerichtet) und welche Alternativen innerhalb dieser Strategien gewählt werden. Spezielle Fragen betreffen z. B. das Qualitätsniveau oder die Markierung der Leistung.

Zusammenfassend werden die soeben angeführten Fragestellungen noch einmal in der nachfolgenden Abbildung veranschaulicht:

Abbildung 3.2-2: Strategischer Rahmen von Geschäftsmodellen der wissenschaftlichen Weiterbildung

3.3 Fazit

Im vorangegangenen Abschnitt wurde der Bezugsrahmen für die Konzeption von Geschäftsmodellen der wissenschaftlichen Weiterbildung erarbeitet. Nachdem zunächst der Prozess der wissenschaftlichen Weiterbildung in einzelne Teilprozesse zerlegt wurde, wurden diese in wertschöpfende und unterstützende Prozesse eingeteilt. Hierdurch wird zum einen deutlich, aus welchen Phasen und Teilprozessen die wissenschaftliche Weiterbildung besteht und zum anderen, welche Teilprozesse ggf. ausgelagert werden könnten (unterstützende Prozesse) bzw. welche innerhalb der Hochschule verbleiben sollten (wertschöpfende Prozesse). Die Teilprozesse der Konzeption und der Lehre konnten in diesem Zusammenhang als klassisch wertschöpfende Prozesse von Hochschulen identifiziert werden, auf die die Hochschulen sinnvollerweise einen Großteil der Ressourcen verwenden sollten, wohingegen sich der Prozess der Verwaltung und Administration ausschließlich als unterstützender Prozess darstellt. Die Teilprozesse der Planung, Realisierung und Organisation stellen sowohl wertschöpfende als auch unterstützende Prozesse dar, je nachdem ob es sich hierbei um eher wissenschaftlich orientierte oder eher verwaltungsorientierte Teilaufgaben handelt.

Schließlich wurde das Themengebiet der Geschäftsmodelle analysiert. Aufgrund fehlender wissenschaftlicher Auseinandersetzung mit Geschäftsmodellen in der wissenschaftlichen Weiterbildung wurden zunächst generelle Überlegungen angeführt und die wesentlichen Eigenschaften von E-Learning-Geschäftsmodellen bzw. von internetbasierten und allgemein strategisch orientierten Geschäftsmodellen herausgearbeitet. Aus diesen Geschäftsmodelldefinitionen wurden die konstituierenden Hauptelemente sowie deren Verbindungen identifiziert

3.3 Fazit

und auf das Untersuchungsobjekt übertragen. Festgehalten werden kann, dass Geschäftsmodelle der wissenschaftlichen Weiterbildung als ein Teilbereich des strategischen Hochschulmanagements zu sehen sind und darüber Auskunft geben, in welcher Form und mit welchen Produkten/Serviceleistungen auf welchen Märkten Geschäfte vollzogen werden sollen. Die Konzeption von Geschäftsmodellen wurde als dreistufiger Prozess beschrieben, wobei in der ersten Stufe eine Situationsanalyse durchlaufen wird (erfolgt in Kap. 4), bevor in der zweiten Stufe die zu erreichenden Ziele definiert werden können (erfolgt in Kap. 5.1). Als dritte Stufe werden die Hauptelemente des Geschäftsmodells herausgearbeitet, diese sind für den Untersuchungsgegenstand das Leistungsportfolio, der Grad der Integration sowie die internen Strukturen, die finanziellen Aspekte und die nachhaltige Absicherung (erfolgt in Kap. 5.2 bis 5.5).

4 Analyse der Situation von Hochschulen im Weiterbildungsmarkt

Wie bereits in der Einleitung angesprochen, ist die wissenschaftliche Weiterbildung seit einigen Jahren als Aufgabe der Hochschulen neben der Forschung, der Lehre und dem Studium im HRG festgeschrieben. Trotz dieser gesetzlichen Aufforderung, in diesem Bereich tätig zu werden, wird die Weiterbildung an vielen Hochschulen jedoch eher als Randbereich denn als gleichwertige Aufgabe zu den anderen drei Aufgaben verfolgt. Im Rahmen dieses Kapitels gilt es deshalb zu klären, welche fördernden bzw. hemmenden Einflüsse aus der globalen und engeren Umwelt sowie aus Sicht der Organisation bzw. der Kunden[29] auf die Hochschulen einwirken (Situationsanalyse). Ziel ist es, ein möglichst umfassendes Bild der aktuellen Situation der Hochschulen in Bezug auf das Geschäftsmodell der wissenschaftlichen Weiterbildung aufzuzeigen, aus dem heraus strategische Handlungsoptionen abgeleitet werden können.

Zu Beginn wird in Kap. 4.1 eine Umweltanalyse vorgenommen, in der sowohl die Gegebenheiten der allgemeinen Umwelt beschrieben werden als auch diejenigen aus dem engeren ökonomischen Umfeld, d. h. dem Geschäftsfeld. In Kap. 4.2 folgt eine Analyse der Organisationseinheit Hochschule, zum einen in Form einer wertschöpfungszentrierten und zum anderen einer kundenzentrierten Analyse. Hierbei nimmt die kundenzentrierte Analyse den größeren Umfang ein, da es sich um ein noch unbekanntes Forschungsgebiet handelt, bei dem der wissenschaftlichen Literatur nur sehr wenig entnommen werden kann. Aus diesem Grund wurde der Weg der empirischen Erhebung gewählt, wobei diese in drei Stufen verläuft: Nach einem Überblick über das methodische Vorgehen wird zunächst eine qualitative Studie durchgeführt, die die grundsätzlichen Anforderungen der potenziellen Kunden an die wissenschaftliche Weiterbildung konkretisieren soll, um im Anschluss eine quantitative Studie durchzuführen und auszuwerten.

---

[29] Der Begriff des „Kunden" wird in der Erwachsenenbildung insbesondere aus pädagogischer Sicht teilweise sehr kontrovers gesehen. ORTHEY problematisiert den Kundenbegriff dahingehend, dass der Kunde nicht aus der Rolle des Co-Produzenten des Bildungswesens entlassen werden darf (Orthey 2003, S. 182). Auch SILBERER und WANDT diskutieren den Kundenbegriff der wissenschaftlichen Leistungen (insbesondere der Lehre und Forschung) sehr kritisch und weisen darauf hin, dass es u. U. nicht ausreicht, lediglich die Studierenden als Kunden zu betrachten (Silberer/Wandt 2005, S. 8). BASTIAN führt aus, dass radikale Kritiker eine prinzipielle Unvereinbarkeit des Kundenbegriffs mit erwachsenenpädagogischen Arbeiten zeigen, weil sich eine Vergleichbarkeit der Kunden-Anbieter-Beziehung zur Teilnehmer-Pädagogen-Beziehung nicht herstellen lasse. Allerdings plädiert sie, der Logik moderner Organisationsentwicklungen in der Weiterbildung folgend, für einen Kompromiss und definiert einen teilnehmerorientierten Kundenbegriff. Mit diesem teilnehmerorientierten Kundenverständnis soll mit sich änderndes Verhältnis von Angebot und Nachfrage in der Erwachsenenbildung zum Ausdruck gebracht und sowohl die gesellschaftlichen als auch individuellen Bedürfnisse stärker betont werden (Bastian 2002, S. 12 ff.; Nuissl 2003, S. 176 f.). Solch ein teilnehmerorientierter Kundenbegriff wird auch im Rahmen dieser Arbeit verwendet. Als Kunden der wissenschaftlichen Weiterbildung werden sowohl die Privatpersonen verstanden, die die Weiterbildung als Individuen konsumieren, als auch die Unternehmen, die die Weiterbildung zur Personalentwicklung einsetzen.

4.1 Analyse der Umwelt

Bevor strategische Handlungsoptionen ausgearbeitet werden können, muss in einem ersten Schritt eine Situationsanalyse vorgenommen werden. Eine solche Situationsanalyse umfasst sowohl die globale Umwelt (Kap. 4.1.2), die indirekt auf das Geschäftsfeld der wissenschaftlichen Weiterbildung einwirkt, wenig beeinflussbar durch die Hochschulen ist und als gegeben angenommen werden muss, als auch die engere ökonomische Umwelt, in der sich hemmende oder fördernde Einflüsse auf das Engagement in der wissenschaftlichen Weiterbildung ergeben (Kap. 4.1.3). Die Ergebnisse der Umweltanalyse werden schließlich übersichtsartig zusammengefasst (Kap. 4.1.4).

4.1.1 Methodisches Vorgehen und strukturierende Vorüberlegungen

Die globale Umweltanalyse erfolgt ausschließlich literaturbasiert. Zur Strukturierung der globalen Umwelt ist es mithin üblich, sie in Hauptsektoren aufzuteilen (z. B. Pearce/Robinson 2003, S. 58 ff.; Kreikebaum 1997, S. 41 ff.). In dieser Arbeit wird eine Aufteilung in vier Hauptsektoren vorgenommen und zwar in die soziokulturelle, (makro-)ökonomische, rechtlich-politische und technologische Umwelt.[30] Obwohl diese Hauptsektoren als analytische Strukturierungshilfen dienen, darf nicht erwartet werden, dass sich eine bestimmte Gegebenheit spezifisch nur einem der Hauptsektoren zuordnen lässt. Vielmehr sind hier sind sowohl Überschneidungen zwischen den einzelnen Hauptsektoren als auch enge Berührungspunkte zur engeren ökonomischen Umwelt möglich (Rüegg-Stürm 2002, S. 27). Um die Informationsgewinnung und -verdichtung in der Analyse der allgemeinen Umwelt zu systematisieren, werden nachfolgend

- zunächst die Indikatoren in den Hauptsektoren bestimmt (Kap. 4.1.2.1). Diese Indikatoren werden aus der allgemeinen Managementliteratur entnommen und auf den Untersuchungsgegenstand der wissenschaftlichen Weiterbildung übertragen. Ziel ist es hierbei herauszufinden, welche Entwicklungen in den jeweiligen Sektoren einen möglichen Einfluss auf das zu betrachtende Geschäftsmodell haben.
- Im Anschluss daran erfolgt eine Analyse der bestehenden Beziehungen zwischen den zuvor isoliert beschriebenen Indikatoren (Kap. 4.1.2.2). Hierbei werden jedoch solche Indikatoren vernachlässigt, deren Wirkungsrichtung bzw. -weise bezüglich der wissenschaftlichen Weiterbildung nur sehr vage angenommen werden kann.
- Abschließend wird eine Abschätzung der Entwicklung vorgenommen (Kap. 4.1.2.3).

---

[30] Die Berücksichtigung des zusätzlich in der Managementliteratur genannten ökologischen Sektors wird im hier vorliegenden Fall für nicht relevant erachtet, da ein stärkeres Engagement in der Weiterbildung keine ökologischen Konsequenzen nach sich zieht.

4.1 Analyse der Umwelt

Die im Anschluss an die Analyse der globalen Umwelt durchzuführende Analyse der engeren ökonomischen Umwelt bzw. des Geschäftsfeldes wird ebenfalls ausschließlich literaturbasiert durchgeführt. Zunächst wird der strategisch relevante Markt beschrieben (Kap. 4.1.3.1) und nachfolgend eine Analyse der Branchenstruktur durchgeführt (Kap. 4.1.3.2). Aufgrund des umfassenden Ansatzes stellt das Fünf-Kräfte-Modell von PORTER einen geeigneten Rahmen für diese Analyse dar (Porter 1999, S. 33 ff.).

Die folgende Abbildung dient als Strukturierungsrahmen für die Ausführungen in der Umweltanalyse. In ihr sind in Anlehnung an PORTER sowie STEINMANN und SCHREYÖGG sowohl die globalen Umweltkräfte eingezeichnet, die den groben Rahmen bilden und indirekt auf die Attraktivität eines Geschäftsfeldes wirken, als auch die direkt wirkenden Einflusskräfte vermerkt, wie Bedrohungen durch neue Konkurrenten, Rivalitäten unter den bestehenden Anbietern, Bedrohungen durch Substitutionsprodukte sowie die Verhandlungsstärken der Abnehmer und der Lieferanten (Porter 1999, S. 34; Steinmann/Schreyögg 2002, S. 171).

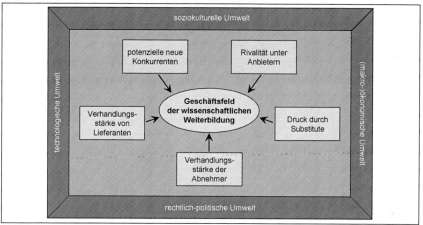

Abbildung 4.1-1: Einflussnehmende Kräfte auf das Geschäftsfeld

4.1.2 Globale Umwelt

Die Entwicklung der globalen Umwelt entzieht sich einer direkten Steuerung durch die Hochschulen, so dass sie als extern gegeben angenommen werden muss (Welge/Al-Laham 2003, S. 189). Die Kenntnis dieser externen Gegebenheiten lässt ggf. Rückschlüsse auf potenzielle Gefährdungen oder positive Entwicklungen zu. Eine Umweltanalyse ist sehr breit anzulegen, da möglichst viele potenziell relevante Trends und Entwicklungen erfasst werden sollen. Eine vollständige Erfassung sämtlicher umweltrelevanter Trends ist jedoch allein aus systematischen Gründen nicht möglich, da die Umwelt unbegrenzt ist (Steinmann/Schreyögg 2002, S. 161).

4.1.2.1 Bestimmung der Indikatoren in den Hauptsektoren

In den nachfolgenden Kapiteln werden stets zu Beginn die wesentlichen Indikatoren genannt, bevor sie anschließend, auf die wissenschaftliche Weiterbildung bezogen, näher beschrieben werden.

Soziokulturelle Umwelt

Innerhalb der soziokulturellen Umwelt betrachtet die allgemeine Managementliteratur im Wesentlichen die Entwicklung der gesellschaftlichen Werte und Ansichten (Hungenberg 2000, S. 77), die Entwicklung des Bildungsniveaus (d. h. die Verteilung der unterschiedlichen Bildungsabschlüsse) und die Verhaltensweisen (z. B. wie verändern sich die Teilnehmerzahlen von Weiterbildungsprogrammen).

Im Laufe der Zeit hat ein Wertewandel in der Gesellschaft stattgefunden, in der eine Verschiebung weg von den Pflicht- und Akzeptanzwerten (wie z. B. Gehorsam, Pflichterfüllung, Selbstlosigkeit, Fügsamkeit etc.) hin zu den Selbstentfaltungswerten (wie z. B. Autonomie, Emanzipation, Selbstverwirklichung, Eigenständigkeit etc.) zu beobachten ist. Das Bedürfnis nach einer persönlichen und selbst bestimmten Gestaltung der Lebensführung steigt (Klages 1991, S. 59 f.; Amrhein 1998, S. 11). Dies hat Auswirkungen auf den Wert der Freizeit und die in der Freizeit ausgeführten Tätigkeiten. Der Wille zur Weiterbildung ist zweifelsohne zu den Selbstentfaltungswerten zu rechnen, weil hierdurch Werte wie Eigenständigkeit, Verantwortung und Emanzipation gestärkt werden.

Die Entwicklung der Bildungsabschlüsse zeigt auf, dass es eine Verschiebung zwischen Haupt-, Real- und Gymnasialabschlüssen zugunsten Letzterer gibt (Anstieg des Bildungsniveaus). Es erreichen somit immer mehr Personen die Hochschulreife was sich letztendlich auch in den Studierendenzahlen widerspiegelt. Die Anzahl der Studierenden an Hochschulen ist in der Langfristbetrachtung gestiegen und wird nach den Berechnungen der Kultusministerkonferenz (KMK) im Jahr 2011 ihren Höhepunkt erreichen. Analog steigt die Anzahl der Hochschulabsolventen und erreicht nach der gleichen Berechnung voraussichtlich im Jahr 2015 ihren Extremwert. Die Anzahl der Studierenden und der Hochschulabsolventen wird danach, vornehmlich demographisch bedingt, leicht absinken (KMK 2003; Statistisches Bundesamt 2004a, S. 123). Die nachfolgende Abbildung veranschaulicht diese Entwicklung:

4.1 Analyse der Umwelt

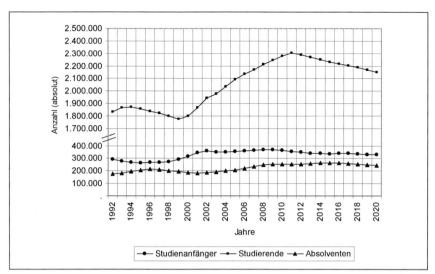

Abbildung 4.1-2: Prognose der Studienanfänger, Studierenden und Absolventen (absolut) [31]

Grundsätzlich hat die Beteiligung an Weiterbildung in den letzten Jahren deutlich[32] zugenommen, wenn sich auch der Anstieg der Teilnahmequoten an Weiterbildung in unterschiedlich großen Sprüngen vollzieht und zwischen 1997 und 2000 ein leichter Rückgang festzustellen war (Kuwan et al. 2003, S. 17 f.). Die nachfolgende Abbildung verdeutlicht den grundsätzlich steigenden Trend der Weiterbildungsbeteiligung:

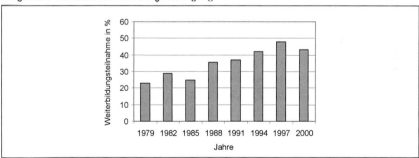

Abbildung 4.1-3: Weiterbildungsteilnahme 1979-2000 im Vergleich

---

[31] Der Abbildung liegt das Mittel des von der KMK prognostizierten Übergangsquotenkorridors zugrunde. Dieser Korridor sieht einen Übergang von Studienberechtigen auf die Hochschulen von 70% - 80% vor.
[32] Der Anstieg beträgt insgesamt 18% in den letzten 15 Jahren.

(Makro-)ökonomische Umwelt

Die Managementliteratur nennt zum Einschätzen der (makro-)ökonomischen Umwelt vornehmlich die allgemeine wirtschaftliche Entwicklung (z. B. Konjunktur, Arbeitsmarkt etc.) sowie die Entwicklung der Einkommensverwendung für die Weiterbildung (Steinmann/Schreyögg 2002, S. 162 f.). Speziell für den hier vorliegenden Untersuchungsgegenstand sind in diesem Bereich auch die Tendenzen in den Entwicklungen der Hochschulhaushalte (Landesmittel) von Interesse.

Bei der Betrachtung des realen Bruttoinlandsprodukts[33] (BIP) ist festzustellen, dass die Veränderungen zum jeweiligen Vorjahr seit Mitte der 1990er im Bereich von -0,1% bis +2,9% lagen. In den Jahren 2002 und 2003 lag die Entwicklung des realen BIP lediglich bei 0,1% bzw. -0,1% im Vergleich zum jeweiligen Vorjahr (Statistisches Bundesamt 2004b), insofern befindet sich die wirtschaftliche Entwicklung aktuell in einer Stagnationsphase. Die Entwicklung des Arbeitsmarktes ist durch eine zunehmende Erwerbslosenquote gekennzeichnet. Gab es im Jahr 1991 ca. 2,6 Mio. Erwerbslose, so waren es zehn Jahre später bereits ca. 3,7 Mio. Bis Ende 2004 stieg die Quote der Erwerbslosen weiter an auf ca. 4,4 Mio. Personen.[34] Insbesondere die jüngeren (20-24 Jahre) und älteren (55-59 Jahre) Menschen sind in Deutschland von der Arbeitslosigkeit betroffen, hier liegen die Erwerbslosenquoten jeweils deutlich über denen der Personen im Alter von 25-54 Jahren (Statistisches Bundesamt 2002; Statistisches Bundesamt 2004c).

Ein direkter Rückschluss vom Wachstum des BIP sowie der Entwicklung der Arbeitslosenzahlen auf die Entwicklung der Teilnahmequoten in der Weiterbildung ist nicht zulässig. Jedoch zeichnen insbesondere die Sprünge der Jahre 1988-1991 und 1994-1997 ein recht klares Bild: Während das Wachstum des realen BIP in der erstgenannten Phase mit 18,4% im Vergleich zu den vorherigen oder nachfolgenden Jahren sehr groß war, betrug das Wachstum in der letztgenannten Phase mit 6,2% nur etwas mehr als ein Drittel davon. Die Steigerung der Teilnahmequote der Weiterbildung erfolgte in diesen Phasen genau entgegengesetzt (vgl. Abbildung 4.1-3): Während sie in Erstgenannter mit ca. +2,5% sehr gering war, lag sie in Letztgenannter mit ca. +6% mehr als doppelt so hoch (Kuwan et al. 2003, S. 17 f.; Statistisches Bundesamt 2004b). Mit entsprechend gegebener Vorsicht lässt sich der Schluss ziehen, dass die Entwicklung des BIP bzw. der Konjunktur einen gewissen Einfluss auf die Weiterbildungsbeteiligung ausübt, was sich logisch auch dadurch erklären lässt, dass Erwerbsuchende oder von der Erwerbslosigkeit bedrohte Personen insbesondere in konjunkturschwachen Zeiten versuchen, sich durch Weiterbildung bessere Vermittlungschancen auf dem Arbeitsmarkt bzw. eine stärkere Stellung innerhalb des Unternehmens zu sichern.

---

[33] Basis sind die Preise von 1995.
[34] Die Zahl der Erwerbslosen wurde aus dem Mikrozensus entnommen, der die Abgrenzung der Erwerbstätigkeit zur Nicht-Erwerbstätigkeit nach den Vorschriften der „International Labour Organisation" vornimmt.

Im Langfristvergleich zeigt sich eine dynamische Expansion der Ausgaben[35] für Weiterbildung, bei der sich in der Zeit von 1986-1999 nahezu eine 50%ige Volumensteigerung verzeichnen lässt, wobei die Ausgaben für Weiterbildung in den Jahren danach jedoch recht konstant blieben. Das BSW VIII schätzt die gesamten Ausgaben für die Weiterbildung auf ca. 33,7 Mrd. Euro,[36] wobei der Anteil der privaten Haushalte ca. 7,2 Mrd. Euro ausmacht und die Anteile der privaten und öffentlichen Arbeitgeber ca. 19,7 Mrd. Euro sowie der Bundesagentur für Arbeit (BA) ca. 6,7 Mrd. Euro betragen[37] (Kuwan et al. 2003, S. 292 f.). DOHMEN & MICHEL beschreiben, dass sich die Hochschulen weitestgehend auf den Bereich der durch private Haushalte finanzierten Weiterbildung konzentrieren, offen bleibt jedoch, welchen Anteil die Hochschulen an diesem Finanzvolumen haben. Dies ist auf Grundlage der vorhandenen Daten nicht exakt bestimmbar, da die Hochschulfinanzstatistik keine Aufteilung der Einnahmen vorsieht, d. h. dass die Einnahmen aus Weiterbildungstätigkeiten, wissenschaftlichen Werkstätten sowie Forschungs-, Technologie- und Transferstellen nicht getrennt ausgewiesen werden (Dohmen/Michel 2003, S. 25 f.).

Schließlich muss auch die grundsätzliche Entwicklung der Zuwendung der Länder für die Grundausstattung und Verwaltungseinnahmen im Wesentlichen als externes Datum seitens der Hochschulen beachtet werden. Auch wenn im Rahmen von Zielvereinbarungen die Höhe der Landeszuwendungen durch die Hochschulen beeinflussbar sind, müssen dennoch hochschulextern vorgegebene Mittelkürzungen umgesetzt werden.[38]

Rechtlich-politische Umwelt

In der rechtlich-politischen Umwelt ist die politische Einflussnahme auf die Hochschulen und deren Dienstleistung in der Weiterbildung zu analysieren. Von Interesse sind insbesondere die Rahmenbedingungen aufgrund von Hochschulgesetzen und -beschlüssen auf Bundes- und Landesebene. Unter der Prämisse, dass die Hochschulen aufgrund der Finanzmittelknappheit von Bund und Ländern für das Engagement in der Weiterbildung nicht mit zusätzlichen finan-

---

[35] Als mögliche Datenquellen zur quantitativen Abschätzung der Ausgaben für Weiterbildung können z. B. das BSW VIII, die Weiterbildungserhebung des deutschen Instituts für Wirtschaft, das statistische Jahrbuch sowie die Haushaltspläne der Bundesagentur für Arbeit genutzt werden (Dohmen/Michel 2003, S. 17). Gemäß der Auswertung der vorliegenden Studien werden die Ausgaben für die Weiterbildungsprogramme von öffentlichen und privaten Arbeitgebern, den öffentlichen Haushalten einschließlich der Bundesagentur für Arbeit sowie von Privatpersonen übernommen. Die Datenlage bezüglich der Ausgaben für Weiterbildung muss grundsätzlich als begrenzt beschrieben werden und ist teilweise mit Unsicherheiten behaftet, da zum Teil Prognosen vorgenommen wurden und nicht differenziert wurde, ob es sich um Ausgaben für die allgemeine oder berufliche bzw. (nicht-)wissenschaftliche Weiterbildung handelt. Diese Unsicherheiten sind in den nachfolgenden Aussagen zu berücksichtigen.
[36] Basis dieser Schätzung ist die Verwaltungsstatistik der BA, die Haushaltspläne der öffentlichen Hand sowie die Hochrechnungen des Instituts der deutschen Wirtschaft.
[37] Diese Zahlen sind jedoch mit Unschärfen behaftet, da insbesondere in den Beträgen der BA gleichfalls die Ausgaben für den Lebensunterhalt mit inbegriffen sind.
[38] Beispielsweise wurde der Hochschulhaushalt in Niedersachsen im Jahr 2004 um 40,7 Mio. Euro gekürzt, in Bayern um 116 Mio. Euro, in Hessen um 30 Mio. Euro und Berlin sieht im Doppelhaushalt 2004/2005 eine Einsparung von 54 Mio. Euro vor (HRK 2004a).

ziellen Ressourcen versorgt werden, müssen andere Wege zur Finanzierung gefunden werden. Neben den Einnahmen aus Studiengebühren und sonstigen Drittmitteln ist hier insbesondere über die Möglichkeit der Aufnahme von Krediten nachzudenken, um zumindest eine Anschubfinanzierung für neue (ggf. sehr kostenintensive) Weiterbildungsprogramme zu erhalten. Es stellt sich diesbezüglich die Frage, inwieweit sich diese Option für die Hochschulen als geeignet erweist.

Gesetze auf Bundes- und Landesebene: Auf Bundesebene regelt das HRG Allgemeines zu den Aufgaben, den Mitgliedern und der Rechtsstellung der Hochschulen sowie der Zulassung zum Studium und der staatlichen Anerkennung. Das HRG ist für sämtliche staatlichen Hochschulen gleichermaßen bindend. Spezielle Regelungen bezüglich der Weiterbildung lassen sich in folgenden Paragraphen finden: Die gesetzliche Verpflichtung zur Weiterbildung ergibt sich aus § 2. Dem § 12 sind Regelungen bezüglich der Höchstdauer von postgradualen Studiengängen und dem § 13 zum Fernstudium zu entnehmen. Sämtliche Prüfungen sind im Rahmen eines Leistungspunktesystems abzulegen und sind per Prüfungsordnungen zu regeln, dies gilt gemäß der §§ 15+16 unspezifisch für das Studium und umfasst somit sowohl das grundständige als auch das weiterbildende Studium (HRG 2002).

Die Mitarbeiter staatlicher Hochschulen sind i. d. R. Angestellte im öffentlichen Dienst oder Beamte. Insofern gelten für sie die jeweiligen Dienst- und Besoldungsvorschriften des Bundes und der Länder (z. B. Bundesbeamtengesetz, BBesG, Beamtenversorgungsgesetz, Bundesangestelltentarifvertrag etc.). In vielen Fällen ergeben sich aus diesen Vorschriften Hemmnisse für die in der Weiterbildung beschäftigten Mitarbeiter, die sich insbesondere in einer fehlenden Anreizwirkung und sehr restriktiven Rahmenbedingungen manifestieren (z. B. sehr reglementierende Vorschriften bezüglich Überstunden, Samstags- oder Sonntagsarbeit, die insbesondere bei einer berufstätigen Kundschaft in der Weiterbildung durchaus erforderlich sein können). Ein erster Schritt in Richtung Anreizwirkung wurde im bereits zuvor angesprochenen BBesG (vgl. Kap. 2.1.3) umgesetzt. Dieses ermöglicht eine stärker leistungsbezogene Vergütung, so dass bei entsprechender Relevanz der Weiterbildung innerhalb der Hochschule das diesbezügliche Engagement neben herausragenden Ergebnissen in der Forschung und Lehre zu attraktiveren Leistungsbezügen führen kann (d. h. mehr Motivation zur aktiven Beteiligung in der Weiterbildung für die Hochschullehrer). Da jedoch das Engagement in der Weiterbildung i. d. R. mit Leistungsbezügen für besondere Leistungen und nicht über (fixe) Funktionsleistungsbezüge vergütet wird, ist die Höhe der zusätzlichen Leistungen vorab nicht fixiert und insofern für die Hochschullehrer schwer kalkulierbar. Das Engagement in der Weiterbildung muss durch die Hochschulleitung (Präsidium und ggf. Dekane sowie Studiendekane) anerkannt und entsprechend bewertet werden. Je nach Relevanz der Weiterbildung an der jeweiligen Hochschule ist insofern subjektiver Spielraum in der zusätzlichen Vergütungshöhe gegeben.

Auf Landesebene sind im Wesentlichen die Landeshochschulgesetze zu nennen, die die jeweiligen Spezifika innerhalb der Hochschulen der einzelnen Länder regeln und auf die die Hochschulen, anders als bei den Gesetzen auf Bundesebene, eine Einflussnahme über entsprechende Stellungnahmen zu Gesetzesänderungen vornehmen können. Beispielhaft sind nachfolgend aus dem NHG einige Regelungen aufgeführt, die die Weiterbildung betreffen (NHG 2002).[39] In § 6 wird geregelt, dass jeder Studiengang, gleichgültig ob konsekutiv oder postgradual, durch eine wissenschaftsnahe Einrichtung in qualitativer Hinsicht zu bewerten ist (Akkreditierung). In §13 Abs. 4-8 ist geregelt, wofür die Hochschulen Gebühren und Entgelte erheben dürfen. Für die zu erhebenden Gebühren und Entgelte sind gemäß des § 13 Abs. 9 durch die jeweiligen Hochschulen Gebührenordnungen zu erlassen. Speziell für die Weiterbildung wird diesbezüglich in § 13 Abs. 4 geregelt, dass Hochschulen für nicht-konsekutive Studiengänge Gebühren und Entgelte erheben dürfen. Bei der Festlegung dieser Gebühren ist der Äquivalenzgrundsatz zu wahren, der sich aus dem Artikel 20 des Grundgesetzes ergibt, d. h. die Höhe der festgelegten Gebühren oder Entgelte muss sich nach dem tatsächlichen Aufwand der Hochschule richten, hierbei ist auch ein gewisser Overheadanteil zu berücksichtigen. Zur Markteinführung oder aus sonstigen hochschulpolitischen Interessen können von diesen Gebühren Abschläge vorgenommen werden, deren Höhe per Gesetz nicht näher spezifiziert ist. Es besteht diesbezüglich also die Möglichkeit einer angepassten Preisstrategie zur Markteinführung von Weiterbildungsstudiengängen. In § 34 Abs. 1+2 wird geregelt, dass das Präsidium auf Antrag der Fakultät befristete Lehraufträge erteilen kann. Wie bereits in den Grundlagen angesprochen, können somit für spezielle Kurse hochschulfremde Dozenten auf bestimmte Zeit gebunden werden. Ein positives Beispiel zeigt sich in diesem Zusammenhang im Land Niedersachsen, welches lediglich vorschreibt, dass die Einnahmen aus dem Weiterbildungsstudium die Kosten mindestens decken müssen, jedoch ansonsten keine weiteren Einschränkungen bezüglich der Vergütungshöhen für Lehraufträge macht (vgl. Kap. 2.1.3). Solche Ausnahmeregelungen für Vergütungen im weiterbildenden Studium sind jedoch nicht in allen Ländern entsprechend implementiert, so dass hier mitunter nicht zwischen einer Lehrauftragsvergütung im grundständigen und im weiterbildenden Studium unterschieden wird, was letztendlich die Akquisition besonders geeigneter Dozenten mittels monetärer Anreize erschwert.

Regelungen über Weiterbildung, die nicht mit einem akademischen Grad abschließt, werden in den vorgenannten Gesetzen nicht getroffen.

Empfehlungen und Beschlüsse: Neben Gesetzen auf Bundes- und Landesebene nehmen auch Empfehlungen und Beschlüsse verschiedener Gremien Einfluss auf das weiterbildende Studium. In diesem Zusammenhang sind zunächst die Beschlüsse der KMK zu nennen, die z. B. die Anrechnung von hochschulextern erworbenen Kenntnissen und Fähigkeiten auf ein

---

[39] Angemerkt sei jedoch an dieser Stelle, dass die Regelungen innerhalb der Länder teilweise sehr unterschiedlich ausfallen.

Hochschulstudium regeln (KMK 2002). Hierdurch ist es den Hochschulen überlassen zu entscheiden, welche externen Leistungen anerkannt werden. Solche Anrechnungen sind stets individualisiert zu prüfen und können somit zu einem sehr hohen administrativen Aufwand führen, jedoch ermöglichen sie zusätzlichen Kundengruppen Zugang zum (weiterbildenden) Studium. Für die Akkreditierung von weiterbildenden Bachelor- und Ma-sterstudiengängen wurden ebenfalls durch die KMK länderübergreifende Vorgaben über Studienstruktur und -dauer, Zugangsvoraussetzungen und Abschlussbezeichnungen gemacht (KMK 2005). Bei der Akkreditierung eines neuen Studiengangs wird auf die Einhaltung dieses und weiterer Beschlüsse der KMK besonders Wert gelegt (Akkreditierungsrat 2004b), d. h. auch seitens des Akkreditierungsrates und der Akkreditierungsagenturen wird Einfluss auf die Ausgestaltung neuer Studiengänge genommen.

Finanzierung neuer Weiterbildungsangebote über Fremdkapital: Zur Anschubfinanzierung von neuen (kostenintensiven) Weiterbildungsprogrammen brauchen die Hochschulen finanzielle Mittel, die sie oftmals nicht aus dem eigenen Haushalt isolieren können. Deshalb wäre auch über eine Anschubfinanzierung mittels Fremdkapital nachzudenken. DOHMEN führt aus, dass bei Hochschulen, die keinen Grundbesitz haben oder auf Landes- bzw. Bundesbürgschaften zurückgreifen, die Gefahr besteht, dass sie von den Kreditinstituten nicht als kreditwürdig angesehen werden. Verfügen sie jedoch über Grundbesitz oder sonstige Vermögenswerte (wie z. B. Stiftungsvermögen), dann wären sie grundsätzlich kreditwürdig, da neben einer positiven Einnahmen-Ausgabenrechnung, die als verpflichtende Voraussetzung anzusehen ist, entsprechende Besicherungsmöglichkeiten vorhanden wären (Dohmen 2003a, S. 17).

Bei einer Finanzierung über Kredite sind zwei Anmerkungen zu machen: Zum einen muss innerhalb der Hochschule Konsens über die mit der Kreditaufnahme verbundenen Rückzahlungsverpflichtungen herrschen. Im Falle einer Kreditaufnahme wird die Hochschule als Gesamtinstitution für die Rückzahlung verpflichtet, d. h. dass das Risiko des Ausfalls entweder durch die Gesamtinstitution getragen werden muss, oder dass durch entsprechend bindende Verpflichtungen Rückgriff auf die verantwortliche Fakultät genommen wird. Ob eine Zustimmung zu einer solchen Verpflichtung in der Hochschulleitung gefunden werden kann, ist jedoch fraglich. Zum anderen muss auch darüber nachgedacht werden, ob ein anderes juristisches Konstrukt eine bessere Ausgangssituation zur Kreditaufnahme bietet. In den meisten Bundesländern erlauben es die Landeshochschulgesetze[40], dass sich sowohl die Hochschulen in staatlicher Trägerschaft als auch Stiftungshochschulen an Unternehmen in der Rechtsform einer juristischen Person des privaten Rechts beteiligen oder solche Unternehmen selbst ausgründen können. Eine solche „kompaktere" juristische Person erweist sich unter Umstän-

---

[40] Ausnahmen bilden die Länder Bayern, Brandenburg, Rheinland-Pfalz und Thüringen, bei denen die Möglichkeiten einer Beteiligung oder Ausgründung nicht explizit geregelt sind. In den Ländern Hamburg, Hessen, Saarland, Sachsen und Sachsen-Anhalt muss die Zustimmung des zuständigen Ministeriums eingeholt werden.

den als ein attraktiverer Kreditnehmer aus Sicht der Kreditinstitute, zudem ist – je nach vertraglicher Basis bzw. Rechtsform des gegründeten Unternehmens – das Risiko seitens der Hochschule auf die Einlagenhöhe begrenzt.

Technologische Umwelt

Die technologische Umwelt ist aufgrund der Entwicklungen im Bereich des E-Learning kurz zu beschreiben, denn neben reinen Präsenzveranstaltungen oder einem Fernstudium mittels Studienbriefen kommen auch computer- und/oder internetbasierte Lehr-/Lernformen innerhalb der Weiterbildung zum Einsatz. In diesem Zusammenhang muss sowohl die Entwicklung auf der Nutzerseite (hier relevant: Kunden und Unternehmen) als auch auf der Anbieterseite (Hochschulen, kommerzielle Anbieter und Corporate Universities[41]) betrachtet werden. So ist bei der Entwicklung auf der Nutzerseite im Wesentlichen die Entwicklung der Inanspruchnahme des Internets bzw. dessen Verwendung zu beschreiben und bei der Entwicklung auf der Anbieterseite gilt es zu hinterfragen, was im Bereich des E-Learning bereits angeboten wird bzw. inwiefern entsprechende Distributionsmöglichkeiten vorhanden sind.

Die Nutzung des Internets hat insbesondere seit Ende der 1990er Jahre sehr stark zugenommen. Waren 1998 8% aller Haushalte mit einem Internetzugang ausgestattet, so sind es im Jahr 2003 bereits 51% gewesen. Bei den 10-54 jährigen Personen benutzen über 50% einer Altersgruppe das Internet und zwar vorwiegend zu Hause oder in ihrer Arbeits- bzw. Ausbildungsumgebung. Interessant im vorliegenden Zusammenhang ist, dass der Anteil der Internetnutzung für Aus- und Weiterbildung hinter der Suche nach Informationen und dem Senden bzw. Empfangen von E-Mails im Jahr 2003 an dritthäufigster Stelle genannt wurde (Statistisches Bundesamt 2004d, S. 9 ff.).[42] Der Umgang mit dem Internet zu Aus- und Weiterbildungszwecken ist den Privathaushalten demnach nicht unbekannt. Ein etwas anderes Bild wird bei den Unternehmen gezeichnet, denn hier liegt der Anteil der Internetnutzung zu Schulungszwecken lediglich bei 12%, wobei die Nutzungsrate für Ausbildungszwecke mit der Größe der Unternehmen zunimmt (Statistisches Bundesamt 2004e, S. 15).

Insbesondere durch die Förderprojekte von Bund und Ländern sind seit Ende der 1990er Jahre an den staatlichen Hochschulen eine Vielzahl an E-Learning-Materialien (Kurse, Module und Studiengänge), Lernplattformen oder Autorensystemen für die computer- und internetgestützte Aus- und Weiterbildung entwickelt sowie Multimedia-Hörsäle eingerichtet worden, mittels derer relativ schnell neue E-Learning-Materialien (z. B. videobasierte Vorlesungsaufzeichnungen) hergestellt werden können. Stellvertretend für die diversen Förderprojekte[43] wird

---

[41] Corporate Universities werden charakterisiert als innovative Lernarchitektur, die Personal- und Unternehmensentwicklung eng miteinander verzahnt und Lernprozesse durch Kooperationen mit (insbesondere) international ausgerichteten Hochschulen sowie den Einsatz moderner Lehr-/Lerntechnologien in den Strategieprozess des Unternehmens integriert (Deiser 1998, S. 36 f.)
[42] Für die Jahre davor wurden diese Daten nicht erhoben.
[43] Eine Übersicht über die verschiedenen E-Learning-Projekte des Bundes und der Länder bieten KLEIMANN und WANNEMACHER in ihrer Studie „E-Learning an deutschen Hochschulen" (Kleimann/Wannemacher 2004, S. 11 ff.).

nachfolgend kurz skizziert, welche E-Learning-Materialien durch das Projekt „Neue Medien in der Bildung" entwickelt wurden. In insgesamt 100 Projekten wurden an 128 deutschen Hochschulen 77 Kurse bzw. Module und elf E-Learning-basierte Studiengänge in den Fachbereichen der Geistes-, Rechts-/Wirtschafts-/Sozial-, Ingenieur- und Naturwissenschaften sowie der Medizin und der Informatik/Mathematik entwickelt. Zur Distribution von Lehr-/Lernmaterialien sowie zur Kurs- und/oder Nutzerverwaltung wurden insgesamt sieben Lernplattformen sowie 38 Learning-Management- bzw. Autorensysteme entwickelt (BMBF 2004, S. 356 ff.). Es zeichnet sich hierdurch ab, dass die Durchdringung des E-Learning, sowohl in Bezug auf die vorhandenen Produkte als auch auf die Distributionsmöglichkeiten, innerhalb der einzelnen Hochschulen bereits durch dieses eine Förderprojekt als nicht unerheblich zu betrachten ist, da an mehr als einem Drittel[44] der staatlichen bzw. staatlich anerkannten Hochschulen E-Learning-Materialien entstanden sind.

Es gibt jedoch spezielle Fachbereiche, wie z. B. die Theologie oder Agrarwissenschaften, in denen noch keine derart starke Verbreitung des E-Learning stattgefunden hat. Unsicher ist auch die nachhaltige Sicherung des Angebots der durch solche Förderprogramme initiierten Kurse, Veranstaltungen, Studiengänge oder Lernplattformen. Aus der zeitlichen Begrenzung der Projektförderung ergibt sich das Problem, dass die vorherrschenden Strukturen sowie die eigene Finanzmittelknappheit an den Hochschulen eine reibungslose Überführung in den Regelbetrieb sowie eine dauerhafte Fortführung, Aktualisierung und Anpassung an neue Kundengruppen oftmals nicht gewährleisten. Somit wird ein Auslaufen der E-Learning-Angebote in vielen Bereichen als Konsequenz hingenommen werden müssen, sofern keine geeigneten Möglichkeiten gefunden werden, die Nachhaltigkeit zu sichern (Kleimann/Wannemacher 2004, S. 95 ff.). Weiterhin offen ist auch, ob die hier entwickelten E-Learning-Materialien lediglich für das grundständige Studium entwickelt wurden oder ob es Möglichkeiten gibt, diese durch entsprechende Anpassungen auch in der Weiterbildung zu verwenden.

Als Pendant zu den Hochschulen werden auch durch andere kommerzielle Anbieter sowie Corporate Universities eine Vielzahl an E-Learning Materialien entwickelt und vermarktet.[45] MICHEL und BASTIAN haben in einer sehr umfangreichen Studie analysiert, mit welchen Geschäftsmodellen und Produkten die verschiedenen Anbieter ihre Zielgruppen ansprechen (Michel/Pelka 2003, S. 93 ff.). Der Markt der kommerziellen Anbieter ist unübersichtlich und durch eine hohe Anzahl an vornehmlich klein- und mittelständischen Anbietern gekennzeichnet (zu denen auch die privaten Hochschulen gehören), die häufig auf ein etabliertes Netz an Zulieferern und freien Mitarbeitern zurückgreifen können. Oftmals ist jedoch nicht eindeutig erkennbar, auf welchen Geschäftsfeldern sie im Einzelnen tätig sind, d. h. ob es sich um Full-

---

[44] Basis sind 333 deutsche staatliche bzw. staatlich anerkannte Universitäten, Fachhochschulen und Kunst- bzw. Musikhochschulen, die über das Abfrageformular des Hochschulkompasses im September 2005 angezeigt wurden (HRK 2005).
[45] Zwar können die Hochschulen die Entwicklungen im E-Learning-Bereich seitens der Wettbewerber weder kontrollieren noch wesentlich beeinflussen, weshalb sie grundsätzlich an dieser Stelle zu erwähnen sind, jedoch sind insbesondere bei diesem Aspekt fließende Übergänge zwischen der globalen und der engeren ökonomischen Umwelt gegeben.

Service Anbieter handelt oder ausschließlich bzw. Kombinationen von Inhalten, Technologien und Beratungen angeboten werden. Die ELDOC-Datenbank, die durch einen Auftrag des Bundesinstituts für Berufsbildung im Jahre 2001 entwickelt wurde, sollte diesbezüglich eine größere Transparenz und Vergleichbarkeit der bestehenden E-Learning-Anbieter unterstützen. Aktuell sind in dieser Datenbank 814 Programme von 82 Anbietern verzeichnet (ELDOC 2005). Insbesondere die Themen EDV & Informatik, Softskills, Technik sowie Wirtschaft, Recht und Verwaltung sind weit verbreitete Angebotsthemen. Die ELDOC-Datenbank enthält jedoch lediglich einen Teil der am Markt agierenden E-Learning-Anbieter, wie u. a. die Berlecon Studie zeigt (Berlecon 2001). Diese sehr umfangreiche Studie, die auf bereits bestehenden Umfragen sowie eigenen Interviews mit 161 E-Learning-Anbietern beruht, bietet eine klassifizierte Liste von E-Learning-Anbietern (segmentiert nach „Content-Anbietern", „Technologie-Anbietern", „Service-Anbietern" und „Fullservice-Anbietern") im deutschsprachigen Raum (Wang 2002, S. 9).

Ein ähnlich undurchsichtiges Bild ergibt sich bei Betrachtung der Corporate Universities. WIMMER ET AL. schätzen anhand ihrer durchgeführten Studie die Anzahl der Corporate Universities auf 47 ein (Wimmer/Emmerich/Nicolai 2002, S. 1), die für die Unternehmen maßgeschneiderte E-Learning-Angebote konzipieren und durch entsprechende Betreuungsszenarien unterstützen. Das Einschätzen des Marktvolumens der von diesen Anbietergruppen vermarkteten E-Learning-Materialien in Deutschland ist verlässlich kaum möglich. Die Werte in den Studien der letzten Jahre differieren teilweise um mehrere hundert Millionen Euro (z. B. Michel/Pelka 2003, S. 112).

4.1.2.2 Analyse der bestehenden Beziehungen zwischen den Indikatoren

Im vorangegangenen Kapitel wurden die einzelnen Indikatoren, die innerhalb der globalen Umwelt auf die wissenschaftliche Weiterbildung einwirken, isoliert betrachtet. In den nachfolgenden Ausführungen werden nun bestehende Querverbindungen dieser Indikatoren beschrieben. Hierbei werden allerdings solche Indikatoren vernachlässigt, deren Wirkungsrichtung und -weise nur sehr vage angenommen werden können. Dies betrifft im Wesentlichen die Entwicklung des BIP, der Konjunktur und des Arbeitsmarktes[46] aus der (makro-)ökonomischen Umwelt. Aus dem Kap. 4.1.2.1 verbleiben somit als Indikatoren zur nachfolgenden Analyse:[47]

- (Makro-)ökonomische Umwelt: Ausgaben für die Weiterbildung (1) und Tendenzen in der Entwicklung der Hochschulhaushalte (12).
- Soziokulturelle Umwelt: Entwicklung des Bildungsniveaus (2), des Teilnehmerverhaltens an der Weiterbildung (3) und der gesellschaftlichen Werte (4).

---

[46] Bereits im Kap. 4.1.2.1 wurde darauf hingewiesen, dass ein Rückschluss von der wirtschaftlichen Entwicklung (Konjunktur bzw. Arbeitslosenzahlen) auf die Entwicklung der Weiterbildungsteilnahme nur sehr eingeschränkt möglich ist.
[47] Die einzelnen Aspekte aus der globalen Umwelt wurden zur graphischen Veranschaulichung in eine geeignete Reihenfolge gebracht.

- Rechtlich-politische Umwelt: Empfehlungen und Beschlüsse (5+6), Gesetze auf Bundes- und Landesebene (7) sowie die Fremdfinanzierung (8).
- Technologische Umwelt: Internetnutzung seitens der Konsumenten (9), Entwicklung der Angebotsvielfalt von E-Learning-Materialien (11) und deren Distributionsmöglichkeiten (10).

Die Zahlen hinter den jeweiligen Indikatoren finden sich in der nachfolgenden Abbildung wieder. Selbsterklärende Beziehungen zwischen den oben genannten Indikatoren werden lediglich durch gestrichelte Pfeile angedeutet, jedoch nicht gesondert beschrieben. Im oberen Bereich der nachfolgenden Abbildung sind die Einfluss nehmenden Indikatoren aus der (makro-)ökonomischen, links aus der soziokulturellen, unten aus der rechtlich-politischen und rechts aus der technologischen Umwelt zu erkennen. Nachfolgend werden die Querverbindungen zwischen den einzelnen Indikatoren mit „1" beginnend entgegen dem Uhrzeigersinn erläutert. Hierbei steht ein „plus" für eine positive und ein „minus" für eine negative Wirkungsrichtung.

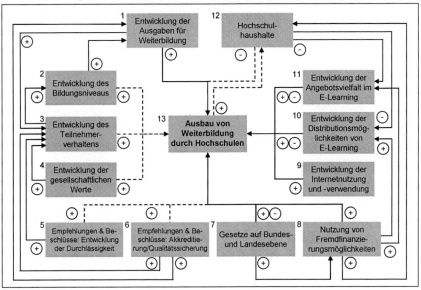

Abbildung 4.1-4: Beziehungen zwischen den Indikatoren der globalen Umwelt

Geben die privaten Haushalte, die öffentlichen und privaten Arbeitgeber sowie die BA mehr Geld für die Weiterbildung aus (1→13), können die Anbieter von Weiterbildungsprogrammen diese Einnahmen in neue Programme bzw. in Programmerweiterungen oder -verbesserungen investieren. Bei steigenden Ausgaben für die Weiterbildung seitens der Arbeitgeber ist anzunehmen, dass hierdurch eine Steigerung des Teilnahmeverhaltens der Arbeitnehmer (1→3) erreicht wird. Dies gilt gleichermaßen für die Ausgaben der BA, jedoch ist eine Steigerung dieser Ausgaben für Weiterbildung nicht zu erwarten, wenn der derzeitige Trend beibehalten wird. Die BA stellt sich zwar neben den privaten und öffentlichen Arbeitgebern als gewichtiger Träger von beruflicher und allgemeiner Weiterbildung dar, jedoch sind die Fördersummen seit Anfang der 1990er Jahre deutlich rückläufig (Gnahs 2002, S. 207 f.).

Insbesondere im Bereich der Privatpersonen aber auch der Arbeitgeber kann der Wertewandel zugunsten der Selbstverwirklichungswerte (4→3) als Treiber für ein Ansteigen des Teilnahmeverhaltens gewertet werden. Um Innovationen voranzutreiben und wirtschaftlich erfolgreich arbeiten zu können, benötigen die Unternehmen entsprechendes Humankapital, d. h. spezielles Wissen bzw. Know-how. Traditionell gelten die Hochschulen diesbezüglich als „die Institutionen", die dieses Humankapital bereitstellen können (Goldstein/Maier/Luger 1995, S. 105), was eine positive Unterstützung des Ausbaus der Weiterbildung durch Hochschulen darstellt. Durch die steigende Teilnahme an Weiterbildung steigt insgesamt das Bildungsniveau (3→2), wodurch tendenziell wiederum steigende Ausgaben für Weiterbildung zu erwarten sind (2→1), da die Weiterbildungsteilnahme positiv mit beruflicher und akademischer Qualifikation korreliert. Für diesen Trend können verschiedene Ursachen maßgeblich sein: Zum einen kann mit einer ansteigenden schulischen Qualifikation auch das eigene Empfinden der Notwendigkeit zur Weiterbildung steigen, zum anderen könnte auch ein möglicherweise zunehmender Druck der Arbeitgeber gepaart mit der Bereitschaft, die Kosten der Weiterbildung (zumindest teilweise) zu übernehmen, angenommen werden (Dohmen 2003b, S. 5 f.). Da davon auszugehen ist, dass bei der vorherrschenden ausgeprägten Segmentierung der Weiterbildungsnachfrage auf die verschiedenen Weiterbildungsanbieter, die jeweiligen Bildungsanbieter in erster Linie jene Population ansprechen, deren grundständige Bildung sie übernommen haben (Weber 2002, S. 230), ist die zuvor dargestellte Zunahme der Studierendenzahlen und der Hochschulabsolventen als positiver Faktor für die Ausdehnung der Weiterbildung durch Hochschulen zu werten.

Die Empfehlungen und Beschlüsse auf den Ebenen der HRK und KMK wirken nicht unerheblich auf die Entwicklung der wissenschaftlichen Weiterbildung, auch wenn sie keinen rechtlich verpflichtenden Charakter haben. Insbesondere die Bestrebungen zur verstärkten Durchlässigkeit (5→3) sowie transparenten Qualitätssicherung (6→3) stehen hier im Vordergrund: Durch eine möglichst einheitliche Regelung bezüglich der Durchlässigkeit zwischen den einzelnen (Aus-)Bildungsstufen soll das Bildungskonzept auf dem tertiären Sektor besser aufeinander abgestimmt werden.

Die zusätzlichen Bestrebungen, auch außerhochschulische Leistungen bei bestehender Gleichwertigkeit anzurechnen, stärken das Konzept des lebenslangen Lernens und binden auch Hochschulen hierin ein, was sich letztendlich positiv bezüglich der Nachfrage nach wissenschaftlicher Weiterbildung durch die Kunden auswirken kann.[48] Durch die einheitliche Verpflichtung, Studiengänge akkreditieren zu lassen, wird ein Qualitätssiegel von unabhängigen, durch den Akkreditierungsrat ermächtigten, Institutionen verliehen. Solche Siegel bieten den potenziellen Kunden eine Unterstützung bei der Entscheidung für oder gegen ein Weiterbildungsprogramm, denn im Rahmen einer Präferenzstrategie ist die Demonstration der hohen Qualität eine gängige Möglichkeit, mehrdimensionale Präferenzen bei den potenziellen Kunden aufzubauen und somit die eigene angebotene Dienstleistung von den Wettbewerbern abzuheben (Becker 2002, S. 182 f.). Es ist anzunehmen, dass die stärkere Transparenz in den qualitativen Bedingungen wissenschaftlicher Weiterbildung nicht nur die Teilnehmer direkt anspricht, sondern ebenfalls von den privaten und öffentlichen Arbeitgebern sowie ggf. durch die BA als positiv bemerkt wird, was in einer stärkeren Förderung solch qualitativ hochwertiger Weiterbildung resultieren kann (6→1). Als problematisch ist jedoch anzusehen, dass es sich aufgrund der unterschiedlichen Akkreditierungseinrichtungen um kein einheitliches Qualitätssicherungsverfahren handelt und somit eine Vergleichbarkeit der Ergebnisse kaum gegeben ist. Weiterhin ist es fraglich, ob das Instrument der Akkreditierung bei den Kunden tatsächlich als Qualitätssicherung erkannt wird oder ob die Hochschulen hier zusätzliche Wege finden müssen, um die angebotene Qualität zu kommunizieren. Der Ausbau von Qualitätssicherungsmaßnahmen für Weiterbildung, die nicht mit einem akademischen Grad abschließt, ist bisher sehr wenig entwickelt, jedoch würde auch für solche Weiterbildungsprogramme ein transparentes Qualitätssiegel eine Entscheidungshilfe für die Kunden bedeuten und insofern als Marketinginstrument seitens der Anbieter genutzt werden können.

Die Gesetze auf Bundes- und Landesebene wirken sowohl positiv als auch negativ auf den Ausbau der wissenschaftlichen Weiterbildung ein (7→13). Ein positiver Aspekt ist der Freiraum bezüglich der Verwendung der Einnahmen aus der Weiterbildung, der seitens der Landeshochschulgesetze gewährt wird. Als negativer Aspekt stellen sich die restriktiven Rahmenbedingungen der öffentlichen Dienst- und Besoldungsgesetze heraus (Hemmnisse bzgl. Überstunden oder Wochenendarbeit sowie mangelnde Anreizwirkung). Die ersten ergänzenden Regelungen bezüglich der Vergütung der Dozenten (z. B. aus Niedersachsen, vgl. Kap. 4.1.2.1) stellen diesbezüglich leider nur eine Ausnahme dar. Uneinheitlich bzw. teilweise gar nicht geregelt sind auch Ausgründungen von bzw. Beteiligungen an privatwirtschaftlichen

---

[48] In diesem Zusammenhang ist ein aktuelles (Stand: September 2005) Förderprojekt des BMBF zu nennen, welches die Durchlässigkeit der Bildungswege in den kommenden Jahren mit ca. 5,3 Mio. Euro fördern wird. Innerhalb von elf Teilprojekten sollen Verfahren entwickelt werden, um die beruflich erworbenen Fähigkeiten und Kenntnisse in das an den Hochschulen verwendete ECTS Leistungspunktesystem umzurechnen. Hierzu werden die beruflichen Qualifikationen aus über 60 Fortbildungsabschlüssen mit fachlich ähnlichen Studiengängen verglichen. Ziel es ist, diese beruflichen Qualifikationen auf ein Hochschulstudium anrechnen zu können und hierdurch die Position beruflich erworbener Kompetenzen sowie die Durchlässigkeit zwischen den Bildungssystemen zu stärken (BMBF 2005b).

Unternehmen, um die Aufgaben aus der Weiterbildung möglichst effizient abzuwickeln. Positiv könnte sich hingegen auswirken, dass die Landeshochschulgesetze die Aufnahme von Fremdkapital nicht unterbinden (7→8). Den Hochschulen steht somit neben den Möglichkeiten, sich um Landes- oder Bundesmittel zu bewerben, auch die Option offen, (in gewissen Grenzen) Kredite zur Anschubfinanzierung der Weiterbildungsprogramme aufzunehmen. Die Möglichkeit der Fremdfinanzierung beeinflusst positiv die Hochschulhaushalte (8→12)[49] und insofern auch die Möglichkeiten, sowohl neue Weiterbildungsprogramme zu konzipieren (8→13) als auch vermehrt IuK-gestützte Lehr-/Lernmaterialien (8→11) zu erstellen und zu vermarkten (8→10).

Die Entwicklungen innerhalb der technologischen Umwelt stellen sich schließlich sowohl als positive Antriebsfaktoren als auch als Hemmnisse für den Ausbau der Weiterbildung durch die Hochschulen dar. Der positive Aspekt ist darauf zurückzuführen, dass der Einsatz von E-Learning ein gewisses Attraktivitätspotenzial im Vergleich zu traditionellen Lehr-/Lernformen mit sich bringen könnte, insbesondere da der Umgang mit dem Computer und dem Internet, wie zuvor gezeigt, auch für die Bildung bereits jetzt einen hohen Stellenwert einnimmt (9→13). Weiterbildung IuK-basiert aufzubauen hat zudem den Vorteil, dass Hochschulen das Einzugsgebiet der potenziellen Kunden, gemäß des Vorbildes von Fernuniversitäten, erheblich ausweiten können (Wagner 2002, S. 227). Die Kunden müssen nicht mehr regelmäßig Lehrangebote in Präsenzform in Hörsälen wahrnehmen, sondern können die Lerninhalte orts- und zeitungebunden nutzen. Hierzu ist es jedoch erforderlich, dass es ausreichend IuK-gestützte Lehrangebote gibt (11→13) und dass die Hochschulen entsprechende Distributionsmöglichkeiten, wie z. B. Lernplattformen, besitzen (10→13). Die Ausführungen aus dem vorhergehenden Abschnitt haben verdeutlicht, dass aufgrund der vielen Förderprojekte von Bund und Ländern hier durchaus erhebliches Potenzial an den Hochschulen vorzufinden ist. Die nachhaltige Sicherung dieser Entwicklungen, wie z. B. die Aktualisierung der Lehr-/Lernmaterialien, die Anpassung an neue Kundengruppen oder die Wartung und Updates der Lernplattformen, bleibt hingegen fraglich, da im Vergleich zur traditionellen Präsenzlehre weitaus höhere Kosten für das Entwickeln und Aktualisieren von IuK-gestützten Lehr-/Lernmaterialien entstehen.[50]

Schließlich haben die Hochschulen aufgrund der desolaten Haushaltslage (12→11) wenig finanziellen Rückhalt, neue Weiterbildungsprogramme aus eigenen Finanzreserven zu initiieren und die ggf. vorhandenen E-Learning-Materialien sowie deren Distributionsmöglichkeiten auszubauen bzw. zu aktualisieren (12→10).

---

[49] Allerdings müssen die hierdurch entstehenden Rückzahlungsverpflichtungen durch die Vermarktung der Weiterbildungsprogramme eingehalten werden.

[50] In diesem Zusammenhang zeigt HAGENHOFF auf, welche Kostenbestandteile bei dem Einsatz von E-Learning entstehen können und stellt die Kalkulation einer konventionellen Präsenzveranstaltung der einer E-Learning-basierten Veranstaltung gegenüber (Hagenhoff 2002, S. 40 ff.). Auch wenn die E-Learning-Materialien von kommerziellen Anbietern oder Corporate Universities zugekauft werden könnten, sofern sie den inhaltlichen und qualitativen Ansprüchen genügen, entstehen in diesem Zusammenhang Kosten (Nutzungsrechte, Designanpassung, Aktualisierung etc.), die in die Kalkulation einfließen müssen.

4.1.2.3 Abschätzung der Entwicklung

Nachfolgend wird eine Einschätzung der Entwicklungen in der *soziokulturellen, (makro-) ökonomischen, rechtlich-politischen* und *technologischen* Umwelt vorgenommen, um schließlich die Entwicklung der wissenschaftlichen Weiterbildung aus globaler Sicht charakterisieren zu können.

Die zukünftigen Entwicklungen in der *soziokulturellen* Umwelt sind mit Unsicherheiten gekennzeichnet, zeigen jedoch eine positive Tendenz, denn es ist davon auszugehen, dass das Teilnehmerverhalten an wissenschaftlicher Weiterbildung nicht zuletzt aufgrund der in den letzten Jahren erheblich angestiegenen Studentenzahlen weiter ansteigen wird. Die Entwicklungen der *(makro-)ökonomischen Umwelt* sind hingegen, speziell bezüglich der Finanzierung der Hochschulen aus Landesmittel, recht eindeutig, denn aufgrund der finanziellen Misslage der Länder ist derzeit lediglich die Tendenz zu weiteren Mittelkürzungen absehbar.

Die Bestrebungen auf *rechtlich-politischer* Ebene zur besseren Abstimmung der Bildungsangebote im tertiären Sektor und einer in diesem Zusammenhang geförderten stärkeren Durchlässigkeit zwischen den Bildungsprogrammen sowie einer größeren Transparenz bezüglich der Qualität der Programme sollte sich günstig auf den Ausbau der Weiterbildung auswirken. Quantitativ abschätzbar ist diese Entwicklung zum heutigen Zeitpunkt allerdings nicht, da sie mit der Zufriedenheit bzw. der Unzufriedenheit der potenziellen Kunden mit den angebotenen Leistungen zusammenhängt. Die Anforderungen der Kunden an die wissenschaftliche Weiterbildung sind bis dato noch nicht ermittelt worden, insofern ist es schwer Aussagen darüber zu treffen, welches die kritischen Punkte sind, die über Zufriedenheit und Unzufriedenheit entscheiden. Eine empirische Erhebung dieser Anforderungen, die im Kap. 4.2.3 vorgestellt wird, soll deshalb erste Ansatzpunkte diesbezüglich offenbaren. Gelingt es den staatlichen Hochschulen, die Anforderungen der potenziellen Kunden zu erfüllen und die wissenschaftliche Weiterbildung nachfrageorientiert zu einem adäquaten Preis-Leistungsverhältnis ökonomisch erfolgreich anzubieten, dann ist es wahrscheinlich, dass sie weitere Marktanteile gegenüber den Wettbewerbern gewinnen können. Gelingt ihnen dies nicht, ist es fraglich, ob die Bemühungen des Ausbaus der wissenschaftlichen Weiterbildung auf dem derzeitigen Niveau verharren oder ob sie überhaupt fortgeführt werden können.

Die Entwicklungen in der *technologischen* Umwelt stellen schließlich eine Unterstützung für den Aufbau eines modernen Fernstudiums bereit. Ob durch diese Technologie jedoch wesentliche Veränderungen spürbar werden oder ob lediglich der Ausbau des Fernstudiums als Solches wichtig ist (z. B. auch per traditionellen Lehrbriefen), bleibt fraglich.

Die kritischen Annahmen aus der globalen Umwelt sind zusammenfassend wie folgt: Den Hochschulen gelingt es, die wissenschaftliche Weiterbildung auszubauen, ökonomisch erfolgreich anzubieten und Marktanteile gegenüber anderen Bildungsanbietern zu gewinnen, wenn

- das grundsätzliche Teilnahmeverhalten an Weiterbildung auch zukünftig steigt,
- das Bildungsniveau und die Anzahl der akademischen Abschlüsse weiterhin steigen,

- die Bemühungen der KMK bezüglich stärkerer Durchlässigkeit zwischen den Bildungsangeboten umgesetzt werden,
- sich die Nutzung der Instrumente für eine transparente Qualitätssicherung sowohl für die akademische als auch für die nicht-akademische Weiterbildung etabliert,
- es den Hochschulen gelingt, trotz einzuhaltender dienst- und arbeitsrechtlicher Vorschriften durch eine angepasste Organisation der Weiterbildung sowie interner Regelungen eine angemessene Flexibilität und Anreizwirkung zu schaffen,
- die Hochschulen geeignete Anschubfinanzierungen nutzen können, die aus den Überschüssen der Weiterbildungsprogramme zurückgezahlt werden.

Zur Vervollständigung der Umweltanalyse ist neben der globalen Sicht auch eine Analyse der näheren ökonomischen Umwelt seitens der wissenschaftlichen Managementliteratur vorgesehen, um aus beiden Analysesträngen schließlich die sich ergebenden Chancen und Risiken für das betreffende Geschäftsfeld ableiten zu können. Diese Analyse erfolgt im nächsten Abschnitt.

4.1.3 Engere ökonomische Umwelt

Ähnlich wie bei der zuvor durchgeführten Analyse der globalen Umwelt kommt es auch bei den nachfolgenden Ausführungen darauf an, aus der prinzipiell sehr unübersichtlichen Fülle von Faktoren und Einflusskräften die für den jeweiligen Untersuchungsgegenstand bedeutsamen herauszufiltern. Ziel dieser Analyse ist es, die relevanten Kräfte sowie deren Wirkungsrichtung auf die wissenschaftliche Weiterbildung im Rahmen einer geeigneten Strukturierung zu analysieren (Steinmann/Schreyögg 2002, S. 169). Hierzu wird zunächst der strategisch relevante Markt kurz charakterisiert (Kap. 4.1.3.1) bevor anschließend die Einflusskräfte innerhalb der Branchenstruktur diskutiert werden (Kap. 4.1.3.2).

4.1.3.1 Der strategisch relevante Markt

Volkswirtschaftlich betrachtet ist der Markt der Ort des Zusammentreffens von Angebot und Nachfrage (z. B. Schengber 1996, S. 66). Produkt- bzw. dienstleistungsbezogen ausgelegt umfasst der Markt „die Gesamtheit der wirtschaftlichen Beziehungen zwischen Anbietern und Nachfragern eines bestimmten Gutes oder einer bestimmten Gütergruppe" (Bea/Haas 2001, S. 89). Als klassische Aspekte zur Abgrenzung des relevanten Marktes werden der *räumliche*, *zeitliche* und *sachliche* Aspekt in der wissenschaftlichen Literatur angeführt (z. B. Meffert 2000, S. 37; Steinmann/Schreyögg 2002, S. 170).

Räumlich handelt es sich im hier vorliegenden Fall weitestgehend um einen regionalen bis nationalen Bildungsmarkt, da es den staatlichen Hochschulen bislang noch nicht gelungen ist, in den internationalen Bildungsmarkt vorzudringen und sich bereits das Engagement auf nationaler Ebene als Herausforderung zeigt. Aus *zeitlicher* Perspektive lässt sich der relevante Markt dahingehend abgrenzen, dass lediglich die Phase der Weiterbildung betrachtet, jedoch die Phase der davor liegenden Ausbildung vernachlässigt wird. Die *sachliche* Abgrenzung kann entweder anhand anbieter-/produktbezogener[51] oder nachfrageorientierter[52] Ansätze erfolgen. Aus Sicht der Hochschulen wird eine sachliche Abgrenzung anhand des Konzepts der funktionalen Ähnlichkeit bzw. der subjektiven Austauschbarkeit als sinnvoll angesehen, da hierdurch zum einen mögliche Wettbewerber identifiziert werden können, deren Produkte bzw. Dienstleistungen eine funktionale Ähnlichkeit aufweisen und zum anderen die im Wesentlichen bis dato vernachlässigte Nachfrageorientierung der Hochschulen unterstützt wird.

Bei der Analyse der funktionalen Ähnlichkeit müssen die Ausprägungen der Weiterbildung sowie die möglichen Wettbewerber, die diese Dienstleistungen anbieten können, betrachtet werden. Hochschulen bieten, wie bereits zuvor beschrieben, Weiterbildung an, bei der entweder ein akademischer oder nicht-akademischer Abschluss vergeben wird:

- Akademische Abschlüsse werden zum einen durch Hochschulen in staatlicher Verantwortung gemäß des HRG (HRG 2002, § 1) sowie zum anderen durch staatlich anerkannte Hochschulen vergeben. Zusätzlich werden Studiengänge von privaten Bildungsinstitutionen angeboten, die zwar selbst nicht staatlich anerkannt sind, jedoch mit einer staatlichen oder staatlich anerkannten Hochschule vertraglich kooperieren, die wiederum akademische Abschlüsse verleihen darf.
- Nicht-akademische Abschlüsse können von der oben genannten Gruppe sowie durch eine Vielzahl weiterer Bildungsträger vergeben werden, wie z. B. Volkshochschulen, Verwaltungs- und Wirtschaftsakademien (VWA), Berufsakademien, Industrie- und Handelskammern, Business Schools sowie Corporate Universities (Hagenhoff 2002, S. 112). Bezogen auf das Niveau der zu vermittelnden Inhalte erfüllen am ehesten die Dienstleistungen der VWA, der Berufsakademien[53], der Business Schools sowie der Corporate Universities ähnliche bzw. gleiche Funktionen wie die der Hochschulen.

Wird die subjektive Austauschbarkeit der wissenschaftlichen Weiterbildung aus Sicht der Kunden betrachtet, ist der Nutzen zu analysieren, den die Kunden mit dem Konsum dieser Dienstleistung verbinden. Ohne den Ausführungen des Kap. 4.1.3.2 zu sehr vorzugreifen sei an dieser Stelle angemerkt, dass mit der Inanspruchnahme von Weiterbildung sowohl weiche Nutzendimensionen (z. B. Verbesserung der Kompetenz) als auch harte (z. B. Verbesserung des Einkommens) verbunden werden. Der relevante Markt setzt sich somit aus Anbietern zusammen, die diese Nutzendimensionen bedienen.

---

[51] Ein solcher Ansatz wäre z. B. der der funktionalen Ähnlichkeit von ABBOTT (Abbott 1958, S. 96).
[52] Solche Ansätze wären z. B. das Konzept der subjektiven Austauschbarkeit von DICHTL ET AL. (Dichtl/Andritzky/Schober 1977, S. 299 f.) oder der Substitution-in-use-Ansatz von SRIVASTAVA ET AL. (Srivastava/Alpert/Shocker 1984, S. 33 ff.).
[53] Abschlüsse von akkreditierten Bachelorausbildungsgängen sind hochschulrechtlich Bachelorabschlüssen von Hochschulen gleichgestellt (KMK 2004).

4.1.3.2 Analyse der Branchenstruktur

Nachfolgend werden die in Kap. 4.1.1 vorgestellten fünf Einflusskräfte auf das Geschäftsfeld der wissenschaftlichen Weiterbildung näher analysiert: Potenzielle neue Konkurrenten, Grad der Rivalität zwischen den Wettbewerbern, Bedrohungen durch Substitutionsprodukte sowie die Verhandlungsstärken der Abnehmer und Lieferanten.

Potenzielle neue Konkurrenten

Mit neuen Marktteilnehmern dringen neue Kapazitäten in den Markt ein, wodurch die etablierten Anbieter oftmals unter Druck gesetzt werden, da Preise gedrückt oder die Kosten der Kundenbindung erhöht werden könnten. Die Gefahr eines solchen Markteintritts neuer Konkurrenten wird im Wesentlichen durch die Existenz von Markteintrittsbarrieren (MEB) bestimmt.[54] MEB sind Kräfte, die aus Sicht von etablierten Anbietern zu einer Erhöhung bzw. aus Sicht von neuen Anbietern zu einer Verringerung der Geschäftsfeldattraktivität führen, weil der Neuzugang versperrt ist oder nur mit erheblichen Aufwendungen erreicht werden kann. Zu unterscheiden sind die *strukturellen* von den *strategischen* MEB, wobei Erstere unabhängig vom jeweiligen Verhalten der Marktteilnehmer existieren und Letztere auf gezielte Aktivitäten der bereits etablierten Marktteilnehmer zurückzuführen sind (Weizsäcker 1980, S. 13 ff.). Strukturelle MEB ergeben sich z. B. durch Betriebsgrößenersparnisse, hohe Kosten oder absolute Kostenvorteile der stärksten Anbieter wohingegen sich strategische MEB z. B. durch hohe Umstellungskosten bei Anbieterwechsel oder Produktdifferenzierungsstrategien ergeben (Steinmann/Schreyögg 2002, S. 172).

HAGENHOFF stuft die strukturellen und strategischen MEB in ihrer Marktanalyse für den Bereich der akademischen Abschlüsse als nicht relevant und für den Bereich der nicht-akademischen Abschlüsse als hoch ein (Hagenhoff 2002, S. 108 ff.). Obwohl den Ausführungen grundsätzlich gefolgt wird, greift das Urteil für den Bereich der akademischen Abschlüsse zu kurz, denn auch dort bestehen hohe strukturelle MEB beim Markteintritt (Punkte 1 und 2) bzw. können strategische MEB nach Markteintritt durch die Hochschulen aufgebaut werden (Punkte 3 und 4).

1) Ein wesentlicher Grund, warum sich Hochschulen zurzeit noch schwer tun, das Angebot der wissenschaftlichen Weiterbildung auszubauen und sich hierdurch zusätzliche Einnahmen zu generieren, ist in den hohen Kosten zu sehen. Diese entstehen insbesondere in der Phase des „Herstellens der Leistungsbereitschaft", d. h. durch die Planung, Konzeption, Realisierung und Organisation und bestehen vornehmlich aus Personalkosten.[55] Weitere Kosten entstehen ggf. durch spezielle Lehrvergütungen an das interne oder externe

---

[54] Die wissenschaftliche Diskussion über MEB ist auf BAIN zurückzuführen, der sich bereits in den 1950er Jahren mit diesem Thema auseinander gesetzt hat (Bain 1956).
[55] Selbst wenn für diese Tätigkeiten keine gesonderten Stellen geschaffen werden und sie durch das wissenschaftliche Personal in Nebentätigkeit erfüllt werden, reduziert sich deren Kapazität für die anderen Aufgaben in der Forschung und Lehre.

Personal für die Dozententätigkeit, den Akkreditierungsprozess oder das kommerzielle Marketing, z. B. über Printmedien oder das Internet. Bis die Erlöse aus der Weiterbildung diese Kosten übersteigen (Break-Even-Punkt), mangelt es vielen staatlichen Hochschulen oftmals an einer geeigneten Anschub- bzw. Zwischenfinanzierung. Diese MEB betrifft jede staatliche Hochschule, weil es grundsätzlich nicht vorgesehen ist, dass die Konzeption neuer Weiterbildungsprogramme durch Landesmittel gedeckt wird und macht insofern das Geschäftsfeld der wissenschaftlichen Weiterbildung eher unattraktiv (Herm et al. 2003, S. 17 f.).

2) Weitere strukturelle MEB im Form von Betriebsgrößenersparnissen sind durchaus bei solchen Weiterbildungsanbietern zu vermuten, die sich bereits mit einem relativ umfangreichen Spektrum an Weiterbildungsprogrammen auf dem Markt etabliert haben. Insbesondere in personalintensiven Bereichen, wie z. B. der Vermarktung oder Administration von Weiterbildungsangeboten, können hier Economies of Scale realisiert werden, indem z. B. ähnliche Tätigkeiten für unterschiedliche Angebote zentral durchgeführt werden. Economies of Scale lassen sich jedoch auch in anderen Bereichen realisieren, wie z. B. bei der Entwicklung von Lehr-/Lernmodulen, wenn diese durch möglichst einfache Anpassungsarbeiten für verschiedene Zwecke mehrfach verwendet werden können. Je kostenintensiver die Erstellung solcher Lehr-/Lernmodule ist, wie z. B. bei E-Learning-Materialien, umso stärker tritt dieser Aspekt zutage.[56] Strukturelle MEB durch Lernkurveneffekte, die in Kostenvorteilen münden, sind hingegen nur dort zu finden, wo es durch eine geeignete Organisationsstruktur gelingt, das aufgebaute Know-how langfristig zu binden.[57]

3) Insbesondere bei dem Punkt der Produktdifferenzierung verfügen die staatlichen Hochschulen anderen Bildungsanbietern gegenüber einen nicht zu unterschätzenden Vertrauensvorteil, was bei einer solch vertrauensintensiven Dienstleistung wie Bildung dem Aufbau einer MEB gleich kommt. Staatliche Hochschulen können akademische Abschlüsse vergeben und gelten als Bildungsstätten mit hohem Forschungs- und Wissensbezug. Sie ermöglichen aus der Unabhängigkeit von möglicherweise beeinflussenden Unternehmen heraus eine distanzierte Reflexion von Wissen (Stifterverband 2003, S. 15). Hiermit eng verbunden ist die herausragende Stellung der staatlichen Hochschulen im Bereich der Vermittlung von Methoden-Know-how, während andere Weiterbildungsanbieter oftmals eine eher anwendungsorientierte Ausrichtung[58] verfolgen (Stifterverband 2004, S. 3).

4) Die Betrachtung der strategischen MEB fokussiert auf Strategien zur Kundengewinnung, wie z. B. Produkt-, Kommunikations-, Distributions- oder Kontraktionsstrategien (z. B. Meffert 2000, S. 327 ff.), weil Aspekte wie hohe Umstellungskosten oder versperrter Zugang zu

---

[56] Bei KAMIN findet sich diesbezüglich eine umfangreiche Auseinandersetzung mit den Problemen und Möglichkeiten der Mehrfachverwendung elektronischer Lehr-/Lernarrangements (Kamin 2004).
[57] Das sich in diesem Bereich insbesondere für die staatlichen Hochschulen aufspannende Problem wird im Kap. 4.2.2 ausführlicher behandelt.
[58] Stärkerer Fokus auf die Aneignung von Anwendungswissen ohne die erforderliche Reflexion bezüglich der zur Lösung angewandten Methodik, so dass ein Übertragen des Wissens auf andere Problembereiche nicht gefördert wird.

Vertriebskanälen im hier betrachteten Geschäftsfeld irrelevant sind. Der Einsatz dieser Marketingstrategien zur Kundengewinnung läuft letztendlich darauf hinaus, das von den Kunden empfundene Kosten-Nutzen-Verhältnis für den betrachteten Anbieter positiv zu beeinflussen und sich ein bestimmtes (Qualitäts- oder Preis-)Image bzw. einen bestimmten Namen aufzubauen. Obwohl diese Strategien als sehr wichtig erachtet werden, weil sie das Potenzial zum Aufbau von MEB haben, werden sie insbesondere durch die staatlichen Hochschulen zurzeit nur sehr zögernd eingesetzt (Herm et al. 2003, S. 38 f.).

Grad der Rivalität der bestehenden Wettbewerber

Je nachdem, ob der Wettbewerb innerhalb eines Geschäftsfeldes mehr oder weniger intensiv geführt wird, können verschiedene Formen der Rivalität zwischen den einzelnen Anbietern, wie z. B. Preiswettbewerbe, Werbeschlachten oder Betonung besonderer Service- oder Garantieleistungen beobachtet werden (Porter 1999, S. 50). Eine solche Rivalität hängt vor allem von den Verhaltensmaximen der einzelnen Anbieter ab, wird jedoch auch von der Anzahl der Anbieter und einiger weiterer struktureller Faktoren[59] beeinflusst (Oster 1999, S. 30 ff.).

Bereits die Ausführungen zu den strategischen MEB deuten an, dass der Wettbewerb innerhalb der wissenschaftlichen Weiterbildung eher zurückhaltend geführt wird, insbesondere wenn der Bereich der akademischen Abschlüsse betrachtet wird. Aus verschiedenen Gründen ist ein solcher Wettbewerb auch kaum zu erwarten: Zum einen ist Bildung, wie bereits zuvor erklärt, ein Vertrauensgut, was es insofern strategisch als nicht sehr sinnvoll erscheinen lässt, wenn sich Hochschulen auf Werbeschlachten oder Preiswettbewerbe einlassen, weil ein solches Verhalten dem Aufbau von Vertrauen eher entgegen wirkt. Zum anderen besitzen Hochschulen u. a. aufgrund der i. d. R. vorherrschenden räumlichen Gebundenheit der Weiterbildungssuchenden sowie der oftmals gegebenen Spezifität ihrer Weiterbildungsstudiengänge eine Art räumliches Angebotsmonopol (Hagenhoff 2002, S. 109).

Druck durch Substitutionsprodukte

Produkte sind als Substitute anzusehen, wenn sie im Grundsatz dieselbe Funktion erfüllen wie das fokale Produkt. Wichtig hierbei ist es, den Verwendungszusammenhang der Abnehmer zu berücksichtigen, denn eine absolute Substitutionalität ist i. d. R. nicht vorzufinden (Steinmann/Schreyögg 2002, S. 177 f.).

Studien über das Weiterbildungsverhalten geben in diesem Zusammenhang Auskunft darüber, welchen Nutzen Weiterbildung erfüllen soll. Relativ gesehen werden diesbezüglich „weiche" Nutzendimensionen häufiger genannt als „harte". So geht aus einer Studie der Hochschul-Informations-Systeme GmbH (HIS) zur beruflichen Weiterbildung von Hochschulabsol-

---

[59] Solche Faktoren sind z. B. die Marktsättigung, die Homogenität der angebotenen Produkte und Leistungen sowie ggf. vorhandene Austrittsbarrieren.

venten[60] hervor, dass 94% der Befragten als wichtiges oder sehr wichtiges Ziel die Erweiterung der fachlichen Kompetenz verfolgten und 47% die Weiterbildung zur Kompensation von Defiziten aus dem vorherigen Studium nutzen. Harte Nutzendimensionen, wie die Verbesserung der beruflichen Position oder des Einkommens gaben indes nur 33% bzw. 20% der Befragten als wichtige Ziele an (Willich/Minks/Schaeper 2002, S. 5 ff.). Auch das BSW VIII zeichnet ein ähnliches Bild, so nennen 62% der erwerbstätigen Teilnehmer an beruflicher Weiterbildung im Jahr 2000 als „weiche" Nutzendimension die Verbesserung der beruflichen Chancen und lediglich 23% bzw. 18% eine Einstufung in eine höhere Gehaltsgruppe bzw. einen beruflichen Aufstieg (Kuwan et al. 2003, S. 295). Weitere Nutzenerwartungen an die Weiterbildung sind z. B. die Erweiterung der Fach- oder Sozialkompetenz sowie der Allgemeinbildung, eine Beschäftigungssicherung oder Unterstützung bei einer Beschäftigungssuche, eine Vorbereitung zur Existenzgründung sowie für einen Berufs- oder Arbeitgeberwechsel (Willich/Minks 2003, S. 47 f.).

Bei der Betrachtung der nachfragerseitigen Nutzenerwartungen wird deutlich, dass diese sowohl durch Hochschulen als auch durch Anbieter nicht-akademischer Weiterbildung zu erfüllen sind, die an das Bildungsniveau der Hochschulen heran reichen. Bereits in den frühen 1990er Jahren konnte auf nationaler Ebene eine stärkere Differenzierung im höheren Bildungssystem identifiziert werden. AMRHEIN beschreibt in Anlehnung an die Erkenntnisse des Frankfurter Instituts für wirtschaftspolitische Forschung, dass neben den staatlichen Hochschulen zusehends private Institutionen treten, wie z. B. private Universitäten, Business-Schools oder Berufs- bzw. Wirtschafts- und Verwaltungsakademien, deren Ruf sowohl in der Wissenschaft als auch in der Praxis als mindestens gleichwertig, wenn nicht als höherwertig, im Vergleich zu dem staatlicher Hochschulen gilt (Amrhein 1998, S. 5; Frankfurter Institut 1993, S. 19 f.).

Mittlerweile sind diese privaten Institutionen bereits stark auf dem Bildungs- und Weiterbildungsmarkt vertreten, der wissenschaftlichen Weiterbildung ist es jedoch bis dato nicht gelungen, ihr doppeltes Nischen-Dasein abzulegen (Stifterverband 2003, S. 10). Außerhalb der akademischen Weiterbildung treten staatliche Hochschulen sehr selten als Anbieter von Weiterbildung in Erscheinung. Selbst im Bereich der akademischen Weiterbildung ist ein gewisser Druck durch Substitute zu verzeichnen, denn Unternehmen wählen i. d. R. nicht staatliche Hochschulen als externe Bildungspartner um ihren Führungsnachwuchs hochwertig auszubilden, sondern kooperieren im Rahmen ihrer Corporate Universities eher mit international führenden Business-Schools.[61] Dies liegt zum einen daran, dass staatliche Hochschulen aufgrund mangelnder Öffentlichkeits- und Vermarktungsaktivitäten oftmals nicht als adäquate Kooperationspartner seitens der Unternehmen erkannt werden. Zum anderen sind die Ange-

---

[60] Datengrundlage ist die in den Jahren 1998/99 von der HIS durchgeführte Befragung von 6.611 Hochschulabsolventen des Abschlussjahrgangs 1993 fünf Jahre nach ihrem Examen.
[61] Als Beispiel bieten die Deutsche Bank AG, Deutsche Lufthansa AG, Merck KGaA und Robert Bosch GmbH ihren Mitarbeitern in diesem Zusammenhang die Möglichkeit an, an dem berufsbegleitenden zweijährigen Ashridge „Executive Master of Business Administration (MBA) Programm" teilzunehmen.

bote staatlicher Hochschulen aus Sicht vieler Unternehmen zu praxisfern und theoriegetrieben (BLK 2000, S. 11). Aufgrund der zunehmenden Globalisierung reduzieren sich zudem die Hemmnisse für internationale Anbieter bzw. internationale Kooperationen, auf dem deutschen Weiterbildungsmarkt Fuß zu fassen. Insbesondere im Bereich von MBA-Programmen[62] ist deshalb zu verzeichnen, dass private deutsche Bildungsanbieter mit ausländischen Hochschulen kooperieren und durch diese Kooperation international anerkannte akademische Abschlüsse verleihen können. Sowohl für den Bereich der akademischen Weiterbildung als auch – und insbesondere – für den Bereich der nicht-akademischen Weiterbildung ist also der Druck durch Substitute als nicht unerheblich anzusehen.

Verhandlungsstärke der Abnehmer

Je stärker eine Abnehmergruppe ist, desto eher kann sie Preise drücken, höhere Qualität bzw. bessere Leistung verlangen oder die einzelnen Wettbewerber innerhalb eines Geschäftsfeldes gegeneinander ausspielen. Es gibt eine Reihe von Bedingungen, die erfüllt sein müssen, damit eine Abnehmergruppe als stark gilt, beispielsweise wenn sie konzentriert ist oder einen großen Anteil an den Gesamtumsätzen der Anbieter hat, die von ihr bezogenen Produkte standardisiert sind, sie vollständig informiert ist oder die Gewinne der Anbieter niedrig sind (Porter 1999, S. 58 ff.).

Um die Verhandlungsstärke zu diskutieren, muss zunächst einmal geklärt werden, wer die bevorzugten Abnehmer der wissenschaftlichen Weiterbildung sind und insofern ist zu analysieren, welche Personengruppen in der Vergangenheit verstärkt an der Weiterbildung teilgenommen haben.[63] Das BSW VIII charakterisiert die Kunden der Weiterbildung anhand verschiedener soziodemographischer Merkmale, wie dem Alter, dem Bildungsabschluss, der berufliche Stellung sowie der Erwerbstätigkeit. Die Ergebnisse werden nachfolgend dargestellt (Kuwan et al. 2003, S. 86 ff.):

Teilnahme nach Altersgruppen: Aus der Teilnehmergruppe der 35-49-Jährigen nehmen insgesamt 49% und der 19-34-Jährigen insgesamt 47% an Weiterbildungsprogrammen teil. Aus der Gruppe der über 50-Jährigen nehmen noch 31% an Weiterbildungsprogrammen teil.

---

[62] Eine sehr umfassende Übersicht bietet diesbezüglich der MBA Guide, der jährlich eine aktuelle Aufstellung der in Deutschland angebotenen MBA-Programme vornimmt (Brackmann/Kran 2004, S. 240 ff.).
[63] Die Konzentration der Hochschulen liegt sicherlich auf Weiterbildung für Hochschulabsolventen, obwohl sich insbesondere Angebote mit nicht-akademischen Abschlüssen auch an andere Personengruppen richten können. Eine spezielle Betrachtung der Weiterbildungsentwicklung ausschließlich von Hochschulabsolventen ist mangels statistischen Zahlenmaterials jedoch nicht möglich. Das umfassendste Werk ist das BSW VIII, welches als Basis für die nachfolgenden Ausführungen genutzt wurde. Eine Differenzierung nach allgemeiner und beruflicher Weiterbildung wird nachfolgend nur zu ausgewählten Aspekten vorgenommen. Ohne weitere Anmerkungen beziehen sich die Daten auf den gesamten Weiterbildungsbereich (Ausnahme: Informelle Weiterbildung).

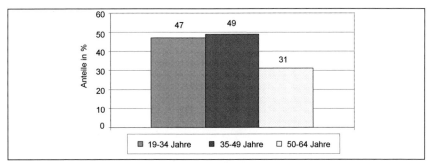

Abbildung 4.1-5: Teilnahme an Weiterbildung nach Altersgruppen

Teilnahme nach Bildungsabschluss: Interessanter für den Bereich der wissenschaftlichen Weiterbildung ist jedoch die Tatsache, dass eine höhere schulische Qualifikation mit einer höheren Beteiligung an Weiterbildung insgesamt einhergeht. Dies spiegelt sich sowohl in den Teilnahmequoten an Weiterbildung nach Schulbildung als auch nach beruflicher Qualifikation wider. Die Teilnahmequote von Personen mit Hochschulreife liegt mit 59% fast doppelt so hoch, wie bei Personen mit einer niedrigen Schulbildung[64] (29%). Analog hierzu liegt die Teilnahmequote von Hochschulabsolventen mit 63% weit über den Werten von Personen mit anderer beruflicher Qualifikation (Meister und andere Fachschulen 54%; Lehre und Berufsfachschule 40% oder keine Berufsausbildung 19%), wie die nachfolgende Abbildung zeigt.

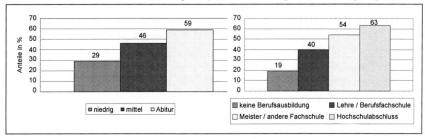

Abbildung 4.1-6: Teilnahme an Weiterbildung nach Berufsabschluss

Teilnahme nach beruflicher Stellung: Wird die Teilnahme an Weiterbildung weiterhin dahingehend analysiert, welche Berufsgruppen überwiegend partizipieren, stehen Beamte im einfachen, mittleren oder gehobenen Dienst mit 70%, Beamte im höheren Dienst mit 69% und leitende Angestellte mit 66% an der Spitze der Teilnehmer von Weiterbildungsprogrammen.

---

[64] Niedrige Schulbildung bedeutet keinen Abschluss, Volksschul- oder Hauptschulabschluss.

4.1 Analyse der Umwelt

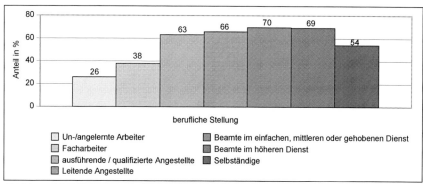

Abbildung 4.1-7: Teilnahme an Weiterbildung nach beruflicher Stellung

Teilnahme nach Erwerbstätigkeit: In der BSW VIII Erhebung wird ebenfalls deutlich, dass die Teilnahmequote an Weiterbildung innerhalb der Gruppe der Erwerbstätigen (52%) deutlich stärker als in der Gruppe der Nichterwerbstätigen (27%) ist. Dieser Vorsprung in der Teilnahme der Erwerbstätigen ist vor allem darauf zurückzuführen, dass diese eine sehr viel höhere Teilnahmequote an beruflicher Weiterbildung haben als Nichterwerbstätige (40% zu 9%), jedoch liegt auch in der allgemeinen Weiterbildung die Teilnahmequote der Erwerbstätigen über der der Nichterwerbstätigen (30% zu 21%).

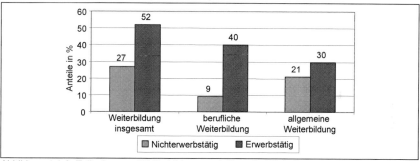

Abbildung 4.1-8: Teilnahme an Weiterbildung nach Erwerbstätigkeit

Bei den Erwerbstätigen kann im Weiteren noch analysiert werden, wer die Finanzierung der beruflichen Weiterbildung übernimmt und von wem die Initiative zur Teilnahme ausgeht. Aus einer HIS-Studie (Willich/Minks/Schaeper 2002, S. 7 f.) geht diesbezüglich hervor, dass sich die Unternehmen dann in einem stärkeren Umfang an den Weiterbildungskosten beteiligen, wenn diese durch unbefristet Beschäftigte wahrgenommen wird (zu 62% bei Vollzeitbeschäftigten, zu 38% bei Teilzeitbeschäftigten) wohingegen die Weiterbildungskosten überwiegend dann von den Privatpersonen übernommen werden, wenn diese befristet beschäftigt (zu 36% Vollzeit, zu 39% Teilzeit) oder Selbstständig (52%) sind. Die Initiative zur Weiterbildung geht hierbei im Wesentlichen stärker von den Privatpersonen aus, nur im Fall der unbefristeten

Vollzeitbeschäftigung wurde der größte Anteil durch eine Gemeinschaftsinitiative der Unternehmen und Mitarbeiter generiert.

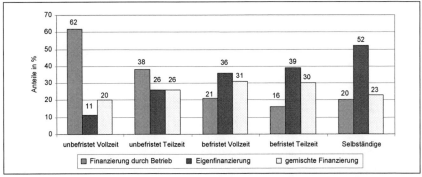

Abbildung 4.1-9: Übernahme der Finanzierung der Weiterbildung bei Erwerbstätigkeit

Als Fazit wird festgehalten, dass die Zielgruppe von wissenschaftlicher Weiterbildung aus zwei Gruppen besteht: Die Zielgruppe der *Privatpersonen* für wissenschaftliche Weiterbildungsprogramme liegt bei hochqualifizierten erwerbstätigen Personen im Alter zwischen 19- 49 Jahren[65], die einen Meister-, Fachschul- oder Hochschulabschluss haben und in leitender Stellung bzw. als Beamte tätig sind. Da für unbefristet Vollzeitbeschäftigte ein hoher Anteil der Initiative durch die Unternehmen generiert wird, sind auch *Unternehmen* als potenzielle Zielgruppe anzusehen, die grundsätzlich positiv gegenüber solcher Weiterbildung eingestellt sind, die keinen direkten Berufsbezug hat, sondern eher als Investition für die berufliche Zukunft zu verstehen ist (wie z. B. bei einem berufsunspezifischem Weiterbildungsstudiengang).

Obwohl die Bedingungen für eine hohe Verhandlungsstärke der Kunden nicht erfüllt sind,[66] weil es z. B. an entsprechender Konzentration oder einer vollständigen Information fehlt, besitzen die Kunden trotzdem eine nicht zu unterschätzende Macht gegenüber den Hochschulen. Werden die Anforderungen der Abnehmergruppen nicht oder nur unzureichend erfüllt, nehmen sie an den angebotenen Weiterbildungsprogrammen nicht teil, was letztendlich zu einem Überangebot an Studienplätzen und insofern zu einem Fehlschlagen der langfristig angestrebten Quersubventionierung der Hochschulhaushalte führen kann. Genaue Daten zur Auslastung der derzeit angebotenen wissenschaftlichen Weiterbildungsprogramme können zu diesem Zeitpunkt nicht genannt werden, weil hierzu entsprechendes Zahlenmaterial bzw. Analysen fehlen. Es ist jedoch davon auszugehen, dass die derzeitig angebotenen Weiterbildungsprogramme eher nicht ausgelastet sind, was zum einen in der immer noch vorherr-

---

[65] Wobei realistisch gesehen eine Beteiligung an wissenschaftlicher Weiterbildung, die i. d. R. eine gewisse Berufserfahrung als Zulassungsvoraussetzung aufweisen wird, erst ab einem Alter von Mitte bis Ende 20 angenommen werden kann.

[66] Lediglich im Fall einer engen Kooperation zwischen Hochschule und Unternehmen, innerhalb der spezielle Weiterbildungsangebote in Zusammenarbeit entwickelt und implementiert werden, besitzen die Unternehmen als Abnehmer eine hohe Verhandlungsstärke. Solche Fälle sind jedoch zurzeit eher die Ausnahme.

schenden Angebotsorientierung (Herm et al. 2003, S. 25 f.) liegt und zum anderen auf die geringen Marketingaktivitäten seitens der Anbieter zurückzuführen sein dürfte.

Verhandlungsstärke der Lieferanten

Analog zu der Abnehmergruppe besitzen auch die Lieferanten unter gewissen Umständen eine starke Position gegenüber den Anbietern, die sie beliefern, und können somit u. U. deren Rentabilität schmälern. Die angesprochenen Umstände sind zumeist die Spiegelbilder derjenigen Bedingungen, die die Macht der Abnehmergruppe begründen, wie z. B. eine hohe Konzentration, das Fehlen von Ersatzprodukten, die Unwichtigkeit der Abnehmer für die Lieferanten oder die Relevanz der Produkte und Leistungen für die Abnehmer (Porter 1999, S. 61 ff.).

Insbesondere das Auslagern der nicht-wissenschaftlichen Tätigkeiten, die in den Kap. 3.1.1-3.1.3 beschrieben wurden, gestaltet sich aus Sicht der Hochschule als sinnvoll, weil es zum einen zu einer stärkeren Professionalisierung führen kann und zum anderen den Hochschulen mehr Spielraum zur Besinnung auf die Kernkompetenzen gibt. Es ist jedoch nicht zwingend erforderlich, da diese unterstützenden Tätigkeiten grundsätzlich auch autark durch die Hochschulen übernommen werden können, wie nachfolgend in Kap. 5.3.2 gezeigt wird. Insofern besteht keine klassische Abhängigkeit zwischen den Hochschulen als Anbieter wissenschaftlicher Weiterbildung und den möglichen Zulieferern. Auch eine hohe Konzentration der Lieferanten ist nicht gegeben. Eine mögliche Verhandlungsstärke bietet sich ggf. im Fall der Akquisition externer Dozenten bzw. deren Kurse, sofern sich diese Dozenten bzw. Kurse als sehr wichtig für die betreffende Hochschule erweisen, da ansonsten aufgrund mangelnder Kapazitäten bestimmte Weiterbildungsprogramme nicht ordnungsgemäß durchgeführt werden können.

4.1.4 Fazit

Die Ausführungen der letzten beiden Kapitel haben die beeinflussenden Kräfte der globalen Umwelt sowie diejenigen innerhalb des Geschäftsfeldes dargestellt. Die diskutierten Sachverhalte stellen sich sowohl als Chancen als auch als Risiken für die wissenschaftliche Weiterbildung dar, da sie entweder einen Einstieg der Hochschulen in dieses Geschäftsfeld sowie einen Ausbau der geschäftlichen Aktivitäten unterstützen oder hemmen. Die nachfolgende Abbildung[67] fasst die wesentlichen Aussagen übersichtsartig zusammen:

---

[67] WB = Weiterbildung, VWA = Verwaltungs- und Wirtschaftsakademie.

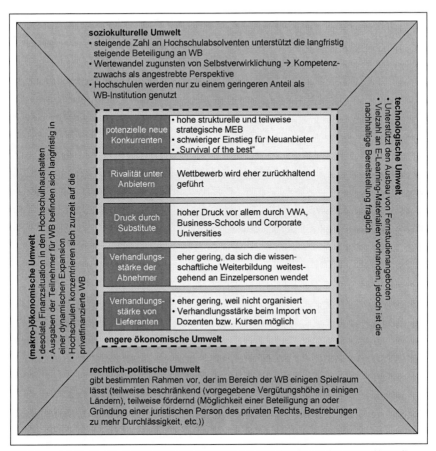

Abbildung 4.1-10: Zusammenfassung der Einflüsse aus der globalen und engeren Umwelt

In der globalen Umwelt üben vor allem die Entwicklungen auf der sozioökonomischen, der makroökonomischen und der rechtlich-politischen Ebene starken Einfluss auf das Geschäftsfeld der wissenschaftlichen Weiterbildung aus:
- Die Entwicklungen in der sozioökonomischen Umwelt zeigen sich als Chance für die wissenschaftliche Weiterbildung. Zum einen wird es zukünftig anteilsmäßig mehr Hochschulabsolventen geben, und Weiterbildungsstatistiken belegen, dass dies die Gruppe mit der höchsten Beteiligung an Weiterbildung ist. Zum anderen ist in der langfristigen Beobachtung eine beachtliche Steigerung der Teilnehmerzahlen an Weiterbildung festzustellen. Auch die höhere Relevanz der Selbstentfaltungswerte bietet Chancen auf eine weiterhin hohe Nachfrage nach Weiterbildung.

4.1 Analyse der Umwelt

- Die Entwicklungen in der makroökonomischen Umwelt zeigen sich sowohl als Risiko als auch als Chance: Die desolate Finanzsituation der staatlichen Hochschulen wirkt grundsätzlich dem Ausbau der wissenschaftlichen Weiterbildung entgegen, da die Hochschulen die notwendige Anschubfinanzierung zur Entwicklung neuer Weiterbildungsprodukte und -angebote aus den eigenen Mitteln oft nicht leisten können. Positiv beeinflussend wirkt hingegen die in der langfristigen Beobachtung festzustellende dynamische Expansion der Ausgaben für die Teilnahme an Weiterbildung. Die Hochschulen konzentrieren sich zurzeit weitestgehend auf den Bereich der privat finanzierten Weiterbildung, der ca. 1/5 der gesamten Ausgaben für Weiterbildung ausmacht. Der Anteil, den die Hochschulen an diesem Budget haben, lässt sich aktuell nicht feststellen, jedoch ist anzunehmen, dass Expansionspotenzial vorhanden ist. Ebenso besteht die Möglichkeit, mit entsprechend zugeschnittenen Programmen, in den Bereich der durch die Unternehmen finanzierten Weiterbildung vorzudringen.
- Die Entwicklungen in der rechtlich-politischen Umwelt wirken sowohl unterstützend (z. B. Empfehlungen und Beschlüsse zur Durchlässigkeit und zur Qualitätssicherung) als auch hemmend (z. B. dienst- und arbeitsrechtliche Vorschriften) auf die wissenschaftliche Weiterbildung ein.
- Schließlich dienen die Entwicklungen in der technologischen Umwelt eher als positive Begleitumstände, die, aufgrund der verbreiteten Nutzung des Internets auch für Bildungszwecke und der Vielzahl an bereits vorhandenen E-Learning-Materialien, den Ausbau der Weiterbildung per Fernstudium begünstigen. Grundsätzlich zu hinterfragen ist jedoch die Fähigkeit der Hochschulen, diese E-Learning-Materialien nachhaltig – und stets mit aktuellen Inhalten – anzubieten.

In der engeren ökonomischen Umwelt sind sowohl strukturelle als auch strategische MEB beschrieben worden. Die strukturellen MEB lassen das Geschäftsfeld der wissenschaftlichen Weiterbildung grundsätzlich eher unattraktiv erscheinen, da der Einstieg für Hochschulen als Neuanbieter hierdurch erschwert wird. Zwar ist damit zu rechnen, dass eine Vielzahl staatlicher Hochschulen Weiterbildungsprogramme entwickeln wird, um den gesetzlichen Bildungsauftrag zu erfüllen, jedoch werden sich diese langfristig nur etablieren können, wenn die Hochschulen in der Lage sind, die strukturellen MEB zu reduzieren und die strategischen gezielt aufzubauen. Hierbei sind insbesondere die Aspekte des hohen Kapitalbedarfs zur Anschubfinanzierung sowie des aktiven Einsatzes der Marketinginstrumente von Relevanz.

Der Wettbewerb unter den Anbietern wird zurzeit eher zurückhaltend geführt und, aufgrund der Besonderheiten des Vertrauensgutes „Bildung", ist nicht damit zu rechnen, dass er in Werbeschlachten oder Preiskämpfen umschlagen wird. Allerdings besteht ein hoher Druck durch Substitutionsprodukte, sowohl im Bereich der akademischen als auch der nicht-akademischen Abschlüsse, insbesondere durch Berufsakademien, VWA, Business-Schools und Corporate Universities, so dass sich die Hochschulen verstärkt über geeignete Strategien (z. B. Qualitätsorientierung) von den Wettbewerbern abgrenzen müssen.

Die Verhandlungsstärken der Abnehmer sowie der Lieferanten sind weitestgehend gering, wobei die Abnehmer selbstverständlich eine gewisse Macht ausüben, indem sie nur solche Weiterbildungsprogramme wählen, die die von ihnen gestellten Anforderungen erfüllen und auch die Lieferanten eine gewisse Verhandlungsstärke besitzen, wenn die Hochschulen zum Angebot bestimmter Weiterbildungsprogramme Dozenten bzw. Kurse importieren müssen.

In der nachfolgenden Tabelle sind abschließend die fördernden bzw. hemmenden Faktoren bezüglich des Geschäftsfeldes der wissenschaftlichen Weiterbildung aus globaler und engerer ökonomischer Sicht gegenübergestellt:

	Faktoren, die die Attraktivität des Geschäftsfelds der wissenschaftlichen Weiterbildung steigern	Faktoren, die die Attraktivität des Geschäftsfelds der wissenschaftlichen Weiterbildung senken
globale Umwelt	• Langfristig zu beobachtende dynamische Expansion der Ausgaben für Weiterbildung, • Expansionspotenzial ist vorhanden, weitere Marktanteile zu erreichen, • die steigende Zahl an Hochschulabsolventen unterstützt eine weitere Steigerung der Teilnahme an Weiterbildung, • der Markt befindet sich noch im Wachstum (langfristig zu beobachtende steigende Teilnehmerzahlen), • Weiterbildung als Weg zur Selbstentfaltung erhält mehr Relevanz, • steigende Akzeptanz der Nutzung des Internets zu Bildungszwecken unterstützt den Ausbau des Fernstudiums (idealer Weg der Weiterbildung für Berufstätige), • das Engagement in der Weiterbildung bietet die Möglichkeit, die bereits bestehenden E-Learning-Materialien aktuell zu halten und weiter auszubauen, • Bestrebungen zu stärkerer Durchlässigkeit fördern die Aufnahme von Weiterbildung an Hochschulen, • die Möglichkeit, Bildungsdienstleister aus der Hochschule auszugründen oder sich an solchen zu beteiligen fördern das Lösen der nicht-wissenschaftlichen Tätigkeiten aus dem Wissenschaftsbetrieb Hochschule.	• Es herrscht eine desolate finanzielle Situation in den Hochschulen und eine Tendenz zu weiter sinkenden Hochschulhaushalten, • es existieren teilweise uneinheitliche Regelungen bezüglich der Vergütungshöhe für eigenes Lehrpersonal an den Hochschulen sowie für „importierte" Lehrveranstaltungen, was die Akquisition geeigneter Dozenten behindert.
engere ökonomische Umwelt	• Möglichkeit des Aufbaus von strategischen MEB nach Markteintritt (Produktdifferenzierung, Qualitätsstrategie etc.) sind gegeben, • der Wettbewerb wird zurückhaltend geführt (geringe Rivalität), • die Verhandlungsstärke der Abnehmer ist eher gering, • die Verhandlungsstärke der Lieferanten ist eher gering (Ausnahme: Import von Lehrveranstaltungen).	• Es müssen hohe strukturelle MEB überwunden werden (z. B. Kapitalbedarf oder Betriebsgrößenersparnisse), • es herrscht ein hoher Druck durch Substitutionsprodukte anderer Bildungsanbieter, die dem Niveau der Hochschule nahe kommen, • es existiert eine spürbare Nachfragemacht der Abnehmer.

Tabelle 4.1-1: Gegenüberstellung der attraktivitätssteigernden und -senkenden Faktoren

4.2 Analyse der Hochschule und der Kundenanforderungen

In der nachfolgenden Analyse werden in Abgrenzung des soeben beschriebenen externen Aktionsumfeldes die marktorientierten Erfolgsfaktoren sowie die Stärken und Schwächen erarbeitet, die sich aus den hochschulinternen Gegebenheiten und den marktseitigen Anforderungen ergeben. Stärken und Schwächen sind relationale Begriffe (Steinmann/Schreyögg 2002, S. 180 f.) und insofern müssen sie entweder im Vergleich zu denen der wichtigsten Konkurrenten, also im hier vorliegenden Fall, Bildungsanbietern wie z. B. Berufsakademien, VWA, Business-Schools und Corporate Universities, oder den Anforderungen aus dem Markt gesehen werden. Aufgrund der strategieorientierten Darstellung innerhalb dieser Arbeit wird ein gewisser Abstraktionsgrad gewählt, insofern sind die folgenden Ausführungen generischer Natur.

4.2.1 Methodisches Vorgehen und strukturierende Vorüberlegungen

Die nachfolgende Analyse wird in zwei Teilabschnitten erfolgen: Zum einen wird eine wertschöpfungszentrierte und zum anderen eine kundenzentrierte Sicht gewählt, wie die nachfolgende Abbildung verdeutlicht (in Anlehnung an Day/Wensley 1988, S. 8; Steinmann/Schreyögg 2002, S. 181):

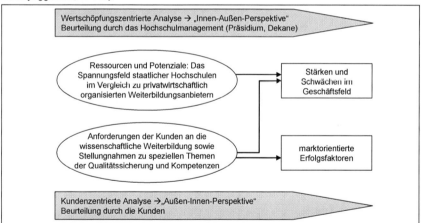

Abbildung 4.2-1: Perspektiven der Analyse der Hochschule und Kundenanforderungen

In der ausschließlich literaturbasierten wertschöpfungszentrierten Analyse (vgl. Kap. 4.2.2) wird das spezielle Spannungsfeld beschrieben, in welchem sich staatliche Hochschulen im Vergleich zu privatwirtschaftlich organisierten Weiterbildungsanbietern befinden.

In der kundenzentrierten Analyse (vgl. Kap. 4.2.3), die sowohl anhand eines literaturbasierten als auch empirischen Teils durchgeführt wird, werden die marktorientierten Erfolgsfaktoren zur Auswahl von Weiterbildungsprogrammen ermittelt. Dies sind zum einen die Anforderungen, die die Kunden an die Dienstleistung Weiterbildung stellen und zum anderen Stellungnahmen zu speziellen Themen der Qualitätssicherung sowie der Kompetenzen staatlicher Hochschulen.[68] Das Untersuchungsdesign der explorativen Studien fokussiert auf die inhaltliche Repräsentativität. In Abgrenzung zu anderen Untersuchungstypen wird mit einer solchen explorativen Untersuchung das Ziel verfolgt, aus einem noch recht unbekannten Bereich Informationen zu sammeln, zu strukturieren und zu überprüfen (Bortz/Döring 2003, S. 295 ff.).

Bei den hier vorliegenden empirischen Untersuchungen wurden nach der literaturbasierten Studie zunächst mündliche Experteninterviews geführt, um die aus der Literatur abgeleiteten Anforderungen auf Vollständigkeit bzw. Relevanz zu prüfen und ggf. durch zusätzliche, aus den Interviews gewonnene, Anforderungen zu ergänzen. Da weder die Gruppendynamik noch die Effekte von Gruppenprozessen auf die individuelle Meinungsbildung zur Ergebnisfindung wichtig sind (Friedrichs 1990, S. 246 f.), sondern die Möglichkeit, dass sich der Interviewer dem individuellen Informationsstand sowie der individuellen Äußerungsbereitschaft und Verbalisationsfähigkeit der Befragten anpassen kann (Bortz/Döring 2003, S. 242), sind Einzelinterviews als Erhebungsform gewählt worden. Im Anschluss daran wurden zwei voll standardisierte Fragebögen für zwei Online-Befragungen entwickelt (getrennte Befragung von Privatpersonen und Unternehmensverantwortlichen). Die Fragebögen konnten die Befragten entweder direkt online ausfüllen und absenden oder als PDF-Dokument aus dem Internet herunterladen, ausdrucken, handschriftlich ausfüllen und per Post zurücksenden.

Als Ziel der literaturbasierten und empirischen Analysen sollen erste Tendenzaussagen dahingehend ermöglicht werden, welche Aspekte seitens der Kunden grundsätzlich als sehr relevant angesehen werden und welche Stärken bzw. Schwächen die staatlichen Hochschulen im Weiterbildungsmarkt zeigen.[69]

4.2.2 Wertschöpfungszentrierte Analyse

Im Rahmen der „Innen-Außen-Perspektive" werden durch das Hochschulmanagement, d. h. im Wesentlichen durch das Präsidium und die Dekane, aus einer Innensicht heraus die speziellen Stärken und Schwächen der Hochschule im Zusammenhang mit der wissenschaftlichen Weiterbildung beurteilt.

---

[68] Diese Stellungnahmen werden zur nachhaltigen Absicherung (vgl. Kap. 5.5) der Weiterbildungsprogramme relevant und sollen zunächst das derzeitige Bild der Hochschulen aus Sicht der Kunden skizzieren.

[69] Bei Vorliegen eines konkreten Fallbeispieles bietet es sich an, eine weitere, speziellere Marktanalyse durchzuführen. In einer derart speziellen Marktanalyse lässt sich dann fach- und formspezifisch anhand konkreter Stimuli erheben, welche Leistungsmerkmalskombinationen am stärksten präferiert werden. Aufgrund der strategischen Ausrichtung der hier vorliegenden Arbeit wurde eine solch spezielle Analyse nicht vorgenommen. In Kap. 5.2.3 wird jedoch diskutiert, wie die Präferenzen unterschiedlicher Leistungsmerkmalskombinationen im Rahmen eines Konzepttests mittels Conjointanalyse gezielter ermittelt werden können.

4.2 Analyse der Hochschule und der Kundenanforderungen

Als wesentliche Stärke der Hochschule gegenüber privaten Bildungsanbietern fanden HERM ET AL. im Rahmen von Interviews mit 18 Hochschulvertretern insgesamt drei Aspekte heraus (Herm et al. 2003, S. 32 ff.):

- Die wissenschaftliche Weiterbildung weist einen engen Forschungs- und Wissenschaftsbezug auf. Hierdurch wird ein Problembewusstsein hinsichtlich der Generierung einer distanzierten Reflexion von Wissen geschaffen, die wesentliche Vorteile gegenüber einer Vermittlung reinen Fachwissens aufweist.
- Im Rahmen von Weiterbildungsprogrammen, die mit einem akademischen Grad abschließen, besitzen die Hochschulen de facto eine Monopolstellung.
- Die Rolle der Hochschule wird zurzeit als Art gesellschaftliches Kompetenzzentrum wahrgenommen.

Zur Beurteilung der Schwächen werden nachfolgend die Besonderheiten diskutiert, die staatliche Hochschulen im Vergleich zu privaten Wettbewerbern haben:

Ein wesentliches Problem, welches sich für die staatlichen Hochschulen in Bezug auf die wissenschaftliche Weiterbildung ergibt, ist die bereits mehrfach angesprochene zunehmende Ressourcenknappheit der öffentlichen Hand (z. B. Oechsler/Reichwald 1997, S. 282; König 2001, S. 69). Diese macht es den Ländern quasi unmöglich, den Hochschulen ausreichende Mittel zur Verfügung zu stellen, die für die Herstellung, Pflege und Vermarktung von neuen Weiterbildungsprogrammen erforderlich wären. Vielmehr forcieren diese Finanzierungsengpässe, wie in Kap. 2.1.3 beschrieben, sogar einen zunehmenden Wettbewerb zwischen den einzelnen Hochschulen um Mittel für die Grundausstattung oder Drittmittel für Forschungsprojekte (Forschung und Lehre 1997, S. 4 f.). Insofern besitzen die staatlichen Hochschulen wenig Rückhalt, aus dem eigenen Haushalt neue Weiterbildungsprogramme aufzubauen. Das Know-how „vermarktungsfähige Bildungsprogramme" zu konzipieren, Businesspläne zu erstellen und die Realisierung der Ideen und Konzepte analog zur Privatwirtschaft z. B. über Kredite vorzufinanzieren, ist jedoch vielerorts an den Hochschulen noch nicht ausreichend entwickelt (bzw. es fehlen die hierfür erforderlichen organisatorischen Strukturen und Anreizmechanismen, wie nachfolgend eingehender beschrieben wird), insofern ist der Aufbau bzw. Ausbau des Leistungsportfolios grundsätzlich gefährdet.

Zusätzlich zum allgemeinen Kosten- und Finanzierungsproblem fallen, wie die Ausführungen in Kap. 3.1 zeigen, zahlreiche wissenschaftsferne Aufgaben im Rahmen des Wertschöpfungsprozesses an, die nicht dauerhaft durch das wissenschaftliche Personal der Hochschulinstitute abgewickelt werden können, ohne dass Beeinträchtigungen in der Forschung und Lehre der betroffenen Institute die Folge wären. Dieses Problem, welches private Bildungsanbieter aufgrund einer anders gearteten Organisationsstruktur nicht haben, ist insbesondere dann sehr ausgeprägt, wenn die Konzeption und Abwicklung der Weiterbildung organisatorisch noch in den einzelnen Instituten bzw. Lehrstühlen verankert ist und durch die wissenschaftlichen Mitarbeiter durchgeführt wird. Vor allem die professionelle Verwaltung und Administration von Weiterbildungsprogrammen, aber auch eine aktive Analyse möglicher Geschäftsfelder sowie die Entwicklung zielgerichteter Marketingkonzepte für bestehende und zukünftige Weiterbildungsprogramme sind aufgrund der fehlenden (geeigneten) Personalausstattung deshalb kaum aus den einzelnen Hochschulinstituten zu beobachten (Dohmen 2003a, S. 12).

In einem solchen Szenario stellt die naturgemäß hohe Fluktuation des wissenschaftlichen Personals[70] ein weiteres, ausschließlich hochschulspezifisches Problem dar, da das Etablieren professioneller Produktionsprozesse (z. B. von mediengestützten Weiterbildungsprodukten oder komplexen Weiterbildungsangeboten) nur unzureichend unterstützt wird, so dass ein Voranschreiten auf der Lernkurve langfristig kaum erfolgen kann. Kostengünstige Produktionsprozesse ließen sich durch das Überführen bestimmter Tätigkeiten in einen Routinebetrieb realisieren, jedoch kommt es zum einen durch die fehlende personelle Stabilität zu einer Art „Kompetenzloch", da sich neues wissenschaftliches Personal einen Großteil des durch das Ausscheiden ihrer Vorgänger „verloren gegangenen" Know-hows erneut aneignen muss und somit auf der Lernkurve weiter unten ansetzt (Hagenhoff 2002, S. 166). Zum anderen steht die Abwicklung von nicht-wissenschaftlichen Routinetätigkeiten den Interessen eines Hochschulinstituts tendenziell entgegen, denn dieses verfolgt i. d. R. das Ziel, ständig Neues und Unbekanntes zu erforschen.

Aufgrund der sehr komplexen und besonderen Organisationsstruktur der Hochschulen ist zudem davon auszugehen, dass diese kaum in der Lage sind, genauso schnell und flexibel auf aktuelle Marktanforderungen zu reagieren, wie es die kommerziellen Anbieter können. Zum einen führen HERM ET AL. in diesem Zusammenhang die bereits zuvor beschriebenen restriktiven rechtlichen Rahmenbedingungen an, die sich aus dem anzuwendenden Haushalts-, Arbeits- bzw. Dienstrecht ergeben. Zum anderen betonen sie, dass es den staatlichen Hochschulen oftmals an einer entsprechenden Anreizstruktur mangelt, so dass sowohl die Entwicklung und Konzeption neuer Weiterbildungsprogramme als auch der Wille als Dozent in der Weiterbildung tätig zu werden nur unzureichend unterstützt werden (Herm et al. 2003, S. 24 ff.). Zudem ist eine weitere Unflexibilität insbesondere in der vorherrschenden Verwaltungsorientierung zu sehen. Es gilt deshalb die Frage zu klären, wie die Hochschulorganisation in geeigneter Weise umstrukturiert werden sollte, um den speziellen Bedürfnissen der wissenschaftlichen Weiterbildung zu genügen.[71]

Obwohl eingangs als Stärke der Hochschulen formuliert, kann gerade die starke Forschungsnähe auch als Problem angesehen werden, wenn die Hochschulen die Weiterbildungsprogramme nicht ausreichend auf den ggf. eher praxisorientierten Bedarf der Kunden abstimmen.

---

[70] Wissenschaftliche Mitarbeiter sind üblicherweise nur eine befristete Zeit (i. d. R. bis zur Fertigstellung der Dissertation) an den Instituten beschäftigt und verlassen danach die Hochschule.

[71] Wie nachfolgend im Kap. 5.3 dargestellt wird, sind diesbezüglich einerseits spezielle Weiterbildungsabteilungen denkbar, die sich explizit der Abwicklung der wissenschaftsfernen Tätigkeiten widmen (insbesondere in den Bereichen, die üblicherweise nicht von der allgemeinen Verwaltung abgedeckt werden, wie z. B. Marketing oder Dozentenakquisition). Andererseits sind auch Kooperationen mit öffentlichen oder privatwirtschaftlichen Partnern denkbar, um entweder durch Funktionsabstimmung oder Herauslösen der wissenschaftsfernen Tätigkeiten aus der Hochschule einen höheren Flexibilitätsgrad bzw. schnellere Reaktionszeiten zu erreichen.

4.2 Analyse der Hochschule und der Kundenanforderungen

Insbesondere Unternehmen werden überwiegend solche Weiterbildungsprogramme zur Personalentwicklung präferieren, die möglichst auf ihren individuellen Bedarf zugeschnitten sind und spezielle unternehmensbezogene Aspekte berücksichtigen.[72]

Die obigen Ausführungen machen deutlich, dass es neben den eingangs erwähnten Stärken auch eine Reihe von Problemen bzw. Schwächen gibt, die es seitens der staatlichen Hochschulen zu lösen gilt. Nachfolgende Tabelle fasst die Stärken und Schwächen in einer Übersicht zusammen:

Stärken	Schwächen
Der hohe Forschungs- und Wissenschaftsbezug regt eine distanzierte Reflexion von Wissen an.	Es existieren finanzielle Probleme aufgrund mangelnder eigener finanzieller Ressourcen.
Es existiert eine Monopolstellung im Bereich der Vergabe von akademischen Graden.	Es existieren organisatorische Probleme (insbesondere wenn ein Großteil der wissenschaftsfernen Tätigkeiten noch in den Instituten verankert ist). Dies sind z. B. • Probleme in der professionellen Abwicklung der operativen Tätigkeiten innerhalb der Verwaltung und Administration, • mangelnde Vermarktung durch fehlende Marketingkonzepte, • rechtliche Hürden (Dienst- und Arbeitsrecht), • mangelnde Anreizsysteme sowie • eine starke Verwaltungsorientierung.
Hochschulen werden als Kompetenzzentren wahrgenommen.	Es herrscht eine mangelnde Praxisorientierung an den staatlichen Hochschulen vor.

Tabelle 4.2-1: Stärken und Schwächen aus der wertschöpfungszentrierten Analyse

4.2.3 Kundenzentrierte Analyse

Eine reine Analyse der internen Gegebenheiten im Vergleich mit den privatwirtschaftlichen Wettbewerbern vernachlässigt zu sehr die Sicht der Kunden, die jedoch letztendlich über einen Erfolg oder Misserfolg eines wissenschaftlichen Weiterbildungsprogramms entscheiden. Deshalb wird neben der zuvor beschriebenen wertschöpfungszentrierten Analyse in diesem Kapitel erforscht, welche wesentlichen Aspekte die wissenschaftliche Weiterbildung aus Sicht der Kunden aufweisen sollte. Die Ergebnisse der Analyse fließen anschließend in die Beschreibung der Hauptelemente von Geschäftsmodellen der wissenschaftlichen Weiterbildung ein.

4.2.3.1 Qualitative Studie

Da davon ausgegangen werden muss, dass die Anforderungen an die wissenschaftliche Weiterbildung sehr vielschichtig sind, ist es wichtig, eine angemessene Konkretisierung der

---

[72] Ein Beispiel in diesem Zusammenhang ist die praxisnahe Weiterbildung der Volkswagen AutoUni, die mit den Masterstudiengängen „Sustainable Mobility" und „Leadership in a Global Context" gezielt auf die Bedürfnisse des Volkswagen Konzerns eingeht (Masterstudiengänge 2005).

einzelnen Aspekte zu erreichen. Aus diesem Grund werden nachfolgend zunächst Forschungsleitfragen aus der Literatur erarbeitet (Kap. 4.2.3.1.1), die als „Gerüst" für die anstehende Expertenbefragung dienen. Nach Bestimmung der Untersuchungseinheiten (Kap. 4.2.3.1.2) werden die theoriebasierten Anforderungen an die wissenschaftliche Weiterbildung anhand der Ergebnisse der Expertenbefragung überprüft und teilweise ergänzt (Kap. 4.2.3.1.3). Im Anschluss erfolgen einige Ausführungen zu den Gütekriterien der hier vorliegenden explorativen Untersuchung (Kap. 4.2.3.1.4) sowie eine Zusammenfassung der Ergebnisse (Kap. 4.2.3.1.5).

4.2.3.1.1 Forschungsziel und Forschungsleitfragen

Die Analyse der Anforderungen an wissenschaftliche Weiterbildung soll die Erfordernisse oder Erwartungen erheben, die die Anspruchsgruppen an die wissenschaftliche Weiterbildung stellen. WILDEMANN führt diesbezüglich aus, dass die Erfüllung von Kundenanforderungen eine Grundvoraussetzung ist, um im Wettbewerb bestehen zu können. Qualität umfasst hierbei nicht nur die Erfüllung der Produkt- bzw. Dienstleistungsspezifikation sondern die Erfüllung sämtlicher aus Kundenanforderungen abgeleiteter Anforderungen (Wildemann 1997, S. 5 f.). In die gleiche Richtung argumentieren EHLERS, PAWLOWSKI und GOERTZ, die erklären, dass eine hohe Qualität innerhalb eines Weiterbildungsprogramms nur gewährleistet werden kann, wenn es sich konsequent an den Voraussetzungen, Zielen und Bedürfnissen der Studierenden orientiert (Ehlers/Pawlowski/Goertz 2003, S. 25). OLIVER wiederum definiert die Kundenzufriedenheit als ein subjektives Urteil über das Erreichen eines als angenehm empfundenen Zustands in einer Konsumerfahrung (Oliver 1999, S. 34).

Bei der Erhebung der Anforderungen der Anspruchsgruppen handelt es sich also grundsätzlich um eine Erhebung der erwarteten Qualität von wissenschaftlicher Weiterbildung. Qualität kann in generischer Weise bezeichnet werden als der „Grad, in dem ein Satz inhärenter Merkmale Anforderungen erfüllt" (DIN 2000a, S. 18). Diese abstrakte Definition umfasst sowohl materielle als auch immaterielle Güter. Die Qualitätsfrage in der wissenschaftlichen Weiterbildung ist ein sehr komplexes Thema, weshalb es erforderlich wird, eine geeignete Struktur zu erarbeiten und Kriterien zu definieren, anhand derer die Qualität beurteilt werden kann (Forschungsziel).

Erste konkretere Aspekte zur Erhebung von Weiterbildungsqualität können den verschiedenen Qualitätssicherungsagenturen entnommen werden. FREY gibt diesbezüglich einen guten Überblick über potenzielle Qualitätssicherungsansätze, die hier auszugsweise vorgestellt werden (Frey 2002, S. 61 ff.):

- Bewertungsstelle für Weiterbildungsangebote AG (BfW): Qualitätsaspekte der Weiterbildung sind das Kursprogramm, die Organisation, die Kursunterlagen sowie die Dozentenqualifikation (BfW 2004).

- eduQua-Zertifizierung: Qualitätsentscheidende Elemente der Weiterbildung sind das Bildungsangebot, die Kommunikation, die Leistungserbringung, das Personal, der Lernerfolg sowie die Qualitätssicherung (eduQua 2004, S. 12).
- Das Integrative Evaluationssystem (IES) besteht aus drei Modulen zur Qualitätsevaluation: Evaluation von einzelnen Kursen, von Kursprogrammen sowie von Bildungsinstitutionen (Gonon 2001, S. 76 f.).

Des Weiteren lassen sich Aspekte zur Qualitätsbeurteilung von wissenschaftlicher Weiterbildung aus den jeweiligen Handreichungen der Akkreditierungsagenturen (AQAS e.V. 2004; ASIIN 2004, S. 8 ff.; AHPGS e.V. 2004; ACQUIN 2004; FIBAA 2004; ZEvA 2002, S. 17 ff.) entnehmen, die i. d. R.

- das Gesamtkonzept bzw. das Studienprogramm (z. B. die Qualität des Curriculums, den Zugang zu den Angeboten und Lerninhalten, die Studierbarkeit oder die Berufsorientierung),
- die Organisation,
- die Kompetenzen des eingesetzten Lehrpersonals,
- die Vermittlung der Lerninhalte (Bildungs- und Informationsprozess sowie Didaktik) sowie
- die personellen und sachlichen Ressourcen der Institution betreffen.

Werden die zuvor genannten Aspekte zur Qualitätsbeurteilung der Qualitätssicherungs- und Akkreditierungsagenturen strukturiert betrachtet, lässt sich feststellen, dass sie sich gut in die Einteilung des zuvor genannten IES, d. h. in die Kurs-, Programm- und Hochschulebene (HS-Ebene), eingruppieren lassen. Nachfolgende Tabelle nimmt diese Eingruppierung vor und weist den Aspekten logisch übergeordnete Qualitätskriterien zu (in der rechten Spalte). Hierbei dient die Einteilung in die drei Ebenen als Grobstruktur und die Zuweisung von Kriterien zu den Aspekten als Feinstruktur für die nachfolgend vorzunehmende Erhebung.

Ebene	Aspekte	Kriterium[73]
Kursebene	Zugang zu Angeboten, Informationen und Lerninhalten	Zugang
	Vermittlung der Lerninhalte (Bildungs- und Informationsprozess, Didaktik (Lehr-/Lernformen), Lernerfolgskontrolle)	Vermittlung Lerninhalte
	Kommunikation (Erreichbarkeit von Kommilitonen, Organisatoren und Dozenten) sowie Lernatmosphäre	Betreuung / Kommunikation
	Kompetenz der Dozenten (fachlich, praxisorientiert und technisch) bzw. Qualität der Kursunterlagen	Qualifikation (D)

---

[73] D = Dozent, P = Personal.

Fortsetzung Tabelle

Ebene	Aspekte	Kriterium[74]
Programmebene	Leistungserbringung (Bildungs-/Informationsprozess)	Vermittlung Lerninhalte
	Kommunikation (Erreichbarkeit von Kommilitonen, Organisatoren und Dozenten) sowie Lernatmosphäre	Betreuung / Kommunikation
	Breite und Tiefe des Curriculums sowie Studierbarkeit (Bildungsangebot, Kursprogramm, Auswahl und Reihenfolge der Kurse, Anteil an Präsenzphasen)	Curriculum
	Qualifikation des eingesetzten Personals	Qualifikation (D/P)
	Qualitätssicherung	Qualitätssicherung
HS-Ebene	Qualifikation des eingesetzten Personals	Qualifikation (D/P)
	Organisation bzw. personelle und sachliche Ressourcen	Organisation
	Qualitätssicherung	Qualitätssicherung

Tabelle 4.2-2: Qualitätsaspekte und -kriterien auf Kurs-, Programm- und Hochschulebene

Die Kursebene betrifft insbesondere die Vermittlung der Lerninhalte (Didaktik und Lehr-/Lernformen), die fachliche Kompetenz der Dozenten, die Qualität der Kursunterlagen, den Zugang zu den Lehr-/Lernmaterialien, die Kommunikation (Erreichbarkeit von Kommilitonen und Dozenten) sowie die Lernatmosphäre. Die Programmebene betrifft insbesondere die Breite und Tiefe des Kursprogramms/Curriculums, die Organisation, die Flexibilität (Auswahl und Reihenfolge einzelner Kurse, Anteil an Präsenzphasen), die Kommunikation (Erreichbarkeit von Kommilitonen, Organisatoren und Dozenten), die Qualifikation des eingesetzten Personals sowie die Qualitätssicherung. Die Hochschulebene als Anbieter für die wissenschaftliche Weiterbildung betrifft insbesondere die Ausrichtung des Hochschulprofils aus inhaltlicher, organisatorischer und kundenorientierter Sicht.

Eine weitere Einteilung der Weiterbildungsqualität in eine Struktur-, Prozess- und Ergebnisqualität wird durch den Arbeitsstab Forum Bildung vorgenommen. Die Strukturqualität umfasst die rechtlichen, organisatorischen und sozialen Rahmenbedingungen sowie die finanzielle, materielle und personelle Ausstattung des Bildungsanbieters. Weiterhin werden hierunter auch die Orientierungshilfen für die Lehrverantwortlichen sowie die Voraussetzungen zur Qualitätsentwicklung des Weiterbildungspersonals (Organisatoren, Dozenten und Tutoren) verstanden. Die Prozessqualität soll die Qualität innerhalb des eigentlichen Lernprozesses wiedergeben, wie z. B. das Zusammenspiel von Lernendem, Lernumgebung, Lerngebieten, Unternehmen und angestrebter Qualifikation funktioniert. Die Ergebnisqualität beschreibt das Ergebnis eines Bildungsprogramms, d. h. den Zuwachs an fachlicher und überfachlicher Qualifikation bzw. Handlungskompetenz sowie die Anschlussfähigkeit an zukünftige Arbeitsaufgaben (Arbeitsstab 2001, S. 13 f.; Ehlers/Pawlowski/Goertz 2003, S. 4 f.). Werden die in der Tabelle 4.2-2 dargestellten Qualitätskriterien auf der Kurs-, Programm- und Hochschulebene der Einteilung des Arbeitsstabes Forum Bildung gegenüber gestellt, ist erkennbar, dass die

---

[74] D = Dozent, P = Personal.

Kurs- und Programmebene insbesondere Bezüge zur Prozess- und Ergebnisqualität und die Hochschulebene eher zur Strukturqualität aufweisen.

Nachfolgend werden zu den in Tabelle 4.2-2 genannten Kriterien theoretische Anforderungen bzw. Fragen auf den drei Ebenen der Grobstrukturierung formuliert, die als Leitfragen (mit F1-F27 bezeichnet) für die Experteninterviews dienen.

Kursebene

Der erste Aspekt befasst sich mit dem *Zugang*. Dieser wird hier nicht aus technischer Sicht betrachtet, sondern beschäftigt sich insbesondere mit der Frage nach dem Zugang zu den wesentlichen Informationen und ob die Kurse in Präsenzform oder als E-Learning angeboten werden sollen. Ersteres betrifft den Informationsprozess: Wird die Phase der Suche nach Weiterbildung durch die Internetpräsenzen der Universitäten adäquat unterstützt (F1)? Letzteres betrifft die Frage, ob Präsenzlehre oder E-Learning präferiert werden (F2). Hintergrund der Frage nach der Präferenz sind die jeweils anzunehmenden Vor- bzw. Nachteile dieser Lehr-/Lernformen: Liegen die anzunehmenden Vorteile von Präsenzveranstaltungen z. B. im sozialen, persönlichen Kontakt, sind mögliche Nachteile hingegen durch die örtliche Unflexibilität und die geringere Berücksichtigung individueller Lerntempi gegeben. Im Gegensatz dazu bietet E-Learning ein sehr hohes Maß an örtlicher Ungebundenheit und stärker individualisierten Lerngelegenheiten (Ehlers 2002a, S. 6), hat jedoch mit dem Problem der sozialen Verarmung zu kämpfen (Breuer 2001, S. 13).

Der zweite Aspekt umfasst die *Vermittlung der Lerninhalte*. Im Fokus steht diesbezüglich die Frage was vermittelt und wie dies abgeprüft werden soll. Das „Was" bezieht sich hier nicht auf Fachspezifisches, da hierzu keine allgemeingültigen Aussagen getroffen werden können, jedoch betrifft es den Praxisbezug innerhalb der einzelnen Veranstaltungen bzw. Kurse: Wie wichtig ist die Unterstützung des direkten Lerntransfers des gerade erlernten Wissens in das tägliche Arbeitsleben (F3)? Das „Wie" bezieht sich indes weitestgehend auf Prüfungsmodalitäten, wie Klausuren, Hausarbeiten oder mündliche Prüfungen (F4).

Der Aspekt der *Betreuung/Kommunikation* behandelt die Erreichbarkeit von Kommilitonen, Organisatoren (auch Prüfungsamt, Studierendenbetreuung, Beschwerdemanagement etc.) und Dozenten (F5), die Möglichkeiten, dass sich die Studierenden untereinander auch informell austauschen können (F6) sowie die Unterstützung der Kommunikation und Gruppenbildung durch die Dozenten (F7). Zu klären ist in diesem Zusammenhang auch, welche Art von Betreuung erwartet wird (F8).

Wird schließlich die *Qualifikation* der Hochschuldozenten (wissenschaftlich, fachlich und praxisbezogen) sowie die Qualität der Kursunterlagen betrachtet, so ist anzunehmen, dass die wissenschaftliche Kompetenz vorhanden ist. Jedoch ist fraglich, ob auch die fachliche Kompetenz zur Erfüllung des vielfach seitens der Unternehmen oder Politik geforderten Praxisbezuges vorliegt (Scherm/Süß/Wanka 2003, S. 683; Welbers 2002, S. 2; insbesondere auch zu finden in den Strukturvorgaben der KMK (KMK 2005, S. 6), zwar nicht für einzelne Kurse, jedoch für komplette Studiengänge): Trauen es insbesondere die Unternehmen den Hochschuldozenten zu, die sich im ständigen Wechsel befindenden praxisorientierten Inhalte zu vermitteln (F9)?

Programmebene

Die Qualität auf Programmebene sollte derart entwickelt werden, dass die Dienstleistung positiv durch die Kunden erfahren wird, da die Kundenzufriedenheit als ein wesentlicher Wettbewerbsfaktor für eine als hoch empfundene Dienstleistungsqualität gilt (Stauss 1994, S. 149). Auf Programmebene ist dies noch wichtiger als auf der reinen Kursebene, da die Entscheidung für ein Weiterbildungsprogramm für die Kunden i. d. R. eine längerfristige Festlegung bedeutet als die Entscheidung für einen einzelnen Kurs. Des Weiteren müssen üblicherweise höhere finanzielle Mittel aufgewendet werden. Theoretische Hintergründe zu den Anforderungen der Kunden lassen sich grundsätzlich aus den Forschungsansätzen des Total Quality Managements (z. B. Pastowski 2004) sowie den Ansätzen zur Kundenbindung, wie z. B. dem Customer Relationship Management (z. B. Belz/Bieger 2004, S. 80 ff.), ableiten. Konkrete Anforderungen sind hingegen in der wissenschaftlichen Literatur nicht zu finden. Erste Anhaltspunkte zur Erfassung der Anforderungen lassen sich jedoch anhand von Inhaltsanalysen der Executive-MBA-Programme der national und international führenden Top-Business-Schools[75] ableiten, wie in der nachfolgenden Tabelle dargestellt wird, die die einzelnen Kriterien auf Programmebene (vgl. Tabelle 4.2-2) um drei weitere ergänzt:

Ebene	Aspekte	Kriterium[76]
Kurs	Direkter Lerntransfer in das tägliche Arbeitsleben (F3), innovative Lehr-/Lernmethoden (F10) sowie Aktualität und Innovativität der vermittelten Inhalte (F11).	Vermittlung Lerninhalte
Kurs / Programm	Erreichbarkeit der Dozenten und Organisatoren (F5).	Betreuung / Kommunikation
Programm	Berufsbegleitendes Studium (F12), modularer Aufbau des Curriculums (Wahl- und Pflichtkurse; F13).	Curriculum
Programm / Hochschule	Renommee der Dozenten, d. h. ausgewiesene Experten (wissenschaftliche und praktische Kompetenz) auf ihrem Gebiet (F9).	Qualifikation (D)
Programm / Hochschule	Hoher objektiver Qualitätsstandard durch nationale bzw. internationale Akkreditierungen (F20).	Qualitätssicherung
Programm / Hochschule	Internationale Reputation der Schule und des Weiterbildungsprogramms (F21).	Reputation
Programm	Netzwerk-/Teambildung von internationalen Top-Managern (F22).	Kontakte
Hochschule	Kooperationen zu namhaften Unternehmen (F23).	Kooperation

Tabelle 4.2-3: Abgeleitete Qualitätsaspekte und -kriterien der Top-Business-Schools

---

[75] Dieser Auflistung zugrunde gelegt sind die Programme von INSEAD, der London Business School, der International Graduate School of Management, des IMD (International Institute for Management Development) und der WHU (Wissenschaftliche Hochschule für Unternehmensführung) die bei einem Vergleich unterschiedlicher Rankings stets die vorderen Plätze belegen (MBA 2004).
[76] D = Dozenten.

Die ersten beiden Kriterien betreffen die *Vermittlung der Lerninhalte* und die *Betreuung/Kommunikation*, die im Wesentlichen den zuvor genannten Fragen auf Kursebene entsprechen, hier jedoch im Kontext eines gesamten Weiterbildungsprogramms gesehen werden müssen. Hinzu kommen Fragen nach der Relevanz innovativer Lehr-/Lernformen (F10) sowie der Aktualität und Innovativität der zu vermittelnden Inhalte (F11).

Das dritte Kriterium betrifft das *Curriculum*: Zum einen sind die Hochschulen seitens der Wirtschaft und der Politik angehalten, die wissenschaftliche Weiterbildung speziell auch für berufstätige Gruppen zu entwickeln (Stifterverband 2004, S. 3). Diesbezüglich gilt es auf Seiten der Kunden abzuklären, inwieweit das berufsbegleitende Studium (F12), in dem nicht nur die Inhalte, sondern auch die Struktur (z. B. modulares Curriculum mit Wahl- und Pflichtkursen; F13) entsprechend angepasst ist, eine wesentliche Voraussetzung für Berufstätige ist, damit sie ein Weiterbildungsprogramm auswählen. Zum anderen ist zu klären, ob die Hochschulen auch Veranstaltungen nicht-wissenschaftlicher Art in das Leistungsportfolio aufnehmen sollen (F14) und wie ggf. die anteilsmäßige Verteilung innerhalb des Curriculums aussehen soll (F15).

Zusätzlich zu den in der obigen Tabelle genannten Aspekten beschreibt ANZ im Zusammenhang mit der Gestaltung des *Curriculums*, dass die fachliche Abstimmung mit der betrieblichen Praxis einen zentralen Aspekt der Annahme wissenschaftlicher Weiterbildung für das eigene Personal seitens der Unternehmen darstellt (Anz 2003, S. 10). Zu fragen bleibt, ob dies seitens der Unternehmen tatsächlich so gesehen wird (F16). Schließlich ist auch der Frage nach dem erwünschten Anteil von Präsenz- zu E-Learning-Phasen nachzugehen (F17). Im Rahmen des Curriculums ist weiterhin zu erfragen, ob der Ablauf weitestgehend „verschult", d. h. die Abfolge von einzelnen Kursen relativ starr festgelegt sein soll, oder ob die Kunden ein bestimmtes Maß an Flexibilität erwarten (F18). Des Weiteren ist zu erfragen, wie die Weiterbildung mit dem Arbeitsleben koordiniert werden kann und ob die Kunden aus dieser Perspektive ein von der Semesterstruktur losgelöstes Weiterbildungsprogramm präferieren (F19).

Die beiden nächsten Kriterien befassen sich mit der *Qualifikation* des Weiterbildungspersonals sowie der *Qualitätssicherung* des Programms bzw. der Hochschule. Bereits auf Kursebene wurde angesprochen, dass die wissenschaftliche Weiterbildung durch renommierte Dozenten angeboten werden sollte (siehe F9). Um die Qualitätsstrategie stärker zu forcieren ist es bei den internationalen Business-Schools bereits üblich, dass neben den Weiterbildungsprogrammen auch die anbietende Institution akkreditiert wird (Brackmann/Kran 2004, S. 203). Zu fragen ist in diesem Zusammenhang, inwieweit die potenziellen Kunden der wissenschaftlichen Weiterbildung das Qualitätssiegel der nationalen bzw. internationalen Akkreditierung einschätzen können (F20).

Die Programme der Top-Executive-MBA-Programme nutzen die letzten drei Kriterien, d. h. die *Reputation*, die *Kontaktgewinnung* und *Kooperationen* zu namhaften Unternehmen, im Rahmen ihrer Marketingstrategie, um eine stärkere Kundengewinnung und -bindung zu erreichen.

Als interessant in diesem Zusammenhang erweist sich die Frage, ob sich diese Aspekte seitens der Kunden tatsächlich positiv bei einer Entscheidung für oder gegen eine Weiterbildung auswirken (F21: Reputation; F22: Kontakte; F23: Kooperationen).

Hochschulebene

Auf dieser Ebene ist zu klären, ob die einzelnen Elemente der Organisation sowohl sachgerecht als auch funktionsgerecht zusammenarbeiten und die personellen sowie sachlichen Ressourcen ausreichend vorhanden sind. Das Aufbausystem der Hochschulen wird grundsätzlich durch die Landeshochschulgesetze geregelt, jedoch regeln diese nicht, wie die Abläufe zur konkreten Aufgabenerfüllung abzuwickeln sind (Fischer-Blum/Wolff 2001, S. 49). Dies ist ein Themenaspekt, der im Rahmen der strategischen Optionen von Geschäftsmodellen der wissenschaftlichen Weiterbildung Berücksichtigung finden wird, jedoch zu umfassend für die hier vorzunehmende Erhebung ist. Vielmehr werden an dieser Stelle zunächst lediglich einzelne Aspekte aus diesem Bereich betrachtet, nämlich diejenigen, die bei einem Kontakt der potenziellen Kunden zur Institution Hochschule relevant werden. AMRHEIN beschreibt, dass ein grundsätzlicher Wertewandel in der Gesellschaft zu verzeichnen ist, der zu einer verstärkten Ablehnung bürokratischer Organisationsformen und einem gesteigerten Verlangen nach Kundenorientierung und Flexibilität führt (Amrhein 1998, S. 11 f.). Forschungsansätze des New Public Managements weisen diesbezüglich in die gleiche Richtung (Reichard 2003, S. 120 f.). Zu fragen ist in diesem Zusammenhang, was sich die Anspruchsgruppen unter einer kunden- und marktorientierten Organisation (Verwaltung, Administration) vorstellen. Mögliche Anknüpfungspunkte betreffen die Flexibilität, wie z. B. den Umgang mit Problemen oder Beschwerden (F24) und die Erwartung an Reaktionszeiten (F25). Neben der administrativen und verwaltungstechnischen Qualifikation ist auch die Qualifikation im Bereich der Forschung relevant. Deshalb soll ermittelt werden, an welcher Stelle (Unternehmen oder Hochschulen) aus Sicht der Anspruchsgruppen neues Wissen entwickelt wird (F26). Des Weiteren ist die Relevanz objektiver nationaler und internationaler Qualitätssiegel (siehe F20) bzw. frei zugänglicher Lehr- und Forschungsevaluationen (F27) zu erfragen, die Einflüsse auf die Reputation der Hochschule haben. Eine Übersicht der insgesamt 27 Leitfragen befindet sich im Anhang I.

4.2.3.1.2 Auswahl der Untersuchungseinheiten

Bei der Auswahl der Untersuchungseinheiten geht es primär darum, eine adäquate Gruppe von Befragten zu definieren, mit denen die empirische Erhebung durchgeführt wird. Da es aus Zeit- und Kostengründen i. d. R. nicht möglich ist, sämtliche Elemente des Gegenstandsbereichs in die Erhebung einzubeziehen, müssen der Typ der Stichprobe sowie die Anzahl der Personen, die sich in der Stichprobe befinden, bestimmt werden. Aufgrund der hier durchzuführenden Vorstudie zur Entwicklung eines quantitativen Erhebungsinstruments wurde mit der Auswahl typischer Fälle ein nicht-zufallsgesteuertes Auswahlverfahren gewählt, welches speziell in der explorativen Forschung durchaus üblich ist (Kromrey 2002, S. 271 ff.). Das Problem, dass durch eine solche Erhebung sehr wenig über die Verteilung innerhalb der Grundgesamtheit ausgesagt werden kann, wird sehr wohl gesehen, jedoch geht es in diesem Stadium nicht darum, Rückschlüsse auf die Grundgesamtheit zu ziehen, sondern möglichst umfassende Kriterien zur Erstellung eines Fragebogens zu generieren.

In die Expertenbefragung wurden sowohl Privatpersonen als auch Unternehmen einbezogen. Hierbei wurde Wert darauf gelegt, dass die Gruppen in sich möglichst homogen sind und möglichst keine Interdependenzen untereinander bestehen.[77] Die aus dem Forschungsziel abgeleiteten Kriterien sind zum einen, dass die Auswahlobjekte eigene Erfahrungen aus dem jeweiligen Bereich besitzen müssen und zum anderen, dass die bereits zuvor beschriebenen typischen Merkmale der potenziellen Zielgruppen (vgl. Kap. 4.1.3.2) erfüllt werden. Dies bedeutet, dass die Privatpersonen an mindestens einem wissenschaftlichen Weiterbildungsprogramm teilgenommen hatten, da somit ein möglichst umfassender und nicht nur punktueller Erfahrungsschatz vorhanden war. Die Privatpersonen sind in die Alterskategorie 19-49 Jahre einzugruppieren, besitzen einen ersten Hochschulabschluss, sind Beamte oder leitende Angestellte und – dies ist darin quasi impliziert – erwerbstätig. Bei den Unternehmen als Organisationen, die externe Weiterbildungsprogramme für das eigene Personal einsetzen, wurde keine Eingrenzung auf die bisherige Nutzung oder Nichtnutzung wissenschaftlicher Weiterbildung vorgenommen. Dies zum einen, weil Unternehmen bis dato sehr wenig wissenschaftliche Weiterbildung für das eigene Personal einsetzen und zum anderen, um auch die Hemmnisse der bisherigen Nichtnutzung zu erfahren.

Der Gegenstandsbereich der hier durchzuführenden Untersuchung wird auf die Wirtschaftswissenschaften beschränkt. Dies zum einen, da eine Verallgemeinerung der Ergebnisse der nachfolgenden quantitativen Befragung bei Einbezug sämtlicher Disziplinen kaum realisierbar erscheint und aufgrund der Nähe des forschenden Instituts zu dieser Wissenschaftsdisziplin. Zum anderen wird es als sinnvoll erachtet, einen Bereich für die Ausführungen zu wählen, der sehr prädestiniert für Weiterbildungsangebote ist. Dies ist bei den Wirtschaftswissenschaften eher anzunehmen als in anderen Fachbereichen.

4.2.3.1.3 Ergebnisse der Expertenbefragung

Um zu verhindern, dass die rein theoretische Herleitung aus der Literatur innerhalb des Kap. 4.2.3.1.1 wichtige Aspekte vernachlässigt und somit der Fragebogen für die quantitative Befragung unvollständig ist, wurde im Rahmen einer Expertenbefragung, die vom 27.07.- 11.08.2004 durchgeführt wurde, eine offene Frage pro Ebene gestellt, auf die zunächst frei und ungestützt geantwortet werden sollte: „Welche Anforderungen stellen Sie an wissenschaftliche Weiterbildung bei Betrachtung der Kursebene, Programmebene und Hochschul-

---

[77] Es kann jedoch kaum ausgeschlossen werden, dass Personalentwicklungsverantwortliche aus Unternehmen Erfahrungen aus ihrer eigenen Weiterbildung in die Diskussion einbringen und es insofern zu Überschneidungen mit dem Privatkundenbereich kommt.

ebene?" Ziel dieser Expertenbefragung war lediglich, die theoretischen Ergebnisse durch praktische Erkenntnisse zu ergänzen, um aus dieser Kombination einen Fragebogen zur quantitativen Erhebung zu generieren. Aus diesem Grund reichte für diese „Vorab-Exploration" eine geringe Anzahl von Experten aus.

Die Gesprächspartner wurden anhand der zuvor aufgestellten Gruppenzugehörigkeitsmerkmale ausgewählt: Die Experten aus dem Privatkundenbereich waren zwischen 26-39 Jahre alt, hatten einen ersten akademischen Abschluss, sind in ihren Unternehmen als leitende Angestellte tätig und haben bereits an mindestens einer Weiterbildungsmaßnahme teilgenommen bzw. stehen kurz vor deren Abschluss. Insgesamt wurden im Privatkundenbereich vier telefonische Einzelinterviews geführt, mit einer Länge von jeweils 24-29 Minuten. Die Gesprächspartner aus dem Unternehmensbereich waren entweder für die Bewilligung und Unterstützung externer Weiterbildungsmaßnahmen zuständig oder haben selbst daran gearbeitet, Weiterbildungsangebote zu erstellen bzw. im Unternehmen einzugliedern.[78] Insgesamt wurde mit vier Unternehmensexperten gesprochen, teilweise telefonisch und teilweise in den Firmen vor Ort. Die Interviews haben jeweils eine Länge von 29-42 Minuten. Nach der Phase des freien Redens wurde das Interview anhand der jeweils vorgesehenen Leitfragen (vgl. Anhang I) fortgeführt. Dieses Vorgehen ermöglichte es, sowohl zusätzliche Qualitätskriterien zu ermitteln als auch die bereits theoretisch hergeleiteten zu überprüfen. Es war festzustellen, dass die Fähigkeiten, auf die offene Frage nach den Anforderungen an die wissenschaftliche Weiterbildung mit einer möglichst umfassenden Auflistung aller individuellen Forderungen zu antworten, in allen Fällen eher begrenzt waren. Es konnte stets nur ein Teil der tatsächlich interessierenden Anforderungen spontan bzw. selbstständig geäußert werden. Durch das Einbeziehen der Leitfragen konnten jedoch die aus der Literatur erarbeiteten Anforderungen durch weitere Aspekte ergänzt werden, die nachfolgend aufgelistet sind:

Zusätzliche Aspekte der Experten aus dem Privatkundenbereich

Beim E-Learning sind das Angebot von Offline-Varianten und Druckmöglichkeiten sowie geringen Ladezeiten wichtig. Es wird eine geringe Gruppengröße erwartet. Zusätzlich besteht die Forderung nach Wahlfreiheiten sowohl zwischen einem Präsenz- und Fernstudium als auch zwischen einem Vollzeit- und Teilzeitstudium. Bereits vor Aufnahme einer Weiterbildung ist eine Transparenz über den Studienverlauf, die Inhalte und den Aufwand wichtig. Es wird ein hohes akademisches Niveau erwartet und die Kunden legen Wert darauf, wissenschaftlich und generisch arbeiten zu können. Des Weiteren sind eine gute Erreichbarkeit der Dozenten und Organisatoren sowie eine Unterstützung der Teambildung durch Präsenzphasen erwünscht.

---

[78] Diese Personen haben in ihren Unternehmen nachfolgende Positionen eingenommen: Bildungsreferent, Leiter der Personalentwicklung und Ausbildung sowie Personalreferent (2x).

Zusätzliche Aspekte der Experten aus dem Unternehmensbereich

Die Dozenten müssen langjährige Praxiserfahrung haben, aktuelles fachliches Wissen aufweisen und sich auf die Unternehmenskultur einstellen können.

Zusätzliche Aspekte der Experten aus dem Privatkunden- und Unternehmensbereich

Wichtig ist die Internationalität der Kurse und dass die Weiterbildung zu einem anerkannten Abschluss führt. Weiterhin sind eine besondere Tiefe in ausgewählten Themen und die Vermittlung von Methodenwissen sehr wichtig. Schließlich ist neben dem Anteil auch der Zeitpunkt der Präsenzphasen (Wochenende, nach Feierabend etc.) von Interesse.

4.2.3.1.4 Gütekriterien der qualitativen Studie

Die klassischen Gütekriterien aus dem Kontext der Testtheorie sind die *Objektivität, Reliabilität* und *Validität*. Nachdem zunächst kurz die Charakteristika dieser drei Gütekriterien dargestellt werden, wird anschließend auf die Besonderheiten bei der hier vorliegenden qualitativen Erhebungen eingegangen.

Die *Objektivität* von Untersuchungen beschreibt, in welchem Ausmaß die ermittelten Ergebnisse unabhängig von der Person sind, die die Untersuchung durchgeführt hat. Vollständige Objektivität liegt dann vor, wenn verschiedene Untersuchungspersonen desselben Merkmals unabhängig voneinander zu demselben Messergebnis kommen, d. h. wenn subjektive Einflüsse der Untersucher ausgeschaltet werden können. Bei einer Differenzierung der Objektivität kann die Durchführungs- von der Auswertungsobjektivität unterschieden werden. Eine geringe Durchführungsobjektivität liegt dann vor, wenn zwei Untersuchungspersonen mit den gleichen Fragen bei denselben Befragten unterschiedliches Antwortverhalten auslösen. Ermitteln jedoch zwei Untersuchungspersonen bei einheitlichem Antwortverhalten der Befragten unterschiedliche Messergebnisse, liegt hingegen eine geringe Auswertungsobjektivität vor (Diekmann 1995, S. 216 f.). Das Kriterium der *Reliabilität* ist ein Maß für die Zuverlässigkeit und Reproduzierbarkeit von Messergebnissen, wobei unter Reproduzierbarkeit verstanden wird, dass wiederholte Tests an einem Objekt mit einem Messinstrument zu den gleichen Resultaten führen. Es geht bei der Reliabilität im Wesentlichen darum zu testen, ob ein zur Messung benutztes Instrument fehlerfrei arbeitet und somit den wahren Wert der zu erhebenden Variablen wiedergibt (Kromrey 2002, S. 250 f.). Die *Validität* eines Messinstrumentes erfasst die Gültigkeit einer Messung, d. h. das Ausmaß, in dem ein Messinstrument das misst, was es messen soll. Die Validität einer Messung ist genau dann gegeben, wenn exakt der empirische Sachverhalt gemessen wird, den die Untersuchungsperson messen wollte (Schnell/Hill/Esser 1999, S. 148).

Gütekriterien sind nicht nur in der quantitativen Forschung zu berücksichtigen, sondern auch in solchen, wie der hier vorliegenden qualitativen Expertenbefragung, denn auch bei Letzterer können systematische oder unsystematische Fehlerquellen auftreten (Diekmann 1995,

S. 451 f.). Jedoch ist fraglich, ob die soeben kurz charakterisierten Verfahren der klassischen Testtheorie sinnvollen Einsatz finden können. STANGL vertritt die Meinung, dass die mit der Objektivität und Reliabilität verbundenen Zielvorstellungen einer Standardisierung und Vergleichbarkeit von Daten nicht im Sinne einer qualitativen Forschungslogik stehen, da diese Gütekriterien nicht nur eine Konstanz des Untersuchungsablaufes, sondern auch des Untersuchungsobjektes voraussetzen, was bei einer qualitativen Erhebung nicht gegeben sein dürfte (Stangl 2004).

Aus diesem Grund liegt nach BORTZ und DÖRING bei qualitativen Erhebungen eher dann *Objektivität* vor, wenn eine gezielte Berücksichtigung der spezifischen Untersuchungssituationen stattfindet. Es sollen eher vergleichbare Situationen im subjektiven, inneren Erleben der Befragten als eine Standardisierung der äußeren Bedingungen hergestellt werden (Bortz/Döring 2003, 326 ff.). Zur Erhöhung der Durchführungsobjektivität wurden die einzelnen Fragen in der qualitativen Erhebung deshalb oftmals umformuliert, um sie dem Verständnis der Befragten und dem Gesprächsverlauf anzupassen. Objektivität beschreibt nicht eine höhere Wahrheit, sondern einen hohen interpersonalen Konsens, aus diesem Grund liegt dann eine hohe Auswertungs- und Interpretationsobjektivität vor, wenn mehrere Forscher anhand des gleichen Datenmaterials zu den gleichen Interpretationen gelangen (Steinke 2004, S. 186 f.). Vorzugsweise sollen sämtliche verschiedenen Problemdimensionen möglichst umfassend erforscht und analysiert werden, so dass das Gütekriterium der Objektivität eher als ein *Grad der Umfassendheit* verstanden werden kann.

Eine strittige Frage ist die *Reliabilität* von qualitativen Erhebungen, denn aufgrund ihrer Charakteristik lässt sich das Datenmaterial i. d. R. nicht exakt reproduzieren, was grundsätzlich eine eher geringe Reliabilität bedeutet. Die standardisierten Zuverlässigkeitsprüfungen beziehen sich jedoch auf konkrete statistische Messwerte, welche bei qualitativen Erhebungen nicht vorliegen, da die Daten i. d. R. keinen messtechnischen Transformationen unterzogen werden. An die Stelle der Reliabilitätskontrollen per Reliabilitätskoeffizienten tritt in der qualitativen Forschung eine möglichst hohe *Transparenz im Erhebungsablauf*. Wesentlich in diesem Zusammenhang war die zuvor beschriebene detaillierte Konkretisierung der einzelnen Unteraspekte der Anforderungen an die wissenschaftliche Weiterbildung in Form von insgesamt 27 Leitfragen. Je besser die Interpretationen aus einer qualitativen Erhebung nachvollzogen werden können, desto höher ist die Objektivität und Reliabilität der Ergebnisse. Zur Erhöhung der Objektivität und Reliabilität der hier vorliegenden Expertenbefragung hätte durchaus noch ein multipersonaler Diskurs genutzt werden können, innerhalb dessen mehrere Forscher anhand des gleichen Datenmaterials individuelle oder Gruppeninterpretationen vornehmen (Stangl 2004). Aufgrund des Charakters einer Pre-Studie wurde diese Option jedoch nicht gewählt.

Bezüglich der *Validität* stellen sich in der qualitativen Forschung die Fragen, ob Interviewäußerungen authentisch und ehrlich sind oder ob die Erhebungsprotokolle das Geschehen valide abbilden bzw. ob die Ergebnisse durch Unaufmerksamkeit verzerrt oder verfälscht wurden (Steinke 2004, S. 185). Insofern spielen bei der Validität qualitativer Erhebungen übereinstimmende Vergleiche, die bei der hier vorliegenden Untersuchung anhand der Auswertung der (Telefon-)Interviews durchgeführt wurden, eine große Rolle, wie z. B. (Bortz/Döring 2003, S. 328):

- Vergleiche unterschiedlicher Teile desselben Materials (sollen Widersprüche aufdecken),
- Vergleiche zwischen Personen (sollen unglaubwürdige Äußerungen identifizieren) sowie
- Vergleiche zwischen den aus der Literatur gesammelten Hintergrundinformationen mit den Aussagen von Experten.

4.2.3.1.5 Zusammenfassung

Die Anforderungen von potenziellen Kunden an die wissenschaftliche Weiterbildung wurden in einer literaturbasierten Studie auf der Kurs-, Programm- und Hochschulebene entwickelt und durch die Ergebnisse einer Expertenbefragung ergänzt.

Abschließend sind zwei Gesamtübersichten dargestellt, die als Raster für die Erstellung der Fragebögen für die nachfolgend beschriebene quantitative Studie dienen. In diesen Rastern sind die einzelnen Qualitätsaspekte der Privatkunden und der Unternehmen den Ebenen der Grobstruktur (Kurs-, Programm-, Hochschulebene) zugeordnet, jedoch liegt aufgrund der intensiven Überschneidungen in den Qualitätsaspekten zwischen der Kurs- und Pogrammebene keine Dreiteilung wie zuvor vor, sondern lediglich eine Grobeinteilung zum einen in die Kurs-/Programmebene (Tabelle 4.2-4) und zum anderen in die Hochschulebene (Tabelle 4.2-5). Des Weiteren wird die Qualifikation der Dozenten nur auf Hochschulebene betrachtet, da die Hochschule als verantwortliche Institution zur Einstellung gut ausgebildeter Fachvertreter angesehen wird und somit in diesem Punkt logisch der Qualitätsbetrachtung auf Kurs- und Programmebene übergeordnet ist. Außerdem wurden die Aspekte der Reputation, formellen Qualifikation, Qualitätssicherung und Kooperation aufgrund der engen thematischen Zusammengehörigkeit zu einer übergeordneten Einheit zusammengefasst.

Die den Aspekten zugewiesenen Kriterien (jeweils in der rechten Spalte der beiden nachfolgenden Tabellen) bilden die Feinstruktur, d. h. die Kapitel, des nachfolgend zu erstellenden Fragebogens. Spaltenübergreifend sind solche Aspekte genannt, die sowohl den Privatkunden- als auch den Unternehmensbereich betreffen. Diejenigen Aspekte, die jeweils nur einer Spalte zugewiesen sind, machen den gruppenspezifischen Unterschied zwischen den beiden Fragebögen aus.

Aspekte von Privatkunden	Aspekte von Unternehmen	Kriterien
• Unterstützung der Informationssuche durch Internetpräsenz • Zugang zu Lehr-/Lernmaterialien: Präsenzlehre oder E-Learning		Zugang
• Praxisnähe und Anwendungsbezug • Direkter Lerntransfer in das Arbeitsleben • Innovative Lehr-/Lernformen • Aktuelle und innovative Inhalte • Internationalität der Kurse		Vermittlung Lerninhalte
• Prüfungsmodalitäten und -formen • Generische Inhalte / wissenschaftliches Arbeiten • Bei E-Learning: Offline-Varianten, Druckmöglichkeiten, geringe Ladezeiten	• Tiefe in den Themen • Methodenwissen	
• Erreichbarkeit von Kommilitonen, Organisatoren, Dozenten • Intensive Kommunikation • Geringe Gruppengröße • Unterstützung der Teambildung von internationalen Top-Managern • Diskrete Führung beim Lernen • Reaktionszeiten • Bei E-Learning: Erwarteter Umfang der Betreuung, informelle Austauschmöglichkeit		Betreuung, Kontakte
• Berufsbegleitendes Studium (Anteil und Zeitpunkt von Präsenzphasen) • Einpassen in das berufliche Arbeitsleben • Modularer Aufbau (Wahl- und Pflichtkurse) • Flexibles oder starres Curriculum (Reihenfolge der Kurse) • Breite und Tiefe (Themenportfolio; auch nicht-wissenschaftliche Kurse) • Loslösung von Semesterstrukturen		Studienstruktur, Curriculum
• Wahl zw. Präsenz- und Fernstudium • Freie Zeiteinteilung zum Lernen • Voll- und Teilzeitstudium (Wahl) • Transparenz im Studienverlauf, in den Inhalten und im Aufwand	• Fachliche und strukturelle Abstimmung bei der Curriculumsentwicklung	

Tabelle 4.2-4: Synopse theoretischer und empirischer Ergebnisse auf Kurs-/Programmebene

Aspekte von Privatkunden	Aspekte von Unternehmen	Kriterien
• Anerkannter Abschluss • Internationale und nationale Reputation der Institution • Nationale/internationale Akkreditierung des Programms bzw. Relevanz staatlich vergebener/internationaler Qualitätssiegel • Relevanz frei zugänglicher Lehr- und Forschungsevaluationen		Reputation, formelle Qualifikation, Qualitätssicherung und Kooperation
• Namhafte Unternehmen als Kooperationspartner • Hohes akademisches Niveau • Wissenschaftliches Arbeiten		
• Wird an der Hochschule oder in der Praxis neues Wissen generiert • Dozenten als bedeutende Fachvertreter aus Wissenschaft und Wirtschaft		Qualifikation (Dozenten, Personal)
	• Langjährige Praxiserfahrung • Aktuelles fachliches Wissen • Berücksichtigung der Unternehmenskultur	
• Unbürokratische Zusammenarbeit • Fester organisatorischer Ansprechpartner • Beschwerdemanagement • Reaktionszeiten • Gute Erreichbarkeit		Organisation

Tabelle 4.2-5: Synopse theoretischer und empirischer Ergebnisse auf Hochschulebene

Es ist auffällig, jedoch auch durchaus nachvollziehbar, dass die Unternehmen weniger Interesse an den Aspekten der Betreuung, Organisation, Kontakte und Kooperation haben, weil dies eher Bereiche sind, die durch einen direkten Kontakt der Lernenden mit dem Weiterbildungsanbieter gekennzeichnet sind. Insgesamt wurden 48 Qualitätsaspekte entwickelt, die in sieben logisch übergeordnete Qualitätskriterien eingruppiert sind. Es ist deshalb festzuhalten, dass die Frage nach den „Anforderungen an die wissenschaftliche Weiterbildung" sehr komplex ist bzw. eine Vielzahl unterschiedlicher Teilbereiche betrifft. Eine Auswertung dieser Frage ist ohne Kenntnis dieser vielschichtigen Teilbereiche nicht möglich. Es wird davon ausgegangen, dass die in den obigen Tabellen genannten Aspekte die wesentlichen sind, jedoch durchaus noch weitere existieren.

4.2.3.2 Quantitative Studie

In der quantitativen Studie wird analog zu der zuvor beschriebenen qualitativen Studie vorgegangen, d. h. dass in einem ersten Schritt das Forschungsziel und die Forschungsleitfragen dargestellt werden (Kap. 4.2.3.2.1). Im Anschluss wird zunächst die Auswahl der Untersuchungseinheiten begründet (Kap. 4.2.3.2.2) bevor anschließend die Ergebnisse der Befragung präsentiert werden (Kap. 4.2.3.2.3). Nachfolgend wird dargestellt, inwieweit die Gütekriterien der Objektivität, Reliabilität und Validität im Rahmen der Untersuchung vorliegen (Kap. 4.2.3.2.4) und schließlich werden die Ergebnisse dieses Kapitels übersichtsartig zusammengefasst (Kap. 4.2.3.2.5).

4.2.3.2.1 Forschungsziel und Forschungsleitfragen

Das verfolgte Forschungsziel ist die Ermittlung der Kundenanforderungen an die wissenschaftliche Weiterbildung, und zwar sowohl von den Privatkunden als auch von den Unternehmenskunden. Zur Vorbereitung dieser Befragung wurde in der zuvor dargestellten qualitativen Studie ein Raster zur Fragebogenkonzeption für diese beiden Untersuchungsgruppen erstellt. Um die Auswertung der beiden empirischen Erhebungen vorzubereiten, sind nachfolgend gruppenspezifische Forschungsleitfragen (FL) dargestellt:

Kriterium	FL	Forschungsleitfragen Privatpersonen	Forschungsleitfragen Unternehmen
Zugang	FL1	Welche Informationsquellen werden überwiegend genutzt, um sich über wissenschaftliche Weiterbildung zu informieren?	
	FL2	Wird die Informationssuche durch die Internetpräsenzen der Hochschulen ausreichend unterstützt?	
	FL3	Welcher Zugang zu den Lehr-/Lernmaterialien wird präferiert?	
	FL4		Welche Zugangsformen zu den Lehr-/Lernmaterialien werden gewählt und welche Anteile nehmen die jeweiligen Formen ein?
Vermittlung Lerninhalte	FL5	Welche Formen des Praxis- und Forschungsbezugs sind relevant?	
	FL6	Welche Flexibilität wird bezüglich der Prüfungsmodalitäten gefordert?	
Betreuung, Kontakte	FL7	Erwarten die Kunden eine gewisse „Leichtigkeit" in der Betreuung und Kursorganisation?	
	FL8	Ist die Unterstützung der Kontaktanbahnung zu Kommilitonen ein relevanter Aspekt?	
Studienstruktur, Curriculum	FL9	Welche Flexibilität soll das Curriculum bzw. die Studienstruktur aufweisen?	
Reputation, formelle Qualifikation, Qualitätssicherung, Kooperation	FL10	Welche Rolle spielen die Reputation des Anbieters bzw. das Renommee des Abschlusses?	
	FL11	Welche Rolle spielen Kooperationen zu renommierten Unternehmen?	
	FL12	Welche Rolle spielen Qualitätssiegel?	
Qualifikation (Dozenten, Personal)	FL13	An welcher Stelle (Unternehmen/Hochschule) werden innovative Methoden und Forschungserkenntnisse generiert?	
	FL14	Inwiefern müssen die Dozenten bedeutende Fachvertreter aus der Praxis und/oder der Wissenschaft sein und zu welchem Grad sind sie das?	
	FL15		Inwiefern ist die Berücksichtigung der Unternehmenskultur wichtig?
Organisation	FL16	Welche Erwartungen bestehen bezüglich organisatorischer Angelegenheiten?	
	FL17	Welche Erreichbarkeit und Reaktionszeit wird erwartet?	

4.2 Analyse der Hochschule und der Kundenanforderungen

Fortsetzung Tabelle:

Kriterium	FL	Forschungsleitfragen Privatpersonen	Forschungsleitfragen Unternehmen
Abschließende Fragen	FL18		Welche Ziele werden mit der Weiterbildung verfolgt?
	FL19		Welchen Anteil nimmt die wissenschaftliche Weiterbildung ein?
	FL20		Welche Gruppen nutzen die Weiterbildung und von wem geht i. d. R. die Initiative zur Weiterbildung aus?
	FL21	Was sind die Gründe der Nutzung bzw. der Nicht-Nutzung?	

Tabelle 4.2-6: Forschungsleitfragen

Der Aufbau der beiden Fragebögen (Privatpersonen, Unternehmen) teilt sich in zwei große Abschnitte: Zum einen in den Kurs- und Programmbereich und zum anderen in den Hochschulbereich. Innerhalb dieser Bereiche wurden die sieben erarbeiteten Qualitätskriterien „Zugang", „Vermittlung Lerninhalte", „Betreuung, Kontakte", „Studienstruktur, Curriculum", „Reputation etc.", „Qualifikation" und „Organisation" zur Feinstrukturierung genutzt.

Der Fragebogen der Privatpersonen (Unternehmensverantwortlichen) besteht aus insgesamt 31 (29) Frageblöcken, innerhalb derer die Befragten einzelne, themenspezifische Fragen entweder über fünfstufige Ratingskalen oder offen beantworten konnten. Es werden sowohl Fragen zu den persönlichen Anforderungen gestellt als auch um Stellungnahmen zu bestimmten Themenaspekten gebeten, die insbesondere auf die Aspekte „Zugang", „Reputation etc." sowie „Qualifikation" fokussieren. Die hierdurch gewonnenen Informationen können bei der Konzeption des Leistungsportfolios (Kap. 5.2.3) sowie der nachhaltigen Absicherung (Kap. 5.5) berücksichtigt werden. Abschließend wurden Fragen zur Person sowie zu den verfolgten Zielen und den Gründen der Nutzung bzw. Nicht-Nutzung wissenschaftlicher Weiterbildung gestellt. Die beiden Fragebögen befinden sich in den Anhängen II und III.

4.2.3.2.2 Auswahl der Untersuchungseinheiten

Analog zu der qualitativen Vorstudie handelt es sich auch bei dieser Erhebung um eine explorative Untersuchung, denn die Kundenanforderungen können zwar vermutet werden, sind jedoch nicht bekannt. Aus methodischen Gründen kam ein Verfahren der reinen Zufallsauswahl der Untersuchungseinheiten für die hier vorliegende Online-Befragung nicht in Betracht, da weder eine vollständige und aktuelle Liste sämtlicher Internetnutzer existiert noch bekannt ist, was als Grundgesamtheit angenommen werden kann. Auf diese Problematik, die sich bei Online-Befragungen ergibt, wird vielfach in der Markt- und Sozialforschung hingewiesen (z. B. ADM 2005; Bandilla 1999, S. 11).

WATT nimmt eine Einteilung in unbeschränkte, überprüfte und ausgesuchte Stichproben für Online-Befragungen vor (Watt 1997). Unbeschränkte Stichproben finden insbesondere dann einen sinnvollen Einsatz, wenn die Repräsentativität der Befragung nicht zwingend gegeben sein muss, da aufgrund der Problematik der Selbstselektion der Untersuchungseinheiten (Bogner/Mayer 2000, S. 50 ff.) die charakteristischen Merkmale in der Stichprobe oftmals nicht mit der Grundgesamtheit übereinstimmen. Beim Einsatz überprüfter Stichproben werden die Untersuchungseinheiten anhand bestimmter Selektionskriterien vom Forscher ausgewählt (z. B. bestimmte berufliche Stellung oder bestimmte Erfahrungen) und ausgesuchte Stichproben umfassen Personen, die persönlich mündlich oder schriftlich informiert wurden (Theobald 2000, S. 26).

Bei der hier vorliegenden Untersuchung wurden die beiden Stichproben überprüft bzw. ausgesucht gebildet, da die Untersuchungseinheiten aus dem Kreis der zuvor definierten Zielpersonen wissenschaftlicher Weiterbildung stammen sollten.

Untersuchungseinheiten „Privatpersonen"

In die Untersuchung wurden die Alumni sowie die Teilnehmer des virtuellen Weiterbildungsstudiengangs „Master of Science in Information Systems" der Georg-August-Universität Göttingen, der weiterbildenden Studiengänge „Bachelor und Master of Business Administration" an der Universität Oldenburg, der virtuellen Weiterbildungsstudiengänge der Universität Rostock[79] sowie des weiterbildenden Masterstudiengangs „Organization Studies" der Universität Hildesheim einbezogen (überprüfte Stichproben). Die Alumni sowie die Teilnehmer der weiterbildenden Studiengänge in Göttingen, Hildesheim und Oldenburg wurden per E-Mail zur Teilnahme an der Befragung eingeladen. Den Teilnehmern aus Rostock wurde der Hinweis auf die Befragung über die Homepage des virtuellen Fernstudienzentrums gegeben.

Untersuchungseinheiten „Unternehmen"

Die Untersuchungsteilnehmer wurden telefonisch über die anstehende Befragung sowie deren Kontext und Nutzungsverwertung informiert sowie anschließend schriftlich zur Teilnahme an der Befragung eingeladen (ausgesuchte Stichprobe). Die Stichprobe setzt sich aus mittleren und großen Unternehmen zusammen. Kleine Unternehmen wurden in diese Befragung nicht eingebunden, da diese i. d. R. keine bzw. kaum externe Weiterbildung durch Hochschulen unterstützen (Schröder/Schiel/Aust 2004, S. 40).

4.2.3.2.3 Ergebnisse der Online-Befragung

Nachfolgend werden die Ergebnisse der durchgeführten Studie anhand der zuvor beschriebenen Forschungsleitfragen (FL1-21) dokumentiert. Die Ergebnisse werden getrennt nach

---

[79] Der Hinweis sowie der Link zur Befragung wurde in die Lernplattform eingestellt, auf die die Studierenden der weiterbildenden Studiengänge „Master of Arts Umwelt und Bildung", „Master of Science Umweltschutz" sowie „Master of Arts Medien und Bildung" zugreifen konnten.

den Befragtengruppen vorgestellt, d. h. zunächst die der Privatpersonen und im Anschluss die der Unternehmensverantwortlichen.

4.2.3.2.3.1 Privatpersonen

Die Studie wurde über einen Online-Fragebogen durchgeführt, der vom 14.02.2005-14.03.2005 im Internet aufgerufen und ausgefüllt oder alternativ von der Startseite der Online-Befragung als PDF-Dokument herunter geladen werden konnte. Insgesamt haben 289 Personen den Fragebogen geöffnet. Der Anteil derjenigen Personen, die den Fragebogen aufgerufen und vollständig ausgefüllt haben, beträgt 80,62% (n=233). Neben der größten Hürde, die erwartungsgemäß die erste Frage darstellte, kann auch nach den Fragen 16 und 17 ein gehäuftes Abbrecherverhalten festgestellt werden.[80] Da es zum einen wichtig ist, dass die Antworten sorgfältig gegeben sind und zum anderen davon ausgegangen werden muss, dass ein vorzeitiger Abbruch mit wenig Disziplin in der Bearbeitung einhergehen kann, wurden im Rahmen der Auswertung lediglich diejenigen Befragten berücksichtigt, die mindestens 50% des Fragebogens (d. h. bis einschließlich Frage 16) beantwortet hatten. Dies waren 258 Personen. In der nachfolgenden Abbildung ist das Abbrecherverhalten dargestellt.

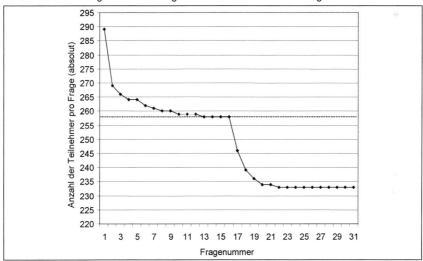

Abbildung 4.2-2: Abbrecherquote (Privatpersonen)

---

[80] Bezüglich des verstärkten Abbruchs nach der ersten Frage ist zu vermuten, dass die Befragten erst zu diesem Zeitpunkt realisiert haben, um was genau es bei der Befragung geht bzw. welche Art von Fragen gestellt werden und dass die Bereitschaft zu einer solch intensiven Auseinandersetzung mit der Thematik nicht vorhanden war. Innerhalb der Befragung wurde ein Indikator eingeblendet, der den prozentualen Fortschritt der Befragung angezeigt hat. Bei der 16. Frage war die Hälfte des Fragebogens erreicht. Da der Fragebogen insgesamt ein Zeitvolumen von ca. 20 Minuten benötigte, ist anzunehmen, dass der Faktor Zeit die Bereitschaft zur weiteren Beantwortung reduziert hat.

Die Befragten, die den Fragebogen vollständig beantwortet und insofern auch die Fragen zur Person beantwortet haben (n=233), setzen sich aus 57,9% Männern und 42,1% Frauen zusammen, die sich im Alter zwischen 24 und 65 Jahren befinden.[81] Nachfolgende Abbildung beschreibt die Altersverteilung:

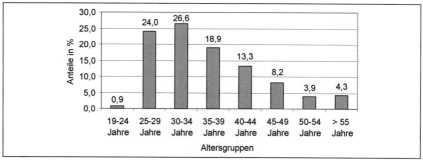

Abbildung 4.2-3: Altersverteilung der Teilnehmer (Privatpersonen)

Insgesamt stammen 91,9% der Befragten aus den Altersgruppen, die sich laut Weiterbildungsstatistiken (vgl. Abbildung 4.1-5) am häufigsten an der Weiterbildung beteiligen (51,5% aus der Gruppe der 19-34 und 40,4% aus der Gruppe der 35-49 Jährigen). Wird die derzeitige Position im Berufsleben betrachtet, ergibt sich folgendes Bild:

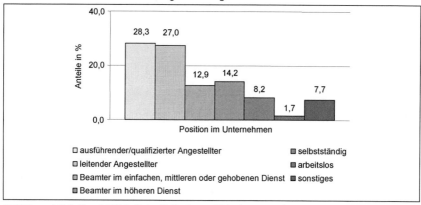

Abbildung 4.2-4: Berufstätigkeit der Teilnehmer (Privatpersonen)

Aus den Positionen, die zuvor als am Weiterbildungsstärksten beschrieben wurden (ausführende/qualifizierte bzw. leitende Angestellte sowie Beamte im einfachen/mittleren/gehobenen oder höheren Dienst, vgl. Abbildung 4.1-7) stammen insgesamt 82,4% der Befragten, die den Fragebogen aufgerufen und vollständig ausgefüllt haben.

---

[81] Die Männer bzw. Frauen sind im Mittel 36,34 bzw. 36,18 Jahre alt, die Standardabweichung des Alters beträgt 8,88 bzw. 8,11 Jahre.

Den Erstabschluss haben 24,9% der Befragten an einer Fachhochschule und 75,1% an einer Universität in den in der nachfolgenden Abbildung dargestellten Fachbereichen absolviert. In die Rubrik „sonstiges" haben sich die Befragten mit Abschlüssen in Erziehungs-, Geistes-, Sport-, Umwelt- und Verwaltungswissenschaften sowie Lehramt, Pädagogik, Philosophie und Soziologie eingruppiert.

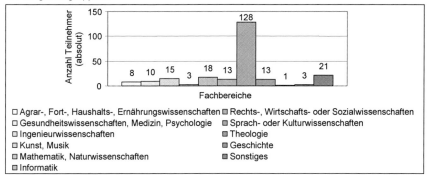

Abbildung 4.2-5: Vertretung der verschiedenen Fachbereiche in der Studie (Privatpersonen)

Es ist zu erkennen, dass mehr als die Hälfte der Befragten dem Bereich der Rechts- Wirtschafts- oder Sozialwissenschaft zuzuordnen ist, insofern sind die nachfolgenden Ergebnisse, die sich strukturell nach den zuvor dargestellten Forschungsleitfragen richten, insbesondere mit Augenmerk auf diesen Fachbereich zu interpretieren. Bezüglich der Teilnahme an wissenschaftlicher Weiterbildung äußerten insgesamt 108 Personen (46,4%; n=233) dass sie noch kein Angebot wahrgenommen haben, 125 Personen haben jedoch bereits mindestens ein Angebot der wissenschaftlichen Weiterbildung genutzt. In der nachfolgenden Abbildung wird deutlich, welche Arten von wissenschaftlicher Weiterbildung bereits in Anspruch genommen wurden:

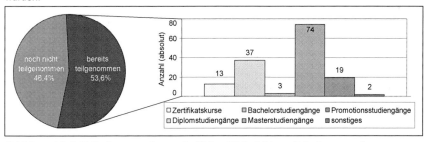

Abbildung 4.2-6: Teilnahme an wissenschaftlicher Weiterbildung (Privatpersonen)

Nachdem nun einleitend die Befragtengruppe näher erläutert wurde, werden im Folgenden die Antworten dargestellt. Als Raster zur Darstellung werden die einzelnen Forschungsleitfragen (vgl. Tabelle 4.2-6) verwendet.

Zugang zu den Informationen und Lehr-/Lernmaterialien

Um zu erfahren, welche Möglichkeiten die Befragten nutzen, um sich über Weiterbildungsprogramme zu informieren wurden zwei Fragen gestellt. Zum einen wurde erfragt, welche Wege des Zugangs als am wichtigsten angesehen werden und zum anderen, welche in der Vergangenheit zur Informationsversorgung genutzt wurden. Als wichtigste Wege, sich über wissenschaftliche Weiterbildung zu informieren (FL1), werden zum einen das Internet (Recherche über Suchmaschinen sowie Homepage der Hochschulen) und zum anderen Gespräche mit Freunden und Bekannten sowie die Fachpresse angegeben.

Art des Zugangs zu Informationen	als wichtig oder sehr wichtig eingestuft (n=258)	bereits als Informationsquelle genutzt (n=258)
Internetrecherche über Suchmaschinen	88,3%	von 69,0%
Internetrecherche auf den Homepages der Hochschulen	86,1%	von 61,6%
Gespräche mit Freunden und Bekannten	79,5%	von 54,7%
Fachpresse	76,4%	von 53,5%
...		...
Präsenz auf Messen und Kongressen	30,6%	von 20,2%

Tabelle 4.2-7: Art des Zugangs zu Informationen (Privatpersonen)

Tatsächlich wurden die als am wichtigsten erachteten Zugangsarten in der Vergangenheit auch am stärksten durch die Befragten zur Informationsversorgung genutzt. Am unwichtigsten erscheint den Befragten die Präsenz auf Messen und Kongressen, am wenigsten genutzt wurden in der Vergangenheit Informationsveranstaltungen an Hochschulen sowie die regionale Presse (jeweils 18,6%). 5,8% der Befragten gaben an, sich noch nicht über wissenschaftliche Weiterbildung informiert zu haben.

Diejenigen Befragten, die bereits auf den Homepages der Hochschulen nach Informationen über wissenschaftliche Weiterbildung gesucht hatten (n=159), sollten zusätzlich beurteilen, wie einfach sie diese Suche empfunden haben (FL2). Am einfachsten wäre es, wenn die Interessierten auf der Hochschulhomepage innerhalb einer übersichtlichen Navigation durch wenige „Klicks" sämtliche Weiterbildungsprogramme der Hochschule dargeboten bekämen bzw. innerhalb einer Rubrik „Weiterbildung" fächerbezogen suchen könnten. Nach den eigenen Erfahrungen gefragt, bewerteten jedoch lediglich 16,4% bzw. 23,9% diese Optionen als eher bzw. voll zutreffend. Vielmehr äußerte die Mehrheit der Befragten (71,0%), dass sie sich durch eine Vielzahl von Seiten der Hochschulhomepage durchnavigieren mussten bis sie Weiterbildungsprogramme gefunden hatten als eher bzw. voll zutreffend. Mehr als die Hälfte (58,5%) fand die Suche nach Weiterbildungsangeboten auf den Homepages der Hochschulen schwierig, hierfür wurde eine Vielzahl an Gründen angegeben, die sich in drei übergeordnete Kategorien einteilen lassen: Die meisten Begründungen betreffen die benutzerunfreundliche Navigation, es wird oftmals genannt, dass die Seiten versteckt, unstrukturiert oder unübersichtlich sind. Des Weiteren wird bemängelt, dass die Inhalte nicht eindeutig vermittelt werden (wer ist die Zielgruppe, was sind die Kosten, was sind die Ziele des Angebotes etc.). Schließlich werden Suchmaschinen vermisst, anhand derer die Interessierten durch Stichwortangabe schnell zu den gesuchten Weiterbildungsmöglichkeiten gelangen. Lediglich 15,1% haben die Suche als einfach empfunden, 26,4% der Befragten wollten bei dieser Frage keine Angaben machen.

Die nächsten Fragen beschäftigten sich mit den eigenen Erfahrungen und Präferenzen bezüglich des Zugangs zu den Lehr-/Lernmaterialien (FL3). Zunächst sollte angegeben werden, welche innovativen Lehr-/Lernformen die Befragten in welchem Umfang in den Aus- und Weiterbildungszeiten bereits kennen gelernt hatten und wie sie diese Lehr-/Lernformen beurteilen. Nachfolgende Abbildungen zeigen die Ergebnisse:

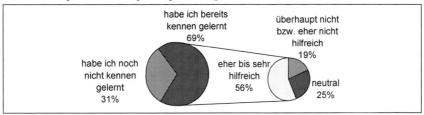

Abbildung 4.2-7: Ergänzen des Präsenzunterrichts durch CBT (Privatpersonen)

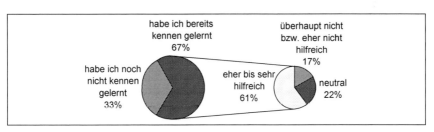

Abbildung 4.2-8: Ergänzen des Präsenzunterrichts durch WBT (Privatpersonen)

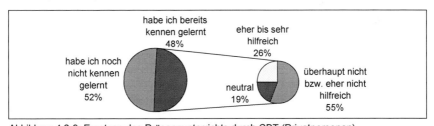

Abbildung 4.2-9: Ersetzen des Präsenzunterrichts durch CBT (Privatpersonen)

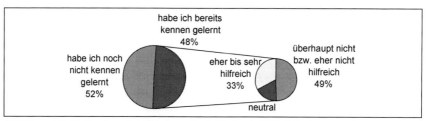

Abbildung 4.2-10: Ersetzen des Präsenzunterrichts durch WBT (Privatpersonen)

178 bzw. 172 Personen (69% bzw. 67%, n=258) gaben an, bereits das Ergänzen des Präsenzunterrichts durch E-Learning in Form von CBT oder WBT kennen gelernt zu haben. 125 Personen (48%, n=258) gaben indes an, bereits erfahren zu haben, dass der Präsenzunterricht durch Formen des E-Learnings vollständig ersetzt wurde. Insgesamt 54 Personen haben noch keine Erfahrungen im Umgang mit E-Learning im Rahmen der vorangegangenen Aus- und Weiterbildungszeiten gesammelt.

Von den Befragten, die bereits das Ergänzen des Präsenzunterrichts durch E-Learning kennen gelernt haben, äußerten 56% (CBT) bzw. 61% (WBT), dass dies eher bis sehr hilfreich war. Lediglich 19% (CBT) bzw. 17% (WBT) fanden es überhaupt nicht bzw. eher nicht hilfreich. Von den Befragten, die bereits ein vollständiges Ersetzen des Präsenzunterrichts durch E-Learning kennen gelernt haben, äußerten hingegen lediglich 26% (CBT) bzw. 33% (WBT) dass dies eher bis sehr hilfreich war. Hier fanden es 55% (CBT) bzw. 49% (WBT) eher nicht bzw. überhaupt nicht hilfreich.

Befragt nach den wichtigsten Merkmalen bei E-Learning basierter Weiterbildung äußerten 92,2% derjenigen, die bereits Erfahrungen im Umgang mit E-Learning gesammelt hatten (n=204), dass die Möglichkeit, internet- oder computerbasierte Lehrinhalte in Form eines Skriptes ausdrucken zu können, eher bzw. sehr hilfreich wäre. Jedoch wurden auch die beiden Aspekte, internetbasierte Lehrinhalte offline ansehen bzw. bearbeiten zu können sowie eine geringe Ladezeit für internetbasiertes Lehr-/Lernmaterial von 83,8% bzw. 82,3% als eher bis sehr hilfreich bewertet.

Da davon ausgegangen wird, dass auch diejenigen (54 Personen), die noch keine Erfahrungen mit E-Learning-Materialien gesammelt haben, eine Meinung zu diesem Thema abgeben können, sollten sie äußern, inwiefern sie das Ergänzen bzw. Ersetzen des Präsenzunterrichts durch E-Learning für sinnvoll erachten. Die beiden nachfolgenden Abbildungen stellen die Antworten graphisch dar. Zehn Personen wollten zu dieser Frage keine Angaben machen.

4.2 Analyse der Hochschule und der Kundenanforderungen

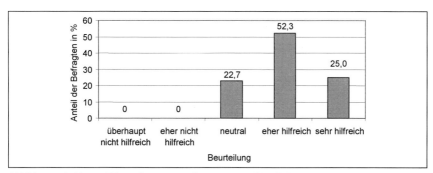

Abbildung 4.2-11: E-Learning ergänzt Präsenzunterricht (Privatpersonen ohne E-Learningerfahrung)

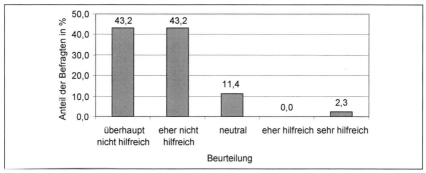

Abbildung 4.2-12: E-Learning ersetzt Präsenzunterricht (Privatpersonen ohne E-Learningerfahrung)

Es ist festzustellen, dass sowohl die Personengruppe, die bereits Erfahrungen im Einsatz von E-Learning gesammelt hat, als auch die Gruppe der Personen ohne solche Erfahrungen eine Ergänzung des Präsenzunterrichts überwiegend eher bis sehr hilfreich findet, hingegen ein komplettes Ersetzen eher ablehnt. Bei der Frage nach dem präferierten Zugang zu den Lehr-/Lernmaterialien ist die Antwort der Befragten mit 75,2% (n = 258) sehr eindrücklich auf die Kombination aus Präsenz- und Fernlehre ausgefallen (siehe nachfolgende Abbildung), wobei zwei Drittel (66,5 %) dieser Personen den Zugang hierbei mittels E-Learning präferieren.

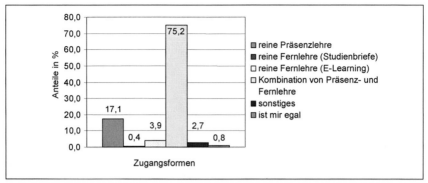

Abbildung 4.2-13: Präferierter Zugang zu Lehr-/Lernmaterialien (Privatpersonen)

Vermittlung Lehrinhalte

Bei den Fragen nach der Vermittlung der Lerninhalte standen an erster Stelle die geforderten Formen des Praxis- und Forschungsbezuges im Vordergrund (FL5). In der nachfolgenden Tabelle ist angegeben, welcher Anteil der Befragten auf die verschiedenen Fragen mit wichtig oder sehr wichtig geantwortet hat.

Formen des Praxis- und Forschungsbezugs	als wichtig oder sehr wichtig eingestuft
Vermittlung der neuesten Erkenntnisse aus der Praxis (n=258)	97,7%
Vermittlung der neuesten Erkenntnisse aus der Wissenschaft (n=255)	97,3%
Einbinden von Fallstudien / Übungsaufgaben zu realen Problemen (n=256)	94,9%
Direkter Lerntransfer (n=258)	91,5%
Methodenkompetenz (n=257)	91,4%
Praktikervorträge (n=257)	81,7%
Projektseminare mit Praxispartnern[82] (n=254)	76,7%
Sozialkompetenz (n=258)	75,6%
Internationale Ausrichtung (n=256)	73,5%
Seminar- und Abschlussarbeiten in Kooperation mit Praxispartnern (n=254)	71,7%
Praktika bei Kooperationspartner (n=258)	66,7%
Renommee der Praxispartner (n=258)	60,5%

Tabelle 4.2-8: Formen des Praxis- und Forschungsbezugs (Privatpersonen)

Es ist zu erkennen, dass die Aspekte des Praxisbezuges eine sehr hohe Relevanz aufweisen, denn acht der insgesamt 12 Aspekte wurden von mehr als drei Viertel der Befragten als wichtig bzw. sehr wichtig eingestuft. Nahezu kein Unterschied ist zwischen den beiden Aspekten „neueste Erkenntnisse aus der Praxis und Wissenschaft" auszumachen, die zusammen mit den Aspekten des „Einbindens von Fallstudien zu realen Problemen", des „direkten Lern-

---

[82] Bei einem Projektseminar mit einem Praxispartner entwickelt dieser z. B. eine Fallstudie, die durch die Studierenden in Gruppenarbeit zu lösen ist. In diesem Zusammenhang sind unterschiedliche Betreuungsszenarien denkbar. Sie können aus einer oder auch mehreren Phasen bestehen.

4.2 Analyse der Hochschule und der Kundenanforderungen

transfers" sowie der „Vermittlung von Methodenkompetenz" vor den anderen Aspekten als am wichtigsten eingestuft wurden.

Neben den Formen des Praxisbezuges sind in diesem Abschnitt ebenfalls die Prüfungsmodalitäten von Interesse, genauer gesagt, die diesbezüglich erwartete örtliche und zeitliche Flexibilität (FL6). Die nachfolgende Tabelle fasst die Anteile der Befragten zusammen, die die genannten Aspekte für wichtig bzw. sehr wichtig halten:

Prüfungsmodalitäten und -formen	als wichtig oder sehr wichtig eingestuft
Prüfungen an verschiedenen Standorten ablegen können (n=258)	85,7%
Prüfungstermine in gewissen Grenzen mit bestimmen können (n=255)	79,2%
Hausarbeiten anstelle von Klausuren vor Ort schreiben (n=258)	74,4%
Präsentationen / Vorträge anstelle von Klausuren vor Ort ablegen (n=256)	72,7%
Klausuren oder mündliche Prüfungen online ablegen (n=257)	29,6%

Tabelle 4.2-9: Prüfungsmodalitäten und -formen (Privatpersonen)

Die ersten beiden Einträge in der Tabelle 4.2-9 werden von mehr als drei Viertel der Befragten als wichtig bzw. sehr wichtig eingestuft, dies bedeutet, dass sowohl die örtliche als auch die zeitliche Flexibilität innerhalb der wissenschaftlichen Weiterbildung ein zentrales Thema ist. Lediglich der Aspekt, Prüfungen auch online ablegen zu können erscheint nur einem geringen Teil der Befragten wichtig bzw. sehr wichtig.

Betreuung und Kontakte

Die erste Forschungsleitfrage befasst sich mit dem für die Kunden verbundenen Aufwand, sich innerhalb eines Kurses oder Studiums zu organisieren und Kontakte herzustellen (FL7). In diesem Zusammenhang sollte zunächst die Frage beantwortet werden, wie die Kommilitonen, Dozenten und die Organisationsverantwortlichen zu erreichen sein sollen. Nachfolgende Abbildung zeigt die Verteilung:

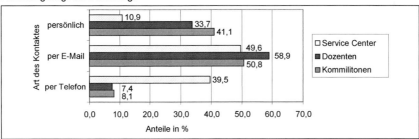

Abbildung 4.2-14: Bevorzugte Form der Erreichbarkeit von Kommilitonen, Dozenten und Organisatoren (Privatpersonen)

Zu erkennen ist, dass der Kontakt über E-Mail als am wichtigsten gesehen wird. 33,7% bzw. 41,1% der Befragten (n=258) wünschen sich zudem, dass sie ihre Kommilitonen und Dozenten auch persönlich kontaktieren können, was Einfluss auf die Gestaltung möglicher Fernstudienszenarien nimmt. Einen telefonischen Kontaktpunkt wünschen sich 39,5% Befragten hingegen überwiegend in Bezug auf organisatorische Fragen.

Da anzunehmen ist, dass der Großteil der Weiterbildungskunden berufstätig ist und die Weiterbildung „nebenberuflich" absolviert, waren weiterhin die Erwartungen bezüglich der telefonischen Erreichbarkeit der Dozenten sowie die Reaktionszeit bei inhaltlichen und organisatorischen Fragen von Interesse. Nachfolgende Abbildungen zeigen zunächst die Anforderungen der Privatpersonen an die telefonische Erreichbarkeit der Dozenten getrennt nach Werktagen und Wochenenden. Im Datenmaterial ist auffallend, dass die telefonische Erreichbarkeit werktags von sämtlichen Befragten gefordert ist, dass sie jedoch am Wochenende lediglich 46% der Befragten erwarten. Des Weiteren haben lediglich 4,9% der Befragten (Basis n=246) werktags keine zeitliche Präferenz, wohingegen es am Wochenende 37,7% der Befragten (Basis n=114) sind.[83]

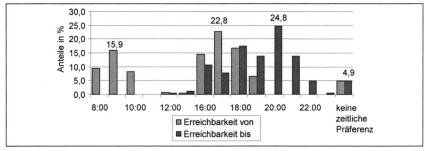

Abbildung 4.2-15: Telefonische Erreichbarkeit von Dozenten werktags (Privatpersonen)

In der obigen Abbildung sind zwei Spitzen bei der „Erreichbarkeit von" gegeben: Zum einen ab 09:00 Uhr (15,9%) und zum anderen ab 17:00 Uhr (22,8%). Bei der „Erreichbarkeit bis" liegt der höchste Wert bei 20:00 Uhr (24,8%), d. h. das werktags verstärkt eine Erreichbarkeit auch außerhalb der eigenen Arbeitszeit erwartet wird. In der nachfolgenden Abbildung ist hingegen zu erkennen, dass eine Erreichbarkeit am Wochenende von 10:00 Uhr (29,8%) bis 12:00 Uhr (16,7%) den Anforderungen im Wesentlichen genügt.

---

[83] Die Abbildung berücksichtigen jeweils diejenigen Personen, die angekreuzt haben, dass eine Erreichbarkeit gegeben sein soll, d. h. n=246 für „werktags" und n=114 für „am Wochenende".

4.2 Analyse der Hochschule und der Kundenanforderungen

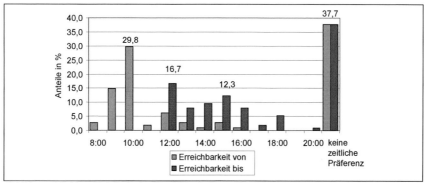

Abbildung 4.2-16: Telefonische Erreichbarkeit von Dozenten am Wochenende (Privatpersonen)

Bezüglich der Reaktionszeiten differenzieren die Befragten zwischen inhaltlichen und organisatorischen Fragen, denn bei organisatorischen Fragen erwartet knapp die Hälfte (n=246) eine Antwort in 12 Stunden, wohingegen bei inhaltlichen Fragen eine Zeitspanne von 24 Stunden akzeptiert wird und insgesamt eine breitere Streuung der erwarteten Reaktionszeiten zu verzeichnen ist.

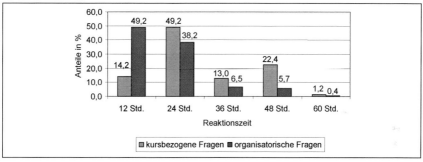

Abbildung 4.2-17: Reaktionszeiten bei kursbezogenen und organisatorischen Fragen (Privatpersonen)

Schließlich wurden Fragen bezüglich der Kommunikationswege bei einer weitestgehend als Fernstudium konzipierten Weiterbildung gestellt. Neben dem persönlichen, telefonischen oder schriftlichen Kontakt (per E-Mail) können weitere IuK-basierte Kommunikationswege eingesetzt werden, die es den Kunden erleichtern, miteinander zu kommunizieren. Zum besseren Verständnis für diejenigen, die bisher noch keine Erfahrungen im Umgang mit IuK-basierten Kommunikationswegen gemacht haben, wurde im Fragebogen erläutert, was unter Diskussionsforen, Chats und virtuellen Cafeterien zu verstehen ist. Die nachfolgende Tabelle enthält diejenigen Anteile der Befragten, die den Einsatz der angegebenen Kommunikationsmöglichkeiten eher oder voll erwarten.

Kommunikationsmöglichkeiten im Fernstudium	wird eher bzw. voll erwartet
Betreute Diskussionsforen (n=239)	63,6%
Moderierte Chats (n=236)	41,5%
Virtuelle Cafeterien oder Chaträume (n=238)	36,2%
Unbetreute Diskussionsforen (n=239)	24,3%
Nicht moderierte Chats (n=238)	18,4%

Tabelle 4.2-10: Kommunikationsmöglichkeiten im Fernstudium (Privatpersonen)

Es ist auffällig, dass lediglich der Einsatz betreuter Diskussionsforen von mehr als der Hälfte der Befragten eher bzw. voll erwartet wird, wohingegen insbesondere die unbetreuten Kommunikationsmöglichkeiten (Diskussionsforen oder Chats) eher nicht bzw. überhaupt nicht gefordert werden.

Die Möglichkeit, in kleinen Gruppen intensiv betreut und angeleitet zu werden, innerhalb derer zusätzlich eine Kontaktanbahnung zu den Kommilitonen unterstützt wird, sollte als nächstes beurteilt werden (FL8). In der Tabelle 4.2-11 sind diejenigen Anteile der Befragten eingetragen, die die aufgelisteten Aspekte als wichtig bzw. sehr wichtig empfinden.

Art der Betreuung und Kontaktmöglichkeiten	als wichtig oder sehr wichtig eingestuft
Kontakte zu Kommilitonen (=Top-Manager anderer Unternehmen) (n=244)	83,6%
Geringe Gruppengröße in einzelnen Kursen (n=246)	75,6%
Diskrete Führung beim Lernen (n=242)	73,5%

Tabelle 4.2-11: Art der Betreuung und Kontaktmöglichkeiten (Privatpersonen)

Es ist festzuhalten, dass sämtliche Aspekte als sehr relevant angesehen werden, insbesondere derjenige der Netzwerkbildung zu den Kommilitonen.

Studienstruktur und Curriculum

Bei den in diesem Abschnitt erfragten Aspekten war insbesondere von Interesse, welches Maß an Beeinflussung des täglichen Arbeitslebens akzeptiert und welche thematische bzw. zeitliche Flexibilität innerhalb des Curriculums gefordert wird (FL9). In der nachfolgenden Tabelle sind die beurteilten Aspekte der Rangfolge nach sortiert.

Flexibilität im Studienverlauf / Curriculum	trifft eher bzw. voll zu
Ausgewählte Themen vertiefen können (n=229)	93,9%
Berufsbegleitende Weiterbildung (n=234)	93,6%
Pflicht- und Wahlkurse (modulares Curriculum) (n=235)	90,7%
Freiheiten in der Zeiteinteilung zum Lernen (n=232)	87,0%
Unabhängigkeit von den Semesterstrukturen (n=235)	83,9%
Individuelle Steuerung der Kursabfolge im Gesamtcurriculum (n=231)	77,5%
Wahloption zwischen Voll- und Teilzeitstudium (n=233)	75,6%
...	...

Fortsetzung Tabelle

Flexibilität im Studienverlauf / Curriculum	trifft eher bzw. voll zu
Präsenzphasen nur an Wochenenden (n=229)	30,1%
Geringer Anteil von Präsenzphasen (n=230)	27,4%

Tabelle 4.2-12: Flexibilität im Studienverlauf / Curriculum (Privatpersonen)

Sieben von insgesamt 14 Fragen werden von mehr als drei Viertel der Befragten als wichtig bzw. sehr wichtig angesehen. Grundsätzlich werden bei diesen Aspekten drei Bereiche angesprochen: Zum einen wollen die Kunden nach Möglichkeit den eigenen Interessen nachgehen (ausgewählte Themen vertiefend studieren können sowie modulares Curriculum mit Wahl- und Pflichtkursen), zum anderen wollen sie möglichst wenig Störung des Arbeitslebens (berufsbegleitende Weiterbildung sowie Wahloption zwischen Voll- und Teilzeitstudium). Schließlich wollen sie auch eine möglichst hohe zeitliche Flexibilität (freie Zeiteinteilung zum Lernen, Unabhängigkeit von den Semesterstrukturen sowie individuelle Steuerung der Kursabfolge im Gesamtcurriculum). Auffallend ist, dass der Aspekt des geringen Anteils an Präsenzphasen von den wenigsten Befragten (27,4%) als wichtig bzw. sehr wichtig erachtet wird und dass lediglich 30,1% die Präsenzphasen am Wochenende präferieren. Zum einen ist hieraus abzuleiten, dass die Kunden durchaus gewillt sind, Teile der Arbeitszeit für die Weiterbildung einzusetzen (ggf. durch Urlaubstage) und zum anderen, dass die sozialen Kontakte, die im Rahmen von Präsenzphasen gepflegt werden können, von nicht zu unterschätzender Relevanz sind (was sich auch bereits bei der Forderung nach Vermittlung von Sozialkompetenz (vgl. Tabelle 4.2-8) und der Netzwerkbildung zu Kommilitonen (vgl. Tabelle 4.2-11) zeigt).

Reputation, formelle Qualifikation, Qualitätssicherung und Kooperation

An dieser Stelle wurde im Fragebogen ein Sichtwechsel vollzogen: Von einer eher kurs- bzw. programmorientierten zu der organisatorischen Perspektive der anbietenden Institution Hochschule. Die erfragten Aspekte betrafen zum einen die mit dem persönlichen Engagement zur Weiterbildung verbundene formelle Absicherung der Weiterbildung (FL10). Zum anderen wurden Aspekte zur Kooperation (FL11) und Qualitätssicherung (FL12) beurteilt. Nachfolgende Tabelle zeigt die als am relevantesten beurteilten Aspekte.

Formelle Absicherung der Weiterbildung	trifft eher bzw. voll zu
Der anerkannte Abschluss ist wichtig (n=232)	88,8%
Es kommen nur Abschlüsse von renommierten Anbietern in Betracht (n=234)	79,5%
Das hohe akademische Niveau ist insbesondere wichtig (n=234)	78,2%
Die nationale Reputation der anbietenden Institution ist wichtig (n=230)	76,9%
Das Renommee der Dozenten ist nicht wichtig (n=233)	14,2%

Tabelle 4.2-13: Formelle Absicherung der Weiterbildung (Privatpersonen)

Bei der Beantwortung der FL10 ist zum einen festzustellen, dass insbesondere ein anerkannter Abschluss wichtig ist. Dieser Abschluss soll zudem von einem renommierten Anbieter vergeben werden, der eine hohe nationale Reputation aufweist. Es ist auch sehr eindrücklich bestätigt worden, dass das Renommee der Dozenten ein wichtiges Kriterium bei der Entscheidung für oder gegen eine wissenschaftliche Weiterbildung darstellt, denn lediglich 14,2% der Befragten beurteilen es als eher bzw. voll zutreffend, dass das Renommee der Dozenten nicht wichtig ist.

Insgesamt 82,0% der Befragten stufen Kooperationen zu renommierten Unternehmen seitens der Hochschule als sehr relevant ein (FL11). Die Hintergründe dieser Entscheidung wurden nicht per Fragebogen ermittelt, sie könnten jedoch z. B. in der Forderung nach angemessenem Praxisbezug (wie zuvor beschrieben) oder in der Kontaktanbahnung zur Vorbereitung für einen möglichen Arbeitgeberwechsel gesehen werden.

Qualitätssiegel in der Weiterbildung	trifft eher bzw. voll zu
Weiterbildung ohne nationales Qualitätssiegel wird abgelehnt (n=234)	51,7%
In Deutschland akkreditierte Weiterbildung ist qualitativ hochwertig (n=234)	35,9%
Weiterbildung ohne internationales Qualitätssiegel wird abgelehnt (n=234)	35,5%

Tabelle 4.2-14: Qualitätssiegel in der Weiterbildung (Privatpersonen)

Interessant bezüglich der FL12 ist es, dass das Qualitätssicherungsverfahren der Akkreditierung anscheinend unter den Befragten entweder nicht bekannt genug ist oder nicht ausreichend geschätzt wird, denn lediglich 35,9% der Befragten stufen eine in Deutschland akkreditierte Weiterbildung als qualitativ hochwertig ein.[84] Des Weiteren ist auffällig, dass ein internationales Qualitätssiegel nicht zwingend erforderlich ist, damit die Weiterbildung angenommen wird, wohingegen etwas mehr als die Hälfte der Befragten zumindest ein nationales Qualitätssiegel wünschen.

Qualifikation

Ziel der in diesem Segment gestellten Forschungsleitfragen war es herauszufinden, ob die Hochschule tatsächlich als Stätte der Entwicklung neuer Forschungserkenntnisse und -methoden angesehen wird oder nicht (FL13). Des Weiteren sollte erfragt werden, inwieweit die Dozenten Fachvertreter sowohl aus der Wissenschaft als auch aus der Praxis sein sollen (FL14). In der nachfolgenden Tabelle sind die Antworten nach Relevanz sortiert.

---

[84] Dieses Problem, dass ein Qualitätssiegel der Akkreditierungsagenturen nicht dazu beiträgt, dass eine national akkreditierte Weiterbildung als hochwertig anerkannt wird, wird im Hauptelement der nachhaltigen Absicherung (vgl. Kap. 5.5) der Weiterbildung aufgegriffen, denn aufgrund dieser Problematik müssen die Hochschulen auch auf anderen Wegen versuchen, die eigene Qualität für die Kunden transparent zu machen.

4.2 Analyse der Hochschule und der Kundenanforderungen

Stätten der Forschungs- und Methodengenerierung	trifft eher bzw. voll zu
Hochschulen generieren neue Forschungserkenntnisse (n=234)	88,4%
Unternehmen entwickeln innovative Methoden (n=232)	76,7%
Hochschulen entwickeln innovative Methoden (n=234)	74,8%
Unternehmen generieren neue Forschungserkenntnisse (n=230)	54,4%

Tabelle 4.2-15: Stätten der Forschungs- und Methodengenerierung (Privatpersonen)

In der oben stehenden Tabelle ist erkenntlich, dass Hochschulen von 88,4% der Befragten als Stätte der Forschung gesehen werden und dass knapp drei Viertel der Befragten (74,8%) auch der Meinung sind, dass sie innovative Methoden entwickeln.[85] Hiermit liegen die Hochschulen nur knapp hinter den Unternehmen (76,7%), die jedoch aus Sicht von lediglich 54,4% der Befragten stark in der Entwicklung neuer Forschungserkenntnisse sind.

Wie der nachfolgenden Tabelle zu entnehmen ist, fordern mehr als zwei Drittel der Befragten, dass die Hochschuldozenten sowohl Fachvertreter aus der Wissenschaft (73,9%) als auch aus der Praxis (71,8%) sind. 72,5% der Befragten haben die Hochschuldozenten als fachliche Experten auf ihrem Wissensgebiet kennen gelernt, jedoch ist auffallend, dass ihnen insbesondere bei den didaktischen Fähigkeiten sowie für den Einsatz von neuen Medien von der Mehrzahl der Befragten schlechte Noten ausgestellt werden: Lediglich 35,3% der Befragten finden, dass die Hochschuldozenten eine hohe didaktische Kompetenz aufweisen und nur 20,6% bzw. 17,6% der Befragten stimmen eher bzw. voll zu, dass die Hochschuldozenten ausreichend neue Medien nutzen bzw. sicher im Umgang damit sind.

Qualifikation der Dozenten	trifft eher bzw. voll zu
Dozenten sollen Fachvertreter aus der Wissenschaft sein (n=233)	73,9%
Hochschuldozenten sind Fachvertreter auf ihrem Wissensgebiet (n=233)	72,5%
Dozenten sollen Fachvertreter aus der Praxis sein (n=234)	71,8%
Hochschuldozenten sind didaktisch sehr versiert (n=230)	35,3%
Hochschuldozenten nutzen neue Medien in angemessenem Umfang (n=233)	20,6%
Hochschuldozenten sind sicher im Umgang mit neuen Medien (n=233)	17,6%

Tabelle 4.2-16: Qualifikation der Dozenten (Privatpersonen)

Organisation

Die in diesem Kapitel gestellten Fragen betreffen im Wesentlichen die Erwartung an die administrative Organisation der Weiterbildung (FL16), d. h. den Umfang der Unterstützung sowie die telefonische Erreichbarkeit. Bezüglich des ersten Punktes sollte entschieden werden, welcher Aspekt in der organisatorischen Betreuung am wichtigsten aus Sicht der Befragten ist: Eine „unbürokratische Zusammenarbeit", ein „fester Ansprechpartner im Service Center" oder

---

[85] Die in der wertschöpfungszentrierten Analyse genannte Stärke der Hochschule als Kompetenzzentrum zur Vermittlung von Methoden und Forschungserkenntnisse lässt sich durch diese Ergebnisse durchaus unterstützen.

ein „professionelles Beschwerdemanagement". Mittels Scoringmodell wurde dem ersten Platz eine Wertigkeit von drei Scoringpunkten, dem zweiten Platz von zwei und dem dritten Platz von einem Scoringpunkt zugewiesen. Nachfolgende Abbildung fasst das Ergebnis des Scoringmodells (n=233) graphisch zusammen.

Abbildung 4.2-18: Organisatorische Unterstützung (Privatpersonen)

Zu erkennen ist, dass der wichtigste Aspekt der der unbürokratischen Zusammenarbeit ist (104x Rang 1), gefolgt von einem festen Ansprechpartner (86x Rang 1) und einem professionellen Beschwerdemanagement (43x Rang 1).

Analog zur Erreichbarkeit von Dozenten (vgl. Abbildung 4.2-15 und Abbildung 4.2-16) sollte die gewünschte telefonische Erreichbarkeit auch in Bezug auf organisatorische Fragen angegeben werden (FL17). Nachfolgende Abbildungen fassen die Anforderungen zusammen:

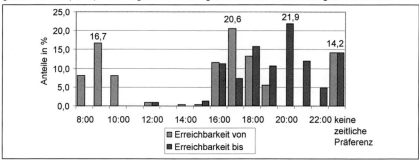

Abbildung 4.2-19: Telefonische Erreichbarkeit eines Service Centers werktags (Privatpersonen)

Insgesamt 14,2% der Befragten (n=233) haben zum Thema der telefonischen Erreichbarkeit werktags keine zeitlichen Präferenzen, jedoch geben 200 Personen an, zu welcher Tageszeit eine telefonische Erreichbarkeit gegeben sein soll: In der Abbildung 4.2-19 ist zu erkennen, dass es analog zur Frage nach der telefonischen Erreichbarkeit von Dozenten auch im vorliegenden Zusammenhang zwei Spitzen gibt, zum einen ab 09:00 Uhr (16,7%) und zum anderen ab 17:00 Uhr (20,6%). Als Spitze der „Erreichbarkeit bis" ist der obigen Abbildung 20:00 Uhr (21,9%) zu entnehmen, so dass auch bei einem Service Center verstärkt eine Erreichbarkeit nach dem eigenen „Feierabend" gefordert wird.

Eine telefonische Erreichbarkeit am Wochenende fordern im Vergleich hierzu lediglich 110 Personen (47,2%, n=233). Von diesen Personen haben insgesamt 43 Personen (39,1%) keine zeitliche Präferenz. Die restlichen 67 Personen fordern im Wesentlichen eine Erreichbarkeit von morgens 10:00 Uhr (27,3%) bis mittags 12:00 Uhr (19,1%), wie die nachfolgende Abbildung zeigt.

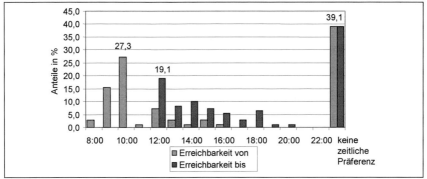

Abbildung 4.2-20: Telefonische Erreichbarkeit eines Service Centers am Wochenende (Privatpersonen)

Abschließende Fragen

Im Rahmen der abschließenden Fragen sollten zum einen persönliche Angaben gemacht werden (Alter, Art des Hochschulabschlusses, bisherige Weiterbildungsteilnahme etc.), von denen ein Großteil bereits eingangs bei der Beschreibung der Befragtengruppe dargestellt wurde. An dieser Stelle anzuführen sind jedoch die Aussagen, die zu den Fragen nach den Gründen der bisherigen Teilnahme bzw. Nicht-Teilnahme getroffen wurden. Es ist insgesamt festzustellen, dass die Bereitschaft einer Freitexteingabe überwiegend vorhanden war, so sind von den 125 Personen, die bereits an wissenschaftlicher Weiterbildung teilgenommen haben, bei der Frage nach den Gründen für die Teilnahme insgesamt 143 einzelne Aspekte genannt worden, die sich in vier Kategorien einteilen lassen (FL 21): Titelerwerb und formelle Qualifikation, berufliches Vorankommen, Know-how-Aufbau sowie Sonstiges[86].

---

[86] Unter Sonstiges sind Antworten wie persönliches Interesse, Selbstfindung, Erweiterung des eigenen Horizonts, usw. genannt worden.

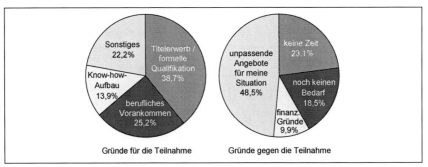

Abbildung 4.2-21: Gründe für bzw. gegen die Teilnahme an wissenschaftlicher Weiterbildung (Privatpersonen)

Von den Befragten, die noch nicht an wissenschaftlicher Weiterbildung teilgenommen hatten (108 Personen) wurden insgesamt 130 einzelne Aspekte als Gründe gegen die Teilnahme genannt, die sich einteilen lassen in keine Zeit, noch keinen Bedarf, finanzielle Gründe und unpassende Angebote für meine Situation. Die drei erstgenannten Gründe gegen die Teilnahme sind relativ selbsterklärend, der letzte Grund jedoch nicht. In dieser Kategorie (unpassende Angebote für meine Situation) wurden insgesamt 63 Aspekte genannt. Es dominieren Aussagen zur mangelnden Praxisorientierung – sowohl der Weiterbildungsangebote als auch der Dozenten (26x). Des Weiteren werden eine mangelnde Präsenz der Hochschulen am Weiterbildungsmarkt (13x)[87], Probleme bezüglich der örtlichen Gebundenheit (9x) sowie der thematischen (8x) und zeitlichen Unflexibilität (7x) genannt. Kommt es bei der örtlichen Gebundenheit zu Problemen bei der Durchführung von Präsenzphasen wenn Wohnort und Ort der Weiterbildung weit auseinander liegen, wird bei der thematischen Unflexibilität bemängelt, dass der vorgegebene Fächerkanon oft nicht ansprechend ist. Bezüglich der zeitlichen Unflexibilität wird mehrfach die Semesterstruktur an den Hochschulen kritisiert und bemängelt, dass die teilweise sehr verschulten Lehrpläne aufgrund oftmals unvorhergesehener Arbeitsbelastung nicht eingehalten werden können und es wenig Spielraum für ein Nachholen oder Verschieben von Kursen gibt. Aus diesen Gründen werden kürzere Seminare präferiert, die jedoch kaum durch Hochschulen angeboten werden, so dass diese als Anbieter von Weiterbildung wenig beachtet werden.

4.2.3.2.3.2 Unternehmensverantwortliche

Die Studie wurde über einen Online-Fragebogen durchgeführt, der vom 18.05.2005-15.06.2005 im Internet aufgerufen und ausgefüllt oder alternativ aus dem Internet von der Startseite der Onlinebefragung als PDF-Dokument herunter geladen, ausgefüllt und per Post zurückgeschickt werden konnte. Insgesamt wurde der Fragebogen von 79 Personen aufge-

---

[87] In diesem Zusammenhang wird eingeräumt, dass es möglicherweise durchaus passende Weiterbildungsangebote gibt, diese jedoch aufgrund mangelnder Markttransparenz bzw. Marktpräsenz der Hochschulen nicht wahrgenommen werden.

rufen. Die Personen wurden vorab telefonisch kontaktiert und über Inhalt, Ziel und Zeitfenster der Befragung informiert. Um in der Auswertung möglichst gewissenhafte Antworten zu nutzen, wurden analog zur Befragtengruppe der Privatpersonen ausschließlich Antworten von Untersuchungseinheiten berücksichtigt, die mindestens 50% des Fragebogens bearbeitet hatten (d. h. bis einschließlich Frage 13). Dies waren 73 Personen. Vollständig ausgefüllt wurde der Fragebogen von 67 Personen, so dass der der Anteil der vollständigen Bearbeitung mit 84,81% leicht über dem Wert der Befragtengruppe der Privatpersonen liegt. Das Abbrecherverhalten zeigt in einer Übersicht die nachfolgende Abbildung:

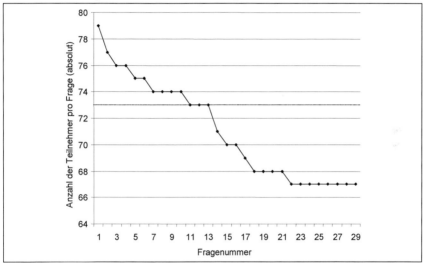

Abbildung 4.2-22: Abbrecherquote (Unternehmen)

Die Befragten, die den Fragebogen bis zum Schluss und insofern auch die Fragen zur Person beantwortet haben, setzen sich aus 50,7% Männern und 49,3% Frauen im Alter zwischen 23 und 62 Jahren zusammen, von denen mehr als die Hälfte (58,9%) bereits selber an mindestens einer Weiterbildung teilgenommen hat. Im Mittel sind die Männer bzw. Frauen 43,49 bzw. 35,31 Jahre und die Standardabweichung des Alters beträgt 7,57 bzw. 9,22 Jahre.

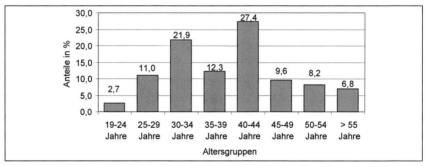

Abbildung 4.2-23: Altersverteilung der Teilnehmer (Unternehmen)

Bei der Frage nach der derzeitigen Position im Unternehmen wurden innerhalb einer Freitextantwort diverse Positionsbeschreibungen genannt, die sich jedoch mittels weniger übergeordneter Kategorien klassifizieren lassen: Sachbearbeiter (17,9%), Referent Personalentwicklung (26,9%) sowie Abteilungs-, Gruppen- bzw. Bereichsleiter Personal/Weiterbildung[88] (55,2%). Nachfolgende Abbildung zeigt, seit wie vielen Jahren die Befragten bereits in der von ihnen angegebenen Position im Unternehmen tätig sind:

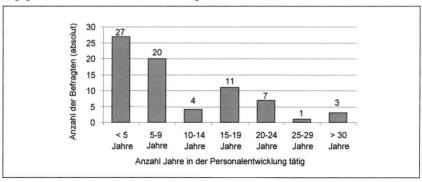

Abbildung 4.2-24: Anzahl der Jahre in der Personalentwicklung tätig (Unternehmen)

Die Teilnehmer (n=71) stammen sowohl aus großen (64,8%) als auch aus mittleren Unternehmen (35,2%).[89] Nachdem die Befragtengruppe für die hier vorliegende Teiluntersuchung dargestellt wurde, werden nun folgend die Antworten zu den Leitfragen (vgl. Tabelle 4.2-6) vorgestellt.

---

[88] Diese Kategorie umfasst z. B. Leiter Aus- und Weiterbildung, Geschäftsführer Bildung, Leiter für die globale Führungskräfteentwicklung, Leitung Personalentwicklung, Director HR Development, Abteilungsleiter Führungs- und Teamentwicklung, usw.

[89] Der Einteilung liegt die seit dem 01.01.2005 geltende Empfehlung der Europäischen Kommission zur Klassifikation von Klein- und Mittelständischen Unternehmen zugrunde.

Zugang zu den Informationen und Lehr-/Lernmaterialien

In einer zweigeteilten Frage wurden die Unternehmensverantwortlichen zunächst danach befragt, welche Informationsquellen sie am wichtigsten finden, um sich über wissenschaftliche Weiterbildung zu informieren und anschließend welche Informationsquellen sie vorwiegend nutzen (FL1). Nachfolgende Tabelle fasst die Antworten in einer Übersicht zusammen:

Art des Zugangs zu Informationen	als wichtig oder sehr wichtig eingestuft (n=73)	bereits als Informationsquelle genutzt (n=73)
Internetrecherche über Suchmaschinen	90,5%	79,5%
Fachpresse	87,6%	53,4%
Internetrecherche in Bildungsportalen	75,3%	57,5%
Homepages der Hochschulen	72,6%	63,0%
...	...	...
Regionale Presse (z. B. Tageszeitungen)	26,0%	20,5%

Tabelle 4.2-17: Art des Zugangs zu Informationen (Unternehmen)

Ähnlich wie die Privatpersonen stufen auch die Unternehmensverantwortlichen die Internetrecherche über Suchmaschinen als wichtigste Zugangsform zu Informationen über die wissenschaftliche Weiterbildung ein. Des Weiteren werden die Fachpresse und die Recherche über Bildungsportale von mehr als drei Viertel der Befragten als wichtig bzw. sehr wichtig eingestuft. Die Suche auf den Homepages der Hochschulen empfinden 72,6% als wichtige bzw. sehr wichtige Informationsquelle. Als am wenigsten wichtige Quelle zur Informationsversorgung stellt sich die regionale Presse heraus, die lediglich von 26,0% als wichtig bzw. sehr wichtig eingestuft wird.

Befragt nach der tatsächlichen Nutzung der Informationsmöglichkeiten wurde an erster Stelle die Informationsversorgung über Suchmaschinen (79,5%) vor der Suche auf den Homepages der Hochschulen (63,0%) genannt. Obwohl die Fachpresse und die Internetrecherche über Bildungsportale als wichtigere Quellen zur Informationsversorgung über wissenschaftliche Weiterbildung eingestuft wurden, liegt deren tatsächliche Nutzung mit 53,4% bzw. 57,5% unter der der Hochschulhomepages. In der Vergangenheit am wenigsten von den Befragten genutzt wurden Informationsveranstaltungen an Hochschulen (19,2%) sowie die regionale Presse (20,5%). Insgesamt gaben 8,2% der Befragten an, sich noch nicht über die wissenschaftliche Weiterbildung informiert zu haben.

Diejenigen Befragten, die angekreuzt hatten, dass sie in der Vergangenheit bereits Hochschulhomepages als Informationsquelle für wissenschaftliche Weiterbildung genutzt hatten (n=46) sollten anschließend beurteilen, ob sie die Suche als einfach empfunden haben (FL2). Insgesamt beantworteten 71,7% dieser Personen die Frage mit „nein", wohingegen lediglich 26,1% mit „ja" antworteten. Interessant ist hierbei der Zusammenhang mit der Häufigkeit der Suche (unabhängige Variable), denn es zeichnet sich ab, dass die Suche umso einfacher (schwieriger) empfunden wurde, je häufiger (seltener) die Hochschulhomepages bereits als Informationsquelle genutzt wurden.

			HÄUFIGKEIT DER SUCHE			
			selten	manchmal	häufig	Gesamt
EINFACHE SUCHE	grundsätzlich ja	Anzahl	2	2	8	12
		Erwartete Anzahl	5,0	3,4	3,7	12
		% von HÄUFIG	10,5%	15,4%	57,1%	26,1%
	grundsätzlich nein	Anzahl	16	11	6	33
		Erwartete Anzahl	13,6	9,3	10,0	33
		% von HÄUFIG	84,2%	84,6%	42,9%	71,7%
	keine Angabe	Anzahl	1	0	0	1
		Erwartete Anzahl	0,4	0,3	0,3	1
		% von HÄUFIG	5,3%	0,0%	0,0%	2,2%
Gesamt		Anzahl	19	13	14	46
		Erwartete Anzahl	19	13	14	46
		% von HÄUFIG	1	1	1	1

Tabelle 4.2-18:   Häufigkeit und empfundene Schwierigkeit der Informationssuche (Unternehmen)

Die obige Tabelle zeigt, dass die unabhängige Variable (Häufigkeit der Suche) einen Einfluss auf die abhängige Variable (Einfache Suche) ausübt. Sie impliziert jedoch auch, dass die Navigation nicht selbsterklärend und intuitiv nutzbar ist, da anscheinend erst nach einem Lerneffekt die relevanten Informationen mit angemessenem Aufwand gefunden werden. Dies spiegeln auch die insgesamt 19 Freitextantworten wider, mit denen erläutert wurde warum die Suche auf den Homepages der Hochschulen als einfach oder als schwierig empfunden wurde. Die einfache Suche wurde mit drei Antworten erläutert: Gute Struktur, anwenderfreundlich und selbsterklärend[90]. Die schwierige Suche wurde mit insgesamt 16 Antworten erläutert, hier dominieren die Aussagen, dass die Seiten zu unübersichtlich und schlecht strukturiert sind. Des Weiteren wird angeführt, dass es keine anwenderfreundliche Navigation gibt, dass die Weiterbildungsangebote sehr versteckt sind, die Suche nicht ausreichend unterstützt wird und dass die Seiten weitestgehend auf Studierende und nicht auf Unternehmen ausgerichtet sind.

Schließlich sollten die Befragten aussagen, welche Lehr-/Lernformen in ihrem Unternehmen eingesetzt werden und welchen Anteil diese einnehmen (FL4).[91] Eindeutig festzustellen ist, dass die reine Präsenzlehre als Lehr-/Lernform in den Unternehmen den größten Anteil ausmacht, wobei immerhin 46,6% der befragten Unternehmen eine Kombination von Präsenz- und Fernlehre einsetzen und 21,9% (Studienbriefe) bzw. 27,4% (E-Learning) auch Formen der reinen Fernlehre nutzen. Wenn eine Kombination aus Präsenz- und Fernlehre eingesetzt wird, dann wird die Fernlehre mit 73,5% durch E-Learning und lediglich mit 26,5% durch Studienbriefe abgewickelt. Nachfolgende Abbildung zeigt die Verteilung:

---

[90] Diese Befragten haben bereits häufig die Homepages zur Suche nach Informationen über wissenschaftliche Weiterbildung genutzt.
[91] Mahrfachantworten waren zulässig.

4.2 Analyse der Hochschule und der Kundenanforderungen

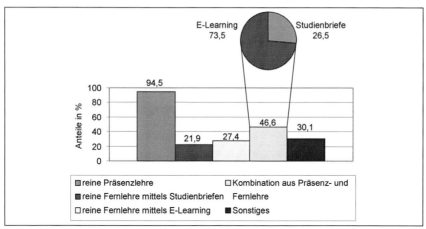

Abbildung 4.2-25: Eingesetzte Lehr-/Lernformen (Unternehmen)

Vermittlung der Lerninhalte

Die Fragen im Rahmen dieses Abschnitts konzentrierten sich auf verschiedene Aspekte des Praxis- und Forschungsbezugs (FL5), die in der nachfolgenden Tabelle der Wichtigkeit nach sortiert wurden:

Formen des Praxis- und Forschungsbezugs	als wichtig oder sehr wichtig eingestuft (n=73)
Bezug zu realen Fällen bzw. Problemen des eigenen Unternehmens	79,5%
Direkter Lerntransfer	78,1%
Starke thematische Fokussierung der Weiterbildung	78,0%
Vermittlung von aktuellem Fachwissen	76,7%
Enge thematische Abstimmung auf die Unternehmen	75,3%
Praktikervorträge zu ausgewählten Themen	74,0%
Vermittlung von Methodenkompetenz	73,9%
Vermittlung von Sozialkompetenz	72,6%
Vermittlung neuester Erkenntnisse aus der Wissenschaft	72,6%
Internationale Ausrichtung der wissenschaftlichen Weiterbildung	71,3%

Tabelle 4.2-19: Formen des Praxis- und Forschungsbezugs (Unternehmen)

Zu erkennen ist, dass fünf von zehn Aspekten des Praxis- und Forschungsbezugs von mehr als drei Viertel der Befragten als wichtig bzw. sehr wichtig eingestuft werden. Insbesondere der Bezug zu realen Fällen des eigenen Unternehmens sowie die Möglichkeiten eines direkten Lerntransfers werden von den Unternehmen hoch geschätzt. Wichtig erscheinen neben einer starken thematischen Fokussierung auch die Vermittlung von aktuellem Fachwissen sowie eine enge thematische Abstimmung auf die Unternehmen. Interessant ist, dass neben der Methodenkompetenz auch die Vermittlung der Sozialkompetenz als wesentliches Element in der Weiterbildung von über 70% der Befragten als wichtig bzw. sehr wichtig eingestuft wird.

Studienstruktur und Curriculum

Im Zentrum der Fragen zu diesem Abschnitt stand die erwartete thematische und zeitliche Flexibilität innerhalb der angebotenen Studienstruktur wissenschaftlicher Weiterbildung (FL9). Anhand einer Fragenbatterie mit elf Items sollten die Befragten beurteilen, inwiefern die Aussagen aus ihrer Sicht und mit speziellem Fokus auf Langzeitmaßnahmen zutreffen.

Flexibilität im Studienverlauf / Curriculum	trifft eher bzw. voll zu (n=73)
Die Mitarbeiter sollen ausgewählte Themen vertiefend studieren können	86,3%
Berufsbegleitende Weiterbildungsangebote sind sehr wichtig	76,7%
Es werden auch nicht-wissenschaftliche Kurse im Themenportfolio erwartet	74,0%
Die Mitarbeiter sollen aus Pflicht- und Wahlkursen wählen können	67,2%
Die Weiterbildung soll unabhängig von den Semesterstrukturen erfolgen	64,4%
Die Weiterbildung darf das berufliche Arbeitsleben nicht stören	50,7%
Der Anteil von Präsenzphasen muss gering sein	43,9%
Ein reines Präsenzstudium wird abgelehnt	43,8%
Ein reines Fernstudium wird abgelehnt	30,2%
Präsenzphasen dürfen nur außerhalb der Arbeitszeit der Mitarbeiter stattfinden	20,5%
Präsenzphasen dürfen nur am Wochenende stattfinden	12,3%

Tabelle 4.2-20: Flexibilität im Studienverlauf / Curriculum (Unternehmen)

Analog zu der Befragung der Privatpersonen können auch bei der Gruppe der Unternehmensverantwortlichen in dieser Rubrik übergeordnete Kategorien gebildet werden: Zum eine die Kategorie „Thema", zu denen die erste Aussage sowie die dritte und vierte Aussage zu zählen sind. Zum anderen kann die Kategorie „zeitliche und örtliche Flexibilität" gebildet werden, zu der die restlichen Aussagen zu zählen sind. Auffällig ist, dass die Fragen zum Anteil und Zeitpunkt der Präsenzphasen von relativ wenigen Befragten als wichtig bzw. sehr wichtig charakterisiert wurden. Dies deutet darauf hin, dass zwar die Möglichkeit der berufsbegleitenden Weiterbildung für sehr wichtig gehalten wird, jedoch die Fragen nach dem Wann, Wo und Ausmaß der Präsenzphasen von etwas nachrangiger Bedeutung sind. Insbesondere stimmen die wenigsten Befragten zu, dass die Präsenzphasen ausschließlich an Wochenenden bzw. außerhalb der Arbeitszeit der Mitarbeiter stattfinden sollten, was verständlich vor dem Hintergrund ist, dass die Unternehmen die Teilnahme an der Weiterbildung in vielen Fällen als Incentive für ihre Mitarbeiter verstehen (vgl. Abbildung 4.2-26).

Reputation, formelle Qualifikation und Qualitätssicherung

Innerhalb dieses Abschnitts sollten die Befragten Stellung zu zwei Themen nehmen: Zum einen welche Rolle die Reputation des Anbieters bzw. das Renommee der Abschlüsse spielt

(FL10) und zum anderen welchen Stellenwert die nationalen bzw. internationalen Qualitätssiegel einnehmen (FL12). Nachfolgende Tabelle zeigt die Ergebnisse:

Formelle Absicherung der Weiterbildung	trifft eher bzw. voll zu (n=73)
Ihr Unternehmen nutzt nur Weiterbildung von renommierten Anbietern	79,5%
Die nationale Reputation der anbietenden Institution ist wichtig	75,3%
National akkreditierte Weiterbildung ist qualitativ hochwertig	72,6%
Die internationale Reputation der anbietenden Institution ist wichtig	60,3%
Externe Weiterbildung ohne ein nationales Qualitätssiegel wird abgelehnt	54,8%
Externe Weiterbildung ohne ein internationales Qualitätssiegel wird abgelehnt	47,9%
Das hohe akademische Niveau ist besonders wichtig	28,7%
Das Renommee der Dozenten ist nicht wichtig	19,2%

Tabelle 4.2-21: Formelle Absicherung der Weiterbildung (Unternehmen)

Zu erkennen ist zum einen, dass die nationale Reputation des Anbieters sowie das Renommee der Dozenten die wichtigsten Aspekte aus Sicht der Unternehmen darstellen. Hochschulen sind demnach aufgefordert, sich diese Reputation durch geeignete Maßnahmen zu erarbeiten. Solche Maßnahmen sollten sich allerdings nicht ausschließlich auf die Weiterbildung beschränken, sondern die grundständige Forschung und Lehre mit einbeziehen, damit sich die Hochschulen durch ein profiliertes und aufeinander abgestimmtes Gesamtkonzept zu Kompetenzzentren in der wissenschaftlichen Aus- und Weiterbildung entwickeln können. Eine Möglichkeit, den Aufbau als Kompetenzzentrum zu unterstützen, stellt ein transparentes und kundenorientiertes Qualitätsmanagement dar, welches im Kap. 5.5.2 eingehender diskutiert wird. Zu erkennen ist zum anderen jedoch auch, dass die Unternehmen im Gegensatz zu den Privatpersonen (vgl. Tabelle 4.2-14) die institutionalisierte Qualitätssicherung durch Akkreditierungsagenturen sehr viel stärker schätzen und dass Weiterbildung ohne nationale bzw. internationale Qualitätssiegel von ca. der Hälfte der befragten Unternehmen abgelehnt wird (national: 54,8%, international: 47,9%). Lediglich 28,7% der Befragten ist das hohe akademische Niveau wichtig bzw. sehr wichtig.

Qualifikation

Dieser Abschnitt umfasst drei Forschungsleitfragen bezüglich der Qualifikation des Anbieters sowie der Dozenten: Die Befragten sollten beurteilen, an welcher Stelle innovative Methoden und Forschungserkenntnisse entwickelt werden (FL13) und ob die Dozenten bedeutende Fachvertreter aus der Praxis bzw. Wissenschaft sein sollen (FL14). Schließlich sollte bewertet werden, inwiefern die Berücksichtigung der Unternehmenskultur von besonderer Bedeutung für die Unternehmen ist (FL15). Die Ergebnisse der einzelnen Items werden in den nachfolgenden Tabellen dargestellt:

Stätten der Forschungs- und Methodengenerierung	trifft eher bzw. voll zu (n=73)
Innovative Methoden werden in den Unternehmen entwickelt	64,4%
Neue Forschungserkenntnisse werden in den Hochschulen generiert	63,0%
Innovative Methoden werden in den Hochschulen entwickelt	50,7%
Neue Forschungserkenntnisse werden in den Unternehmen generiert	35,6%

Tabelle 4.2-22: Stätten der Forschungs- und Methodengenerierung (Unternehmen)

Befragt nach der Stätte der Wissensgenerierung antworten die Befragten erwartungsgemäß, dass innovative Methoden eher in Unternehmen (64,4%) und neue Forschungserkenntnisse in den Hochschulen (63,0%) generiert werden. Etwas mehr als die Hälfte der Unternehmen (50,7%) sieht die Hochschulen als Kompetenzzentrum zur Entwicklung innovativer Methoden.

Auffallend ist jedoch, dass der Themenbereich der Wissenschaftlichkeit seitens der Unternehmen als weniger relevant erachtet wird, da lediglich 37,0% der Befragten fordern, dass die Dozenten Fachvertreter aus der Wissenschaft sein sollen, wie der nachfolgenden Tabelle zu entnehmen ist.

Qualifikation der Dozenten	trifft eher bzw. voll zu (n=73)
Dozenten sollen bedeutende Fachvertreter aus der Praxis sein	71,3%
Dozenten sollen die Unternehmenskultur kennen und berücksichtigen	69,9%
Dozenten sollen bedeutende Fachvertreter aus der Wissenschaft sein	37,0%
Hochschuldozenten sind Fachvertreter auf ihrem Wissensgebiet	32,9%

Tabelle 4.2-23: Qualifikation der Dozenten (Unternehmen)

Die weiteren Erkenntnisse aus der obigen Tabelle sind, dass die Dozenten zum einen bedeutende Fachvertreter aus der Praxis sein sollen (71,3%) und dass sie die Unternehmenskultur kennen und berücksichtigen sollen (69,9%). Dies bedeutet – insbesondere im Zusammenhang mit der relativ geringen Anzahl an Befragten, die die Hochschuldozenten als Fachvertreter auf ihrem Wissensgebiet charakterisieren (32,9%) – dass die Hochschulen für den Bereich der wissenschaftlichen Weiterbildung zusätzlich spezielle externe Dozenten engagieren sollten, die die besonderen Bedürfnisse der Unternehmenskunden befriedigen können.

Abschließende Fragen

Im Fokus dieses Abschnittes stehen zum einen die Fragen, welche Ziele die Unternehmen mit der Weiterbildung verfolgen (FL18), welchen Anteil die wissenschaftliche Weiterbildung einnimmt und warum dies so ist (FL19). Zum anderen war zu beantworten welche Mitarbeitergruppen an der Weiterbildung teilnehmen, von wem die Initiative zur Weiterbildung i. d. R. ausgeht (FL20) und welche Gründe für die Nutzung bzw. Nicht-Nutzung vorliegen (FL21).

Die Befragten hatten zur Beschreibung der Ziele (FL18) die Möglichkeit, einen Freitext einzugeben. Insgesamt haben von den 70 noch teilnehmenden Personen 36 auf diese Frage geantwortet und 53 einzelne Aspekte genannt. Am häufigsten wurden die Ziele „zusätzliche Kenntnisse (Fach- und Anwendungswissen) aneignen" (14x) sowie „Deckung des aktuellen und zukünftigen Qualifizierungsbedarfs" (12x) genannt. Vielfach wird die Weiterbildung als „Incentive zur Motivationsförderung" (9x) sowie zur „Zukunftssicherung (Unterstützung der Strategie, Erhöhen der Wettbewerbsfähigkeit)" (8x) eingesetzt. Weitere genannte Ziele sind im „Erweitern der Handlungskompetenz" (3x), in der „Persönlichkeitsentwicklung" (3x), der „Internationalisierung" (2x) sowie dem „Aufbau von informellen Kontakten" (2x) zu finden. Nachfolgende Abbildung fasst die Ausführungen graphisch zusammen, wobei die Zahlen die absoluten Werte der Nennungen angeben:

Abbildung 4.2-26: Ziele der Weiterbildung (Unternehmen)

Bezüglich der Frage, welchen Anteil die wissenschaftliche Weiterbildung im Vergleich zu allen anderen Weiterbildungsmaßnahmen einnimmt (FL19) konnte festgestellt werden, dass 20 der befragten Unternehmen überhaupt keine wissenschaftliche Weiterbildung nutzen, 39 Unternehmen nutzen sie in einem Umfang von 1-10% und neun Unternehmen in einem Umfang zwischen 11-20%.[92] Die Unternehmen nutzen die Weiterbildung üblicherweise für den kaufmännischen Bereich über sämtliche Mitarbeitergruppen hinweg, d. h. von den (qualifizierten) Sachbearbeitern bis zum Führungskräftenachwuchs sowie dem mittleren und höheren Management. Der Schwerpunkt der Mitarbeitergruppen, die an Weiterbildung teilnehmen, liegt bei den Führungsnachwuchskräften. Die Initiative zur Weiterbildung geht in 16,4% der Fälle allein von den Mitarbeitern, in 21,9% der Fälle allein von der Personalentwicklungsabteilung bzw. der Unternehmensleitung und in 61,7% der Fälle durch Absprachen zwischen dem Unternehmen und den Mitarbeitern aus (FL20).

Schließlich wurde analog zur Befragtengruppe der Privatpersonen auch bei den Unternehmen nach den Gründen für bzw. gegen die Nutzung wissenschaftlicher Weiterbildung im Rahmen der Personalentwicklung gefragt (FL21). Durch eine Filterführung wurden ausschließlich diejenigen Personen nach dem Grund für die Entscheidung gefragt, die zuvor angegeben hatten, dass sie Weiterbildung von staatlichen Hochschulen nutzen. In insgesamt 15 Einträgen, in

---

[92] Unterschiede zwischen den großen und mittleren Unternehmen sind bei diesen Anteilen vernachlässigbar gering.

denen i. d. R. mehrere Aspekte in Stichpunktform genannt wurden, wurden die räumliche Nähe (4x), die fachliche Kompetenz (3x), das Renommee (3x), die geringen Kosten (3x), der formelle Abschluss (2x), die wissenschaftlichen Erkenntnisse (2x) sowie die Qualität (1x) als Gründe genannt. Diejenigen Unternehmen, die angegeben hatten, dass sie keine Weiterbildung von staatlichen Hochschulen in Anspruch nehmen, gaben als Gründe dafür an, dass die Themen unpassend bzw. ungenügend auf das Unternehmen (zu unspezifisch) abgestimmt sind (7x), keine entsprechenden Angebote bekannt sind bzw. die Hochschulen zu wenig auf sich aufmerksam machen (7x), die Angebote zu praxisfern bzw. theoretisch sind (5x) und sie zufrieden mit den bisherigen Anbietern sind und deshalb keinen Bedarf zum Wechseln haben (5x).

4.2.3.2.4 Gütekriterien der quantitativen Studien

Als Gütekriterien sind für die zuvor dargestellten quantitativen explorativen Untersuchungen sowohl die *Objektivität, Reliabilität* und *Validität* als auch die *Repräsentativität* zu beschreiben.

Eine angemessene *Durchführungsobjektivität* sollte angenommen werden können, da ein Einfluss seitens des Forschers auf die Befragten aufgrund der Nutzung des Internets ausgeschlossen werden kann. KIESLER, SIEGEL und MCGUIRE stellen zudem fest, dass die Untersuchungseinheiten bei computergestützten Befragungen eher dazu tendieren, sich auf die Fragen zu konzentrieren und ungehemmter bzw. ehrlicher zu antworten, so dass das Problem der Antworten nach einer sozialen Erwünschtheit anstelle der persönlichen Meinung reduziert wird (Kiesler/Siegel/McGuire 1984, S. 1125 f.). Dieses Phänomen ist auf die internetgestützte Befragung übertragbar (Theobald 2000, S. 109). Ebenso sollte eine akzeptable *Auswertungsobjektivität* gegeben sein, zumindest bei den mit Antwortskalen versehenen Fragen (Bortz/Döring 2003, S. 194), bei denen ein hoher Grad an Standardisierung in der Auswertung gewahrt werden kann, indem Mittelwerte, Standardabweichungen oder Prozentzahlen der jeweiligen Ausprägungen errechnet werden. Jedoch muss darauf hingewiesen werden, dass bei der *Interpretationsobjektivität* durchaus Spielraum in den Ergebnissen der Studien vorliegen.

Grundsätzlich ist davon auszugehen, dass bei einer solchen Online-Befragung mit Incentives[93] die *Reliabilität* im Vergleich zu anderen Befragungen geringer ist, weil die Untersuchungseinheiten ohne Kontrolle einer Aufsichtsperson versucht sein könnten, einfach „irgend etwas" anzukreuzen, nur um den Fragebogen zu beantworten (Theobald 2000, S. 110). Zu hoffen bleibt, dass dieses Problem aufgrund der gezielten Auswahl der Befragten möglichst gering gehalten werden konnte. Eine hohe Reliabilität ist weiterhin dann gegeben, wenn der Einfluss zufälliger Faktoren sehr gering ist (Bohrnstedt 1983, S. 73). Solche zufälligen Faktoren können im hier vorliegenden Fall z. B. Ermüdungserscheinungen oder be-

---

[93] Bei der Befragung der Privatpersonen wurde jedem Teilnehmer die Möglichkeit eingeräumt, an einem Gewinnspiel teilzunehmen. Hierzu konnte am Ende des Fragebogens eine E-Mailadresse eingegeben werden. Bei der Befragung der Unternehmen wurden keine Incentives in Aussicht gestellt.

4.2 Analyse der Hochschule und der Kundenanforderungen

stimmte Bedingungen in der Befragungssituation sein, die in ihrem Ausmaß jedoch nicht bestimmt werden können.

Bei der *Validität* der hier vorliegenden Online-Befragungen sind grundsätzlich die gleichen Maßstäbe anzusetzen wie für sämtliche schriftlichen Erhebungen: Es muss dem Kreis der Befragten möglich sein, die betreffenden Angaben ohne fremde Hilfe machen zu können und zwar auf Grundlage des vom Forscher intendierten Verständnisses (Theobald 2000, S. 114). Die *interne* Validität ist gegeben wenn es gelingt, die unterschiedlich formulierten Aussagen entsprechend ihrer tatsächlich gemeinten Bedeutung den korrekten Kategorien zuzuordnen (Kromrey 2002, S. 332). Hiermit ist im Wesentlichen die Kodierung und Speicherung der Daten angesprochen (Theobald 2000, S. 114 f.), bei denen mögliche Erfassungsfehler der Antworten aufgrund der direkten Anbindung der Online-Fragebögen an eine Datenbank als relativ gering einzuschätzen sind. GÖTTE und KÜMMERLEIN zeigen für die Beurteilung der *externen* Validität eine Reihe relevanter Faktoren auf, durch die eine höhere externe Validität angenommen werden kann: Den sozialen Charakter der Befragungssituation, die Auskunftsfähigkeit sowie -bereitschaft der Befragten, den Erhebungsgegenstand und die vorgenommene Operationalisierung (Götte/Kümmerlein 1996, S. 41). Da es sowohl den Privatpersonen als auch den Unternehmensverantwortlichen im Rahmen eines mehrwöchigen Zeitkorridors freigestellt war, wann (zu welcher Tageszeit und an welchem Wochentag) sie an der Befragung teilnehmen, ist davon auszugehen, dass die Befragungssituation grundsätzlich als positiv zu bewerten ist. Die Auskunftsfähigkeit der befragten Personen ist aufgrund der schulischen und beruflichen Qualifikation nicht zu hinterfragen. Aufgrund der vermuteten Interessen der befragten Personen ist weiterhin von einer hohen *Bereitschaft* zur Teilnahme auszugehen, denn sie nehmen entweder selbst an wissenschaftlicher Weiterbildung teil bzw. weisen eine gewisse Verbindung zur forschenden Hochschule auf oder sind im Falle der Unternehmensverantwortlichen mit der Auswahl an potenziellen externen Weiterbildungsanbietern beruflich beschäftigt (intrinsische Motivation). Die im Kap. 4.2.3.1 durchgeführte *Konkretisierung* für den Erhebungsgegenstand der „Anforderungen an die wissenschaftliche Weiterbildung" sollte für ein weitestgehend vereinheitlichtes Verständnis bezüglich der einzelnen Fragen sorgen. Wenn es erforderlich war wurden zudem bestimmte Begriffe oder Fragen entsprechend näher erläutert.

Repräsentativität der Stichprobe wäre gegeben, wenn in der Auswahl sämtliche für die Grundgesamtheit charakteristischen Merkmale bzw. Merkmalskombinationen entsprechend ihrer relativen Häufigkeit vertreten sind (z. B. Böltken 1976, S. 128). Dies ist bei den hier vorgenommenen Studien nicht gegeben, wobei die wissenschaftliche Literatur darauf hinweist, dass eine Repräsentativität nach dieser Definition bei nahezu keiner empirischen Studie vorzufinden ist (z. B. Kromrey 1987, S. 481; Diekmann 1995, S. 368). Insbesondere für explorative Studien werden oftmals Stichproben gewählt, die nicht die Grundgesamtheit repräsentieren, weil diese nicht eindeutig bestimmt werden kann (Theobald 2000, S. 118). Auch wenn aus diesem Grund die überprüften bzw. ausgewählten Stichproben grundsätzlich zulässig waren, wird an dieser Stelle auf die bestehenden Grenzen der Verallgemeinerung der Aussagen der beiden durchgeführten Studien über die betrachteten Stichproben hinweg hingewiesen.

4.2.3.2.5 Zusammenfassung

Nachfolgend werden die Ergebnisse der beiden Studien analog zu den gestellten Forschungsleitfragen (vgl. Tabelle 4.2-6) zusammengefasst und wenn erforderlich gegenübergestellt:

- FL1 – *Welche Informationsquellen werden überwiegend genutzt, um sich über wissenschaftliche Weiterbildung zu informieren?* Sowohl die Privatpersonen als auch die Unternehmensverantwortlichen nutzen im Wesentlichen Suchmaschinen im Internet sowie die Homepages der Hochschulen zur Informationsversorgung über wissenschaftliche Weiterbildung. Neben den Suchmaschinen nutzen die Privatpersonen verstärkt Gespräche mit Freunden und Bekannten, wohingegen die Unternehmensverantwortlichen eher Bildungsportale und die Fachpresse zur Informationsversorgung nutzen.
- FL2 – *Wird die Informationssuche durch die Internetpräsenzen der Hochschulen ausreichend unterstützt?* Beide Befragtengruppen stufen die Suche auf den Homepages der Hochschulen als schwierig ein. Allerdings wurde mittels einer Kreuztabelle bei den Unternehmensverantwortlichen festgestellt, dass sie die Suche auf den Homepages umso einfacher finden, je stärker sie diese Möglichkeit in der Vergangenheit zur Informationsversorgung genutzt haben. Dies ist bei den Privatpersonen nicht der Fall. Als Gründe für die schwierige Suche wurde genannt, dass die Navigation benutzerunfreundlich ist, die Seiten unstrukturiert sind, die interessierenden Inhalte nicht adäquat vermittelt werden und die Suche nicht ausreichend unterstützt wird. Speziell die Unternehmensverantwortlichen bemängeln, dass die Homepages zu wenig auf Unternehmenskunden ausgerichtet sind. Dieser Aspekt unterstützt das bereits in der wertschöpfungszentrierten Analyse genannte Problem, dass die operativen Tätigkeiten, zu denen auch die Bekanntmachung der Programme zählt, seitens der Hochschulen nicht ausreichend durchgeführt werden. Das durchaus vorhandene Potenzial, z. B. über die Homepages auf die eigenen Weiterbildungsprogramme aufmerksam zu machen, wird somit nur unzureichend genutzt.
- FL3 – *Welcher Zugang zu den Lehr-/Lernmaterialien wird (seitens der Privatpersonen) präferiert?* Der Mehrzahl der Privatpersonen ist E-Learning als Lehr-/Lernform bekannt. Das Ergänzen des Präsenzunterrichts durch solche Lehr-/Lernformen wird als hilfreich eingeschätzt, wohingegen das komplette Ersetzen keine geeignete Zugangsform zu Lehr-/Lernmaterialien darstellt. Insgesamt wird eine Kombination aus Präsenzlehre und E-Learning (Blended-Learning) von mehr als drei Viertel der Befragten als präferierte Zugangsform zu den Lehr-/Lernmaterialien angegeben.
- FL4 – *Welche Zugangsformen zu den Lehr-/Lernmaterialien werden (von den Unternehmen) gewählt und welchen Anteil nehmen die jeweiligen Formen ein?* In den Unternehmen dominiert die Lehre in Präsenzform. Jedoch nutzt auch fast die Hälfte der Firmen eine Kombination aus Fern- und Präsenzlehrformen, wobei die Fernlehrform in diesem Szenario

4.2 Analyse der Hochschule und der Kundenanforderungen

von nahezu drei Viertel der befragten Unternehmen per E-Learning organisiert wird. Mit 21,9% bzw. 27,4% werden weit weniger häufig reine Fernlehrszenarien in Form von Studienbriefen bzw. E-Learning eingesetzt.

- FL5 – *Welche Formen des Praxis- und Forschungsbezugs sind relevant?* Die Privatpersonen nennen als relevanteste Formen (von mehr als 90% der Befragten als wichtig bzw. sehr wichtig eingestuft) des Praxis- und Forschungsbezugs die Vermittlung der neuesten Erkenntnisse aus der Praxis und Wissenschaft, das Einbinden von Fallstudien bzw. Übungsaufgaben zu realen Problemen sowie den direkte Lerntransfer und die Vermittlung von Methodenkompetenz. Die Unternehmen stufen den Bezug zu realen Fällen bzw. Problemen des eigenen Unternehmens, den direkten Lerntransfer, eine starke thematische Fokussierung der Weiterbildung, die Vermittlung aktuellen Fachwissens sowie eine enge thematische Abstimmung auf die Unternehmen als die wichtigsten Formen des Praxis- und Forschungsbezuges ein. Bemängelt wird jedoch von beiden Untersuchungsgruppen, dass gerade diese Praxisorientierung nur in geringem Umfang realisiert wird (aus der FL21 zu entnehmen).

- FL6 – *Welche Flexibilität wird (seitens der Privatpersonen) bezüglich der Prüfungsmodalitäten gefordert?* Die geforderte Flexibilität bezüglich der Prüfungsmodalitäten betrifft sowohl die zeitliche (mitbestimmen bei Prüfungsterminen) als auch die örtliche (Wahl aus verschiedenen Prüfungsstandorten) Komponente. In diesem Zusammenhang wird seitens der Privatpersonen auf das Problem hingewiesen, dass es lediglich eine örtlich begrenzte Auswahl an möglichen Hochschulen zur Weiterbildung gibt, wenn der Umfang der Präsenzphasen sehr hoch ist (der FL 21 zu entnehmen).

- FL7 – *Erwarten die Privatpersonen eine gewisse „Leichtigkeit" in der Betreuung und Kursorganisation?* Die Befragten wünschen eine Unterstützung der Kursorganisation und Kontaktwahrung, indem vor allem der E-Mailkontakt zu den betreffenden Stellen (Dozenten, Kommilitonen, Organisatoren) stets gegeben sein sollte. Ein Großteil der Befragten fordert Reaktionszeiten von 24 oder weniger Stunden, wobei eine größere Toleranz bei inhaltlichen als bei organisatorischen Fragen gegeben ist. Es ist auffällig, dass es bei der Forderung nach einer telefonischen Erreichbarkeit der Dozenten werktags zwei Spitzen gibt, zum einen von 09:00-18:00 Uhr und zum anderen von 17:00-20:00 Uhr. Knapp die Hälfte der Personen fordert zudem eine telefonische Erreichbarkeit am Wochenende, d. h. dass ein „After-Work-Service" für inhaltliche Fragen in der Freizeit der Befragten gewünscht wird.

- FL8 – *Ist die Unterstützung der Kontaktanbahnung zu Kommilitonen (für die Privatpersonen) ein relevanter Aspekt?* Die Unterstützung einer Kontaktanbahnung zu Kommilitonen wird wichtiger angesehen als eine geringe Gruppengröße und eine diskrete Führung beim Lernen.

- FL9 – *Welche Flexibilität soll das Curriculum bzw. die Studienstruktur aufweisen?* Bei der Frage nach der geforderten thematischen und zeitlichen Flexibilität der Studienstruktur und des Curriculums sind von den Privatpersonen drei wesentliche Aspekte genannt worden: Zum einen wollen sie nach Möglichkeit ihren eigenen (thematischen) Interessen nachgehen, zum anderen wollen sie eine möglichst geringe Störung des täglichen Arbeitslebens. Schließlich wird auch eine zeitliche Flexibilität gefordert, d. h. dass die Zeiteinteilung zum Lernen nicht den vorgegebenen Hochschulstrukturen unterliegt (Semesterstruktur), sondern nach den eigenen Bedürfnissen erfolgen kann. Analog hierzu konnten auch bei den Unternehmensverantwortlichen zwei wesentliche Aspekte herausgefiltert werden: Zum einen das „Thema" der Weiterbildung, d. h. die Möglichkeit, individuellen Interessen nachzugehen sowie eine starke thematisch Fokussierung und enge Abstimmung auf das Unternehmen. Zum anderen die „zeitliche und örtliche Flexibilität", die sowohl die Unabhängigkeit von den Semesterstrukturen als auch das Ausmaß und die Zeitpunkte der Präsenzphasen umfasst. Festzustellen ist, dass aus Sicht der Unternehmen der letztgenannte Aspekt insgesamt weniger Relevanz als der Erstgenannte besitzt. Problematisch für die soeben genannten Aspekte ist jedoch, dass beide Untersuchungsgruppen äußern, dass die thematische und zeitliche Flexibilität nur in einem sehr geringen Umfang gegeben sei. Insbesondere die Unternehmen bemängeln zusätzlich, dass die durch die Hochschulen angebotenen Inhalte nicht fokussiert genug, zu firmenunspezifisch und häufig zu theorieorientiert sind (der FL21 zu entnehmen).

- FL10 – *Welche Rolle spielen die Reputation des Anbieters bzw. das Renommee des Abschlusses?* Die Reputation der anbietenden Institution sowie das Renommee des Abschlusses und der einzelnen Dozenten stellen für beide Untersuchungsgruppen sehr wichtige Faktoren bei der Entscheidung für oder gegen eine wissenschaftliche Weiterbildung dar. Hierbei ist die nationale Reputation wichtiger als die internationale.
- FL11 – *Welche Rolle spielen (für die Privatpersonen) Kooperationen zu renommierten Unternehmen?* Kooperationen zu renommierten Unternehmen seitens der Hochschule werden als sehr relevant von den Privatpersonen betrachtet. Als Hintergründe dieser Entscheidung können u. a. die Forderung nach einem entsprechenden Praxisbezug oder dem Unterstützen einer Kontaktanbahnung zu potenziellen neuen Arbeitgebern vermutet werden.
- FL12 – *Welche Rolle spielen Qualitätssiegel?* Nationale oder internationale Qualitätssiegel werden durch die Privatpersonen als nicht besonders relevant eingestuft, jedoch fordern sie einen (objektiv) anerkannten Abschluss. Bemerkenswert hierbei ist, dass die Qualitätssicherung durch nationale Akkreditierungsagenturen seitens der Privatpersonen anscheinend (noch) wenig bekannt ist oder geschätzt wird, da lediglich 35,9% der Befragten eine national akkreditierte Weiterbildung als hochwertig einschätzen. Anders äußern sich die Unternehmensverantwortlichen, von denen über die Hälfte der Befragten eine externe Weiterbildung ohne nationales Qualitätssiegel ablehnt und die national akkreditierte Weiterbildung von 72,6% der Befragten als qualitativ hochwertig eingeschätzt wird.
- FL13 – *An welcher Stelle werden innovative Methoden und Forschungserkenntnisse generiert?* Beide Befragtengruppen schätzen Hochschulen eher als Stätte zur Entwicklung neuer Forschungserkenntnisse und Unternehmen als Stätte zur Entwicklung neuer Metho-

4.2 Analyse der Hochschule und der Kundenanforderungen

den ein, wobei der Unterschied von den Privatpersonen[94] in Bezug auf Methodengenerierung zwischen den Hochschulen und Unternehmen als eher gering eingeschätzt wird.

- FL14 – *Inwiefern müssen die Dozenten bedeutende Fachvertreter aus der Praxis und/oder der Wissenschaft sein und zu welchem Grad sind sie das?* Die Privatpersonen fordern zu nahezu gleich hohen Anteilen (73,9% bzw. 71,8%), dass die Dozenten Fachvertreter aus der Wissenschaft und der Praxis sein sollen. Sie werden von ihnen zwar als Fachvertreter auf ihrem Fachgebiet angesehen, weisen jedoch Mängel in der didaktischen Umsetzung von Inhalten und dem Einsatz von neuen Medien in der Lehre auf. Die Unternehmensverantwortlichen fordern mit 71,3% zu 37,0% dass die Dozenten Fachvertreter aus der Praxis anstelle der Wissenschaft sein sollen. Zudem werden sie lediglich von 32,9% der Befragten als Fachvertreter auf ihrem Wissensgebiet charakterisiert.
- FL15 – *Inwiefern ist die Berücksichtigung der Unternehmenskultur (für die Unternehmen) wichtig?* Das Berücksichtigen der Unternehmenskultur stellt für 69,9% der Befragten ein zentrales Argument für die Wahl eines externen Weiterbildungsanbieters dar. Problematisch in diesem Zusammenhang ist jedoch, dass gerade dieser Aspekt am häufigsten als Grund angeführt wurde, warum bisher noch keine Angebote staatlicher Hochschulen genutzt wurden (der FL21 zu entnehmen).
- FL16 – *Welche Erwartungen bestehen (seitens der Privatpersonen) bezüglich organisatorischer Angelegenheiten?* Bezüglich der organisatorischen Abwicklung steht eine unbürokratische Zusammenarbeit vor einem festen Ansprechpartner und einem professionellen Beschwerdemanagement an erster Stelle.
- FL17 – *Welche Erreichbarkeit und Reaktionszeit wird (seitens der Privatpersonen) erwartet?* Die Anforderungen an eine telefonische Erreichbarkeit (werktags) weisen analog zu der von Dozenten (FL7) zwei Spitzen auf: Zum einen von 09:00-18:00 Uhr und zum anderen von 17:00-20:00 Uhr. Eine telefonische Erreichbarkeit am Wochenende fordert knapp die Hälfte der befragten Personen.
- FL18 – *Welche Ziele werden (von den Unternehmen) mit der Weiterbildung verfolgt?* Die wesentlichen Ziele, die die Unternehmen mit der Weiterbildung verfolgen, sind vor allem, dass sich die Mitarbeiter zusätzliches Fach- und Anwendungswissen aneignen sollen, die Weiterbildung soll den aktuellen und zukünftigen Qualifizierungsbedarf decken und vielfach wird sie auch als Incentive zur Mitarbeitermotivation eingesetzt.
- FL19 – *Welchen Anteil nimmt die wissenschaftliche Weiterbildung (in den Unternehmen) ein?* 20 der befragten Unternehmen setzen überhaupt keine Weiterbildung von staatlichen Hochschulen ein. Die restlichen Unternehmen nutzen sie in einem Umfang von bis zu 20%, wobei die meisten Unternehmen einen Anteil kleiner oder gleich zehn Prozent angaben.

---

[94] In diesem Zusammenhang muss die Verteilung der Befragten innerhalb der Gruppe der Privatpersonen berücksichtigt werden, in der mehr als 50% Wirtschaftswissenschaftler vertreten waren.

- FL20 – *Welche Gruppen nutzen die Weiterbildung (in den Unternehmen) und von wem geht i. d. R. die Initiative zur Weiterbildung aus?* Die Unternehmen nutzen die Weiterbildung grundsätzlich für sämtliche Mitarbeitergruppen, d. h. sowohl für qualifizierte Sachbearbeiter als auch für den Führungsnachwuchs und das mittlere bzw. höhere Management. Der Schwerpunkt liegt hierbei zum einen beim kaufmännischen Bereich und zum anderen bei den Führungsnachwuchskräften. Die Initiative geht zum größten Teil durch eine Absprache zwischen der Personalentwicklung bzw. dem Abteilungsleiter und dem Mitarbeiter aus.
- FL21 – *Was sind die Gründe der Nutzung bzw. der Nicht-Nutzung?* Die Gründe der Teilnahme der Privatpersonen lagen im Wesentlichen in der Möglichkeit, eine formelle Qualifikation zu erlangen (akademischer Titelerwerb), aber auch das berufliche Vorankommen sowie der Know-how-Aufbau stellen wichtige Gründe dar. Als Gründe gegen eine Teilnahme wurde von fast der Hälfte der Privatpersonen genannt, dass die Angebote unpassend für die derzeitige Situation sind (mangelnde Praxisorientierung, mangelnde Kenntnis der Angebote, örtliche Gebundenheit, thematische und zeitliche Unflexibilität). Des Weiteren spielen zeitliche und finanzielle Gründe eine Rolle und vielfach war noch kein Bedarf zur Weiterbildung gegeben. Analog führten die Unternehmen als Gründe zur Nutzung wissenschaftlicher Weiterbildung die räumliche Nähe, die fachliche Kompetenz, das Renommee, die geringen Kosten, den formellen Abschluss, die wissenschaftlichen Erkenntnisse sowie das vorherrschende Qualitätsniveau an. Gegen eine Teilnahme spricht allerdings, dass die Themen zu unpassend (praxisfern und theoretisch) sowie firmenunspezifisch sind, dass die Hochschulen zu wenig auf sich aufmerksam machen und dass die Unternehmen mit den bestehenden Anbietern zufrieden sind.

Die Implikationen, die sich aus den Ergebnissen der beiden empirischen Studien ergeben sind zweigeteilt:
- Zum einen handelt es sich um Hinweise auf die Anforderungen der Kunden an die wissenschaftliche Weiterbildung, die auf die Auswahl eines konkreten Weiterbildungsprogramms seitens der Kunden Einfluss nehmen. Diese Informationen können im Rahmen der Konzeption eines Leistungsportfolios berücksichtigt werden. Hierbei sind einige Informationen direkt umsetzbar (z. B. die Frage ob ein potenzielles Fernstudium besser per Studienbrief oder E-Learning angeboten werden sollte. Andere Informationen sollten im Rahmen eines Konzepttests bei vorhandenem konkreten Grobkonzept weiter überprüft werden (z. B. der gewünschte Anteil des Fernstudiums zur Präsenzlehre). Im Kap. 5.2.3 wird deshalb auf abstrakter Ebene diskutiert, wie ein solcher Konzepttest durchgeführt werden könnte.
- Zum anderen ergeben sich insbesondere aus der FL21 Hinweise auf potenzielle Stärken und Schwächen der Hochschule beim Vergleich der individuellen Anforderungen und dem, was die Kunden als gegeben ansehen.

4.2.4 Fazit

Aus der wertschöpfungs- und kundenorientierten Analyse lassen sich Stärken und Schwächen der staatlichen Hochschulen ableiten, die sowohl im Vergleich zu den Wettbewerbern (vgl. Kap. 4.1.3.1) bestehen als auch auf das Missverhältnis zwischen den Kundenforderungen auf der einen und der Realität auf der anderen Seite zurückzuführen sind.

Im Rahmen der wertschöpfungszentrierten Analyse (vgl. Kap. 4.2.2) wurde erkannt, dass die Hochschulen im Vergleich zu ihren privatwirtschaftlichen Wettbewerbern einige Stärken aufweisen, die durch Aussagen aus der kundenzentrierten Studie unterstützt werden: Als eine der wesentlichsten Stärken der staatlichen Hochschulen gilt die Möglichkeit, akademische Grade verleihen zu können (Alleinstellungsmerkmal). Zudem gelten die Hochschulen als anerkannte Bildungsstätten zur Vermittlung eines unternehmens- und branchenneutralen Wissens auf hohem akademischen Niveau (FL21). In diesem Zusammenhang wurden die Hochschulen sowohl von den Unternehmensverantwortlichen als auch den Privatkunden mit 63,0% bzw. 88,4% als Stätte charakterisiert, in der die neusten Forschungserkenntnisse generiert und vermittelt werden. Immerhin 74,8% der Privatpersonen und knapp über die Hälfte der Unternehmensverantwortlichen (50,7%) empfinden die Hochschulen zudem als geeignete Stätte zum Generieren und Vermitteln von Methodenwissen (FL13). Zudem stufen zumindest die Privatpersonen die Hochschuldozenten als Fachvertreter auf ihrem Wissengebiet ein (FL14).

Die wertschöpfungszentrierte Analyse hat jedoch auch eine Reihe von Schwächen der Hochschulen identifiziert, die in Teilen durch die Ergebnisse der kundenzentrierten Analyse bestätigt wurden:

- Eine Schwäche der Hochschulen stellen die *finanziellen Probleme* aufgrund mangelnder eigener Ressourcen dar. Ohne geeignete Anschubfinanzierung fällt es den Hochschulen schwer, neue Weiterbildungsprogramme zu entwickeln und zu realisieren.
- Eine weitere Schwäche besteht aufgrund der *organisatorischen Probleme*, die sich in einem oftmals unprofessionellen Abwickeln der operativen Tätigkeiten, der mangelnden Vermarktung durch fehlende Marketingkonzepte, der rechtlichen Hürden, dem mangelnden internen Anreizsystem sowie der vorherrschenden Verwaltungsorientierung manifestieren. Insbesondere im Punkt der Vermarktung konnten aus der kundenzentrierten Studie zwei ergänzende Informationen gewonnen werden: Zum einen machen die Hochschulen aus Sicht der Kunden grundsätzlich zu wenig auf sich aufmerksam (FL21) und zum anderen wird eine sehr wichtige Möglichkeit, Informationen über die eigenen Programme zu verbreiten, nicht ausgeschöpft, da die Homepages der Hochschulen, die ein sehr wichtiges Instrument zur Informationsversorgung der Kunden darstellen, durch die Kunden als benutzerunfreundlich, wenig informativ und unstrukturiert beschrieben werden (FL2).
- Schließlich wurde die *mangelnde Praxisorientierung* als weitere Schwäche der staatlichen Hochschulen in der wertschöpfungszentrierten Analyse identifiziert. Dieser Aspekt wurde als Schwäche seitens der Befragten mehrfach in der Erhebung bestätigt (FL21): Die Pra-

xisorientierung werde nur zu einem geringen Umfang realisiert, die Inhalte sind nicht fokussiert genug, zu firmenunspezifisch und häufig unpassend bzw. zu theorieorientiert. Die staatlichen Hochschulen berücksichtigen die Unternehmenskultur in einem zu geringen Ausmaß, weshalb ein Großteil der Unternehmen keine Weiterbildung durch staatliche Hochschulen einsetzt. Problematisch in diesem Zusammenhang ist auch, dass weniger als ein Drittel der Unternehmen die Hochschuldozenten als Fachvertreter auf ihrem Wissensgebiet charakterisiert (FL14) und als Dozenten verstärkt Fachvertreter aus der Praxis präferiert werden.

Es ist festzuhalten, dass die staatlichen Hochschulen zwar einige Stärken, jedoch auch eine Reihe von Problembereichen bzw. Schwächen aufweisen, insbesondere beim Vergleich der Kundenanforderungen zu den an vielen Hochschulen vorherrschenden Gegebenheiten. Bei der Entwicklung eines Leistungsportfolios für die wissenschaftliche Weiterbildung sind diesbezüglich die Stärken zu erhalten, ein möglichst hoher Anteil der Schwächen durch geeignete Organisationsstrukturen und Anreizmechanismen zu eliminieren und die grundlegenden strukturellen Aspekte der Kundenanforderungen zu beachten, um ggf. einen Wettbewerbsvorteil gegenüber anderen Bildungsanbietern zu erlangen.

5 Ziele und Hauptelemente von Geschäftsmodellen der wissenschaftlichen Weiterbildung

Neben den Zielen (Kap. 5.1), die die Hochschulen mit der wissenschaftlichen Weiterbildung verfolgen, werden in diesem Abschnitt die im Kap. 3.2.2 erarbeiteten Hauptelemente von Geschäftsmodellen der wissenschaftlichen Weiterbildung diskutiert: Dies sind das Leistungsportfolio (Kap. 5.2), der Grad der Integration und die internen Strukturen (Kap. 5.3), die finanziellen Aspekte (Kap. 5.4) sowie die nachhaltige Absicherung (Kap. 5.5). In jedem Kapitel finden zunächst strukturierende Vorüberlegungen statt, im Rahmen derer die wesentlichen Aspekte herausgearbeitet werden und die insofern den weiteren Aufbau des jeweiligen Kapitels erläutern. Zum Schluss eines jeden Kapitels werden die wesentlichen Erkenntnisse kurz zusammengefasst.

5.1 Ziele der wissenschaftlichen Weiterbildung

Im Rahmen des Managements der wissenschaftlichen Weiterbildung ist das Aufstellen von Zielen als wesentliche Aufgabe zu berücksichtigen, bei der die Hochschulen – anders als z. B. im grundständigen Studium – eine sehr hohe Autonomie besitzen. Diese grundsätzlich positiv zu wertende Autonomie stellt sich für die Hochschulen jedoch als nicht ganz unproblematisch dar, denn traditionell haben die Hochschulen wenig Kompetenzen ausgebildet, eigene Ziele zu formulieren um sich ein individuelles Profil zu bilden und diese Ziele nachfolgend auch in den betreffenden Hierarchieebenen in Form von Ursache-Wirkungsbeziehungen (d. h. als Unterziele) zu konkretisieren (Herm et al. 2003, S. 28 f.). Die Hochschulen können jedoch an dieser Herausforderung wachsen. Wesentlich hierbei ist es, die Ergebnisse der Situationsanalyse sowohl zur Leitbilderstellung (Profil der gesamten Hochschule) als auch für das Entwickeln der Handlungsziele zu nutzen.

Nachdem die strukturierenden Vorüberlegungen Grundsätzliches zum Zielsystem an Hochschulen sowie den weiteren Aufbau des Kapitels erläutern, wird anschließend analysiert, welche Ziele seitens der Hochschulen mit einem verstärkten Engagement in der wissenschaftlichen Weiterbildung verfolgt werden.

5.1.1 Strukturierende Vorüberlegungen

Die Ziele bilden den Ausgangspunkt der strategischen Planung der wissenschaftlichen Weiterbildung. Ziele werden in der wissenschaftlichen Literatur[95] bereits seit mehreren Jahrzehnten diskutiert und als normative Aussagen über zukünftig angestrebte Zustände der Realität beschrieben, die durch Handlungen und/oder Entscheidungen erreicht werden sollen (z. B. Petrie 1977, S. 87; Duhnkrack 1984, S. 118; Diederich 1989, Sp. 1856; Hamel 1992, Sp.

---

[95] Die Zieldiskussion wird verstärkt in der Literatur zum strategischen Management sowie in der marketingorientierten Literatur geführt.

2635). Zudem sind die Ziele Beurteilungsmaßstäbe für die Ergebnisse der Handlungen und Entscheidungen (Mag 1999, S. 16).

In komplexen Organisationseinheiten existieren stets mehrere Ziele nebeneinander, die anhand verschiedener Klassifikationsansätze unterschieden werden können:

- Zum einen werden Ziele anhand der Zieldimensionen und -beziehungen zueinander beschrieben. Als Zieldimensionen sind der Inhalt, das Ausmaß sowie der zeitliche Bezug zu nennen, wobei der Inhalt beschreibt, auf was das Handeln ausgelegt ist, das Ausmaß den Zielinhalt operationalisiert und der zeitliche Bezug einen Zeitraum oder -punkt festlegt, innerhalb dessen bzw. bis zu dem das Ziel erreicht sein soll (Nagel 1992, Sp. 2630).[96] Die Zielbeziehungen unterscheiden weiterhin in Komplementär- und Konkurrenzziele, Ober- und Unterziele sowie Haupt- und Nebenziele (Zielsystem[97]). Komplementäre Ziele wirken in die gleiche Richtung, d. h. die Erfüllung des einen Ziels steigert die Erfüllung des anderen Ziels. Bei konkurrierenden Zielen führt die Erfüllung des einen Ziels hingegen zur Minderung des Erfüllungsgrades des anderen. Wird bei komplementären Zielen eine Zielhierarchie gebildet, in der zwischen Ober- und Unterzielen (Zielhierarchie bzw. Mittel-Zweck-Beziehung) unterschieden wird, wird für konkurrierende Ziele hingegen eine Rangordnung entwickelt, aus der Haupt- und Nebenziele ableitbar sind (Voigt 1993, S. 67 f.).

- Zum anderen wird eine Klassifikation in Formal- und Sachziele vorgenommen, die am Zielinhalt anknüpft. Formalziele stellen übergeordnete Ziele dar, an denen sich die Sachziele ausrichten und in denen der ökonomische Erfolg des unternehmerischen Handelns zum Ausdruck kommt (so genannte Erfolgsziele, wie z. B. Einhalten des ökonomischen Prinzips, Produktivität, Wirtschaftlichkeit, Gewinn oder Rentabilität). Sachziele steuern das unternehmerische Handeln und unterstützen insofern das Erreichen der Formalziele (wie z. B. Leistungsziele, Finanzziele, Organisationsziele, gesellschaftliche Ziele etc.). Ein exaktes Abgrenzen von Formal- und Sachzielen ist jedoch nicht immer eindeutig möglich, da z. B. ein hoher Marktanteil sowohl Sachziel als auch Formalziel sein kann (Thommen 2004, S. 102 ff), weshalb eine solche Abgrenzung nachfolgend nicht weiter erfolgt.

Im Rahmen des strategischen Zielbildungsprozesses bilden die Bestimmung des allgemeinen Zwecks (Mission) und die damit verbundene Festlegung der Grundsätze (Philosophie) sowie der Identität (Corporate Identity) der Hochschule den Ausgangspunkt der Zieldefinition (Schreyögg 1993, S. 84). Diese drei Zielebenen definieren die allgemeinen Leitlinien bzw. das Leitbild der zu betrachtenden Organisation, geben ihr eine klare Grundrichtung (Kotler/Bliemel 2001, S. 110 ff.) und sind den Handlungszielen innerhalb der einzelnen Geschäftsfelder übergeordnet (Becker 2002, S. 28). Sie enthalten noch keine konkreten Handlungsanweisungen. Diese Leitziele von Hochschulen werden in Kap. 5.1.2 näher analysiert. Die Relevanz von zu

---

[96] Die Ausführungen in dieser Arbeit sind strategisch orientiert, weshalb ein konkretes Ausmaß der angesprochenen Ziele sowie deren zeitlicher Bezug nachfolgend nicht dargestellt werden.
[97] Der Begriff des Zielsystems ist wesentlich geprägt durch HEINEN (z. B. Heinen 1966, S. 94 ff.).

5.1 Ziele der wissenschaftlichen Weiterbildung

erarbeitenden Leitzielen wird im Abschnitt zur „Markierungsorientierung" innerhalb der nachhaltigen Absicherung (Kap. 5.5.3) erneut aufgegriffen.

Ausgangspunkt der Handlungsziele sind die im Rahmen der Situationsanalyse identifizierten Chancen/Risiken bzw. Stärken/Schwächen. Die Entwicklung dieser Ziele befindet sich grundsätzlich in einem Spannungsfeld zwischen zwei Polen: Auf der einen Seite wirken externe und auf der anderen Seite interne Anforderungen auf den Zielbildungsprozess (Gmür 1999, S. 6; Götze/Mikus 1999, S. 17). Die externen Anforderungen werden durch Personen oder Gruppen gestellt, die ein spezifisches Interesse an der betrachteten Organisation und ihren Zielen haben und deshalb auf deren Aktivitäten reagieren (externe Stakeholder[98]), die internen stammen aus der Organisation selbst (interne Stakeholder[99]).

In der nachfolgenden Abbildung sind das Spannungsfeld sowie die einzelnen Zielebenen dargestellt (in Anlehnung an Steiner 1971, S. 199 ff.; Kuhn 1990, S. 32 f.):

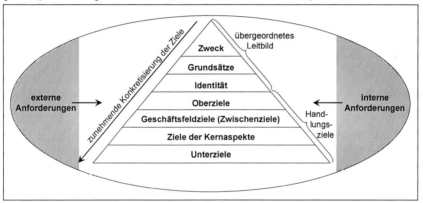

Abbildung 5.1-1: Zielebenen im Spannungsfeld aus externen und internen Anforderungen

Die Handlungsziele, die in Kap. 5.1.3 mit speziellem Augenmerk auf die wissenschaftliche Weiterbildung diskutiert werden, stellen Orientierungs- bzw. Richtgrößen für das unternehmerische Handeln dar. Sie können sowohl eher ökonomisch als auch gesellschaftlich orientiert sein (Müller-Stewens/Lechner 2001, S. 183), dies ist insbesondere von der (ökonomischen) bzw. gesellschaftlichen) Ausrichtung der allgemeinen Grundsätze der Organisation abhängig. Zur Realisierung der gesetzten Oberziele werden Zwischenziele für einzelne Geschäftsfelder gebildet, die wiederum in Teilziele auf der Ebene der einzelnen Hauptelemente (vgl. Kap. 3.2.2) aufgespalten werden. Die Unterziele werden schließlich mit Bezug zu speziellen Aufga-

---

[98] Externe Stakeholder von Hochschulen sind insbesondere die Kunden (Privatpersonen, Unternehmen, ggf. Arbeitsämter etc.), die Lieferanten (externe Dozenten, Medienersteller etc.), das Ministerium oder die Kooperationspartner (z. B. Grenzendörffer 1998, S. 7 ff). Letztere können als Kunden, als Lieferanten und auch als Finanzmittelgeber auftreten.
[99] Interne Stakeholder einer Hochschule sind die wissenschaftlichen und nicht-wissenschaftlichen Mitarbeiter (Pastowski 2004, S. 122 ff.).

ben innerhalb der einzelnen Hauptelemente gebildet und steuern die nachfolgenden Ziele auf der operativen Ebene (analog Bodenstein/Spiller 1998, S. 93).

5.1.2 Leitbild der Hochschule

Bei der Entwicklung eines Leitbildes steht weniger im Vordergrund, welche einzelnen Ziele verfolgt werden sollen und ob diese komplementär oder konkurrierend sind, sondern eher grundsätzlich Fragen, wie: „Wer sind wir?", „Was verfolgen wir?", „Was ist unsere Philosophie?", „Was macht uns einzigartig?" oder „Wie stellen wir uns nach außen und innen dar?". Es besitzt eine „profilbildende Funktion", da es die zentralen Werte und Normen der Organisation beschreibt (sog. Corporate Identity[100]), eine „orientierungsgebende Funktion", da es die gewünschten Einstellungen und Handlungsmotive der Organisationsmitglieder charakterisiert (sog. Corporate Attitude) und eine „richtungsweisende Funktion", da es sowohl nach innen als auch nach außen verdeutlicht, welche Aufgaben zu erfüllen sind, um die angestrebten Entwicklungen zu erreichen (sog. Corporate Behavior) (Hanft 2000, S. 122).

Ausgangspunkt der Leitbildüberlegungen ist der Zweck, den die Hochschulen erfüllen sollen. Dieser liegt in der Erfüllung der per Gesetz definierten Aufgaben (HRG 2002, § 2):

- Pflege und Entwicklung der Wissenschaften und Künste durch Forschung, Lehre, Studium und Weiterbildung,
- Förderung des wissenschaftlichen und künstlerischen Nachwuchses,
- soziale Förderung der Studierenden,
- internationale und insbesondere europäische Zusammenarbeit im Hochschulbereich sowie Berücksichtigung der besonderen Bedürfnisse ausländischer Studierender,
- Kooperation zu anderen Forschungs- und Bildungseinrichtungen zur Erfüllung der Aufgaben,
- Förderung des Wissenstransfers,
- Veröffentlichung der Ergebnisse.

Für eine individuelle Profilbildung müssten die Hochschulen ein eigenes Leitbild erstellen, indem sie weitere oberste Ziele definieren oder sich zumindest auf einige Bereiche der gesetzlichen Aufgaben spezialisieren, da sie sich ansonsten nicht aus der breiten Masse der staatlichen Hochschulen hervorheben können (Kotler/Fox 2002, S. 154). POHL findet in seiner Studie zum Hochschulmarketing jedoch heraus, dass lediglich 67,5 % der staatlichen Hochschulen überhaupt ein Profil erarbeitet haben. Noch bemerkenswerter ist aber, dass die Hochschulen wenig Engagement zeigen, das eigene Profil möglichst einzigartig zu gestalten, denn bei einer Analyse der vorhandenen Profile war festzustellen, dass lediglich 31,3 % der

---

[100] Da eine profilierte Hochschulidentität insbesondere die Vermarktung der Weiterbildung unterstützen kann, wird im Kap. 5.5.3 auf dieses Thema im Rahmen der nachhaltigen Absicherung detaillierter eingegangen.

5.1 Ziele der wissenschaftlichen Weiterbildung

Hochschulen ein einmaliges Profil haben. Bei weiteren 26,8% der Hochschulen ist das betrachtete Profil ähnlich zu zwei weiteren Profilen und bei 32,1% der Hochschulen ähnelt das betrachtete Profil den Profilen von mindestens zehn anderen Hochschulen (9,8% der betrachteten Hochschulen machten keine Angabe; Pohl 2003, S. 6 f.). Auch in der bereits mehrfach zuvor zitierten Studie der Universität Dresden wird deutlich, dass bis dato nur ein Teil der untersuchten Hochschulen[101] ein eigenes Leitbild zur Profilbildung erstellt hat (Herm et al. 2003, S. 28).

Ein Grund dieser Zurückhaltung mag in der zurzeit stattfindenden Unruhe im deutschen Hochschulsystem liegen, denn neben dem sukzessiven Umsetzen des Bologna-Beschlusses, bei dem nicht nur das Ablösen der Diplom-Studiengänge durch gestufte Bachelor- und Masterstudiengänge, sondern auch ein aufeinander abgestimmtes Konzept der Erstausbildung und Weiterbildung angestrebt wird (z. B. Schnitzer 2005, S. 5 ff.), wollen die Hochschulen diese quasi erzwungene Umbruchsphase dafür nutzen, das eigene Leitbild sehr sorgfältig zu entwickeln. Bevor jedoch deutlich wird, in welche Richtung sich die anderen Hochschulen entwickeln, fällt es ggf. schwer, eine eigenen Richtung einzuschlagen ohne Gefahr zu laufen, sich aus der breiten Masse nur wenig hervorzuheben. HANFT hingegen sieht eine Begründung darin, dass die wesentlichen Voraussetzungen für eine Profilbildung, wie eine klare Hierarchie, eindeutig definierte Verantwortlichkeiten sowie wirksame Sanktions- und Belohnungssysteme, an staatlichen Hochschulen im Wesentlichen nicht gegeben sind. Die lockere Kopplung zwischen Instituten, Fachbereichen, der Verwaltung und zentralen Leitung hemmt in vielen Fällen das Durchsetzen neuer managementorientierter Strukturen und lässt die Verpflichtung auf eine gemeinsame Ideologie kaum aufkommen (Hanft 2000, S. 126 f.). Insofern ist es ggf. nicht verwunderlich, dass lediglich ein geringer Teil der Hochschulen ein eigenes, sehr individuelles Leitbild erstellt hat.

Diejenigen Hochschulen, die ein eigenes Leitbild umsetzen, haben zwar weitestgehend den Ausbau der wissenschaftlichen Weiterbildung aufgenommen, jedoch oftmals eher in Form allgemeiner Absichtserklärungen, ohne dass für die nachfolgenden Zielebenen konkrete Handlungsziele ausformuliert wurden. Zudem finden sich hochschulinterne Zielvereinbarungen bezüglich der wissenschaftlichen Weiterbildung insbesondere zwischen der Hochschulleitung und den Fakultäten kaum; hier liegen die hochschulpolitischen Prioritäten sehr eindrücklich auf den traditionellen Aufgabenfeldern der Forschung und (grundständigen) Lehre sowie der Förderung des wissenschaftlichen Nachwuchses (Herm et al. 2003, S. 29 f.).

Es ergeben sich aus dem zuvor Erläuterten zwei Handlungsstränge, die miteinander verwoben sind:

---

[101] In dieser Untersuchung wurden an 18 Hochschulen, die bereits ein deutlich sichtbares Engagement in der Weiterbildung gezeigt haben, Interviews mit Verantwortlichen aus der Weiterbildung geführt.

- Zum einen ist ein stärkeres Augenmerk auf die Erstellung der individuellen Leitbilder seitens der Hochschulen zu legen, damit sie sich klar positionieren und als spezialisierte Kompetenzzentren entwickeln können. Zwar werden das Leitbild und die Philosophie auf Ebene der gesamten Hochschule entwickelt und verabschiedet, wichtig ist jedoch, dass in diesen Prozess bereits Entscheidungsträger aus den dezentralen Organisationseinheiten eingebunden sind, da sowohl gemeinsame Handlungsziele entwickelt werden müssen als auch die verfolgten Grundsätze dort verankert werden sollen. Ein solches Vorgehen ermöglicht es, dass sich die nachgelagerten Ziele innerhalb des Zielsystems konsequent am gemeinsam erarbeiteten Leitbild orientieren und dieses zur Handlungsmaxime auf allen Ebenen avanciert. Zudem macht eine solch konsequente Ausrichtung aller Ebenen auf das Leitbild dessen glaubhafte Kommunikation nach außen erst möglich.
- Zum anderen ist es für den Ausbau der wissenschaftlichen Weiterbildung wichtig, diesen Bereich explizit bereits im Leitbild zu verankern und zwar nicht als rein formative Absichtserklärung, sondern als spezielles Teilleitziel für welches im Rahmen der Bestimmung der Handlungsziele hochschulinterne Zielvereinbarungen bis hinunter zu den Unterzielen entwickelt werden.[102] Als problematisch bezüglich der Aufnahme der wissenschaftlichen Weiterbildung in das Leitbild der Hochschulen erweist sich das mangelhafte Anreizsystem, denn auch bei denjenigen Hochschulen, die bereits eine leistungs- oder indikatororientierte interne Mittelverteilung umgesetzt haben, werden die Aktivitäten oder Angebote in der Weiterbildung oftmals nicht als Leistungsindikator berücksichtigt (Herm et al. 2003, S. 30). Dies lässt Rückschlüsse auf den derzeitigen Stellenwert der wissenschaftlichen Weiterbildung in den staatlichen Hochschulen zu.

Um das Erstellen eines Leitbildes nicht nur über die einzelnen Organisationseinheiten der Hochschule (Fakultäten, Institute, Verwaltung) abzustimmen sondern auch voranzutreiben, bedarf es sog. Promotoren, die insbesondere im Bereich der Innovationsforschung betrachtet werden (z. B. Hauschildt 2004, S. 199 ff.). Die Einführung eines neuen Leitbildes mit integrierten Grundsätzen und neuer bzw. angepasster Corporate Identity bedarf entsprechender Energie, um den Einführungsprozess überhaupt erst einmal zu starten und ihn bis zur tatsächlichen Umsetzung auf sämtlichen Ebenen voranzutreiben (Knight 1967, S. 490). Prozesswiderstände, die i. d. R. personalisiert sind, d. h. durch die am Prozess Beteiligten entstehen, müssen auf verschiedenen Ebenen überwunden werden, wobei oftmals sowohl Barrieren des „Nicht-Wollens" als auch des „Nicht-Wissens" existieren. Die Innovationsforschung nennt mit dem Machtpromotor sowie dem Fachpromotor in diesem Zusammenhang zwei wesentliche Rollen (Witte 1973, S. 35; Witte 1999, S. 15 ff.): Machtpromotoren sind Per-

---

[102] Die Stärkung dieses speziellen Leitziels darf allerdings nicht dazu führen, dass die Wissenschaftlichkeit, d. h. die Forschung, vernachlässigt wird, denn diese stellt die Basis für die Entwicklung neuer (forschungsbasierter) Lehrinhalte dar. Ein solches Vorgehen, d. h. die Entwicklung neuer Lehr-/Lernmaterialien ohne wissenschaftliche Fundierung, mag zwar für nicht-wissenschaftliche Organisationen durchaus ausreichen, ist jedoch unakzeptabel aus Sicht staatlicher Hochschulen (Müller-Böling 2000, S. 169).

sonen, die einen Innovationsprozess durch ihr hierarchisches Potenzial aktiv fördern und Fachpromotoren steuern das objektspezifische Fachwissen in den Prozess ein. Bezogen auf die wissenschaftliche Weiterbildung bedeutet dies, dass die Entwicklung des Leitziels „Weiterbildung" sowie dessen Integration sowohl durch das Präsidium als auch die Dekane getragen werden muss (Müller-Böling 2000, S. 152 ff.). Allerdings führen die unterschiedlichen Prioritäten der einzelnen Fakultäten beim Erstellen des Leitbildes sowie einer stärkeren Fokussierung auf die Weiterbildung unter Umständen zu Komplikationen, weil die jeweiligen Zielvorstellungen möglicherweise nicht miteinander vereinbar sind. Der Machtpromotor ist in diesen Zusammenhang dafür verantwortlich, dass ein einheitliches und klar fokussiertes Leitbild erstellt und ggf. auch gegen potenzielle Widerstände innerhalb der einzelnen Fakultäten „gelebt" wird. Im Gegensatz zum Machtpromotor muss der Fachpromotor nicht zwingend Mitglied der Hochschule sein, auch externe Experten, die als Gutachter oder Berater auftreten, können diese Funktion übernehmen. Den Fachpromotoren kommt allerdings bei Betrachtung der Handlungsziele eine größere Bedeutung als beim Erstellen eines Leitbildes zu, denn auf den untergeordneten Zielebenen müssen sie mit Rückendeckung des bzw. der Machtpromotoren die am Leitbild orientierten Ober- und Unterziele ausarbeiten und den Prozess der Umsetzung begleiten.

5.1.3 Handlungsziele der Hochschule

Die erste Hierarchieebene der Handlungsziele wird durch die *Oberziele* gebildet, die die Sicherung des Unternehmensbestandes unterstützen sollen (z. B. Berndt 2005, S. 66 ff.; Vogel 2001, S. 571 f.). Zwar ist unbestritten, dass die Hochschulen keine Wirtschaftsbetriebe sind, jedoch müssen sie zur Sicherung des eigenen Fortbestandes – und im Speziellen der wissenschaftlichen Weiterbildung – durchaus die gleichen Zielgrößen verfolgen: *Wirtschaftliche Tragfähigkeit und Sichern von Erfolgspotenzialen* (analog Müller-Böling 2000, S. 147 ff.):

- *Wirtschaftliche Tragfähigkeit*: Die Hochschulen sind angehalten, die Weiterbildungsangebote vollständig kostendeckend zu kalkulieren, weil eine Quersubventionierung aus Landesmitteln üblicherweise nicht vorgesehen ist. Die wirtschaftliche Tragfähigkeit stellt sich insofern für diesen Bereich als ein sehr wichtiges Oberziel dar. Allerdings bedeutet sie in diesem Zusammenhang aus ökonomischer Sicht nicht nur Kostendeckung, sondern auch das Erwirtschaften von Überschüssen aus der Weiterbildung.
- Für das Ausschöpfen der möglichen *Erfolgspotenziale* ist schließlich ein Umdenken von den eher angebotsorientierten zu nachfrageorientierten Weiterbildungsprogrammen erforderlich: Der zukünftige Bedarf der potenziellen Kunden steht im Fokus der Entwicklungsarbeiten. Das Erarbeiten von Erfolgspotenzialen bedeutet aus nicht-ökonomischer Sicht z. B., dass die Hochschule bestrebt ist, die Anforderungen der Kunden zu erfüllen oder die Mitarbeiterzufriedenheit zu stärken. Diese Sichtweise ist an den staatlichen Hochschulen jedoch noch vielfach unterentwickelt, denn über Jahrzehnte wurde als wesentliche – wenn nicht einzige Zielgröße – die Auslastung der vorhandenen Kapazitäten verfolgt (Schröder 2003, S. 55 f.). Per gesetzlichem Auftrag verfolgen die Hochschulen auch soziale, interna-

tionale und kooperative Ziele (HRG 2002, § 2). Solche Ziele dienen insbesondere der Image- bzw. Profilbildung der Hochschule als Gesamtsystem und wirken sich insofern lediglich indirekt auf die einzelnen Geschäftsfelder aus. Sie können jedoch durchaus zum Aufbau eines positiven Images beitragen und insofern die Hochschulen als sozial engagierte, international ausgerichtete und kooperative Kompetenzzentren darstellen.

Ausgangspunkt der Zielinhalte auf Ebene der einzelnen *Geschäftsfelder*[103] ist die im Vorfeld durchgeführte Situationsanalyse, in der sowohl die Chancen und Risiken als auch die eigenen Stärken und Schwächen im Vergleich zu potenziellen Wettbewerbern analysiert wurden. Anhand dieser Analyse wird deutlich, „wo" sich die Hochschulen jeweils befinden und sie können entscheiden „wohin" sie sich entwickeln wollen und „wie" sie diesen Weg beschreiben. Bei der Umsetzung dieser Ziele kann es zu Konkurrenzbeziehungen kommen: Beispielsweise leisten neue Forschungserkenntnisse Input zur forschungsorientierten Lehre sowohl im grundständigen als auch im weiterbildenden Studium, jedoch sind die Kapazitäten der involvierten Hochschuldozenten und deren Mitarbeiter begrenzt. Hierdurch führt ein verstärktes Engagement in dem einen Bereich (z. B. Lehre) oftmals zu einem geringeren in anderen Bereichen (z. B. Forschung). Bei den derzeit vorherrschenden Anreizsystemen (z. B. Stifterverband 2003, S. 11; Dohmen/Michel 2003, S. 27) ist die unweigerliche Folge, dass sich der Bereich der Weiterbildung als eher unattraktiv im Vergleich zur Forschung oder der grundständigen Lehre darstellt und sich insofern an vielen Hochschulen nicht entwickelt.

Bei der Entwicklung der Ziele auf den Ebenen der einzelnen *Hauptelemente*[104] und der nachfolgenden Verknüpfung mit den *Unterzielen* ist darauf zu achten, dass die Annahmen über die Zusammenhänge zwischen den Zielen auf diesen beiden Hierarchieebenen möglichst zutreffend herausgearbeitet werden.[105] Zudem ist es erforderlich, dass die Machtpromotoren hinter dem gesamten Zielfindungs- bzw. Strategieimplementierungsprozess stehen und insofern potenzielle hierarchische Probleme bei der Aufgabendelegation bzw. Entscheidungsfindung innerhalb der Gremienarbeit mindern können. Nachfolgend werden die Ziele in den in Kap. 3.2.2 entwickelten Hauptelementen, d. h. dem *Leistungsportfolio*, dem

---

[103] Als Geschäftsfelder werden nachfolgend die Forschung, die grundständige Lehre, die Weiterbildung und die Förderung des wissenschaftlichen Nachwuchses angesehen, da diese Bereiche die typischen Geschäftsfeldkriterien, wie eindeutig definierte Marktaufgabe, Eigenständigkeit und Erfolgspotenzial erfüllen (z. B. Meffert 2000, S. 235).

[104] An dieser Stelle der Zielpyramide werden traditionellerweise Funktionsbereiche, wie Beschaffung, Produktion, Absatz oder Finanzierung gewählt. Diese Funktionsbereiche sind jedoch aufgrund des speziellen Fokus auf die wissenschaftliche Weiterbildung eher ungeeignet, weshalb für die nachfolgenden Ausführungen die zuvor entwickelten Hauptelemente von Geschäftsmodellen der wissenschaftlichen Weiterbildung als Strukturierungsraster genutzt werden.

[105] Auf diesen Bereich der Strategieplanung und -implementierung gehen insbesondere KAPLAN und NORTON ein, indem sie bei der Darstellung der Balanced Scorecard so genannte Ursache-Wirkungsketten zwischen verschiedenen Perspektiven beschreiben (Kaplan/Norton 1998, S. 28 ff.). Zur Strategieimplementierung im Bereich der wissenschaftlichen Weiterbildung wäre es durchaus denkbar, die Ausführungen der beiden Autoren auf das Untersuchungsobjekt zu übertragen und z. B. die im Geschäftsmodell identifizierten Hauptelemente anstelle der traditionellen vier Perspektiven innerhalb der Balanced Scorecard zu nutzen.

Grad der Integration und der internen Strukturen, den *finanziellen Aspekten* und der *nachhaltigen Absicherung*, eingehender erläutert:

- Der Zielinhalt des *Leistungsportfolios* ist in der Erfüllung des gesetzlichen Auftrages zu sehen, d. h. er betrifft das Konzipieren und Vermarkten neuer Weiterbildungsprogramme (komplexe Angebote und einzelne Produkte). Damit diese Programme von den potenziellen Zielgruppen in angemessenem Umfang wahr- und angenommen werden, tritt das Ziel der Erfüllung der marktseitigen Anforderungen dominant hervor. Um diese Ziele zu erreichen, sind eine Vielzahl an Unterzielen zu definieren, die in der am Ende dieses Kapitels folgenden Abbildung 5.1-2 beispielhaft angedeutet sind: Den im Rahmen der Situationsanalyse durchgeführten empirischen Studien (vgl. Kap. 4.2.3) ist zu entnehmen, dass unter anderem die Aspekte der Praxisorientierung sowie der arbeitnehmerorientierten Betreuung eine hohe Relevanz aufweisen. Des Weiteren muss auch die kontinuierliche Entwicklung von verschiedenen Weiterbildungsprogrammen verfolgt werden, um andere, sich ggf. bereits in der Degenerationsphase befindende Programme rechtzeitig zu ersetzen bzw. das Angebotsportfolio entsprechend zu ergänzen.[106]

- Im *Grad der Integration* ist zu prüfen, zu welchem Anteil die einzelnen Teilprozesse der wissenschaftlichen Weiterbildung durch die anbietende Institution selbstständig durchgeführt werden sollen. Besteht ggf. die Möglichkeit des Auslagerns der unterstützenden Prozesse, d. h. der nicht-wissenschaftlichen Tätigkeiten, an geeignete Vertrags- bzw. Kooperationspartner und wird dies als Ziel verfolgt? Neben einer reinen Fremdvergabe dieser Tätigkeiten stehen in diesem Zusammenhang zum einen der strategische Aufbau von Public-Private-Partnerships im Vordergrund, also von informellen bis stark formalisierten Vereinbarungen zwischen den staatlichen Hochschulen und privatwirtschaftlichen Unternehmen (vgl. Kap. 5.3.3). Zum anderen kann auch das Ziel der Ausgründung eines organisatorisch bzw. wirtschaftlich eigenständigen Weiterbildungsdienstleisters aus der Hochschule verfolgt werden, um insbesondere die bürokratischen Zwänge des öffentlichen Dienst- oder Arbeitsrechts zu reduzieren bzw. eine stärkere Kunden- bzw. Marktnähe zu realisieren (Stifterverband 2003, S. 8).[107]

---

[106] Grundsätzlich ist davon auszugehen, dass insbesondere die weiterbildenden Studiengänge sehr langfristig orientiert angeboten werden müssen, damit die Studierenden das einmal begonnene Studium auch ordnungsgemäß abschließen können. Jedoch wird es aufgrund veränderter Marktgegebenheiten (zunehmende Wettbewerber oder andere relevante Themen) auch Studiengänge geben, die in eine Degenerationsphase gelangen. Da die Kosten zur Aufrechterhaltung solcher Programme über den Erlösen bzw. Gewinnen liegen, wäre ein dauerhaftes Fortführen ökonomisch nicht sinnvoll. Bei einer sehr spezialisierten Profilbildung stellt es sich aus Sicht der Hochschulen jedoch ggf. durchaus als sinnvoll dar, solche ökonomisch nicht erfolgreichen Programme weiterzuführen, sofern eine Quersubventionierung aus den anderen Weiterbildungsprogrammen vorgenommen werden kann.

[107] Hochschulen, die eine solche Strategie bereits umgesetzt haben sind z. B. die Rheinisch-Westfälische Technische Hochschule Aachen: Aachen Global Academy GmbH (Aachen 2005), die Universität Heidelberg: Akademie für wissenschaftliche Weiterbildung (Heidelberg 2005), die in Form einer PPP mit der SRH Hochschulen gGmbH geführt wird, die Universität Bochum: Akademie der Ruhr-Universität gGmbH (Bochum 2005) sowie die Technische Universität Dresden: Institute of Advanced Studies GmbH (Dresden 2005).

Da der Grad der Integration die Ziele im Hauptelement der *internen Strukturen* beeinflusst, müssen die Ziele dieser beiden Hauptelemente eng aufeinander abgestimmt sein. Je nachdem, welcher Anteil der nicht-wissenschaftlichen Tätigkeiten innerhalb der Hochschule verbleibt, sind als Unterziele z. B. bestimmte Zuständigkeitsbereiche sowie ein spezielles Call-Center zur Kundenbetreuung einzurichten und/oder das Informationsmanagement zwischen den beteiligten Abteilungen bzw. Stellen zu reorganisieren. Als Ziele werden grundsätzlich ein Anpassen der Organisationsstrukturen sowie eine Prozessoptimierung verfolgt. Die wesentlichen Entscheidungen betreffen zwei zentrale Fragestellungen (Kiefer/Spiller 2004, S. 187 ff.): Zum einen ob die Weiterbildung mittels vertikaler oder horizontaler Integrationskonzepte eingebunden werden soll und zum anderen wie eine Aufteilung der Verantwortungsbereiche aus den wertschöpfenden und unterstützenden Prozessen zwischen zentralen und dezentralen Organisationseinheiten erfolgen kann.

- Innerhalb der *finanziellen Aspekte* sind insbesondere ökonomische Ziele zu verfolgen, wie beispielsweise höhere Einnahmen/Erlöse bzw. geringere Ausgaben/Kosten. In der Regel stellen die Ziele der einzelnen Hauptelemente sowie die untergeordneten Ziele komplementäre Ziele dar, wohingegen die Ziele zwischen den einzelnen Hauptelementen durchaus konkurrieren. Eine Ausnahme bildet das hier betrachtete Hauptelement, bei dem die Ziele auch bereichsintern konkurrieren, d. h. dass das eine Ziel (zumindest aus kurzfristiger Perspektive) lediglich auf Kosten des anderen Ziels erreicht werden kann. Klassisches Beispiel stellen in diesem Zusammenhang die hohen Vorlaufkosten vor der Markteinführung dar (Konzeption und Entwicklung sowie Marketing und im Falle der akademischen Weiterbildung Qualitätssicherung durch Akkreditierung), die erst mit entsprechender Zeitverzögerung zu Einnahmen und Überschüssen führen (Riezler 1996, S. 9). Die Ziele im Hauptelement werden durch das Erreichen entsprechender Unterziele gefördert. Potenzielle Unterziele stellen in diesem Zusammenhang z. B. der Ausbau des Fundraisings sowie die Konzeption geeigneter Studiengebühren- und Finanzierungsmodelle[108] dar.

- Die *nachhaltige Absicherung* soll das strategisch orientierte, ökonomisch sinnvolle Anbieten der Weiterbildungsprogramme unterstützen. Zielinhalt bildet diesbezüglich das erfolgreiche Vermarkten, welches flankiert wird durch Marketing- und Qualitätssicherungsziele. LITTEN beschreibt das höchste Ziel der Hochschulen mit „recognition and prestige, because with this image, the institution will be able to be selective in admitting students, and it will be successful in getting donors and grants" (LITTEN zitiert in Smith/Cavusgil 1984, S. 108). Selbstverständlich muss auch im Bereich der Weiterbildung die Basis dieser imagebildenden Aktivitäten in qualitativ hochwertiger Forschung und Lehre bestehen, die objektiv durch die „Scientific Community" oder durch entsprechende Lehrevaluationen attestiert werden. Durch ein professionelles Marketing, welches z. B. die Erfolge in der Qualitätssicherung als Argumente aufnimmt, können neben den ökonomischen Zielen (z. B. Gewinnen von

---

[108] Denkbar in diesem Zusammenhang sind auch Kooperationen zu öffentlichen oder privaten Kreditgebern, die Studiendarlehen mit besonderen Konditionen speziell für die Weiterbildungsprogramme der jeweiligen Hochschule anbieten.

Marktanteilen) auch entsprechende psychographische Ziele (z. B. Erhöhung des Bekanntheitsgrades, positives Verändern der Einstellung gegenüber der Hochschule, Erfahrung der Hochschule als Kompetenzzentrum etc.) verfolgt werden (Gerhard 2004, S. 137).

Ein wesentliches Unterziel ist in diesem Zusammenhang der Aufbau eines für die Kunden transparenten Qualitätsmanagements, welches nicht nur die Lehr- und Forschungstätigkeiten berücksichtigt, sondern auch das Handling der nicht-wissenschaftlichen Aufgaben (Roland 2001, S. 110 ff.), wie z. B. das Abwickeln der Zulassungsanträge, das Anrechnen von Prüfungsleistungen, die Kontaktmöglichkeiten zu den Dozenten und Organisatoren, das Beschwerdemanagement etc. Die im Rahmen der Situationsanalyse durchgeführten Studien deuten an, dass die Qualitätsbewertungen über Akkreditierungsagenturen seitens der Kunden sehr wenig beachtet werden. Insofern muss es das Ziel der Hochschulen sein, die Qualität der angebotenen Weiterbildung mit geeigneten Methoden beurteilen zu lassen und diese Urteile als Marketingargument aufzugreifen: Höhere objektiv attestierte Qualität unterstützt die Erfüllung der Nutzenerwartungen, die die Kunden an die Dienstleistung Weiterbildung stellen, denn wenn die Abschlüsse von der Wirtschaft als qualitativ hochwertig anerkannt werden, ist zu erwarten, dass die Arbeitgeber darauf positiv reagieren (Einstellung, Verbesserung der beruflichen Position etc.) was im Gegenzug die Nachfrage nach einer solchen Weiterbildung sowohl auf Seiten der Unternehmen als auch der Privatkunden stärkt.[109]

Ein weiteres Unterziel ist das Erreichen bestimmter Mindestteilnehmerzahlen, die für einen ökonomischen Erfolg als Break-Even-Punkt pro Zeiteinheit (z. B. Jahr, Semester, o. Ä.) erlangt werden müssen. Nach der Markteinführung werden die Ziele eher in Form von Steigerungsraten definiert.

Die externen Anforderungen, insbesondere von den Kunden, nehmen in den Handlungszielen einen nicht unerheblichen Umfang ein. Solche externen Anforderungen sind vorwiegend im Hauptelement des Leistungsportfolios zu entdecken. Sie sind jedoch auch in anderen Hauptelementen vorzufinden: Im Grad der Integration (möglichst professionelles und unbürokratisches Abwickeln der nicht-wissenschaftlichen Tätigkeiten), in den internen Strukturen (anpassen der traditionellen Hochschulverwaltung an die Bedürfnisse der vorwiegend berufstätigen Kunden) oder in der nachhaltigen Absicherung (Unterstützung der Qualitätsbeurteilung durch Transparenz innerhalb des Qualitätsmanagements). Lediglich das Hauptelement der finanziellen Aspekte ist im Wesentlichen von rein internen Zielen geprägt.

In Analogie zur Leitbilderstellung sind auch auf Ebene der Handlungsziele Promotoren erforderlich. Neben den bereits zuvor beschriebenen Macht- und Fachpromotoren sind insbesondere bei einer komplexen Projektorganisation weiterhin Prozesspromotoren sowie Schnittstellenpromotoren einzusetzen (Kiefer/Spiller 2004, S. 191.). Prozesspromotoren sind z. B. Weiterbildungsbeauftragte innerhalb der einzelnen Fakultäten. Sie sollen Impulse und Ideen

---

[109] Das Thema der Nutzenerwartungen wurde bereits in Kap. 4.1.3.2 dargestellt.

liefern sowie den Entwicklungsprozess initiieren und koordinieren. Schnittstellenpromotoren sind Verbindungsglieder zwischen den einzelnen Hierarchieebenen sowie zwischen den verschiedenen Fakultäten. Ihre Aufgabe ist es, die jeweiligen Ziele und Strategien der einzelnen Ebenen mit der bzw. den darüber liegenden abzustimmen. Wesentliche Aufgaben liegen in der Kommunikation mit den beteiligten Partnern sowie dem überwiegend intern orientierten Marketing der Weiterbildung.

Die Abbildung 5.1-2 fasst abschließend die vorherigen Ausführungen in einer Übersicht zusammen.

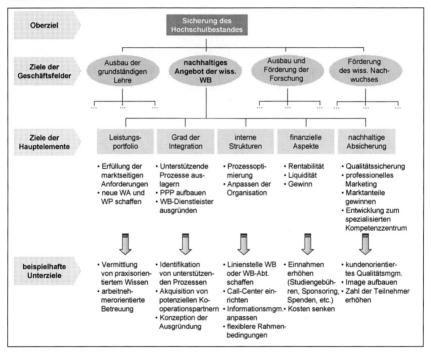

Abbildung 5.1-2: Handlungsziele der wissenschaftlichen Weiterbildung[110]

5.1.4 Fazit

Im Rahmen dieses Kapitels wurde das Zielsystem der Hochschule mit speziellem Fokus auf das Geschäftsfeld der wissenschaftlichen Weiterbildung analysiert. Die strukturierenden Vorüberlegungen aus Kap. 5.1.1 wurden auf das Untersuchungsobjekt übertragen. Festgehalten

---

[110] PPP = Public-Private-Partnership, WB = Weiterbildung, WP/WA = Weiterbildungsprodukt bzw. -angebot.

werden kann, dass das Zielsystem der Hochschule im Spannungsfeld zwischen externen und internen Anforderungen liegt.

Für eine individuelle Profilbildung müssen die Hochschulen Schwerpunkte bei der Erfüllung der Aufgaben des § 2 HRG setzen bzw. zusätzliche eigene Ziele verfolgen, ansonsten kann eine Individualisierung der jeweiligen Hochschulprofile kaum erfolgen. Zwar hat bereits eine Reihe von Hochschulen ganz konkret die wissenschaftliche Weiterbildung in die eigenen Zielsysteme aufgenommen, jedoch überwiegend in Form allgemeiner Absichtserklärung ohne verbindliche Ziele auf den unteren Ebenen.

Um die übergeordneten Leitziele sowie die Handlungsziele im Gesamtsystem der Hochschule zu erarbeiten und umzusetzen ist in Analogie zur Innovationsforschung der Einsatz von Promotoren sinnvoll. Während das Leitbild für die Hochschule als Gesamtsystem erstellt wird, beziehen sich die Handlungsziele auf die einzelnen Geschäftsfelder. Zu den Oberzielen des Geschäftsfeldes der wissenschaftlichen Weiterbildung gehören sowohl ökonomische (z. B. Liquidität, Erfolg, Realisierung von Erfolgspotenzialen) als auch nicht-ökonomische Ziele (z. B. Prestige- bzw. Imagegewinn, Erfüllung der Kundenanforderungen, Steigerung der Mitarbeiterzufriedenheit), die insgesamt zur Sicherung des Geschäftsmodells beitragen.

Die Ziele innerhalb der Hauptelemente sowie deren Unterziele sind in Form von Ursache-Wirkungszusammenhängen eng aufeinander abzustimmen und auf die Oberziele auszurichten. Zielinhalt des Leistungsportfolios ist im Wesentlichen die Entwicklung neuer Weiterbildungsprogramme unter Berücksichtigung der marktseitigen Anforderungen, wohingegen im Grad der Integration als mögliches Ziel die Auslagerung der nicht-wissenschaftlichen Tätigkeiten aus dem Wissenschaftsbetrieb der Hochschule verfolgt wird. Zielinhalt der internen Strukturen ist es, die Hochschule als Organisationseinheit an die neue Kundengruppe und die damit einhergehenden Besonderheiten (z. B. veränderte Sprechzeiten oder professionelleres Kundenbeziehungsmanagement) anzupassen. Im Hauptelement der finanziellen Aspekte werden Formalziele ökonomischer Art verfolgt. Um die Weiterbildungsangebote langfristig erfolgreich anbieten zu können verfolgt schließlich das Hauptelement der nachhaltigen Absicherung insbesondere Qualitätssicherungs- und Vermarktungs- bzw. Marketingziele.

5.2 Leistungsportfolio der wissenschaftlichen Weiterbildung

Die wesentlichen Aspekte, die im Rahmen dieses Abschnittes zu diskutieren sind, werden zunächst in den strukturierenden Vorüberlegungen dargestellt, bevor diese anschließend auf den Untersuchungsgegenstand der wissenschaftlichen Weiterbildung übertragen werden.

5.2.1 Strukturierende Vorüberlegungen

Eine strategisch orientierte Leistungspolitik umfasst sämtliche Entscheidungstatbestände, die sich auf eine marktgerechte Gestaltung des von der Hochschule angebotenen Leistungsportfolios[111] beziehen. Im Rahmen einer solchen Leistungspolitik sind sowohl Produkthauptleistungen als auch -nebenleistungen zu berücksichtigen. In Anlehnung an SCHÖLL werden unter Produkthauptleistungen nachfolgend sowohl die einzelnen Weiterbildungskurse als auch die komplexen Weiterbildungsangebote verstanden (auch Primärleistungen). Produktnebenleistungen (auch Sekundärleistungen oder Value-Added-Services) hingegen umfassen zusätzliche produkt-, angebots- oder institutionsorientierte Serviceleistungen (Schöll 2005, S. 61). Mittels solcher Nebenleistungen kann ein Bildungsanbieter gezielt einzelne Bereiche des Leistungsportfolios mit einem Zusatznutzen ausstatten, welcher die Erwartungen der Kunden übertreffen soll und ihm insofern einen Wettbewerbsvorteil vor seinen Konkurrenten verschafft (Kotler/Fox 2002, S. 281 f.).

Sofern die Hochschulen ein marktbezogenes Leistungsportfolio entwickeln wollen, welches das Profil der Hochschule sowohl in der gewünschten Richtung als auch im angestrebten Ausmaß prägt, ist eine strategische Planung und Konzeption der angebotenen Weiterbildungsprogramme unerlässlich. Ziel dieses Abschnittes ist es deshalb zum einen, die relevanten Entscheidungstatbestände in der Planung des Leistungsportfolios vorzustellen und diese für den Bereich der wissenschaftlichen Weiterbildung zu erläutern (Kap. 5.2.2). Die jeweils zu treffenden Entscheidungen bezüglich Neuentwicklung, Variation bzw. Differenzierung oder Eliminierung von Programmen sind hierbei ggf. durch die Anwendung geeigneter Analysetechniken zu unterstützen. Ziel ist es zum anderen, eine bedarfsorientierte Konzeption des Leistungsportfolios vorzustellen, die die Ergebnisse der quantitativen Erhebung im Rahmen der Situationsanalyse einbezieht (Kap. 5.2.3).

5.2.2 Strategische Planung

Die Entscheidungstatbestände im Bereich des Leistungsportfolios beziehen sich auf die Innovationen, Variationen, Differenzierungen und Eliminierungen (analog Meffert 2000, S. 335). Die Entscheidungen sind sowohl für einzelne Programme als auch für komplette Programmlinien zu treffen. Eine Programmlinie umfasst hierbei eine Gruppe von Weiterbildungsprogrammen, die anhand bestimmter Kriterien in enger Beziehung zueinander stehen. Im Fall der wissenschaftlichen Weiterbildung bietet es sich sowohl an, die Weiterbildungsprogramme mit akademischen Abschlüssen von solchen mit nicht akademischen Abschlüssen zu differenzieren und als einzelne Linien zu betrachten, als auch eine fachbereichsbezogene Differenzierung vorzunehmen, so dass die Programme der Wirtschaftswissenschaften, der Physik, der Medizin etc. jeweils eigene Programmlinien darstellen.

---

[111] Dem Begriff des „Leistungsportfolios" der wissenschaftlichen Weiterbildung unterliegt, wie bereits in den Grundlagen dargestellt, das generische Produkt- bzw. Leistungskonzept von KOTLER (vgl. Kap. 2.1.1).

Leistungsinnovation

Leistungsinnovationen umfassen die Entwicklung neuer Weiterbildungsprogramme und sind, nicht zuletzt aufgrund der sich verändernden Marktbedingungen (z. B. neue Wettbewerber, Änderung der Kundenanforderungen, andere Themen etc.), im Hinblick auf die Erhaltung der Wettbewerbsfähigkeit unabdingbar erforderlich (Koppelmann 2001, S. 104 ff.). MEFFERT weist zum einen darauf hin, dass der Innovationsbegriff stets relativ zu sehen ist und dass der Auslöser von Innovationen sowohl technologie- bzw. angebotsorientiert als auch nachfrageinduziert sein kann (Meffert 2000, S. 375 ff.). Für die wissenschaftliche Weiterbildung ist es sinnvoll, sowohl eine nachfrage- („market-pull") als auch eine technologie- bzw. angebotsorientierte („technology-push") Innovationsstrategie zu verfolgen, um zum einen die bereits in der Einleitung angesprochenen Probleme der mangelnden Nachfragesituation zu reduzieren und zum anderen bislang noch unbekannte Weiterbildungsbedarfe bei den potenziellen Kunden zu wecken.

Die einzelnen Schritte in der Innovationsplanung von wissenschaftlicher Weiterbildung können analog zum allgemeinen Innovationsschema wie folgt charakterisiert werden (in Anlehnung an Kotler/Fox 2002, S. 290 ff.):

- *Identifikation* potenzieller Chancen (Marktanalyse sowie Ideenfindung und -auswahl),
- *Konzeption* (Zielgruppenbestimmung, Entwicklung des Kurs- oder Studienkonzeptes, Entwicklung der Vermarktungsstrategien sowie physische Programmentwicklung und -realisierung),
- *Testphase* (parallel zur Konzeption und Entwicklung werden Testläufe für Programme und Werbung durchgeführt, um die ökonomischen Auswirkungen zu prognostizieren) sowie
- *Markteinführung* und operatives Durchführen des Programms.

Für die im Rahmen der *Identifikation* potenzieller Chancen durchzuführende Marktanalyse nennen URBAN und HAUSER eine Reihe zu berücksichtigender Faktoren, die im Wesentlichen denen der in Kap. 4.1.2 und 4.1.3 diskutierten Umwelt- und Geschäftsfeldanalyse entsprechen. Für die Ideenfindung und -auswahl können sich auch Hochschulen der klassischen systematisch-analytischen[112] oder intuitiven[113] Verfahren bedienen. Es ist wichtig, bereits im frühen Stadium der Neuentwicklung darauf zu achten, ob das neue Programm potenzielle Synergie- bzw. Kannibalisierungseffekte (Kerin/Harvey/Rothe 1978, S. 26) zu den bestehenden Weiterbildungsprogrammen verursacht (Urban/Hauser 1993, S. 79 ff.). Des Weiteren ist es wichtig, auch die allgemeinen und strukturellen Kundenanforderungen zu berücksichtigen, um die Weiterbildung kundenorientiert zu entwickeln.

---

[112] Systematisch-analytische Verfahren sind z. B. Morphologien (Zwicky 1966), Checklisten oder Funktionsanalysen.
[113] Intuitive Verfahren sind z. B. Brainstorming (Osborn 1953) oder Synektik (Gordon 1961).

Im Rahmen der *Konzeptionsphase* impliziert die präzise kunden- und marktorientierte Spezifikation neuer Weiterbildungsprogramme einen nicht unerheblichen personellen Aufwand und besitzt eine hohe strategische Relevanz im gesamten Innovationsprozess des Leistungsportfolios (analog Pfeiffer/Bischoff 1981, S. 136 ff.), weshalb diese Inhalte in einem gesonderten Kapitel näher analysiert werden (Kap. 5.2.3).

Wenn möglich sollten sowohl für das Weiterbildungsprogramm als auch die Werbematerialien (Broschüren, Flyer, Plakate) *Testläufe* durchgeführt werden, zum einen um mögliche Verbesserungsvorschläge zu generieren und zum anderen um anhand von Konstrukten wie „Einstellungen", „Präferenzen" oder „Kaufabsichten" bzw. dem beobachteten Auswahlverhalten auf den Markterfolg des neuen Weiterbildungsprogramms zu schließen (Kotler/Fox 2002, S. 299 f.). Die Tests können entweder anhand von Konzepten oder realen Weiterbildungsprogrammen durchgeführt werden (analog Brockhoff 1999, S. 214), wobei sich aus Sicht der Hochschule eher Konzepttests anbieten, da hierfür keine zusätzlichen, auszahlungswirksamen Kosten, wie z. B. Dozentenvergütungen, Erstellen von realen Lehr-/Lernmaterialien oder Kosten für ggf. anzumietende Seminar- oder Tagungsräume anfallen.[114]

Schließlich ist es zur *Markteinführung* des neuen Weiterbildungsprogramms erforderlich, dass die internen Organisationsstrukturen (vgl. Kap. 5.3.2) auf die Abwicklung und Vermarktung der Weiterbildung ausgerichtet sind und das Personal entsprechend instruiert ist.

Im Vergleich zur Leistungsinnovation sind die nachfolgend beschriebenen Phasen der Variation, Differenzierung und Elimination deutlich weniger komplex oder zeitlich aufwendig.

Leistungsvariation

Leistungsvariationen befassen sich mit Veränderungen von Weiterbildungsprogrammen, die bereits am Markt eingeführt sind (Benkenstein et al. 2003, S. 109). Hintergrund solcher Variationen sind die sich ggf. wandelnden Kundenanforderungen oder Wettbewerbsbedingungen. Ziel ist es, den Lebenszyklus des Weiterbildungsprogramms zu verlängern (analog Brockhoff 1999, S. 296). Unterscheiden lassen sich hierbei die Programmpflege und -modifikation:

- Bei einer Programmpflege werden durch *geringe Änderungen* der funktionalen oder symbolischen Eigenschaften des Programms insbesondere die Beseitigung potenzieller Mängel, Verbesserung der Prozesseffizienz sowie Aktualisierung der Programme verfolgt (Meffert 2000, S. 437 f.). Sofern es die Curricula der Weiterbildungsprogramme zulassen[115] können im Rahmen einer Programmpflege z. B. entweder durch inhaltliche (neue Lehrveranstaltungen) oder personelle (neue Dozenten) Änderungen neue Akzente gesetzt werden.

---

[114] Eine Aufstellung möglicher Kostenarten in der Weiterbildung befindet sich in Kap. 5.4.2.
[115] Dies wäre z. B. der Fall wenn die einzelnen Lehrveranstaltungen in einem Curriculum nicht namentlich festgeschrieben sind, sondern sich das Curriculum modular anhand von zu erreichenden Lernzielen aufbaut. Bei einem solchen Vorgehen sichert sich die Hochschule die Option, einzelne Lehrveranstaltungen auszutauschen, sofern die im Curriculum verankerten Lernziele durch die neue Veranstaltung erreicht werden.

Beispielhaft sei in diesem Zusammenhang angeführt, dass bei einem Weiterbildungsprogramm zu einem Themengebiet, in dem sich die Erkenntnisse sehr schnell verändern (z. B. spezielle Aspekte in der Genforschung), stets sehr aktuelle Kursinhalte angeboten werden, um den Bedarf nach neuem Wissen der Weiterbildungskunden zu decken und nicht Gefahr zu laufen, dass aufgrund veralteter Kursinhalte ein Rückgang der Teilnehmerzahlen eintritt.

- Eine Programmmodifikation ist durch *umfassende Veränderungen* einer oder mehrerer Programmeigenschaften gekennzeichnet, insbesondere um eine ggf. anstehende Eliminationsentscheidung herauszuzögern (Haedrich/Tomczak 1996, S. 236 f.). Solche Modifikationen betreffen insbesondere strukturelle Änderungen eines Weiterbildungsprogramms[116] und sind, sofern es sich um akademische Weiterbildung handelt, ggf. durch einen neuen Gremienweg gekennzeichnet, weil Prüfungs-, Studien-, Gebühren- oder Zulassungsordnungen verändert und neu beschlossen werden müssen. Beispielhaft sei hier angeführt, dass z. B. die Zugangsregelungen für einen bestehenden Masterstudiengang verändert werden sollen, so dass künftig auch Absolventen von Berufsakademien Zugang haben, sofern sie bestimmte weitere Voraussetzungen erfüllen. Hierdurch erweitert sich der potenzielle Kundenkreis, der mit dem Masterstudiengang angesprochen wird.

Leistungsdifferenzierung

Eine Leistungsdifferenzierung ist das zeitlich parallele Angebot mehrerer Leistungsvarianten, die gezielt auf die Bedürfnisbefriedigung der unterschiedlichen Kundengruppen ausgerichtet sind (Meffert 2000, S. 439). Basis einer solchen Leistungsdifferenzierung ist die Identifikation der individuellen Präferenzen der potenziellen Kunden, d. h. die Personalisierung bzw. Individualisierung. Mittels einer Personalisierung sollen voneinander abgrenzbare Benutzerprofile der anvisierten Zielgruppen erarbeitet werden. Auf Basis von personalisierten Konzepten kann im Anschluss eine kundenorientierte Individualisierung der einzelnen Produkte oder Angebote vorgenommen werden, die darauf abzielt, Präferenzen und insofern auch Wettbewerbsvorteile zu schaffen, indem die angebotenen Leistungen die individuellen Besonderheiten und Anforderungen der Kundengruppen berücksichtigen (Piller 2003, S. 146). Ursprünglich auf die industrielle Fertigung fokussiert, hat sich bereits Anfang der 1990er Jahre PINE mit dem Thema der Individualisierung auseinandergesetzt (Pine 1994). Die Themen der Individualisierung und Personalisierung werden seither nicht nur für den industriellen Bereich in der wissenschaftlichen Literatur diskutiert, sondern auch in weiteren Disziplinen aufgegriffen, wie z. B. dem Marketing, dem E-Business (Teufel/Erat 2003, S. 510) oder der Medienbranche, in der die Tendenz zu erkennen ist, dass anstelle der Distribution reiner Massenprodukte verstärkt individuelle Produktionskonzepte verfolgt werden (Schumann 2003, S. 193 f.).

Eine Entscheidung zur Leistungsdifferenzierung impliziert die Entscheidung über die Tiefe eines Leistungsportfolios, denn diese beschreibt die Anzahl der verschiedenen Varianten ei-

---

[116] Solche strukturellen Änderungen sind z. B. veränderte Zugangsbedingungen, ein verändertes Curriculum oder Änderungen der Prüfungsmodalitäten.

nes Weiterbildungsprogramms pro Kompetenzfeld, während die Breite eines Leistungsportfolios beschreibt, auf wie vielen Kompetenzfeldern (z. B. Wirtschaftswissenschaften, Medizin, Sprachen etc.) sich die Weiterbildungsprogramme erstrecken (Benkenstein et al. 2003, S. 110). KAMIN analysiert die Möglichkeiten der Leistungsdifferenzierung für E-Learning-Materialien in Analogie zur Medienindustrie und führt unter Bezug auf HESS aus, dass über eine Leistungsdifferenzierung weitere Kundengruppen erschlossen werden können (Hess 2004, S. 75 f.; Kamin 2004, S. 13). Die Ausführungen von KAMIN beziehen sich im Wesentlichen auf die Mikroebene, d. h. auf die inhaltliche, didaktische und multimediale Gestaltung einzelner Kurse. Sie lassen sich jedoch auch auf die Makroebene[117], d. h. die Konzeption und Realisierung komplexer Weiterbildungsangebote, transferieren. Eine Leistungsdifferenzierung erfolgt auf diesen beiden Ebenen u. a. dadurch, dass z. B. die Form des *Zugangs*, spezielle *Inhalte* oder das *Corporate Design* an die identifizierten Kundengruppen angepasst werden:

- Bei einem differenzierten *Zugangssystem* werden die Programminhalte einer Gruppe von technikaffinen Kunden z. B. per E-Learning vermittelt, wohingegen der Gruppe von technikaversen Kunden die Möglichkeit geboten wird, die Kurse in Präsenzform zu besuchen.
- Bei einer Differenzierung des *Inhaltes* werden die angebotenen Themen sowohl auf spezielle Gruppen von Privatpersonen (z. b. anhand der Vorkenntnisse) als auch auf einzelne Unternehmen abgestimmt (durch Fokussierung solcher Themen, die innerhalb des Unternehmens einen hohen Stellenwert einnehmen, wie z. B. Ökologie oder Nachhaltigkeit sowie durch Einbinden spezieller unternehmensbezogener Fallbeispiele).
- Ein Anpassen an das *Corporate Design* kann für spezielle Unternehmenskunden erfolgen, die den betreffenden Kurs im Rahmen der internen Personalentwicklung unter einheitlichem Design anbieten wollen (umfasst sowohl E-Learning-Materialien als auch Folien, Bücher, Skripte oder Lehrbriefe).

Leistungselimination

Ein wesentlicher Grund für die Elimination von Weiterbildungsprogrammen ist in der Konkurrenz der einzelnen Programme um die gegebenen knappen (personellen und finanziellen) Ressourcen zu sehen (analog Meffert 2000, S. 450). Ökonomisch erfolglose Weiterbildungsprogramme können langfristig durch staatliche Hochschulen nur dann angeboten werden, wenn zum einen eine ausreichende finanzielle Basis durch die anderen Programme erwirtschaftet wird, die insofern eine Quersubventionierung übernehmen können, und zum anderen das Angebot solcher Programme durch spezielle Gründe gerechtfertigt werden kann. Solche Gründe können z. B. im Aufbau eines sozialorientierten Images liegen, im Rahmen dessen die Hochschule sozial schwache aber hoch qualifizierte Personengruppen durch spezielle Stipendien fördert, so dass der Beitrag der noch zu zahlenden Studien- oder Teilnehmergebühren nicht mehr (voll-)kostendeckend ist. Sie können auch durch mögliche Verbundeffekte (Böcker 1978, S. 54 ff.) gerechtfertigt werden, d. h. dass das Angebot des einen Weiterbildungspro-

---

[117] Zur Begrifflichkeit vgl. Kap. 3.1.2.

5.2 Leistungsportfolio der wissenschaftlichen Weiterbildung

gramms die Nutzung eines anderen derart positiv beeinflusst, dass die Umsatzrückgänge durch die Elimination größer sind als die mit der Aufrechterhaltung verbundenen Kosten. Sofern sich die Hochschule dazu entschieden hat, das Programm zu eliminieren, muss intern geklärt werden, wie der Rückzug stattfinden kann. Insbesondere bei langfristigen Weiterbildungsprogrammen (wie z. B. Studiengängen), deren Laufzeit sich ggf. über mehrere Jahre erstreckt, kann nur ein sukzessiver und langwieriger Ausstieg vorgenommen werden. Bei jedem Weiterbildungsprogramm gehen die Hochschulen mit den Kunden einen Vertrag über die jeweiligen Leistungen ein. Eine negative Publicity oder hohe juristische Kosten durch Vertragsbruch aufgrund eines übereilten Rückzugs aus dem Markt wird keine Hochschule in Kauf nehmen wollen. Insofern besteht die Notwendigkeit, das zur Elimination vorgesehene Programm solange weiter zu führen, bis der letzte Teilnehmer die vertraglich vereinbarte Leistung erhalten hat. Die hierdurch entstehenden Probleme sind offensichtlich, denn für eine immer kleiner werdende Anzahl an Teilnehmern müssen gewisse Mindeststandards (Anzahl an Dozenten, Verwaltungspersonal, Räume etc.) aufrecht erhalten werden, die durch die Rückflüsse aus dem Programm nicht mehr gedeckt werden. Zusätzlich lassen sich die aufgebauten Kapazitäten u. U. in einigen Bereichen nicht bzw. lediglich mit zeitlicher Verzögerung reduzieren, wie im Hauptelement des finanziellen Aspekts näher erläutert wird (vgl. Kap. 5.4.2.6).

Eine zusätzliche Option, das eigene Leistungsportfolio gegenüber potenziellen Wettbewerbern positiv abzugrenzen, ist durch das Anbieten von Nebenleistungen gegeben. Das Bündel aus Haupt- und Nebenleistungen soll den Zielgruppen einen höheren Wert vermitteln als die vergleichbaren Weiterbildungsprogramme der Wettbewerber (analog Meffert/Bruhn 2003, S. 22 ff.). Nebenleistungen können in vielfältiger Weise angeboten werden und sich sowohl auf die anbietende Institution als auch auf konkrete Weiterbildungsprogramme beziehen (Kotler/Fox 2002, S. 300 f.). Eine Abgrenzung der Nebenleistungen von den Hauptleistungen ist bei reinen Dienstleistungsbetrieben wie Hochschulen oftmals nicht eindeutig möglich, da den Kunden nur eingeschränkt sichtbar ist, was zur Hauptleistung gehört und was einer Nebenleistung entspricht (analog Meffert/Burmann 1996a, S. 26 ff.). Grundsätzlich können die Nebenleistungen im Bereich der wissenschaftlichen Weiterbildung jedoch in der organisatorischen Unterstützung der Hauptleistungen gesehen werden, d. h. dass insbesondere die Qualitätsaspekte der Betreuung und Kontaktunterstützung sowie das Maß an Flexibilität und Bürokratisierung in diesem Zusammenhang relevant werden. Beispielsweise können diesbezüglich u. a. speziell auf berufstätige abgestimmte allgemeine organisatorische oder kursbezogene Sprechzeiten (Beratung von Interessenten oder Kunden, Aufnahme von Beschwerden etc.) im Rahmen eines „After-Work-Services" angeboten werden. Des Weiteren ist das Einrichten eines Karrierenetzwerks im Rahmen eines Alumnivereins als zusätzliche Serviceleistung zu überlegen. Auch ein vereinfachter und möglichst unbürokratischer Anmelde- bzw. Immatrikulationsablauf kann in diesem Zusammenhang angeführt werden, bei dem anstelle einer papierbasierten Bewerbung und Anmeldung eine webbasierte Lösung mit angebundenen Datenbanken vorgehalten wird. Hierdurch wird zum einen eine schnelle Eingangs- oder

Verfügbarkeitsinformation an die Kunden ermöglicht (ist z. B. das gewünschte Weiterbildungsprogramm bereits ausgebucht, könnte automatisch ein alternativer Termin angeboten werden) und zum anderen ein direktes Weiterverarbeiten der Daten ohne Medienbrüche unterstützt. Schließlich kann auch eine kostenlose Gasthörerschaft in speziellen Kursen für die eigenen Absolventen als zusätzliche Nebenleistung angeboten werden (Kotler/Fox 2002, S. 281).

Einsatz von Analysetechniken

Da die zu treffenden Entscheidungen in den zuvor beschriebenen Bereichen sehr weit reichende Konsequenzen implizieren, sollten sie durch möglichst umfassende interne und externe Informationen unterstützt werden. KOTLER und SCHÖLL schlagen für die strategische Planung des Leistungsprogramms von Bildungsanbietern die Lebenszyklus- sowie die Portfolioanalyse vor (Kotler/Fox 2002, S. 283 ff.; Schöll 2005, S. 71 f.), wobei auch noch weitere Analysetechniken, wie z. B. die Strukturanalyse oder die Produktpositionierung, zur strategischen Programmplanung denkbar wären (z. B. Meffert 2000, S. 337 ff.; Götze/Mikus 1999, S. 60 ff.). Gemein ist solchen Analysetechniken zum einen, dass sie Hinweise auf potenzielle Problembereiche geben können. Die Problembereiche werden z. B. im Lebenszykluskonzept dadurch identifiziert, dass anhand der Entwicklung des Absatzes bzw. Gewinns ersichtlich wird, ob die Wachstums- und Reifephasen überschritten sind. Im Rahmen der Strukturanalyse lassen sich hingegen ungünstige Alters-, Umsatz- oder Kundenstrukturen der einzelnen Programme identifizieren und eine Portfolio- sowie Produktpositionierungsanalyse offenbaren in einem gering dimensionierten Raum (i. d. R. zweidimensional), wie die jeweilige Positionierung der eigenen strategischen Geschäftseinheit im Vergleich zu den wichtigsten Wettbewerbern zu beurteilen ist. Zum anderen ist den Analysetechniken gemein, dass anhand der vorliegenden Daten verschiedene Handlungsempfehlungen abgeleitet werden können. Im Lebenszykluskonzept sind dies z. B. die zu setzenden Strategieschwerpunkte (z. B. Überwinden von MEB, Präferenzen und Wettbewerbsvorteile aufbauen oder Marktsegmentierungen vornehmen) wohingegen der Einsatz der Portfoliomodelle Fragen zur grundsätzlichen Ressourcenallokation in marktbezogener Hinsicht klärt.

Problematisch ist allerdings, dass die verschiedenen Analysetechniken vielfach nur bedingt für den Bildungsbereich einsetzbar sind. Neben der allgemeinen Kritik, die z. B. an der Lebenszyklus- und Portfolioanalyse geäußert wird,[118] muss insofern kritisch hinterfragt werden, ob die

---

[118] Diese Kritik betrifft im Wesentlichen, dass die Modelle von einer extremen Vereinfachung der Realität ausgehen. Bei der Lebenszyklusanalyse wird z. B. lediglich die Zeit als Variable zur Erklärung des Absatzes gewählt. Vor diesem Hintergrund überrascht es nicht, dass die tatsächlich zu beobachtenden Absatzverläufe häufig nicht diesem idealtypischen Verlauf des Modells folgen (z. B. Kreikebaum 1997, S. 111 f.). Des Weiteren berücksichtigt das Modell nicht, dass der Absatzverlauf durch bestimmte Marketingmaßnahmen stimuliert werden kann. Analog zum Modell der Lebenszyklusanalyse ist auch der Aussagegehalt der Portfolio-Modelle kritisch zu hinterfragen. Einen spezifischen Schwachpunkt bildet z. B. die hohe Subjektivität, da bei den Modelldimensionen stets eine umfassende Aggregation über mehrere Kriterien erfolgt (Homburg 2000, S. 156 f.).

Annahmen der Modelle im Bildungsbereich überhaupt zutreffend sind. Sehr deutlich wird dies am Lebenszyklusmodell, denn der Lebenszyklus von Bildungsdienstleistungen wird sich eher weniger in das bereits seit den 1970er Jahren (z. B. Brand 1974; Hofstätter/Gerth 1977) in der wissenschaftlichen Literatur diskutierte Konzept einpassen lassen. Ggf. sind die im Modell behandelten Lebenszyklusphasen für spezielle Weiterbildungsprogramme zu aktuellen Themen, die im Zeitablauf veralten und durch andere Themen ersetzt werden müssen, durchaus anwendbar. Jedoch ist davon auszugehen, dass die idealtypischen Lebenszyklusphasen bei eher allgemein bildenden Weiterbildungsprogrammen, die standardisierte und im Zeitablauf durchaus beständige Inhalte vermitteln, weniger zutreffend sind. Aufgrund der durchaus gegebenen Probleme sind deshalb neben solchen Analysetechniken insbesondere im Rahmen der Planung der wissenschaftlichen Weiterbildung auch Evaluationsverfahren und Qualitätsmanagementkonzepte zu berücksichtigen, welche Informationen bezüglich einer erforderlichen Umgestaltung (inhaltlich, organisatorisch etc.) liefern. Da dieses Thema eine hohe Relevanz für Bildungseinrichtungen einnimmt, wird es speziell im Abschnitt zur nachhaltigen Absicherung der Weiterbildung ausführlicher diskutiert (vgl. Kap. 5.5.2).

5.2.3 Strategische Konzeption

Eine wesentliche Voraussetzung für die Einführung neuer und ökonomisch erfolgreicher Leistungen am Markt ist das Entwickeln und Überprüfen der Präferenzwirkung von potenziellen Konzepten. Konzepte beschreiben in diesem Zusammenhang die zukünftigen Weiterbildungsprogramme im Hinblick auf die relevanten Eigenschaften. Der Fokus im Rahmen der Konzeption neuer Weiterbildungsprogramme liegt demnach in der Entscheidung über die konkreten Gestaltungsmaßnahmen für das neue Programm. Hierzu können die Meinungen der (internen) Experten genutzt werden, die jedoch i. d. R. nicht ausreichen, wenn das Programm auf die Anforderungen des Marktes ausgerichtet werden soll. Aus diesem Grund ist es sinnvoll, die potenziellen Kunden bereits in die Konzeption einzubeziehen, indem diese mögliche Konzepte beurteilen. Wichtig hierbei ist jedoch, dass die verschiedenen zu beurteilenden Konzepte bereits möglichst umfassend vorliegen. Dies impliziert, dass im Vorfeld Einigkeit über die anzusprechende Zielgruppe, den Verwendungsanlass und den zu stiftenden Hauptnutzen, d. h. der „Unique Selling Proposition" (z. B. Becker 2002, S. 207) erarbeitet wurde (Erichson 2002, S. 422 f.). Es muss z. B. dahingehend Einigkeit herrschen, welche Länge und welchen Inhalt das Weiterbildungsprogramm aufweist, welche Zielgruppe es anspricht und welche Abschlussart (akademisch oder nicht-akademisch) vergeben werden soll. Nur vor dem Hintergrund eines solchen Grobkonzeptes ist es den Testpersonen möglich, fokussierte Präferenzurteile bezüglich bestimmter Merkmale bzw. deren Ausprägungen zu treffen. Da sich diese Arbeit nicht mit konkreten Konzepten der Weiterbildung auseinandersetzt, sondern das Geschäftsmodell der wissenschaftlichen Weiterbildung aus einer strategischen Perspektive betrachtet, wird insofern nachfolgend lediglich ein exemplarischer Konzepttest vorgestellt, um das Vorgehen und die Implikationen zu verdeutlichen. Die hierbei gewählten Merkmalsausprägungen sind beispielhaft zu verstehen und dienen der Veranschaulichung. Anhand eines solchen Konzepttests lassen sich verschiedene typische Fragestellungen klären, wie z. B. (analog Schubert 1995, S. 377):

- Welchen Beitrag leisten bestimmte Merkmale[119] aus Sicht der potenziellen Kunden zur Gesamtbeurteilung des neuen Konzepts?
- Bei welchen Merkmalen bzw. Merkmalsausprägungen[120] gehen die potenziellen Kunden Kompromisse ein?
- Welche Kombinationen von Merkmalsausprägungen werden für das neue Konzept von der Zielgruppe besonders präferiert?
- Bestehen unterschiedliche Präferenzstrukturen in der Zielgruppe, so dass durch Variation der Merkmale bzw. Eigenschaften verschiedene Segmente angesprochen werden können?
- Welche Preisbereitschaften bzw. Nutzungswahrscheinlichkeiten bestehen?

Das Ziel solcher Konzepttests liegt neben der Klärung dieser Fragen auch im Abschätzen des potenziellen Markterfolgs anhand der Reaktionen der potenziellen Konsumenten (Brockhoff 1999, S. 211). Die zuvor genannten Fragen können z. B. durch Anwendung einer Conjointanalyse geklärt werden. Dies ist ein Verfahren, welches auf Basis empirisch erhobener Gesamtnutzenwerte versucht, den Beitrag einzelner Merkmale zum Gesamtnutzen zu ermitteln (Kotler/Bliemel 2001, S. 535 ff.). Sie ist ein dekompositionelles Verfahren, welches unterstellt, dass sich der Gesamtnutzen additiv aus den einzelnen Teilnutzenwerten zusammensetzt.[121] Hierbei bilden subjektive Präferenzurteile von Testpersonen die erforderliche Datenbasis zur Auswertung (Goerdt 1999, S. 189). Insbesondere bei stark kognitiven Kauf- bzw. Konsumentscheidungen, die bei der wissenschaftlichen Weiterbildung angenommen werden können, eignet sich eine solche Conjointanalyse zum Konzepttest. Die Testpersonen müssen Kompromisse eingehen, was in einer realen Kauf- bzw. Konsumentscheidung oft sehr entscheidend ist. Obwohl sich die Mehrzahl der Studien, die mittels einer Conjointanalyse durchgeführt wurden, zunächst auf Konsumgüter fokussierte, konnte bereits Anfang der 1990er Jahre eine zunehmende Anwendung auch für den Dienstleistungsbereich festgestellt werden (Wittink/Vriens/Burhenne 1992, S. 8 ff.).

Nachfolgend wird demonstriert, wie die Auswahl der Merkmale und deren Ausprägungen erfolgen können (beispielhaft sei die Konzeption eines weiterbildenden Master-Studiengangs angenommen). Basis dieser Ausführungen sind die Ergebnisse der kundenzentrierten Analyse (vgl. Kap. 4.2.3.2.3):

Als erstes Merkmal werden die Kriterien „Art des Zugangs" zu Lehr-/Lernmaterialien sowie „Studienstruktur/Curriculum" zum Merkmal „Lehre" kombiniert. Die Ergebnisse der kunden-

---

[119] Als Merkmale können die übergeordneten Kriterien bzw. Anforderungen aus der kundenzentrierten Analyse gewählt werden (vgl. Kap. 4.2.3.2.3).
[120] Merkmalsausprägungen sind im vorliegenden Zusammenhang die einzelnen Umsetzungsmöglichkeiten zu den geäußerten Anforderungen aus der vorgenannten kundenzentrierten Analyse.
[121] Neuere Verfahren nutzen auch einen kompositionellen Teil im Rahmen der Analyse wie nachfolgend in diesem Kapitel dargestellt wird.

5.2 Leistungsportfolio der wissenschaftlichen Weiterbildung

zentrierten Analyse haben gezeigt, dass die Privatpersonen eine Kombination aus Präsenz- und Fernlehre per E-Learning präferieren (vgl. Abbildung 4.2-13). Auch die Unternehmensverantwortlichen haben geäußert, dass der Einsatz solcher Lehr-/Lernformen keine Ausnahme darstellt (vgl. Abbildung 4.2-25). Zudem wurde seitens der Privatpersonen geäußert, dass das Ergänzen durch WBT bzw. CBT als sehr hilfreich angesehen wird (vgl. Abbildung 4.2-7 und Abbildung 4.2-8). Zu testen bleibt, welchen Anteil die Präsenzlehre zur Fernlehre (per E-Learning) ausmachen sollte.

In den Tabelle 4.2-12 und Tabelle 4.2-20 wird deutlich, dass die Kunden eine hohe Freiheit zur Zeiteinteilung beim Lernen wünschen, dass die Weiterbildung berufsbegleitend sein und das berufliche Arbeitsleben nicht stören soll. Allerdings wird ein hoher Anteil an Präsenzphasen nicht direkt abgelehnt und dieser soll auch nicht ausschließlich an Wochenenden erfolgen. Zu klären bleibt in diesem Zusammenhang deshalb, wann der Präsenzanteil stattfinden sollte. Nachfolgende Tabelle zeigt die potenziellen Ausprägungen des Merkmals „Lehre":

Merkmal		Ausprägungen
Lehre	Anteil von Präsenzphasen zur Fernlehre	80% zu 20%
		50% zu 50%
		20% zu 80%
	Zeitpunkt der Präsenzlehre	Präsenzanteile an drei Abenden in der Woche
		Präsenzanteile jeweils Freitagabend und Samstag
		Präsenzanteile in Form von vier Wochenblöcken sowie an zwölf Samstagen im Jahr

Tabelle 5.2-1: Merkmale zur „Lehre" inklusive Ausprägungen

Als nächstes Merkmal kann der „Praxisbezug" aus dem Kriterium „Vermittlung der Lerninhalte" extrahiert werden. Dass der Praxisbezug sowohl von den Privatpersonen als auch den Unternehmen als besonders relevant angesehen wird, ist Tabelle 4.2-8 und Tabelle 4.2-19 zu entnehmen. Zu klären bleibt, welchen Anteil der Praxisbezug zur theorieorientierten Methodenlehre, die ebenfalls als sehr relevant charakterisiert wurde, einnehmen soll. Diesbezüglich ist es wichtig, ein einheitliches Verständnis für die Begriffe „Praxisbezug" sowie „theorieorientierte Methodenlehre" zu schaffen, damit die abgegebenen Präferenzurteile nicht allein dadurch abweichen, dass ein unterschiedliches Begriffsverständnis vorliegt.[122] Die nachfolgende Tabelle zeigt die Ausprägungen des Merkmals „Praxisbezug":

Merkmal		Ausprägungen
Praxisbezug	Anteil des Praxisbezugs zur theorieorientierten Methodenlehre	20% zu 80%
		50% zu 50%
		80% zu 20%

Tabelle 5.2-2: Merkmal zum „Praxisbezug" inklusive Ausprägungen

---

[122] Was impliziert z. B. der Begriff Praxisbezug? Lediglich das Einbinden von Praktikervorträgen oder den Einsatz von Projektseminaren in Kooperation mit Praxispartnern bzw. das Einbinden von Fallstudien oder Übungsaufgaben zu realen Problemen?

Neben dem Praxisbezug spielt auch die internationale Ausrichtung für beide Befragtengruppen aus der kundenzentrierten Studie eine hohe Relevanz (jeweils von mehr als 70% der Befragten als wichtig bzw. sehr wichtig eingestuft, vgl. Tabelle 4.2-8 und Tabelle 4.2-19). Diese internationale Ausrichtung kann verschiedene Formen einnehmen, die wiederum zu verschiedenen Kosten seitens des Anbieters führen. Gestaltet sich z. B. das Einbinden englischsprachiger Kurse ins Curriculum relativ einfach und kostengünstig, verursacht ein integrierter Auslandsaufenthalt mit einer Präsenzphase vor Ort sehr viel höhere Kosten, die über den Preis der Weiterbildung gedeckt werden müssen. Nachfolgende Tabelle zeigt die einzelnen Ausprägungen des Merkmals „Internationalität":

Merkmal		Ausprägungen
Internationalität	Art der internationalen Ausrichtung	Die Kurse werden teilweise in einer anderen Sprache als deutsch gehalten
		Ein Teil der Kurse wird im Rahmen entsprechender Lehrkooperationen von Dozenten ausländischer Hochschulen gehalten
		Es finden verschiedene (u. U. mehrwöchige) Projektphasen bei kooperierenden Hochschulen oder Projektpartnern im Ausland statt

Tabelle 5.2-3: Merkmal zur „Internationalität" inklusive Ausprägungen

Speziell für die Privatpersonen ist aus dem Kriterium „Vermittlung der Lerninhalte" auch noch das Merkmal „Prüfungen" zu testen (im Rahmen einer Conjointanalyse würden zu diesem Bereich keine Fragen an Unternehmenskunden gestellt werden). Die Privatpersonen haben angegeben (vgl. Tabelle 4.2-9), dass ihnen die Option, Prüfungen an verschiedenen Standorten ablegen zu können sehr wichtig ist. Grundsätzlich müsste nach der Relevanz dieses Aspekts deshalb im Rahmen eines Konzepttests nicht mehr gefragt werden. Da jedoch auch der Preis (Studien- bzw. Teilnehmergebühren) im Rahmen eines solchen Tests mit berücksichtigt wird, ist es interessant zu wissen, welchen Trade-Off es diesbezüglich zwischen dem starken Wunsch nach Flexibilität des Prüfungsortes und der Höhe des Preises gibt. Dies betrifft ebenso weitere Flexibilisierungen des Prüfungssystems, wie z. B. eine hohe Anzahl an Prüfungszeiträumen sowie Nachholprüfungen, die einen zusätzlichen Komfort insbesondere für die berufstätigen Kunden darstellen. Nachfolgende Tabelle zeigt die verschiedenen Ausprägungen des Merkmals „Prüfungen":

5.2 Leistungsportfolio der wissenschaftlichen Weiterbildung

Merkmal		Ausprägungen
Prüfungen	Prüfungsstandorte	Prüfungen werden ausschließlich am Standort der Hochschule abgenommen
		Prüfungen können an bis zu vier Standorten in Deutschland abgenommen werden
		Prüfungen können an einer Vielzahl an Standorten im In- und Ausland abgenommen werden
	Anzahl der Prüfungszeiträume pro Jahr	zwei Prüfungszeiträume (z. B. semesterweise)
		vier Prüfungszeiträume (z. B. quartalsweise)
		höhere Anzahl an Prüfungszeiträumen gleichmäßig über das Jahr verteilt
	Wiederholungsmöglichkeiten der Prüfungen	keine
		jede Prüfung kann im direkten Anschluss wiederholt werden

Tabelle 5.2-4: Merkmale zu den „Prüfungen" inklusive Ausprägungen

Bezogen auf die Privatpersonen sind zusätzlich Merkmale aus den Kriterien „Betreuung/Kontakte" sowie „Organisation" zu beurteilen. In diesem Zusammenhang interessiert sowohl die organisatorische als auch die inhaltliche Betreuung. Bezüglich der organisatorischen Betreuung wurden die Befragten bereits in der kundenzentrierten Analyse nach den gewünschten Reaktionszeiten sowie den Zeiten und Formen der Erreichbarkeit befragt (vgl. Abbildung 4.2-14 bis Abbildung 4.2-17). Bezüglich der inhaltlichen Betreuung sollten sie die Relevanz von geringen Gruppengrößen und einer diskreten Führung beim Lernen beurteilen (vgl. Tabelle 4.2-11). Ebenfalls wie beim zuvor diskutierten Merkmal der Prüfungen beeinflusst auch die Umsetzung dieser Anforderungen direkt die Kostenstruktur, da im Bereich der organisatorischen Unterstützung z. B. eine telefonische Erreichbarkeit nach Feierabend bzw. eine sehr schnelle Reaktionszeit bezüglich Anfragen zu realisieren sind oder im Bereich der inhaltlichen Betreuung ganz spezielle Betreuungsszenarien zur didaktischen Unterstützung des Lernprozesses präferiert werden. Nachfolgende Tabelle zeigt die potenziellen Ausprägungen des Merkmals „Betreuung":

Merkmal		Ausprägungen
Betreuung	Zeiten der telefonischen Erreichbarkeit	zwischen 09:00 - 16:00 Uhr
		zwischen 16:00 - 20:00 Uhr
		zwischen 09:00 - 20:00 Uhr
	Reaktionszeiten	≤ 12 Stunden
		> 12 Stunden und ≤ 24 Stunden
		> 24 Stunden
	Gruppengröße	≤ 15 Personen
		> 15 Personen und ≤ 30 Personen
		> 30 Personen
	Didaktische Unterstützung beim Lernen	ausschließlich Selbstlernphasen mit anschließender Prüfungsabnahme (geringe didaktische Unterstützung des individuellen Lernprozesses jedoch sehr hoher Freiheitsgrad zur freien Zeiteinteilung zum Lernen)
		vorgegebenes Phasenschema pro Kurs (umfangreichere didaktische Unterstützung im Lernprozess jedoch weniger Freiheitsgrade zur freien Zeiteinteilung zum Lernen), z. B. mit • einer kurzen Selbstlernphase und anschließender Präsenzphase zur Themeneinführung, • einer weiteren Selbstlernphase und anschließender Präsenzphase zur Themenvertiefung und • einer abschließenden Prüfungsphase.

Tabelle 5.2-5: Merkmale zur „Betreuung" inklusive Ausprägungen

Im Rahmen des Kriteriums „Studienstruktur/Curriculum" steht für beide Kundengruppen die Flexibilität des Curriculums im Vordergrund (vgl. Tabelle 4.2-12 und Tabelle 4.2-20). Dies betrifft zum einen die thematischen und zeitlichen Wahlfreiheiten innerhalb des Curriculums. Geringe Wahlfreiheiten bietet diesbezüglich ein sehr verschultes Curriculum, bei dem sowohl die Art der Kurse (Themen) als auch deren Abfolge fest vorgegeben ist. Mehr Wahlfreiheiten bietet hingegen ein modulares Curriculum bei dem die Kunden neben den Pflicht- auch Wahlkurse gemäß der individuellen thematischen Interessen auswählen können. Zu klären ist diesbezüglich zusätzlich, wie flexibel dieser Wahlbereich sein sollte.[123] Zum anderen betrifft es die Möglichkeit, im laufenden Studium zwischen einem Vollzeit- und Teilzeitcurriculum wechseln zu können.

Speziell für die Unternehmenskunden ist es zusätzlich sinnvoll, den Trade-Off zwischen dem als sehr relevant erachteten Grad der thematischen Abstimmung und dem Preis zu ermitteln, denn ggf. gestattet die vorhandene Preisbereitschaft der Unternehmen die Möglichkeit, eine spezielle, unternehmensorientierte Variante der geplanten Weiterbildung zu entwickeln.

---

[123] Aus didaktischen Gründen darf der Anteil der Wahlkurse ein gewisses Maß nicht überschreiten, jedoch stellt die angebotene Vielfalt der Auswahlmöglichkeiten u. U. einen präferenzwirksamen Aspekt dar.

5.2 Leistungsportfolio der wissenschaftlichen Weiterbildung

Nachfolgende Tabelle zeigt die potenziellen Ausprägungen des Merkmals „Studienstruktur/Curriculum":

Merkmal		Ausprägungen
Studienstruktur/Curriculum	Art des Curriculums	verschult, d. h. Themen und Zeitpunkt der Kurse sind fest vorgegeben
		vollständig modular, d. h. zum einen ist die zeitliche Abfolge nicht starr vorgegeben und zum anderen können neben Pflicht- auch Wahlkurse gewählt werden
	Flexibilität im Wahlbereich	es gibt nur Wahlpflichtkurse, d. h. dass z. B. drei von vier Wahlkursen gewählt werden müssen (geringe Flexibilität)
		neben Wahlpflichtkursen gibt es auch eine geringe Anzahl an reinen Wahlkursen (mittlere Flexibilität)
		neben Wahlpflichtkursen gibt es auch eine hohe Anzahl an reinen Wahlkursen (hohe Flexibilität)
	Wechseloption zwischen Voll- und Teilzeitstudium	ist gegeben
		ist nicht gegeben
	Grad der thematischen Abstimmung mit dem Unternehmen	geringer Grad (Themen werden nicht auf das Unternehmen abgestimmt)
		hoher Grad (Themen werden in gewissem Umfang speziell auf das Unternehmen abgestimmt)

Tabelle 5.2-6: Merkmale zur „Studienstruktur/Curriculum" inklusive Ausprägungen

Schließlich sind spezielle qualifikationsorientierte Merkmale aus den Kriterien „Reputation, Qualifikation und Qualitätssicherung" abzuleiten. Zum einen spielen die staatlichen Qualitätssiegel speziell aus Sicht der Unternehmen eine wichtige Rolle (vgl. Tabelle 4.2-21), weshalb sich die Beurteilung der Relevanz von nationalen zu internationalen Qualitätssiegeln vor dem Hintergrund eines steigenden Preises als sinnvoll darstellt. Zum anderen fordern beide Befragtengruppen, dass die Dozenten nicht nur Hochschullehrer, sondern auch Fachvertreter aus der Praxis sein sollen (vgl. Tabelle 4.2-16 und Tabelle 4.2-23). Unklar ist hierbei, zu welchem Anteil dies gewünscht wird und welche Preisbereitschaft diesbezüglich vorliegt (hoch renommierte Dozenten aus der freien Wirtschaft sind i. d. R. weitaus „kostenintensiver" als hauseigene Lehrkräfte, die u. U. sogar die Lehrtätigkeit auf das Lehrdeputat anrechnen lassen). Nachfolgende Tabelle zeigt die Ausprägungen des Merkmals „Qualifikation":

Merkmal		Ausprägungen
Qualifikation	staatliche Qualitätssiegel	nicht vorhanden
		national vorhanden
		international vorhanden
	Anteil der Fachvertreter aus der Praxis im Vergleich zu Hochschuldozenten	20% zu 80%
		50% zu 50%
		80% zu 20%

Tabelle 5.2-7: Merkmale zur „Qualifikation" inklusive Ausprägungen

Neben diesen strukturellen Merkmalen sind in einem Konzepttest, wie bereits zuvor angedeutet, verschiedene Preismodelle zu integrieren, denn das Umsetzen spezieller Anforderungen bedingt unterschiedlich hohe Studien- bzw. Teilnehmergebühren. Wie bereits erwähnt werden die einzelnen Merkmale im Rahmen der Conjointanalyse zu einem Gesamtkonzept kombiniert, welches durch die Befragten zu bewerten ist. Indirekt lassen sich aus den Konzeptbewertungen Teilpräferenzwerte ermitteln, die wiederum als Wahlanteile interpretiert werden können und u. a. Aufschluss auf eine Preis-Absatz-Funktion geben.

Insgesamt wurden im obigen Beispiel 17 einzelne Merkmale sowie 46 Merkmalsausprägungen vorgestellt. Im Rahmen einer traditionellen Conjointanalyse sorgt ein solches Untersuchungsdesign zwar für eine möglichst hohe Realitätsnähe, jedoch kann die Vielzahl an Stimuli leicht zu einer kognitiven Überforderung der Testpersonen führen. Zusätzlich werden von den Testpersonen lediglich Präferenzurteile und keine echten Wahlentscheidungen verlangt. Neuere Ansätze der Conjointanalyse verknüpfen den klassischen dekompositionellen mit einem kompositionellen Ansatz und versuchen hierdurch, die zuvor genannten Probleme zu reduzieren (Stadtler 1993, S. 34 ff.). Die *hybride, adaptive-* sowie *choice-based Conjointanalyse* sind Beispiele solcher neueren Ansätze (Schubert 1991, S. 146 ff.):

- Die *hybride Conjointanalyse* besteht aus einem kompositionellen und dekompositionellen Teil. Beim kompositionellen Teil geben die Testpersonen zunächst diskrete Urteile über sämtliche Merkmale und deren Ausprägungen ab. Im dekompositionellen Teil sollen sie dann ausgewählte Merkmalskombinationen als Ganzes bewerten.[124] Sofern die Möglichkeit besteht, mit großen Stichproben zu arbeiten, kann die Anzahl der zu bewertenden Konzepte stark reduziert werden, indem die Gesamtstichprobe der Testpersonen in einzelne Teilstichproben auf die Anzahl der zu bewertenden Konzepte aufgeteilt wird.
- Bei der *adaptiven Conjointanalyse* verläuft der gesamte Befragungsablauf computergestützt und orientiert sich am Urteilsverhalten der Testpersonen. Auch sie besteht aus einem kompositionellen Teil, bei dem die Testpersonen aus einer großen Anzahl von Merkmalen die jeweils als am wichtigsten erachteten auswählen können, um dann die Akzeptanz und Relevanz zu bestimmen. Im Rahmen des dekompositionellen Teils werden den Testpersonen dann in mehreren Paarvergleichen jeweils zwei Konzepte vorgestellt, bei denen die Merkmalsausprägungen computergestützt anhand der im dekompositionellen Teil gegebenen Antworten derart zusammengestellt werden, dass in jedem Konzept sowohl stark als auch weniger stark präferierte Ausprägungen vorhanden sind. Die Testpersonen sind insofern gezwungen, Kompromisse zwischen den erwünschten und nicht- bzw. weniger erwünschten Merkmalen vorzunehmen.
- Im Rahmen der *choice-based Conjointanalyse* werden von den Testpersonen diskrete Wahlentscheidungen verlangt, d. h. es wird nicht nach Präferenzen oder Kaufwahrschein-

---

[124] Insofern ist das hier gewählte Vorgehen mit einer hybriden Conjointanalyse zu vergleichen, denn im Rahmen der kundenzentrierten Analyse (vgl. Kap. 4.2.3) wurden diskrete Urteile zu den einzelnen Qualitätsaspekten seitens der Kunden abgegeben, die dann in der hier vorgestellten Form als Konzept beurteilt werden könnten.

lichkeiten gefragt. Den Testpersonen werden am Bildschirm eine Reihe von Wahlsituationen dargeboten, innerhalb derer jeweils eine gewisse Anzahl an Konzepten gleichzeitig präsentiert werden. Die Testpersonen haben die Wahl, sich für eines der angebotenen Konzepte zu entscheiden oder die Auswahl zu treffen, dass sie sich für keines entscheiden würden. Die Teilpräferenzwerte werden mit entsprechender Software auf einem aggregierten Niveau[125] berechnet. Durch Einbindung multimedialer Stimuli[126] ist die Simulation einer realistischen Auswahlsituation möglich.

Insbesondere die adaptive Conjointanalyse, die Konzepttests von maximal 30 Merkmalen mit jeweils bis zu neun Ausprägungen ermöglicht, kann als sinnvolles Instrument für einen Konzepttest in der wissenschaftlichen Weiterbildung angesehen werden, da die individuelle Nutzenstruktur der Testpersonen durch die integrierte Logik[127] der Analyse im Laufe des Konzepttests immer besser abgebildet und der Erhebungsaufwand trotz der hohen Zahl an Merkmalen und Ausprägungen nicht zu umfangreich wird (Ernst 2001, S. 56).[128] Anhand der Ergebnisse solcher Konzepttests können die Hochschulen erkennen, welche Merkmale einen wesentlichen Beitrag zur Auswahl der Weiterbildungsprogramme einnehmen und welche Rolle der Preis bei der Gestaltung der Weiterbildung spielt (hohe oder geringe Preissensitivität der Kunden). Mit fortschreitender Konkretisierung des Konzepts werden erste Schätzungen zur Marktgröße und zum ökonomischen Erfolg des neuen Programms möglich. Dies ist die Basis für die Formulierung realistischer Umsatz-, Marktanteils- sowie Gewinnziele, welche u. a. dann relevant werden, wenn potenzielle Geldgeber von dem Vorhaben überzeugt werden müssen, damit sie die weitere Entwicklung und Einführung der Weiterbildung z. B. über einen Kredit finanzieren (zu den Möglichkeiten der Kreditaufnahme vgl. Kap. 4.1.2.1 sowie 5.4.3.1).

Diejenigen Merkmale, die eine hohe relative Wichtigkeit einnehmen, sollten bei der physischen Umsetzung[129] des Konzepts in ein neues Weiterbildungsprogramm besonders beachtet und im Rahmen einer Vermarktungsstrategie mit entsprechendem Nachdruck als werbewirksame Argumente genutzt werden. Zusätzlich ist zu bedenken, dass auch die bereits eingangs

---

[125] Allerdings muss diesbezüglich einschränkend erwähnt werden, dass es aufgrund der Ermittlung der Teilnutzenwerte auf aggregiertem Niveau zu Verzerrungen kommen kann, sofern sich die Testpersonen aus verschiedenen Kundensegmenten mit unterschiedlichen Präferenzstrukturen zusammensetzen. Sollte Letzteres der Fall sein, ist eine segmentspezifische Betrachtung unumgänglich.
[126] Z. B. werden anstelle einer rein verbalen Beschreibung der einzelnen Merkmale auch audio-visuelle Materialien eingesetzt.
[127] Eine sehr bekannte Software einer adaptiven Conjointanalyse wurde durch JOHNSON in Verbindung mit SAWTOOTH entwickelt (Schubert 1995, S. 380).
[128] Eine detaillierte Vorstellung des Ablaufs einer solchen Conjointanalyse wird aufgrund des strategieorientierten Charakters dieser Arbeit nicht vorgestellt. Diesbezüglich sei z. B. auf die Ausführungen von BECK verwiesen (Beck 2003, S. 177 ff.).
[129] Die physische Umsetzung des Konzepts erfolgt analog des in Kap. 3.1 vorgestellten Phasenmodells, d. h. dass nach der Planung und Konzeption zunächst die Realisierung sowie die Einrichtung der erforderlichen Organisationsstrukturen folgen, bevor die Durchführung der Weiterbildung erfolgen kann.

erwähnten Nebenleistungen, sofern sie in einem nutzenstiftenden Zusammenhang zum neuen Weiterbildungsprogramm stehen, in einem solchen Marketingkonzept werbewirksam aufgegriffen werden.

5.2.4 Fazit

Als Ergebnis dieses Abschnitts kann festgehalten werden, dass sowohl die Planung als auch die Konzeption des Leistungsportfolios eine Reihe von Entscheidungen beinhalten, die es aus strategischer Perspektive zu beachten gilt.

Die Entscheidungstatbestände im Bereich der strategischen Planung beziehen sich auf die Innovation, Variation, Differenzierung sowie Eliminierung von Weiterbildungsprogrammen oder kompletten Programmlinien. Der Bereich der Leistungsinnovation zeichnet sich im Vergleich zu den anderen drei Bereichen durch eine hohe Komplexität aus und ist aufgrund der finanziellen und personellen Konsequenzen mit einem nicht unerheblichen Risiko für die anbietende Institution verbunden. Ziel einer Leistungsvariation ist es, den Lebenszyklus der bereits eingeführten Weiterbildungsprogramme zu verlängern, indem entweder eine gezielte Programmpflege oder -modifikation durchgeführt wird. Ziel der Leistungsdifferenzierung ist es hingegen, ein zeitlich paralleles Angebot von verschiedenen Leistungsvarianten anzubieten, um gezielt die Bedürfnisse der verschiedenen Kundengruppen zu befriedigen. Die Leistungsdifferenzierung kann sowohl auf der Ebene der Hauptleistungen als auch der Nebenleistungen erfolgen, die den Wert des eigenen Programms gegenüber dem Wettbewerb aus Sicht der Kunden erhöhen sollen. Die Entscheidung zur Leistungselimination ist zu treffen, wenn mit dem betreffenden Weiterbildungsprogramm langfristig keine finanziellen Überschüsse erwirtschaftet werden können, sofern keine Gründe gegen eine Eliminierung sprechen (z. B. Verbundeffekte).

Zur Unterstützung der in den vier zuvor genannten Bereichen zu treffenden Entscheidungen können eine Reihe von Analysetechniken eingesetzt werden, wobei berücksichtigt werden muss, dass die Dienstleistungen von Bildungsanbietern durchaus Besonderheiten aufweisen, die eine Anwendung solcher Analysetechniken erschweren (z. B. treffen die Annahmen der einzusetzenden Modelle bzw. Verfahren nicht zu). Insofern wurde darauf hingewiesen, dass die benötigten Informationen auch durch die nachfolgend noch eingehender zu beschreibenden Evaluationsverfahren sowie Qualitätsmanagementsysteme (vgl. Kap. 5.5.2), die die Kunden und Prozesse in die Qualitätsbeurteilung einbeziehen, ermittelt werden können.

Die strategische Konzeption erfolgt im Phasenkonzept der wissenschaftlichen Weiterbildung direkt im Anschluss an die strategische Planung. Um Fragen bezüglich der Akzeptanz der neu zu entwickelnden Weiterbildungsprogramme zu klären, sollte in diesem Stadium ein Konzepttest unter Einbindung der Kunden erfolgen. Anhand der in der kundenzentrierten Analyse gesammelten Kundenanforderungen wurde beispielhaft diskutiert, welche Merkmale und Merkmalsausprägungen in einem solchen Konzepttest berücksichtigt werden könnten. Als Instrument für einen solchen Konzepttest wurde eine adaptive Conjointanalyse vorgeschlagen, welche aufgrund eines kompositionellen und dekompositionellen Analyseteils in der Lage ist, die Erhebungskomplexität auf ein akzeptables Niveau zu senken, ohne einen unangemessenen Realitätsverlust zu riskieren. Die Ergebnisse solcher Konzepttests liefern den Hochschulen Informationen darüber, welche Merkmale einen stärkeren Beitrag zur Auswahl eines Weiterbildungsprogramms liefern als andere. Zudem wird ersichtlich, bei welchen Merkmalen die Kunden bereit sind, Kompromisse einzugehen und welche grundsätzliche Preissensitivität gegeben ist.

5.3 Grad der Integration und interne Strukturen der wissenschaftlichen Weiterbildung

Das vorangegangene Kapitel hat gezeigt, dass die Entscheidungstatbestände in der Planung und Konzeption der wissenschaftlichen Weiterbildung komplex sind und u. U. sehr langfristige Konsequenzen implizieren. Zu klären ist an dieser Stelle, welchen Organisationseinheiten die Verantwortung für diese Entscheidungen obliegt und welche Stellen innerhalb oder außerhalb der Hochschule die weiteren Tätigkeiten aus den wertschöpfenden und unterstützenden Prozessen übernehmen können, die im Rahmen des „Herstellens der Leistungsbereitschaft" sowie des „Durchführens der Weiterbildung" anfallen. Analog zu den beiden vorangegangenen Kapiteln werden nachfolgend zunächst strukturierende Vorüberlegungen getroffen, d. h. geklärt in welchem Rahmen sich der Grad der Integration bewegen kann, bevor anschließend die identifizierten Möglichkeiten für den Untersuchungsgegenstand eingehender diskutiert werden.

5.3.1 Strukturierende Vorüberlegungen

Der Begriff der Integration lässt sich aus verschiedenen Perspektiven betrachten, z. B. aus soziologischer, sozialpolitischer, pädagogischer, mathematischer, informationstechnischer oder aus betriebswirtschaftlicher bzw. organisationstheoretischer Perspektive. Traditionell wird unter Integration ein Eingliedern einzelner Teile in ein größeres Ganzes verstanden (z. B. Balassa 1961, S. 1). Dem Integrationsverständnis für den hier vorliegenden Untersuchungsgegenstand liegt die betriebswirtschaftliche bzw. organisationstheoretische Perspektive zugrunde. Neben der reinen organisatorischen Integration steht für den Bereich der wissenschaftlichen Weiterbildung insbesondere auch die Prozessintegration (Steinmann/Schreyögg 2002, S. 432 ff.) im Fokus, d. h. in welchen Formen eine Arbeitsteilung für die zu bewältigende Aufgabe zu gestalten ist bzw. welche Teilbereiche bzw. Teilprozesse ggf. aus der Organisationseinheit Hochschule isoliert und von Kooperationspartnern übernommen werden können. In diesem Zusammenhang stellen die „Eigenfertigung" bzw. der „komplette Fremdbezug" Extrema auf dem Grad der Integration dar, wobei ein kompletter Fremdbezug, d. h. ein Herauslösen sowohl der Tätigkeiten als auch der Verantwortung für die Ergebnisse bereits aus rein rechtlichen Gründen[130] nicht möglich ist.

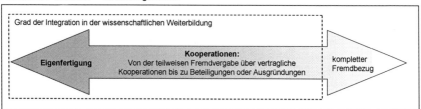

Abbildung 5.3-1: Kontinuum zwischen Eigenfertigung und Fremdvergabe

Den höchsten Grad der realisierbaren Integration bildet die „Eigenfertigung", in der sämtliche Tätigkeiten, die im Rahmen der wissenschaftlichen Weiterbildung anfallen, durch die anbietende Hochschule selbst durchgeführt werden. Wesentlicher Aspekt in diesem Zusammenhang ist die Gestaltung der internen Strukturen, damit die anfallenden Tätigkeiten möglichst effizient und kundenorientiert durchgeführt werden können. Zusätzlich bietet sich jedoch auch die Möglichkeit, Teile des Weiterbildungsprozesses aus den Hochschulen herauszulösen, indem „Kooperationen" mit anderen öffentlichen oder privatwirtschaftlichen Partnern eingegangen werden. Zu solchen Kooperationen sind sowohl die teilweise Fremdvergabe (z. B. Auftragsvergabe im Bereich des Mediendesigns von E-Learning-Materialien) zu zählen als auch die Möglichkeit des Ausgründens einer eigenen Weiterbildungsinstitution bzw. der Beteiligung an bereits existierenden Bildungsdienstleistern. Letzteres stellt den höchsten realisierbaren Grad des Herauslösens der Tätigkeiten dar.[131]

Nachfolgend werden die Möglichkeiten der organisatorischen Ausgestaltung für die beiden zuvor genannten realisierbaren Möglichkeiten der „Eigenfertigung" (Kap. 5.3.2) sowie der „Kooperation" (Kap. 5.3.3) beschrieben. Im Rahmen der Ausführungen wird auch analysiert, wie die Verantwortlichkeiten in den wertschöpfenden und unterstützenden Prozessen aufgeteilt werden können und welche Auswirkungen sich durch die beschriebenen Organisationsformen auf das interne Spannungsfeld sowie die identifizierten Schwächen ergeben. Schließlich werden einzelne Fallstudien die theoretisch erarbeiteten Aussagen ergänzen (Kap. 5.3.4).

---

[130] Akademische Abschlüsse dürfen z. B. ausschließlich von staatlichen bzw. staatlich anerkannten Hochschulen verliehen werden, d. h. mindestens sämtliche Tätigkeiten, die mit der Vergabe dieser Abschlüsse in Verbindung stehen (u. a. auch das interne Genehmigungsverfahren) müssen innerhalb der Hochschulen verbleiben.

[131] Im Rahmen der Situationsanalyse wurde bereits darauf hingewiesen, dass sich die Hochschulen der meisten Bundesländer (teilweise erst durch Genehmigung der zuständigen Ministerien) an Unternehmen beteiligen oder eigenständige Unternehmen gründen dürfen (vgl. Kap. 4.1.2.1). Auch bei einer Ausgründung aus der Hochschule muss diese eine i. d. R. vertraglich zu formalisierende Kooperation zur neu gegründeten Organisationseinheit aufbauen, denn ansonsten können z. B. keine akademischen Abschlüsse für Weiterbildungsangebote verliehen werden, die durch die neue Organisationseinheit konzipiert, realisiert und vermarktet werden.

5.3.2 Eigenfertigung

Bei der Analyse der potenziellen Möglichkeiten zur vollständigen Integration der Weiterbildung in die Hochschule muss zunächst einmal dargestellt werden, in welchen Organisationsformen dies erfolgen kann (Kap. 5.3.2.1) bevor sich anschließend klären lässt, welche Möglichkeiten der geeigneten Aufteilung der wertschöpfenden und unterstützenden Prozesse innerhalb der Hochschule bestehen (Kap. 5.3.2.2). Schließlich wird beschrieben, welche Auswirkungen sich auf das interne Spannungsfeld ergeben bzw. welche Möglichkeiten zur Reduktion der in der Situationsanalyse identifizierten Schwächen bestehen (Kap. 5.3.2.3).

5.3.2.1 Organisationsformen

Die in den Hochschulen i. d. R. vorherrschenden Organisationsstrukturen sind im Wesentlichen auf die grundständige Lehre sowie die Forschung ausgerichtet, da dies die traditionell am stärksten fokussierten Aufgabengebiete sind. Um für den Bereich der wissenschaftlichen Weiterbildung Organisationsstrukturen einzurichten, die eine geringere Verwaltungsorientierung aufweisen und sich verstärkt am Markt und den benötigten Ressourcen orientieren, sind zum einen geeignete Organisationskonzepte zu identifizieren und zum anderen entsprechende Anreizmechanismen zur Umsetzung zu schaffen. In der wissenschaftlichen Literatur werden überwiegend *vertikale* und *horizontale*, teilweise auch *laterale* Konzepte zur Integration unterschieden (z. B. Holtbrügge 2001, S. 338 ff.).

Die *vertikalen* Konzepte zur Integration kennen als klassische Form die Hierarchie sowie zu ihrer Ergänzung bzw. Entlastung zusätzliche Abstimmungsformen wie z. B. Programme oder Pläne. Die *horizontalen* Integrationskonzepte, in denen i. d. R. komplexere Strukturen vorherrschen, werden durch verschiedene Formen der Selbstabstimmung institutionalisiert, zu denen neben Ausschüssen und Gremien auch die Matrix-, Prozess- und Projektorganisation zählen. Die *lateralen* Konzepte zur Integration, zu denen z. B. die Adhocratie oder die Netzwerkorganisation zählen, zeichnen sich durch vielfach überlappende (vertikal, horizontal, lateral) Gruppenabstimmungsprozesse aus (Schreyögg 2003, S. 155 ff.). Da sich solche Organisationskonzepte vor allem für stark international agierende Unternehmen mit Bedarf an flexibler Integration komplexer Leistungsprozesse eignen, werden die lateralen Konzepte nachfolgend nicht weiter betrachtet, denn eine solche Organisationsstruktur liegt innerhalb deutscher staatlicher Hochschulen nicht vor.

Vertikale Integrationskonzepte

Vertikale Integrationskonzepte nutzen als klassisches Koordinationsinstrument die Hierarchie. In einer Hierarchie sind die Entscheidungskompetenzen, insbesondere bei strategisch relevanten Fragen, auf der obersten Leitungsebene konzentriert. Das Übertragen von Kompetenzen (Rechten und Befugnissen) auf untergeordnete Stellen erfolgt lediglich in einem eingeschränkten Umfang. Im Rahmen vertikaler Integrationskonzepte können *zentrale* von *dezen-*

tralen Formen unterschieden werden (Schreyögg 2003, S. 158 ff.). Eine *zentrale* Organisationsform impliziert i. d. R. eine steile Hierarchie wohingegen es bei *dezentralen* Organisationsformen zu einem „Empowerment" auf untergeordneten Ebenen und insofern zu einem Abflachen der Hierarchie kommt (Bea/Göbel 2002, S. 254). KIEFER und SPILLER schlagen als zentrale Formen der vertikalen Integration der wissenschaftlichen Weiterbildung in die Hochschulen die *zentrale Umsetzung, zentrale Koordination* sowie ein *flexibles Mix-Modell* vor. Als dezentrale Formen schlagen sie einen *Weiterbildungsbeauftragten* sowie die *Anreizsteuerung* vor (Kiefer/Spiller 2004, S. 188 f.), wobei die Anreizsteuerung eher als Mischform zwischen einer zentralen und dezentralen Form angesehen werden muss, wie nachfolgend erläutert wird. Die einzelnen Formen werden in Anlehnung an KIEFER und SPILLER auf den folgenden Seiten kurz erläutert:

Zentrale Formen:

- **Zentrale Umsetzung:** Innerhalb der Hochschule wird eine zentrale Weiterbildungsinstanz geschaffen (Zentrum, Institut oder Linienstelle), die direkt der Hochschulleitung untersteht. Diese Stelle hat die Entscheidungskompetenzen über die Ausgestaltung sämtlicher Weiterbildungsprogramme und übernimmt sowohl die Konzeption und Entwicklung als auch die Koordination und Organisation sämtlicher anfallenden Tätigkeiten im Bereich der wissenschaftlichen Weiterbildung.
- **Zentrale Koordination:** Die Hochschule schafft ebenfalls eine zentrale Stelle, die jedoch lediglich die Koordination und Organisation übernimmt und den Überblick über sämtliche Weiterbildungsprogramme wahrt. Die Konzeption und Entwicklung wird indes auf Ebene der Fakultäten bzw. Institute übernommen. Folge einer solchen Teilung ist, dass die Hochschule ein entsprechendes Anreizsystem schaffen muss, damit aus den Fakultäten heraus sowohl Ideen für neue Weiterbildungsprogramme entwickelt als auch deren Umsetzung realisiert werden.
- **Flexibles Mix-Modell:** Die zentrale Stelle für Weiterbildung arbeitet bei einem flexiblen Mix-Modell kooperativ mit den Fakultäten und Instituten zusammen und zwar sowohl in der Organisation und Koordination als auch der Entwicklung und Realisierung. Letzte Entscheidungsinstanz bleibt jedoch die zentrale Stelle.

Zur Entlastung der Hierarchiespitze können Programme oder Pläne eingesetzt werden (Schreyögg 2003, S. 168 ff.). Hierbei handelt es sich weniger um gut standardisierbare Programme, da die anfallenden Tätigkeiten i. d. R. wenig standardisierbar sind (insbesondere nicht in der Phase der Konzeption bzw. Entwicklung von Weiterbildungsprogrammen). Viel eher handelt es sich um sog. Zweckprogramme oder -pläne, in denen ein bestimmtes Ziel festgeschrieben ist, jedoch nicht, welche speziellen Maßnahmen für die Zielerreichung zu ergreifen sind. Ein Anwendungsbeispiel eines Zweckprogramms bzw. -plans ist das bereits aus den 1960er Jahren bekannte Management by Objectives (MbO), welches als umfassendes

5.3 Grad der Integration und interne Strukturen der wissenschaftlichen Weiterbildung 175

Organisationsprinzip die Koordination und Steuerung der Tätigkeiten über vereinbarte Ziele vornimmt und hierbei sowohl den strukturellen Aspekt (Planung und Organisation) als auch den personalen Aspekt (Motivation) berücksichtigt. Es umfasst das Festlegen von Zielen auf sämtlichen Ebenen zur Verhaltensausrichtung, ein integriertes Zielsystem mit möglichst exakt quantifizierbaren Zielen und zeitlicher Bestimmung sowie das Erarbeiten von Messgrößen zur Zielerreichung (Odiorne 1967, S. 68 ff.). Bei einer zentralen Umsetzung wird ein solches Zielsystem weitestgehend von der zentralen Stelle erarbeitet, vorgegeben und auf Zielerreichung überprüft, bei der zentralen Koordination sowie dem flexiblen Mix-Modell werden die betroffenen Stellen auf Fakultätsebene stärker in den Zielfindungsprozess eingebunden.[132]

Dezentrale Form:

Weiterbildungsbeauftragte bzw. Weiterbildungsabteilung der Fakultät: Die Verantwortung für das Entwickeln und Realisieren der wissenschaftlichen Weiterbildungsprogramme liegt bei dieser Organisationsform bei den einzelnen Fakultäten. Der Prozess wird durch einen Weiterbildungsbeauftragten bzw. eine Weiterbildungsabteilung gesteuert, die zwar mit der Hochschulleitung und den anderen Fakultäten in Verbindung steht (Informationsaustausch), jedoch sämtliche Entscheidungskompetenzen hat und insofern selbstständig sowohl die Koordination und Organisation als auch die Entwicklung und Realisierung der Weiterbildungsprogramme übernimmt.

Eine solche Stelle ist sinnvollerweise dem Dekanat zugeordnet und kann entweder als organisatorisch eigenständige Stelle handeln, die sich aus den Einnahmen der Weiterbildung trägt oder auch in Form von einzelnen Wissenschaftlern gebildet werden, die diese Funktion in Nebentätigkeit ausüben. Letztere Möglichkeit birgt jedoch die Gefahr in sich, dass bei einem mangelnden Anreizsystem nur wenig Engagement seitens der Wissenschaftler aufgebracht wird, die anfallenden Aufgaben in der Weiterbildung auszuüben.

Mischform:

Anreizsteuerung: Bei diesem Ansatz existieren weder eine übergeordnete formale Entscheidungsinstanz noch eine zentrale Koordination auf Hochschul- oder Fakultätsebene. Jede Fakultät bzw. jedes Institut organisiert selbstständig die Weiterbildung, weshalb sowohl die Entscheidungskompetenzen als auch die Finanzierung Angelegenheiten der Initiatoren sind. Inwiefern Rückgriffe auf die Hochschule als Gesamtinstitution möglich sind (Anschubfinanzierung, Verluste) muss jedoch im Vorfeld eindeutig durch Rücksprache mit der Hochschulleitung bestimmt werden. Einem solchen Modell liegen weiche Koordinations- und Organisationsmechanismen zugrunde, wie z. B. Leitfäden, Vorschriften zum Corporate Design, Checklisten o. Ä., die sinnvollerweise durch eine zentrale Organisationseinheit, entweder auf Hochschul-

---

[132] In der neueren Literatur kommt mit der Balanced Scorecard dem alten MbO wieder neue Aufmerksamkeit zuteil (Kaplan/Norton 1998).

oder mindestens auf Fakultätsebene, entwickelt werden. Das Engagement, in der Weiterbildung tätig zu werden, muss in einem solchen System über monetäre (z. B. fließen die Überschüsse aus den Weiterbildungsprogrammen direkt zu den Initiatoren) und nicht monetäre Anreize (z. B. Deputatsermäßigung oder besondere Honorierung in der Forschungs- und Lehrevaluation) seitens der Hochschulleitung gestärkt werden.

Horizontale Integrationskonzepte

Horizontale Integrationskonzepte sind zwar komplexer als vertikale, jedoch versuchen sie, die vielfältigen Konflikte in einer hierarchischen Organisation durch Abstimmungsverfahren oder temporäre Organisationseinheiten zu reduzieren. KIEFER und SPILLER nennen in diesem Zusammenhang als wesentliche Formen zum einen die *Matrixorganisation* und zum anderen die *Projektorganisation* (Kiefer/Spiller 2004, S. 189 ff.). Die wissenschaftliche Literatur nennt mit den *organisatorischen Selbstabstimmungsverfahren* (Schreyögg 2003, S. 173 ff.) und der *Prozessorganisation* (Bea/Haas 2001, S. 403 ff.) weitere horizontale Organisationsformen. Nachfolgend werden die einzelnen Organisationsformen kurz dargestellt:

Matrixorganisation: Matrixorganisationen sind mehrdimensionale Organisationsmodelle (z. B. Frese 2000, S. 366 ff.). Die ausführenden organisatorischen Einheiten stehen bei einer zweidimensionalen Darstellung im Schnittpunkt zweier Dimensionen, in der nachfolgend gewählten dreidimensionalen Darstellung sind sie mindestens für einen Einzelwürfel verantwortlich (z. B. für das Leistungsportfolio des Weiterbildungsprogramms „a" der Fakultät 1).

5.3 Grad der Integration und interne Strukturen der wissenschaftlichen Weiterbildung

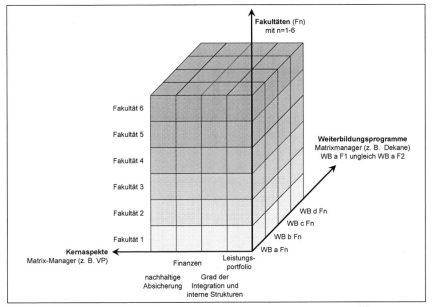

Abbildung 5.3-2: 3D-Matrixorganisation in der wissenschaftlichen Weiterbildung[133]

Aufgrund der gegebenen Struktur innerhalb der Hochschulen gibt es mit den Fakultäten eine Reihe von unabhängigen Organisationseinheiten, die als Querschnitte in der Abbildung 5.3-2 erkennbar sind. Die einzelnen Hauptelemente von Geschäftsmodellen der wissenschaftlichen Weiterbildung sind als Längsschnitte in der Graphik zu erkennen. Auf der Achse der Weiterbildungsprogramme werden einzelne Kurse oder Studiengänge abgetragen, wobei hier zu berücksichtigen ist, dass das Weiterbildungsprogramm „a" der Fakultät 1 ungleich dem Weiterbildungsprodukt „a" der Fakultät 2 ist; die einzelnen Weiterbildungsprogramme beziehen sich lediglich stets auf eine Querschnittsebene.

Es ist charakteristisch für eine Matrixorganisation, dass die gesamte funktionale Organisation (Hauptelemente) von einer Produkt- bzw. Projektorganisation überlagert wird (einzelne Weiterbildungsprogramme) (Steinmann/Schreyögg 2002, S. 428). Im Idealfall wird zum einen von einem Gleichgewicht der Matrix-Stellen ausgegangen und zum anderen von einer Vergleichbarkeit der Kompetenzen, d. h. dass strategisch relevante Entscheidungen nur gemeinsam getroffen werden können (Laßmann 1992, S. 221). Die Matrix-Manager sind die obersten Leiter der jeweiligen Achsen (Hauptelemente bzw. Weiterbildungsprogramme) und sind für die effiziente Abwicklung der anfallenden Aufgaben und Prozesse verantwortlich. Im Fall der

---

[133] WB = Weiterbildung, Fn = Fakultät n, mit n=1-6. Sowohl die Zahl der Fakultäten als auch die der Weiterbildungsprogramme ist beispielhaft zu verstehen und es ist nicht anzunehmen, dass stets die gleiche Anzahl an Weiterbildungsprogrammen innerhalb der einzelnen Fakultätsebenen existiert.

Hauptelemente bietet es sich an, dass der Matrix-Manager der Hochschulleitung zugeordnet ist (z. B. Vizepräsident), weil er die Verantwortung der einzelnen Hauptelemente über sämtliche Fakultäten übernimmt. Im Fall der Weiterbildungsprogramme bietet es sich an, dass der Matrix-Manager direkt aus den Fakultäten stammt (z. B. Dekan), da er die Verantwortung für sämtliche Weiterbildungsprogramme seiner Fakultät trägt und das Gesamtziel der Weiterbildungsprogramme über die einzelnen Hauptelemente hinweg aufgespannt wird. Ausführende Organisationseinheiten (Abteilungen, Teams, einzelne Mitarbeiter), die unterhalb der jeweiligen Leiter dieser beiden Achsen tätig sind, sind mindestens für jeweils einen Einzelwürfel innerhalb der obigen Abbildung verantwortlich. Denkbar ist jedoch auch, dass z. B. eine Organisationseinheit auf der Ebene der Fakultät 1 für das gesamte Leistungsportfolio aller Weiterbildungsprogramme der betreffenden Fakultät verantwortlich ist. Vorgesetzte bzw. Weisungsbefugte wären im gewählten Beispiel aus Sicht der Weiterbildungsprogramme der Dekan der Fakultät 1 und aus Sicht der Hauptelemente der Vizepräsident.

Das Besondere an einer Matrixorganisation ist das benötigte Vertrauen und die Bereitschaft zur internen Kooperation, denn bei Konflikten wird i. d. R. keine organisatorisch bestimmte Dominanzlösung zugunsten der einen oder anderen Achse gefällt (Steinmann/Schreyögg 2002, S. 429). Gerade diese Besonderheit, die grundsätzlich für mehr Integration und Qualität sorgen sollte, kann sich im Falle einer Hochschulorganisation als problematisch erweisen, sofern die Abstimmungs- und Kooperationsbereitschaft der involvierten Leiter auf Ebene der Hochschule und Fakultäten nicht oder nur in geringem Umfang gegeben ist. Aufgrund der durchaus vorhandenen Unterschiede zwischen den einzelnen Fakultäten sind Differenzen in den Ansichten und Meinungen nicht auszuschließen und insofern ist mindestens die Rolle des Matrix-Managers auf der Achse der Hauptelemente risikobehaftet. Zwar kann durch eine solche Organisation eine stärkere Gesamtzielorientierung und Flexibilität verfolgt werden, jedoch birgt sie stets die Gefahr in sich, dass aufgrund der stark angestiegenen Binnenkomplexität ein Orientierungsverlust innerhalb der Organisationseinheit entsteht, der zusätzlich zu dem i. d. R. vorherrschenden hohen zeitlichen Abstimmungsbedarf und den zuvor angesprochenen Differenzen zwischen den einzelnen Fakultäten eine solche Organisationsform für die wissenschaftliche Weiterbildung unvorteilhaft erscheinen lässt.

Projektorganisation: Der entscheidende Hintergrund der meisten Projekte[134] ist, dass ihr Wirkungsgeschehen i. d. R. die Grenzen festgelegter Organisationsbereiche (z. B. Abteilungen, Institute, Fakultäten) überschreitet und oftmals das Mitwirken verschiedener Spezialisten sowie eine gemeinsame Nutzung von Ressourcen erforderlich ist (Frese 2000, S. 500 ff.). Bei der organisatorischen Gestaltung von Projekten ist zum einen die Verknüpfung der Projekttätigkeiten mit den regulären Aufgaben nicht zu vernachlässigen (Schreyögg 2003, S. 193) und

---

[134] Ein Projekt ist gekennzeichnet durch einen im Vorfeld zu bestimmenden Anfangs- und Endzeitpunkt sowie durch seine Einmaligkeit, Neuartigkeit, technische und organisatorische Komplexität, Interdisziplinarität und Abgrenzung gegenüber anderen Vorhaben, d. h. die Aufgaben im Projekt nehmen eine Sonderstellung im Vergleich zu anderen Aufgaben ein (Thommen 2004, S. 810).

5.3 Grad der Integration und interne Strukturen der wissenschaftlichen Weiterbildung

zum anderen spielt das bereits zuvor dargestellte Promotorenkonzept (Kap. 5.1.2) im Vergleich zu hierarchischen Lösungen eine wichtige Rolle. Bezogen auf die wissenschaftliche Weiterbildung muss zunächst einmal geklärt werden, ob diese überhaupt in Form von Projekten organisiert werden kann. Aufgrund des Charakteristikums der Einmaligkeit von Projekten muss die Phase des Durchführens der Lehre sicherlich anders als in Projektorganisation abgewickelt werden. Die Phase des Herstellens der Leistungsbereitschaft, d. h. das Planen, Konzipieren, Realisieren und Organisieren, hat in diesem Zusammenhang eher einen Projektcharakter. Mögliche Großprojekte könnten z. B. sein, das Angebot in der wissenschaftlichen Weiterbildung innerhalb einer bestimmten Anzahl an Jahren als Grundstock aufzubauen. Folgeprojekte könnten dann speziell am Portfolio der Weiterbildungsprogramme ansetzen. Die einzelnen Projektteams schließen sich als temporäre Arbeitsgruppen mit begrenzter Weisungsbefugnis aus Organisationsmitgliedern eines oder verschiedener Fachbereiche zusammen. Das Engagement mit dem diese Teams die ihnen gestellten Aufgaben bearbeiten, hängt wesentlich von der Anerkennung der geleisteten Tätigkeiten und dem Umfang des möglichen Rückzugs aus den anderen Aufgabengebieten ab. Sofern keine Entlastung von den anderen Tätigkeiten möglich ist (z. B. kann aufgrund hoher Auslastung keine Reduktion des Lehrdeputats erfolgen) oder es an sonstigen Anreizmechanismen mangelt, werden die Tätigkeiten innerhalb der Projektteams eher Nebentätigkeitscharakter haben.

Arbeiten mehrere Projektteams an einer gemeinschaftlichen Oberaufgabe (z. B. konstituieren sich die Unterprojekte analog der einzelnen Teilprozesse des Weiterbildungsprozesses, vgl. Kap. 3.1), sollten sie durch eine übergeordnete Instanz koordiniert und gesteuert werden, die, aufgrund der in ihr vereinten Autorität, insbesondere auch die Rolle eines Machtpromotors übernehmen kann. Innerhalb der Projektteams arbeiten einzelne Mitarbeiter (ggf. aus verschiedenen Instituten interdisziplinär) an der Konzeption und Entwicklung der Weiterbildungsprogramme und werden jeweils durch eine übergeordnete Projektleitung gesteuert.

Organisatorische Selbstabstimmungsverfahren: Die organisatorische Selbstabstimmung ist als Instrument der Arbeitsvereinigung zu verstehen. Es findet eine direkte Abstimmung der Aktivitäten nach dem Ermessen der Aufgabenverantwortlichen statt. In Abgrenzung zu der zuvor beschriebenen Matrixorganisation, die als dauerhafte Einrichtung zu verstehen ist, finden solche Selbstabstimmungsverfahren i. d. R. bei Projekten oder Aufgaben Anwendung, die eher den Charakter einer zeitlich befristeten Sonderaufgabe für die Betroffenen einnehmen (Schreyögg 2003, S. 175 ff.). In institutionalisierter Form sind solche organisatorischen Selbstabstimmungsverfahren an Hochschulen in Ausschüssen, Konferenzen, Koordinatoren oder Koordinationsgruppen zu finden (analog Steinmann/Schreyögg 2002, S. 427 ff.).

Prozessorganisation: Die Grundidee der Prozessorganisation ist, dass Prozesse anstelle von Organisationseinheiten Gegenstand der Strukturierung sind (Bea/Haas 2001, S. 402 f.). An die Stelle einer vertikalen Hierarchieorientierung tritt das horizontale Verketten einzelner

Teilprozesse. Ein solches Vorgehen impliziert, dass sich die Aufbauorganisation an der Ablauforganisation ausrichtet (Gaitanides 1983, S. 64 ff.). Für die wissenschaftliche Weiterbildung dienen die im Vorfeld identifizierten wertschöpfenden und unterstützenden Prozesse als Raster zum Aufbau einer Prozessorganisation (vgl. Kap. 3.1.1).

5.3.2.2 Verantwortlichkeiten in wertschöpfenden und unterstützenden Prozessen

An dieser Stelle wird analysiert, welche Teile des Weiterbildungsprozesses in sinnvollerweise durch welche organisatorischen Einheiten innerhalb der Hochschule übernommen werden können. Die Entscheidung, welche Organisationsform sich am Besten eignet und wie die einzelnen Teilprozesse intern auf die Organisationseinheiten verteilt werden, hängt stets von den individuellen Umständen an den jeweiligen Hochschulen ab. Mittels Beantwortung der nachfolgenden Fragen kann diese Ausgangssituation geklärt werden:

- Wie ist die Akzeptanz der Weiterbildung in der Hochschule zu beurteilen?
- Ist bereits innerhalb vieler Organisationseinheiten (Fakultäten, Institute) ein starker Wunsch nach stärkerem Engagement in der Weiterbildung vorhanden oder muss das Verständnis hierfür erst zentral durch die Hochschulleitung per Weisung und geeigneter Anreizsteuerung gestärkt werden?
- Gibt es bereits vereinzelte Organisationseinheiten innerhalb derer Weiterbildungsprogramme konzipiert und vermarktet werden? Wenn ja, wie können diese ggf. in die gesamte Hochschulstruktur integriert werden?
- Ist es ggf. sinnvoll, die bestehenden Strukturen zu reorganisieren (z. B. in Form einer Prozessorganisation anstelle einer hierarchischen Organisationsform?).

Diese Fragen lassen sich jedoch nicht abschließend allgemeingültig klären, weshalb nachfolgend anhand einer Beispielorganisation vorgestellt und erläutert wird, wie eine Aufteilung der wertschöpfenden und unterstützenden Prozesse hochschulintern stattfinden könnte. Basis des Beispiels ist eine Kombination aus vertikaler (flexibles Mix-Modell) und horizontaler (Projektorganisation) Integration. In diesem Beispiel gibt es zum einen eine zentrale Stelle Weiterbildung, um einen ggf. erforderlichen Machtpromotor zu integrieren. Zum anderen wird eine Reihe von dezentralen Weiterbildungsstellen geschaffen, um die Nähe zu den Fakultäten herzustellen. Schließlich werden die Projektteams aus Mitarbeitern verschiedener Fakultäten gebildet, damit eine interdisziplinäre Planung, Konzeption und Realisierung neuer Weiterbildungsprogramme erfolgen kann.

5.3 Grad der Integration und interne Strukturen der wissenschaftlichen Weiterbildung

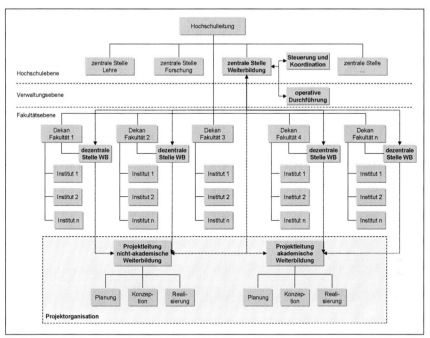

Abbildung 5.3-3: Beispielhafte Organisation der wissenschaftlichen Weiterbildung

Es wird eine zentrale Stelle Weiterbildung (zWB) als Linienstelle zu der Hochschulleitung eingerichtet, die Weisungsbefugnisse an die untergeordneten Stellen auf Fakultätsebene besitzt. Dieser Stelle zugeordnet sind zum einen Mitarbeiter, denen die Steuerung und Koordination des gesamten Weiterbildungsprozesses obliegt und zum anderen Verwaltungsangestellte, die die operativen Tätigkeiten aus sämtlichen Weiterbildungsprogrammen übernehmen. Zusätzlich können auf der Fakultätsebene dezentrale Weiterbildungsstellen (dWB) als Linienstellen zu den Dekanaten eingerichtet werden, die wiederum Weisungsbefugnisse an die untergeordneten Stellen auf Instituts- und Projektebene besitzen. Über entsprechende Anreizmechanismen kann die zWB diese Entwicklung unterstützen, so dass in möglichst vielen Fakultäten solche dWB eingerichtet werden (sofern bereits eine entsprechende Anzahl an Weiterbildungsprogrammen besteht bzw. geschaffen werden soll). Für den physischen Aufbau bzw. die Fortentwicklung bereits bestehender Weiterbildungsprogramme werden fakultätsübergreifende Projektteams aus Mitarbeitern der einzelnen Institute gebildet, deren Leitung die zWB und/oder dWB übernehmen. Nachfolgend wird dargestellt, welche Tätigkeiten des Weiterbildungsprozesses[135] durch welche dieser Organisationseinheiten übernommen werden.

---

[135] Herstellen der Leistungsbereitschaft = Planung, Konzeption, Realisierung und Organisation; Durchführen der Weiterbildung = Lehre sowie Verwaltung und Administration (vgl. Kap. 3.1.1).

Zentrale Weiterbildungsabteilung

Die zWB übernimmt Tätigkeiten aus nahezu sämtlichen Teilprozessen der Weiterbildung, lediglich der Teilprozess der Lehre stellt in diesem Zusammenhang eine Ausnahme dar. Wie die nachfolgende Tabelle zeigt, übernimmt die Abteilung „Steuerung und Koordination" der zWB sowohl wertschöpfende als auch unterstützende Prozesse, wohingegen der Abteilung „operative Durchführung" weitestgehend die Abwicklung der unterstützenden Prozesse obliegt (Ausnahme: Lehr- und Studienevaluationen).

Teilprozess	Tätigkeiten	Prozessart[136]	Verantwortlichkeit[137]
Planung	• Zielfindungsprozess in Abstimmung mit den dWB.	wP	S/K
	• Erarbeiten eines strategischen Weiterbildungsportfolios auf inhaltlicher (welche Weiterbildungsprogramme), zeitlicher (in welchem Zeitraum) und organisatorischer (welche Zuständigkeiten) Ebene.	wP	
	• Organisationsmodell für die internen Strukturen entwickeln.	uP	
	• Finanzierungs- und Businessmodelle für die Weiterbildungsprogramme entwickeln und Möglichkeiten zum Einwerben von Drittmitteln (Sponsoring, Spenden, öffentliche Gelder, Förderprogramme etc.) erarbeiten.	uP	
Konzeption	• Erarbeiten einheitlicher Vorgaben, die von den dWB einzuhalten bzw. zu beachten sind, wie z. B. Vorgaben für das Corporate Design, Leitfäden zum Einführen von Weiterbildungsstudiengängen, Qualitätsstandards, Rahmenordnungen (Studien-, Prüfungs-, Zulassungs-, Gebührenordnung) etc.	wP	S/K
	• Entwickeln von Anreizmechanismen für ein stärkeres Engagement seitens des wissenschaftlichen Personals in der Weiterbildung.	uP	
	• Kontaktaufnahme zu Unternehmen zur Integration der geforderten Praxisorientierung der wissenschaftlichen Weiterbildung. Konzept bzw. Curriculum ggf. mit den Kooperationspartnern abstimmen.	uP	
	• Entwicklung eines transparenten, kundenorientierten Qualitätsmanagements inkl. Evaluationsmechanismen für Lehre und Organisation der Weiterbildung.	uP	
Realisierung	• Erarbeiten von Vorlagen, Leitfäden etc. zur Unterstützung des Erstellens von Akkreditierungsanträgen.	wP	S/K
	• Entwickeln spezieller Rahmenlehraufträge, mit denen das interne und externe Lehrpersonal für die Lehre in der Weiterbildung vergütet wird (je nach Bedarf anpassbar durch die einzelnen Fakultäten).	uP	oD
	• Zentrales Erstellen von Multimediaobjekten (je nach Verhältnis von E-Learning zur Präsenzlehre erforderlich).	uP	
Organisation	• Überwachen und Steuern der Entwicklung interner Organisationsstrukturen.	wP	S/K
	• Einrichten eines Call-Centers zur Kundenbetreuung.	uP	

---

[136] wP = Wertschöpfender Prozess, uP = Unterstützender Prozess.
[137] S/K = Steuerung und Koordination, oD = operative Durchführung.

Fortsetzung Tabelle

Teilprozess	Tätigkeiten	Prozessart[138]	Verantwortlichkeit[139]
Verwaltung und Administration	• Durchführen und Auswerten der Evaluationsbögen für Lehre und Studium.	wP	oD
	• Kommunikationspolitik (Marketing, Public Relation) durchführen.	uP	
	• Kundenakquisition durchführen.	uP	
	• Eingangsvoraussetzungen prüfen und Eignungstests durchführen.	uP	
	• Studierendenverwaltung durchführen.	uP	
	• Kundenbetreuung ggf. mittels Call-Center durchführen.	uP	

Tabelle 5.3-1: Tätigkeiten der zentralen Weiterbildungsabteilung

Durch die direkte Anbindung der operativen Durchführung an die zentrale Steuerung und Koordination der Weiterbildung soll ein Feedbackprozess unterstützt werden, d. h. dass z. B. Rückmeldungen seitens der Studierenden oder Interessenten Veränderungspotenzial in der Ausgestaltung gezielter Weiterbildungsprogramme oder des Weiterbildungsportfolios signalisieren. Gleichermaßen können Rückmeldungen seitens des Personals potenzielle Notwendigkeiten einer Reorganisation zugunsten einer „schlankeren" Prozessabwicklung signalisieren.

Dezentrale Weiterbildungsabteilungen

Die dWB übernehmen Tätigkeiten aus den Teilprozessen der *Planung*, der *Konzeption* sowie der *Realisierung*. Der Teilprozess der *Lehre* (Vorbereitung, Durchführung, Nachbereitung), zu dem auch die Mikroplanung aus der Konzeptionsphase gezählt werden muss, obliegt den einzelnen Dozenten und wird, nicht zuletzt aufgrund der Freiheit von Forschung und Lehre, weder durch die dWB noch die zWB gesteuert oder beeinflusst.

Instituts- und ggf. auch fakultätsübergreifende Teams, die durch die zWB und/oder dWB geleitet werden, entwickeln die Weiterbildungsprogramme nach den Richtlinien bzw. Vorgaben der zWB, hierbei übernehmen sie sowohl Tätigkeiten aus den wertschöpfenden als auch aus den unterstützenden Prozessen. In der Planungsphase sind die Leiter der dWB in den Ziel- und Profilbildungsprozess eingebunden und haben ein Mitbestimmungsrecht. Die interdisziplinären Teams übernehmen in dieser Phase insbesondere die Marktanalysen. Aufgrund der möglicherweise besseren Kenntnis des thematischen Umfeldes (spezielle Kundenbedürfnisse, spezielle Wettbewerber etc.) sind solche dezentralen Marktanalysen einer zentralen vorzuziehen. Die Ergebnisse dieser Analysen werden jedoch der zWB zur Verfügung gestellt und von dort anderen Projektteams zugänglich gemacht, um Doppelarbeiten zu vermeiden. Im Rahmen der Konzeptionsphase werden die organisatorischen und didaktischen Konzepte für die

---

[138] wP = Wertschöpfender Prozess, uP = Unterstützender Prozess.
[139] S/K = Steuerung und Koordination, oD = operative Durchführung.

Weiterbildungsprogramme entwickelt (Makroperspektive) sowie unter Beachtung der Rahmenvorgaben (Richtlinien, Leitfäden etc.) Studien-, Prüfungs-, Gebühren- und Zulassungsordnungen erstellt. Diese Rahmenvorgaben werden mittels Rückkopplungsprozessen (Lernprozessen) zwischen den dWB und der zWB kritisch analysiert und falls erforderlich von der zWB überarbeitet und an die speziellen Bedürfnisse der in der Weiterbildung aktiven Institute bzw. Fakultäten angepasst. Die Akkreditierungsanträge werden ebenfalls von den Projektteams ausgearbeitet und an die zWB übergeben, die sie bei der Akkreditierungsagentur einreicht und die Vor-Ort-Begehung zusammen mit der oder den juristisch verantwortlichen Fakultäten vorbereitet. Schließlich akquirieren die Projektteams in der Realisationsphase, sofern erforderlich, externes Lehr-/Lernmaterial, um die Curricula der zu konzipierenden Weiterbildungsprogramme angemessen auszugestalten.

5.3.2.3 Auswirkungen auf die identifizierten Schwächen

Nachfolgend wird dargestellt, inwiefern sich im Fall der vollständigen Integration die im Rahmen der Situationsanalyse (vgl. Kap. 4.2.2) identifizierten Schwächen (finanzielle Probleme, organisatorische Probleme, mangelnde Praxisorientierung) reduzieren lassen.

Finanzielle und organisatorische Probleme

Sowohl in den vertikalen als auch den horizontalen Integrationskonzepten werden sämtliche Weiterbildungsprogramme durch die Hochschule (vor-)finanziert. Diese (Vor-)Finanzierung stellt sich jedoch als eines der größten Probleme der Hochschulen dar, die eine vollständige Integration der Weiterbildung verfolgen. Sowohl die organisatorische Restrukturierung als auch die Konzeption und Entwicklung neuer Weiterbildungsprogramme ist personalintensiv. Zum einen müssen die Stellen auf der zentralen und den dezentralen Ebenen geschaffen werden. Diesbezüglich stellt sich die Frage ob das benötigte Personal an anderen Stellen abgezogen werden kann oder neue Mitarbeiter eingestellt werden müssen bzw. dürfen. Zum anderen sollte das wissenschaftliche Personal, welches sich in der Weiterbildung engagiert, über entsprechende Anreizmechanismen gefördert werden und es sind interne Regelungen zu schaffen, die unter Einhaltung der bestehenden haushalts-, dienst- und arbeitsrechtlichen Bestimmungen eine größere Flexibilität und schnellere Reaktionszeiten ermöglichen (z. B. Weisungsbefugnisse, Zeichnungsberechtigungen, Regelungen zur Wochenend- und Abendarbeit etc.).

Sofern die Erlöse aus den Weiterbildungsprogrammen die entstehenden Kosten übersteigen, reduziert sich das finanzielle Problem.[140] Die Überschüsse aus den Programmen stehen je nach Herkunft der Gelder sowie der internen Vereinbarungen entweder der Hochschule als

---

[140] Dieser finanzielle Motivator wurde in der Vergangenheit stark unterdrückt, da die meisten Länder die Einnahmen aus der wissenschaftlichen Weiterbildung mit den Landeszuschüssen verrechneten. Mittlerweile ist dieser Zustand jedoch weitestgehend abgeschafft, d. h. dass die Einnahmen in den Hochschulen verbleiben (Dohmen 2003a, S. 7).

Gesamtorganisation (i. d. R. zentrale Formen) oder der jeweils aktiven Fakultät (i. d. R. dezentrale Formen) zur Verfügung. Jedoch ist insbesondere die Entwicklungs- (=Herstellen der Leistungsbereitschaft) und Markteinführungsphase bis zum Erreichen der Gewinnschwelle auch bei einer auf die Weiterbildung spezialisierten Organisationsstruktur eine kritische Situation, die ggf. durch Drittmittel (Förderprogramme, Sponsoring, Spenden, Kreditaufnahme etc.) überbrückt werden muss.

Durch das Übertragen der meisten unterstützenden Prozesse auf eine zentrale Organisationseinheit ist von einer größeren personellen Stabilität auszugehen als wenn diese Tätigkeiten weitestgehend durch wissenschaftliche Mitarbeiter einzelner Institute übernommen werden. Als positiver Effekt der zuvor vorgestellten Organisationsstruktur ergibt sich durch das zentrale Bearbeiten der nicht-wissenschaftlichen operativen Tätigkeiten die Möglichkeit, sowohl Lernkurveneffekte[141] als auch Synergien[142] zu realisieren, was letztendlich eine Reduktion der finanziellen Probleme unterstützt. Sind entsprechende monetäre und/oder nicht-monetäre Anreizsysteme in der Hochschule etabliert, ist zudem davon auszugehen, dass ein angemessenes Engagement auf der Fakultäts- und Institutsebene vorzufinden ist, um die speziellen Bedürfnisse der Weiterbildungskunden (z. B. kurze Reaktionszeiten oder eine telefonische Erreichbarkeit auch nach 16:00 Uhr) zu befriedigen. Schließlich kann durch das Einrichten spezieller Weiterbildungsabteilungen davon ausgegangen werden, dass das Bewusstsein zur professionellen Vermarktung stärker gegeben sein wird, als wenn die Weiterbildung vollständig in Nebentätigkeit aus den einzelnen Instituten bzw. Abteilungen erfolgt, da diese zusätzlichen Stellen einen Personalaufwand darstellen, der sich kostenrechnerisch tragen muss. In einem solchen Szenario ist insofern zumindest eine leichte Verbesserung der Marketingaktivitäten zu erwarten.

Mangelnde Praxisorientierung

Bei einer vollständigen Integration ohne jegliche Kooperationspartner aus der Privatwirtschaft bleibt auch bei einer auf die Weiterbildung ausgerichteten Organisation das Problem der mangelnden Praxisorientierung bestehen. Es gelangen wenige praxisorientierte Impulse in die strukturelle bzw. organisatorische Gestaltung von Weiterbildungsprogrammen sowie die Auswahl und inhaltliche Aufbereitung der Lehrveranstaltungen, so dass die speziellen Anforderungen der Unternehmen nach einer engen thematischen Abstimmung nicht erfüllt werden.

Dieses Szenario der völligen Isolierung der Hochschulen ist jedoch als eher untypisch anzusehen, denn auch bei einer vollständigen Integration der Weiterbildung in die Organisationseinheit Hochschule wird es personen- oder organisationsgebundene Kontakte zur Privatwirtschaft geben. Hierdurch lernen die Hochschuldozenten die speziellen Unternehmenskulturen

---

[141] Z. B. beschleunigt ein spezieller Know-how-Aufbau im Mediendesign die Realisierung von E-Learning-Materialien.
[142] Z. B. können größere Kontingente von Anzeigenplätzen in Printmedien zu insgesamt günstigeren Konditionen gebucht werden als wenn dies für jedes Weiterbildungsprogramm isoliert erfolgt.

bzw. „Problemmuster" der Praxispartner kennen und können diese in die eigene Forschung und Lehre integrieren (was wiederum die Schwäche in der Praxisorientierung abmildert). Des Weiteren bieten sich hierdurch erste Kontaktpunkte für potenzielle Projektakquisitionen (z. B. Auftragsforschung, praxisbezogene Abschlussarbeiten etc.) oder sonstige Sponsoringaktionen.

5.3.3 Kooperationen

In den nachfolgenden Abschnitten werden die Ausprägungsformen von sektorübergreifenden (Kap. 5.3.3.1) und intersektoralen (Kap. 5.3.3.2) Kooperationen mit Bezug auf die wissenschaftliche Weiterbildung eingehender diskutiert.[143]

5.3.3.1 Öffentlich-privatwirtschaftliche Kooperationen

Nachfolgend wird zunächst eine Systematisierung des Kooperationsbegriffs vorgenommen, bevor im Anschluss analysiert wird, welche Möglichkeiten sich durch sektorübergreifende Kooperationen ergeben, die Verantwortlichkeiten in den wertschöpfenden und unterstützenden Prozessen auf die verschiedenen Partner aufzuteilen. Analog zum vorhergehenden Kapitel wird abschließend analysiert, welche Implikationen sich für das interne Spannungsfeld sowie die identifizierten Schwächen ergeben.

5.3.3.1.1 Systematisierung des Kooperationsbegriffs

Kooperationen werden in der betriebswirtschaftlichen Literatur bereits seit mehreren Jahrzehnten diskutiert. Gemein ist den meisten Definitionsansätzen, dass es sich bei Kooperationen um eine Zweckbeziehung zwischen mindestens zwei rechtlich und wirtschaftlich selbstständigen Partnern handelt, die beide ein bestimmtes Ressourcenkontingent in die Partnerschaft einbringen und für einen bestimmten Zeitraum arbeitsteilig ein gemeinsames Ziel (Zielkomplementarität) verfolgen (Grochla 1972, S. 3; Knoblich 1969, S. 503; Rotering 1990, S. 41). Insbesondere Joint-Ventures, strategische Allianzen sowie Unternehmensnetzwerke werden vielfach als die drei wesentlichen Grundtypen von Kooperationen genannt (z. B. Kraege 1997, S. 70 ff.; Höfer 1997, S. 35 ff.). Während Joint-Ventures zeitlich und sachlich unbefristete Kooperationen weniger Partner sind, durch die i. d. R. ein Gemeinschaftsunternehmen gegründet wird, auf welches die zu bündelnden Tätigkeiten übertragen werden, stellen sich strategische Allianzen als zeitlich und sachlich befristete Kooperationen weniger Partner dar. Charakteristisch für strategische Allianzen ist eine Funktionsabstimmung auf Vertragsbasis sowie die explizite Beschränkung auf eine Aufgabe bzw. ein Projekt (Hess 2002,

---

[143] Bezüglich der theoretischen Erklärung für das Entstehen von Kooperationen wird auf die einschlägige Literatur verwiesen, wie z. B. für die Transaktionskostentheorie (Coase 1937; Picot 1982; Picot 1986; Williamson 1991), für den ressourcenorientierten Ansatz („market-based-view": Bain 1956; Porter 1999; „ressource-based-view": Penrose 1959; Wernerfelt 1984) sowie für den Ansatz der Kernkompetenzen (Prahalad/Hamel 1991).

S. 11). In Unternehmensnetzwerken hingegen kooperieren mindestens drei, oftmals jedoch auch zehn oder mehr Partner für eine unbefristete Zeit sowohl auf vertraglicher als auch informeller Basis miteinander. Die Zusammenarbeit wird über Funktionsabstimmung koordiniert und ist sachlich nicht beschränkt (Chrobok 1998, S. 242 f.).

Ergänzend zu dem zuvor dargestellten Kooperationsbegriff stellt eine Public-Private-Partnership (PPP) einen Sonderfall einer Kooperation dar. Der in Amerika geprägte und in Deutschland übernommene Begriff der PPP ist im Grunde nicht neu, die ersten Ansätze reichen in den USA bis in die 1940er Jahre zurück und auch in Deutschland sind bereits seit der Mitte der 1980er Jahre solche Partnerschaften zu beobachten (Heinz 1993, S. 56; Kerstermann 1992, S. 27 ff.). Die Erscheinungsform der Zusammenarbeit privater und öffentlicher Leistungsträger erfährt gerade im Hinblick auf die anhaltende Finanzkrise und der mangelnden Steuerbarkeit bzw. Flexibilität in der Hochschulbildung zunehmende Relevanz (Post 2002, S. 9 ff.).

Die Definitionsversuche von PPP in der wissenschaftlichen Literatur sind vielfältig (Budäus/Grüning 1997, S. 48 ff.; Becker 1997, S. 50; Höftmann 2001, S. 18 f.; Vogel/Stratmann 2000, S. 10 ff.). Die weite Variation von Begriffsdefinitionen kann auf eine handhabbare Arbeitsdefinition reduziert werden, indem die einzelnen Begriffsbestandteile analysiert werden: *Public*, *Private* und *Partnership*. Die beiden Begriffe *Public* und *Private* signalisieren, dass die Akteure in einer PPP sowohl aus dem öffentlichen als auch aus dem privatwirtschaftlichen Sektor stammen (sektorübergreifend). Aus diesem Blickwinkel fallen öffentlich-öffentliche oder privat-private Kooperationsformen aus dem definitorischen Rahmen. *Partnership* impliziert, dass zwei oder mehrere Partner an etwas beteiligt sind (Höftmann 2001, S. 21 ff.). Der Begriff der Partnerschaft kann dem der Kooperation gleichgesetzt werden, wesentlich ist jedoch die bereits zuvor angesprochene Zielkomplementarität, damit langfristig eine Win-Win-Situation der beteiligten Partner unterstützt wird. BUDÄUS weist zusätzlich darauf hin, dass PPP im Gegensatz zu anderen Kooperationsformen dann gebildet werden, wenn nicht sämtliche Leistungen und Gegenleistungen sowie Chancen und Risiken der beteiligten Partner im Vorfeld klar definiert werden können. Dies ist i. d. R. bei sehr komplexen Aufgaben der Fall, bei denen es u. a. aufgrund der oftmals vorhandenen unstrukturierten Ausgangssituation einen kontinuierlichen Abstimmungsbedarf zwischen den kooperierenden Partnern gibt. Aus diesem Grund ist ein weiteres wesentliches Charakteristikum einer PPP das *Vertrauen*, welches zwischen den Partnern geschaffen werden muss (Budäus 2004, S. 313 f.).

In welchen Formen, Dimensionen oder Strukturen PPP entstehen, wird analog zur generischen Verwendung des Begriffs in der wissenschaftlichen Literatur teilweise uneinheitlich beschrieben (Huber 2003, S. 109 ff.; Greiling 2002, S. 339 f.; Höftmann 2001, S. 20 ff.; Koenegen-Grenier/Winde 2000, S. 145 ff.; Naschold 1997, S. 67 ff.). Eine geeignete Systematisierung für den vorliegenden Untersuchungsgegenstand, welcher auch allgemein für Kooperationen anwendbar ist, die nicht als PPP zu klassifizieren sind, bieten VOGEL und STRATMANN, die die verschiedenen Formen der PPP nach der *Kooperationstiefe* und dem *Formalisierungsgrad* unterscheiden (Vogel/Stratmann 2000, S. 94 ff.). Die *Kooperationstiefe* beschreibt, ob lediglich ein Austausch von Informationen und Know-how vorgenommen wird, oder ob unter Einbringung z. B. von personellen und/oder finanziellen Ressourcen gemeinsam an der zu erfüllenden Aufgabe gearbeitet wird. In Bezug auf den *Formalisierungsgrad* wird eine Kooperation bzw. PPP im engeren Sinn (i. e. S.) und im weiteren Sinn (i. w. S.) voneinander abgegrenzt:

- Eine Kooperation bzw. PPP i. e. S. liegt zum einen in Form von kontraktbasierten Partnerschaften vor, in denen z. B. im Rahmen von Projekten oder mittels Rahmenverträgen zusammengearbeitet wird. Zum anderen werden juristische Personen z. B. in Form eines Vereins oder einer GmbH gegründet,[144] in denen die Kooperationspartner Beteiligte oder Gesellschafter sind und sich finanziell am Gründungskapital (Grundkapital, Stammkapital) beteiligen (höchster Formalisierungsgrad).[145] Gesellschaftsrechtliche Formen werden dann erforderlich, wenn die zu erstellende Leistung eine intensive Abstimmung zwischen den beteiligten Partnern erfordert. Grundsätzlich ist davon auszugehen, dass die Notwendigkeit einer eigenständigen gesellschaftsrechtlichen Institution mit steigender Komplexität der zu erfüllenden Aufgabe steigt (Bertelsmann 2003, S. 13 f.). Bei dieser Form der Kooperation ist der Austausch an Ressourcen am größten, beide Seiten der Partnerschaft verpflichten sich langfristig[146] zur Zusammenarbeit.

- Besteht keine rechtlich bindende Vereinbarung zwischen den Partnern, so wird von einer Kooperation bzw. PPP i. w. S. gesprochen. Hauptanliegen solcher Kooperationsformen ist der Informations- und Ideenaustausch, z. B. durch regelmäßige Treffen oder Arbeitsgemeinschaften in Form von informellen Netzwerken oder runden Tischen (Budäus/Grüning 1997, S. 50 f.; Budäus 2003, S. 220 f.). Solche Kooperationen verfolgen i. d. R. eher offen gehaltene Ziele, die sich im Laufe der Zeit durchaus verändern können. Ressourcen werden nur in geringem Umfang gegenseitig eingebracht und die Dauer solcher Kooperationen ist im Vorfeld nicht fixiert, sondern hängt im Allgemeinen von den zu verfolgenden Zielen und dem Engagement der beteiligten Partner ab. Aufgrund des informellen Charakters solcher Kooperationen besteht die Tendenz der geringeren Verbindlichkeit, da sich die Partner, bedingt durch die geringen Transaktionskosten zur Etablierung und Auflösung eines informellen Netzwerkes, jederzeit aus der Kooperation zurückziehen können.

Als eine wesentliche Voraussetzung gilt für jede Kooperation (und insbesondere bei einer PPP i. e. S.), dass eine ausreichende Interessenskonvergenz sowie ein gewisses „Klima" zwischen den Partnern vorhanden sein muss (Greiling 2002, S. 341). Dies umso mehr, je stärker

---

[144] Andere Formen juristischer Personen wie z. B. Aktiengesellschaften oder Kommanditgesellschaften bzw. Personengesellschaften sind im Zusammenhang mit wissenschaftlicher Weiterbildung eher untypisch.

[145] BUDÄUS nennt diese beiden verschiedenen Ausprägungen Projekt-PPP (bei vertraglicher Kooperation) bzw. Organisations-PPP (bei Ausgründung bzw. Unternehmensbeteiligung), wobei bei Letzterer die Zielsetzung, die organisatorische und personelle Zuordnung des Managements sowie die erzielten Ergebnisse des Ressourcenaustauschs gemeinsam von den beteiligten Partnern festzulegen sind (Budäus 2004, S. 314).

[146] Die Kooperation ist u. a. deshalb als verbindlich und langfristig anzusehen, da die Transaktionskosten für das Entstehen bzw. Auflösen sehr hoch sind.

formalisiert eine Kooperation bzw. PPP aufgestellt wird. Weitere Voraussetzungen sind zum einen die eindeutige und konsistente Formulierung der gemeinschaftlichen Ziele und der sich daraus ergebenden Rollen- und Ressourcenverteilungen sowie zum anderen ein professionelles Vertrags-, Informations- und Konfliktmanagement (Budäus/Grüning 1997, S. 51 f.; Budäus 2000, S. 199). Sofern es sich nicht um eine einfache Fremdvergabe sondern um eine Kooperation in Form einer PPP handelt, ist die Phase der Zielbestimmung u. U. als kritisch anzusehen, da die beteiligten Partner aus zwei unterschiedlichen Sektoren stammen und i. d. R. nicht notwendigerweise komplementäre Ziele verfolgen. Gibt es größere Widerstände innerhalb der in der PPP vereinten Partner, z. B. auf Seiten des privaten Partners innerhalb der Unternehmensleitung oder auf Seiten des öffentlichen Partners innerhalb der Fakultäten oder der Hochschulleitung, so ist zweifelhaft, ob ein Konsens auf gemeinsame bzw. komplementäre Ziele sowie ein Aufbau der erforderlichen Vertrauensbasis möglich ist (Koenegen-Grenier/Winde 2000, S. 18).

Potenzielle Probleme in einer Kooperation stellen zum einen asymmetrische Informationsverteilungen[147] (z. B. Kirsch 1997, S. 213 ff.; Budäus 1999, S. 198 ff.; Morath 1999, S. 221 ff.) und zum anderen die so genannte Free-Rider-Problematik dar. Mit der Free-Rider-Problematik wird insbesondere der private Partner konfrontiert (Roggencamp 1999, S. 153), wenn er eine Kooperation mit der Hochschule eingeht, um seinen Nachwuchs zu rekrutieren oder seine Personalentwicklung durch Programme der wissenschaftlichen Weiterbildung durchzuführen. In diesem Fall muss er damit rechnen, dass der Geförderte nach Absolvieren der Weiterbildung das Unternehmen verlässt. Die Free-Rider-Problematik wird umso größer, je stärker die privatwirtschaftlichen Partner eigene Ressourcen einbringen. Aus diesem Grund gilt es auch auf Seiten der privatwirtschaftlichen Partner Anreizmechanismen zu entwickeln, die dieses Problem verringern. Denkbar wären diesbezüglich z. B. Stipendien, die mit einer Verpflichtung gekoppelt sind, auf bestimmte Zeit dem fördernden Unternehmen zur Mitarbeit zur Verfügung zu stehen (Scherm/Süß/Wanka 2003, S. 684 f.).

5.3.3.1.2 Verantwortlichkeiten in wertschöpfenden und unterstützenden Prozessen

Nachfolgend wird aus der Perspektive der staatlichen Hochschulen analysiert, welche Möglichkeiten sich ergeben, Teile des Weiterbildungsprozesses an die Kooperationspartner zu übertragen.

---

[147] Dies sind vornehmlich hidden characteristics, hidden intentions und hidden actions. Die Gefahr von hidden characteristics besteht immer dann, wenn die kooperierenden Partner nur unvollständig über die Leistungsmöglichkeiten des jeweils anderen Partners informiert sind. Besteht keine vollständige Transparenz über die tatsächlichen Absichten der beteiligten Partner sind hidden intentions möglich und lässt sich das vertragskonforme Verhalten der beteiligten Partner nur unvollständig beobachten, so kann es zu hidden actions kommen, d. h. dass hinter dem Rücken des jeweils anderen Partners Tätigkeiten zur ausschließlich eigenen Erfolgserhöhung vorgenommen werden (Greiling 2002, S. 341). Im Hochschulbereich könnten z. B. bestimmte Forschungsergebnisse zurückgehalten werden, da die eine oder andere Seite der Partnerschaft keine „neuheitsschädliche" Veröffentlichung riskieren möchte (hidden characteristics) oder mit den betreffenden Forschungsergebnissen andere Pläne hat, als sie in die Kooperation einfließen zu lassen (hidden intentions).

Kooperation in den wertschöpfenden Prozessen

Als rein wertschöpfende Prozesse wurden in Kap. 3.1.1 die Konzeption der Weiterbildung sowie die Lehre identifiziert, wobei zusätzlich die Teilprozesse der Planung, Realisierung und Organisation der Weiterbildung wissenschaftsnahe Anteile aufweisen:

- Im Teilprozess der *Planung* liefern Kooperationen mit der Privatwirtschaft unter Umständen wertvolle Ideen in Bezug auf die Zielbestimmung und Ausrichtung von Weiterbildungsprogrammen. Werden z. B. informelle Netzwerke zwischen den beteiligten Partnern gebildet, fließen durch die verschiedenen Partner eine Vielzahl von unterschiedlichen Perspektiven, Erfahrungen und Fachkompetenzen in den Planungs- und Zielfindungsprozess ein. PICOT ET AL. weisen diesbezüglich auf den Vorteil hin, dass eine höhere Anzahl an Partnern zu einer größeren Spannweite an unterschiedlichen Sichtweisen bei einem Ideenfindungsprozess und somit zu einer größeren Kreativität führt (Picot/Reichwald/ Wigand 2003, S. 297). Werden zusätzlich die potenziellen Kunden in diesen Teilprozess einbezogen (z. B. im Rahmen einer zielgruppenspezifischen Umfrage), finden auch deren spezielle Bedürfnisse Berücksichtigung. Insgesamt wird durch das Einbinden von Kooperationspartnern in diesem Teilprozess ein adäquates Maß an Praxisrelevanz als Ziel verfolgt, welches die Vermarktung der Weiterbildungsprogramme unterstützen soll.
- In den Teilprozessen der *Konzeption* und *Realisierung* liefern enge Kooperationen mit Unternehmen die Möglichkeit, die Curricula und Studienstruktur an die Bedürfnisse der Unternehmen anzupassen, so dass diese die Weiterbildungsprogramme verstärkt für die interne Personalentwicklung einsetzen können. Zudem können auf diesem Weg praxisorientierte Inhalte in die einzelnen Lehrveranstaltungen eingebunden werden. Allerdings unterstützen solche Kooperationen nur im geringen Maße die Tätigkeiten, die mit dem Erstellen von Prüfungs-, Studien-, Zulassungs- oder Gebührenordnungen verbunden sind.
- Im Teilprozess der *Organisation* liefern Kooperationen mit der Privatwirtschaft wenig Unterstützung. Hier ist es die Aufgabe der Hochschulen, die internen Organisationsstrukturen auf die verbleibenden Tätigkeiten aus der Weiterbildung auszurichten und den Prozess zu koordinieren.
- Die Möglichkeiten im Bereich der *Lehre* liegen wiederum in einer stärkeren Praxisorientierung, die z. B. durch das Einbinden von Gastvorträgen, Teilübernahme der Lehre durch externe Dozenten, praxisorientierte Fallstudien, Projektseminare, Praktikantenplätze oder schriftliche Abschlussarbeiten realisiert werden. Es ist aufgrund der besseren Planbarkeit und der längerfristigen Zusammenarbeit davon auszugehen, dass sich die Integration der Partner aus der Wirtschaft in die Lehre umso intensiver gestaltet, je formalisierter die Kooperation geschlossen ist.

Es ist anzunehmen, dass der Formalisierungsgrad sowie die Kooperationstiefe in den Bereichen der Konzeption, Realisierung und Lehre relativ hoch sind, denn hier bieten sich formalisierte Lehraufträge oder Projektkooperationen zwischen den beteiligten Partnern an.

Kooperation in den unterstützenden Prozessen

Wie in Kap. 3.1.1 gezeigt, stellen die Teilprozesse der Planung, Realisierung und Organisation der Weiterbildung im Rahmen der Phase „Herstellen der Leistungsbereitschaft" sowohl wertschöpfende als auch unterstützende Prozesse dar. Die Verwaltung und Administration ist hingegen, aufgrund der anfallenden nicht-wissenschaftlichen Tätigkeiten, ausschließlich den unterstützenden Prozessen zuzuordnen. Aus Sicht der Hochschulen ist die möglichst umfassende Auslagerung der nicht-wissenschaftlichen Tätigkeiten dieser Bereiche an den oder die privaten Kooperationspartner ein wesentliches Ziel einer Kooperation.

Werden einzelne, gut abgrenzbare wissenschaftsferne Aufgaben, wie z. B. das Marketing der Weiterbildungsprogramme oder das Realisieren von Multimedia-Objekten für online-basiertes Lehr-/Lernmaterial, an die Kooperationspartner der Privatwirtschaft ausgelagert, handelt es sich um eine Prinzipal-Agent-Beziehung in Form einer Fremdvergabe, in dem der öffentliche Auftraggeber (Prinzipal) über Ziele und Einsatz der Ressourcen sowie die Verwendung des entstehenden Gewinns entscheidet und der private Auftragnehmer (Agent) lediglich für die Realisierung der Ziele verantwortlich ist (Budäus 2003, S. 220).

Bei detaillierter Betrachtung der unterstützenden Prozesse können in der *Planungsphase* z. B. Tätigkeiten wie das Erstellen von Marktanalysen, die Entwicklung von Business- und Finanzierungsplänen sowie eines geeigneten Organisationsmodells extern übernommen werden. Im Teilprozess der *Realisierung* müssen die Ebenen der einzelnen Weiterbildungsprodukte und der komplexen Weiterbildungsangebote unterschieden werden: Auf der Ebene der Weiterbildungsprodukte lässt sich insbesondere im Bereich des E-Learnings die multimediale Umsetzung von Lehr-/Lernmaterialien auslagern. Auf der Ebene der Weiterbildungsangebote kann hingegen die Akquisition spezieller Kurse von externen Dozenten ausgelagert werden, die aus hochschuleigenen Kapazitäten nicht besetzt werden können. Im Teilprozess der *Organisation* kann Management-Know-how zur Restrukturierung der eigenen internen Strukturen durch privatwirtschaftliche Kooperationspartner in die Hochschulen integriert werden. Im Teilprozess der *Verwaltung und Administration* können Tätigkeiten, wie z. B. das Marketing, die Kundenansprache, die Studierendenverwaltung, die Zahlungsüberwachung, das Beschwerdemanagement sowie ggf. durchzuführende Aufnahmeprüfungen extern übernommen werden. Nachfolgende Tabelle fasst die Ausführungen in einer Übersicht zusammen:

Teilprozesse	Tätigkeiten	Mögliche Lieferanten
Planungs-phase	Marktanalysen erstellen	Marktforschungsinstitute
	Business- und Finanzierungspläne erstellen	Unternehmensberatungen
	Organisationsmodelle erstellen und bei der Umsetzung unterstützen	
Realisierungs-phase	multimediale Umsetzung von Lehr-/Lernmaterialien	Multimediaagenturen
	Vermittlung bzw. Akquisition von Kursen und Dozenten	Sonstige externe Dienstleister
Organisations-phase	Restrukturierung der internen Prozesse	Unternehmensberatungen
Verwaltung / Administration	z. B. Kommunikationspolitik, Kundenansprache, Beschwerdeabwicklung, Zahlungsüberwachung etc.	sonstige externe Dienstleister

Tabelle 5.3-2: Beispiele zur Auslagerung der Tätigkeiten in den unterstützenden Prozessen

Für eine Partnerschaft im Sinne einer PPP ist, wie zuvor dargestellt, nicht nur eine Zielkomplementarität zwischen den Partnern erforderlich, sondern auch eine weniger überschaubare, sehr komplexe und unsichere Ausgangssituation. Dies ist der Fall, wenn die Hochschulen nicht nur einzelne Teilaufgaben, sondern die gesamten unterstützenden Prozesse (ggf. auch zusätzlich Teile der wertschöpfenden Prozesse) an einen privaten Partner übertragen wollen. Umsetzbar ist dies, indem sich die staatlichen Hochschulen an privatwirtschaftlichen Bildungsinstitutionen beteiligen oder solche selbst ausgründen. Wie eine solche Ausgründung aussehen könnte, zeigt die nachfolgende Abbildung:

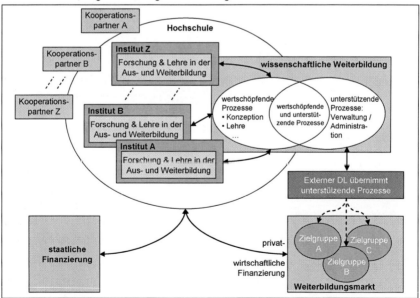

Abbildung 5.3-4: Kooperationsmodell zwischen Hochschule und Privatwirtschaft

Die wertschöpfenden Prozesse verbleiben innerhalb der Hochschule, die zur Abwicklung geeignete Organisationsformen etabliert (vgl. Kap. 5.3.2.1). Die ausschließlich unterstützenden Prozesse, die sich im Rahmen der Administration, der Vermarktung und Abwicklung von Weiterbildungsprogrammen ergeben, werden entweder an einen aus der Hochschule ausgegründeten Weiterbildungsdienstleister oder sonstigen externen Dienstleister im Bereich der Bildung ausgelagert. Die Verbindung zu einem solchen Dienstleister ist juristisch zu formalisieren. Langfristiges Ziel ist, dass sich ein solcher (externer) Dienstleister wirtschaftlich trägt und über das Angebot der Weiterbildungsprogramme zusätzliche finanzielle Mittel aus der Privatwirtschaft an die Hochschule fließen.

Das Auslagern der nicht-wissenschaftlichen (Teil-)Aktivitäten kann zu einer stärkeren Professionalisierung führen und gibt den Hochschulen mehr Spielraum zur Besinnung auf die Kernkompetenzen. Es ist jedoch nicht zwingend erforderlich, da auch diese unterstützenden Prozesse autark durch die Hochschulen übernommen werden können, wie in den Ausführungen des Kap. 5.3.2 dargestellt wurde. Insofern besteht keine klassische Abhängigkeit zwischen den Hochschulen als Anbieter wissenschaftlicher Weiterbildung und den möglichen Kooperationspartnern.

5.3.3.1.3 Auswirkungen auf die identifizierten Schwächen

Analog zum Kap. 5.3.2.3 wird nachfolgend skizziert, inwiefern eine sektorübergreifende Kooperation die in der Situationsanalyse identifizierten Schwächen (finanzielle Probleme, organisatorische Probleme, mangelnde Praxisorientierung) beeinflusst.

Finanzielle und organisatorische Probleme

Die Hochschule generiert durch ein verstärktes Angebot im Weiterbildungsbereich zusätzliche Einnahmequellen neben der staatlichen Finanzierung, indem Studiengebühren erhoben werden, die in der Hochschule verbleiben. Im Rahmen von speziellen Kooperationen ist zudem eine Vergabe von Studienplatzkontingenten zu ggf. ermäßigten Studiengebühren an die kooperierenden Unternehmen denkbar: Hierdurch sichern die Unternehmen die eigene Personalentwicklung auf wissenschaftlichem Niveau ab und die Hochschulen erhalten eine sichere Kalkulationsgrundlage, da ein Anteil der vorhandenen Studienplätze in den Weiterbildungsprogrammen für eine bestimmte Dauer vergeben ist. Zu klären bleibt jedoch, inwiefern die privaten Partner an den Überschüssen aus der Weiterbildung beteiligt werden sofern sie weitere Tätigkeiten (z. B. sämtliche unterstützende Prozesse) übernehmen. Bei einem hohen Anteil der ausgelagerten Tätigkeiten verbleibt somit ggf. nur ein sehr geringer Anteil der Überschüsse innerhalb der Hochschulen selbst.

Zur Abmilderung des finanziellen Spannungsfeldes sind weiterhin Spenden oder Sponsoringaktivitäten von privatwirtschaftlichen Unternehmen oder Privatpersonen sowie die Einrichtung von Stiftungsprofessuren[148] denkbar. Im Rahmen von PPP geschieht dies z. B. durch Fördervereine, die im Hochschulbereich insbesondere in drei Arten zu unterteilen sind: Der Freundes- oder Förderverein, der eine bestimmte Einrichtung der Hochschule unterstützt, wissenschaftliche Forschungsvereine, die sich auf ein bestimmtes Forschungsfeld konzentrieren sowie regionale Vereine, die die Wissenschaft einer Region fördern wollen (Vogel/Stratmann 2000, S. 98). In einer derart formalisierten Zusammenarbeit in Form von Fördervereinen ist davon auszugehen, dass grundsätzlich eher komplementäre Ziele vorliegen, jedoch sind nicht sämtliche Sponsoring- und Förderaktivitäten per se als PPP zu bezeichnen, insbesondere dann nicht, wenn z. B. die Hochschule lediglich das Einwerben finanzieller Mittel verfolgt und der oder die privaten Partner die öffentliche Demonstration der gesellschafts- und sozialpolitischen Verantwortung verfolgen.

Die Ausführungen in den vorherigen Abschnitten verdeutlichen, dass insbesondere durch das Auslagern der unterstützenden Prozesse aus den Hochschulen heraus positive Effekte bezüglich der professionellen Abwicklung der nicht-wissenschaftlichen Tätigkeiten zu erwarten sind, da diese durch entsprechende Kooperationsvereinbarungen in einen professionellen Routinebetrieb bei den Kooperationspartnern überführt werden können, die wiederum nicht an das öffentliche Haushalts-, Dienst- und Arbeitsrecht gebunden sind. Das akademische Personal erhält in einem solchen Szenario die Möglichkeit, sich auf seine Kernkompetenzen zu konzentrieren und der privatwirtschaftliche Partner kann mit entsprechendem Know-how eine professionalisierte Vermarktung durch Einsatz geeigneter Marketingstrategien und -maßnahmen übernehmen. Auch für den Fall, dass ein hoher Anteil der wissenschaftsfernen Tätigkeiten durch Kooperationen zu privatwirtschaftlichen Partnern ausgelagert werden kann und sich insofern eine Reduktion der insbesondere zeitlich- und verwaltungsorientierten Unflexibilität ermöglicht, muss für den verbleibenden Teil der nicht-wissenschaftlichen und wissenschaftlichen Tätigkeiten eine geeignete interne Organisations- sowie Anreizstruktur etabliert werden. Die Anreizstruktur bezieht sich in einem solchen Szenario sowohl auf die Bereitschaft, neue Weiterbildungsprogramme zu entwickeln (neue Impulse einsteuern) als auch als Dozent in der Weiterbildung tätig zu werden.

Mangelhafte Praxisorientierung

Die Schwächen bezüglich der fehlenden Praxisorientierung und mangelnden thematischen Flexibilität lassen sich im Rahmen von Kooperationen dadurch reduzieren, dass Ideen und Fachkompetenzen aus der Wirtschaft in den Ziel-, Planungs- und Konzeptionsprozess eingebunden werden. Insbesondere für den Aufbau einer positiven Reputation als Kompetenzzentrum für Weiterbildung können solche Kooperationen zu privatwirtschaftlichen Partnern posi-

---

[148] Stiftungsprofessuren werden i. d. R. auf Zeit ganz oder in Teilen von Unternehmen aus der Privatwirtschaft oder von öffentlichen bzw. privaten Stiftungen finanziert (Vogel/Stratmann 2000, A 12). Stiftungen stellen eine formalisierte und kontinuierliche Form von Spenden dar, die mittels Geld- oder Sachleistungen einen konkreten und i. d. R. gemeinnützigen Zweck (z. B. die Förderung der wissenschaftlichen Weiterbildung) verfolgen (Hermann/Glogger 1998, S. 16).

tive Signalwirkungen auf den Markt ausstrahlen, denn die Partner fungieren als Referenzen. Die Qualitätsbeurteilung der Dienstleistung Weiterbildung ist, wie bereits zuvor dargestellt, für die Kunden eine diffizile Aufgabe. In diesem Zusammenhang lässt sich die Qualitätsunsicherheit der Kunden entweder durch objektive Qualitätszertifikate oder den Hinweis auf entsprechende Referenzkunden bzw. -lieferanten oder -kooperationspartner reduzieren. Die Kooperation mit privatwirtschaftlichen Partnern kann insofern im Rahmen einer abnehmergerichteten Präferenzstrategie (analog Meffert 2000, S. 1218 f.) sinnvoll Einsatz finden.

5.3.3.2 Öffentlich-öffentliche Kooperationen

Nachfolgend wird analog zum vorherigen Kapitel eine kurze Systematisierung des Kooperationsbegriffs vorgenommen und beschrieben, in welchen Formen entsprechende hochschulübergreifende Kooperationen denkbar sind. Im Anschluss findet eine Analyse der Verantwortlichkeiten in den wertschöpfenden und unterstützenden Prozessen sowie der Auswirkungen auf das interne Spannungsfeld und die identifizierten Schwächen statt.

5.3.3.2.1 Systematisierung des Kooperationsbegriffs

Der allgemeine Begriff der Kooperation wurde bereits im Kap. 5.3.3.1.1 dargestellt, allerdings handelt es sich im hier vorliegenden Zusammenhang nicht um eine sektorübergreifende, sondern um eine öffentlich-öffentliche Kooperation zwischen staatlichen Hochschulen. HAGENHOFF definiert solche Kooperationen als „eine auf stillschweigender oder vertraglicher Vereinbarung beruhende Zusammenarbeit zwischen Universitäten durch Funktionsabstimmung oder -ausgliederung" (Hagenhoff 2002, S. 87). Hierbei weist sie darauf hin, dass die Kooperation nicht ausschließlich auf der Ebene der Gesamtuniversität stattfinden muss, sondern dass aufgrund des relativ hohen Autonomiegrades auch auf der untersten Ebene der Drei-Ebenen-Struktur[149], d. h. zwischen einzelnen Instituten verschiedener Hochschulen, kooperiert werden kann.

Auch für Kooperationen zwischen staatlichen Hochschulen kann die zuvor beschriebene Systematisierung mittels Formalisierungsgrad und Kooperationstiefe angewendet werden (im Folgenden analog Hagenhoff 2002, S. 81 ff.; Hess 2002, S. 10 ff.):

- Den höchsten Formalisierungsgrad sowie die höchste Kooperationstiefe haben gemeinschaftlich gegründete „Hochschulunternehmen" im Rahmen von Joint-Ventures, die als Kooperationen i. e. S. zu bezeichnen sind und in denen i. d. R. wenige Kooperationspartner z. B. ein wirtschaftlich und rechtlich eigenständiges Kompetenzzentrum für wissenschaftliche Weiterbildung gründen. Allerdings entspricht dies quasi der zuvor beschriebenen Ausgründung aus der Hochschule, nur dass in diesem Fall mehr als eine Hochschule und keine privatwirtschaftlichen Partner an der Ausgründung beteiligt sind. Die Auswirkungen auf die wertschöpfenden und unterstützenden Prozesse bzw. die identifizierten

---

[149] Vgl. hierzu Kap. 2.1.2.

Schwächen sind jedoch die gleichen, weshalb diese hoch formalisierte Kooperationsform nachfolgend nicht weiter betrachtet, sondern auf die Ausführungen aus Kap. 5.3.3.1 verwiesen wird.

- In strategischen Allianzen kooperieren die beteiligten Partner auf vertraglicher Basis, insofern weisen sie einen geringeren Formalisierungsgrad als Joint-Ventures auf. Dennoch sind sie der Kategorie „Kooperation i. e. S." zuzuordnen. Sie bieten sich im Bereich der wissenschaftlichen Weiterbildung immer dann an, wenn einzelne Projekte aus dem alltäglichen Geschäft isoliert werden können (denkbar ist z. B. ein gemeinschaftlicher Messeauftritt, der als Projekt geplant, durchgeführt und finanziert wird und im Rahmen dessen die beteiligten Partner ihre Dienstleistungen in der wissenschaftlichen Weiterbildung der Öffentlichkeit vorstellen). Allerdings besitzen strategische Allianzen aufgrund des Projektcharakters lediglich eine geringe zeitliche Stabilität, weswegen eine Eignung im Bereich der wissenschaftlichen Weiterbildung nicht immer gegeben ist, da nicht zuletzt aufgrund der Langfristigkeit einzelner angebotener Programme eine langfristige Bindung von Vorteil ist.
- Schließlich sind auch formlose (Kooperation i. w. S.) oder vertraglich formalisierte Netzwerke (Kooperation i. e. S.) zwischen Hochschulen denkbar, innerhalb derer verschiedene Aufgaben der wissenschaftlichen Weiterbildung durch Funktionsabstimmung von verschiedenen Partnern übernommen werden (z. B. wird das Marketing für die Weiterbildungsprogramme des Netzwerkes von Hochschule A übernommen während die Kunden- und Dozentenakquisition durch Hochschule B durchgeführt wird, usw.).

5.3.3.2.2 Verantwortlichkeiten in wertschöpfenden und unterstützenden Prozessen

Analog zum vorherigen Kapitel wird nachfolgend diskutiert, wie die Verantwortlichkeiten in den wertschöpfenden und unterstützenden Prozessen auf die kooperierenden Partner verteilt werden können:

Kooperation in den wertschöpfenden Prozessen

- Die Ausführungen zum Teilprozess der *Planung* sind im Wesentlichen deckungsgleich zu denen aus Kap. 5.3.3.1.2.
- In den Bereichen der *Konzeption, Realisierung* und *Organisation* der Weiterbildung liefern hochschulübergreifende Kooperationen zum einen marktorientierte und zum anderen kostenorientierte Vorteile gegenüber der „Einzelfertigung" oder Kooperationen mit der Privatwirtschaft: Sowohl die einzelnen Lehrveranstaltungen (Kursebene) als auch komplexe Weiterbildungsangebote (Programmebene) können schneller und ggf. effizienter „produziert" werden. Denkbar ist, dass z. B. eine hochschulübergreifende Arbeitsgruppe innerhalb der Kooperation gebildet wird, die für die Entwicklung solcher Lehrveranstaltungen zuständig ist, die innerhalb der gesamten Kooperation eingesetzt werden sollen. Einzelne Tätig-

keiten[150] für die gemeinschaftlichen Lehrveranstaltungen werden an die entsprechenden Mitglieder der Arbeitsgruppe verteilt und durch diese zentral durchgeführt. Soll die Lehre nicht nur traditionell über Vorlesungen bzw. Seminare (Präsenzstudium) oder Lehrbriefe (Fernstudium), sondern auch online- oder computerbasiert angeboten werden, kann das Netzwerk zentral eine Lernplattform anschaffen und deren Wartung durchführen. Auch auf der Programmebene können hochschulübergreifende Arbeitsgruppen gebildet werden: Sollen neue Weiterbildungsprogramme entwickelt und an sämtlichen Partnerhochschulen angeboten werden, lassen sich innerhalb der Kooperation einzelne Tätigkeiten zentralisieren, d. h. dass ein Standort z. B. die Curricula entwickelt, ein anderer Rahmenprüfungs- und Rahmenstudienordnungen erarbeitet[151] und ein weiterer die Akkreditierung(en) vorbereitet. Da die einzelnen Kooperationspartner in ein solches Netzwerk eigene Ressourcen (Personal, Finanz- und Sachmittel) einbringen, liegt eine relativ hohe Kooperationstiefe vor, weshalb die Kooperation über formalisierte Verträge zwischen den einzelnen Partnern geschlossen werden sollte.

- Der Bereich der *Lehre* umfasst die Vorbereitung, Durchführung und Nachbereitung von einzelnen Lehrveranstaltungen. Die Vorbereitung der Lehre wird jeder Dozent individuell vornehmen, diesbezüglich hat eine hochschulübergreifende Kooperation keine Auswirkungen. Die Durchführung der Lehre kann jedoch zentral erfolgen, entweder in Präsenzform (z. B. Seminare für sämtliche Teilnehmer eines Weiterbildungsstudiengangs, egal an welcher kooperierenden Hochschule diese eingeschrieben sind) oder in Form von E-Learning (z. B. werden Vorlesungen aufgezeichnet und an die kooperierenden Hochschulen live übertragen oder es werden CBT bzw. WBT erstellt, die sämtlichen Teilnehmern der Weiterbildungsprogramme über eine zentrale Lernplattform zur Verfügung gestellt werden). Innerhalb der Nachbereitung kann ebenfalls kooperiert werden, indem z. B. die Evaluation durch einen Partner zentral durchgeführt wird. Im Wesentlichen werden durch eine Kooperation in diesem Teilbereich, die aufgrund der vorhandenen Kooperationstiefe wiederum vertraglich zu regeln ist, kostenorientierte Vorteile verfolgt.

Kooperation in den unterstützenden Prozessen

Entgegen den Ausführungen im Kap. 5.3.3.1.2 geht es bei einer öffentlich-öffentlichen Kooperation nicht um das Auslagern der wissenschaftsfernen Tätigkeiten aus den Hochschulen, sondern um das Ausnutzen möglicher Synergieeffekte, um eine möglichst effiziente Ab-

---

[150] Solche Tätigkeiten sind z. B. ein didaktisches Konzept erstellen, eine Modulstruktur erarbeiten oder Inhalte zusammentragen und graphisch bzw. ggf. multimedial aufbereiten sowie die Koordination des Prozesses.

[151] Werden gemeinschaftlich entwickelte Weiterbildungsprogramme nicht nur bei einem Partner juristisch verankert, sondern bei mehreren oder allen, so können die Ordnungen (Prüfungsordnung, Studienordnung, Zulassungsordnung, Gebührenordnung) durchaus als Rahmenvorgabe zentral entwickelt werden. Es ist jedoch davon auszugehen, dass es bei dem Gremienweg durch die einzelnen Hochschulen dann zu kleineren Nuancen in den Ordnungen kommt. Die Studierenden hätten dann die Wahl, an welcher der kooperierenden Hochschulen sie sich einschreiben und welche der Ordnungen insofern für sie gültig ist.

wicklung innerhalb der kooperierenden Hochschulen zu erreichen (insbesondere werden also kostenorientierte Vorteile angestrebt).

Ähnlich wie bei den wertschöpfenden Prozessen können isolierbare Tätigkeiten innerhalb der *Planung, Realisierung, Organisation* und der *Verwaltung und Administration* zwischen den kooperierenden Partnern aufgeteilt und durch diese zentral für das gesamte Netzwerk übernommen werden. Eine Fremdvergabe dieser Tätigkeiten, wie es im Falle von Kooperationen mit der Privatwirtschaft denkbar ist, ist in einer öffentlich-öffentlichen Kooperation jedoch nicht sinnvoll. Die Art der Kooperation ist diesbezüglich auch nicht wie eine Prinzipal-Agent-Beziehung zu verstehen, sondern es handelt sich viel eher um gleichberechtigte Partner[152], zwischen denen eine Funktionsabstimmung stattfindet.

5.3.3.2.3 Auswirkungen auf die identifizierten Schwächen

Analog zu den vorangegangenen Kapiteln (Kap. 5.3.2.3 und 5.3.3.1.3) wird nachfolgend dargestellt, welche Auswirkungen eine öffentlich-öffentliche Kooperation auf die im Rahmen der Situationsanalyse identifizierten Schwächen (finanzielle Probleme, organisatorische Probleme, mangelnde Praxisorientierung) ausübt:

Finanzielle und organisatorische Probleme

Durch die zentrale Bearbeitung spezieller Tätigkeiten von Einzelnen für das gesamte Netzwerk können kostenorientierte Vorteile durch Lernkurveneffekte generiert sowie Synergien genutzt werden (Knust/Hagenhoff 2005, S. 425). Die bestehenden finanziellen Probleme der staatlichen Partner lassen sich hierdurch jedoch im Höchstfall reduzieren, nicht vollständig lösen. Werden die in Kooperation erstellten Weiterbildungsprogramme von Markt angenommen, fließen durch die Einnahme von Kurs- bzw. Studiengebühren finanzielle Mittel an die Hochschulen und können, sofern Überschüsse erwirtschaftet werden, zur Anschubfinanzierung neuer Weiterbildungsprogramme genutzt werden. Die Aufteilung möglicher Überschüsse oder Verluste aus der Weiterbildung zwischen den öffentlichen Partnern sollte vertraglich vereinbart werden.

Sofern innerhalb der kooperierenden Hochschulen nicht entsprechend auf die Weiterbildung ausgerichtete interne Organisationsstrukturen (wie z. B. die in Kap. 5.3.2.1 vorgestellten zentralen bzw. dezentralen Weiterbildungsabteilungen oder Linienstellen) und Regelungen vorherrschen, lassen sich die organisatorischen Probleme jedoch kaum reduzieren: Weder das Fluktuationsproblem noch das unprofessionelle Bearbeiten der wissenschaftsfernen Tätigkeiten können gelöst werden, sofern die Weiterbildung vornehmlich in den einzelnen Instituten durch wissenschaftliche Mitarbeiter übernommen wird.

---

[152] Auch wenn das Netzwerk fokal und nicht polyzentrisch gesteuert wird, d. h. wenn ein Partner allein die strategisch relevanten Entscheidungen trifft (Hess 2002, S. 14), ist dennoch eine andere Beziehung zu den Kooperationspartnern vorhanden als bei einer einfachen Fremdvergabe von Tätigkeiten.

Sind jedoch entsprechende Organisationsstrukturen innerhalb der kooperierenden Hochschulen eingerichtet, schwächen sich die Probleme, insbesondere durch die Funktionsabstimmung zwischen den einzelnen Kooperationspartnern, ab. Inwiefern an den kooperierenden Hochschulen z. B. „After-Work-Services" eingerichtet sowie eine Entbürokratisierung zugunsten einer flexibleren Verwaltung umgesetzt werden können, wird hierbei sowohl von den geltenden arbeits- und dienstrechtlichen Vorschriften als auch den internen Regelungen und Anreizmechanismen mitbestimmt.

Mangelnde Praxisorientierung

Bei rein öffentlichen Kooperationen gelangen analog zur vollständigen Integration kaum Impulse aus der Praxis in die strukturelle bzw. organisatorische Gestaltung von Weiterbildungsprogrammen sowie die inhaltliche Aufbereitung der Lehrveranstaltungen, so dass die Probleme der mangelnden Praxisorientierung kaum reduziert werden können. Allerdings ist zum einen anzunehmen, dass ein solch isoliertes Szenario sehr unüblich ist und insofern zumindest personenbezogene Kooperationen vereinzelter Hochschullehrer zur Privatwirtschaft bestehen, die hierdurch ein gewisses Maß an Praxisorientierung in die eigene Forschung und Lehre integrieren können. Zum anderen ist zu erwarten, dass ein Hochschulnetzwerk im Vergleich zu allein agierenden Hochschulen eine stärkere Marktmacht bzw. Reputation in sich vereint, nicht allein aufgrund der Vielzahl an hoch renommierten Dozenten, sondern auch aufgrund der hohen inhaltlichen Vielfalt der anzubietenden Veranstaltungen (Hagenhoff/Knust 2004, S. 309 f.). Diese Marktmacht unterstützt die positive Wahrnehmung des Hochschulnetzwerkes als potenziellen Anbieter wissenschaftlicher Weiterbildung und fördert insofern die Vermarktung der Weiterbildungsprogramme. Allerdings bleibt fraglich, ob die Vermarktung der Weiterbildungsprogramme in einem solchen Netzwerk ebenso professionell erfolgen wird, als wenn dies durch einen privaten Kooperationspartner mit entsprechendem Marketing-Knowhow übernommen wird.

5.3.4 Good-Practice-Beispiele

Im Rahmen der nachfolgenden Ausführungen werden qualitative Fallstudien als Good-Practice-Beispiele von Hochschulen vorgestellt, die sich durch ein starkes und ökonomisch erfolgreiches Engagement in der wissenschaftlichen Weiterbildung von der Vielzahl an Hochschulen hervorgehoben haben. Die Inhalte der Fallstudien wurden mittels Telefoninterviews erhoben. Als Gesprächspartner wurden speziell für die Weiterbildung verantwortliche Personen ausgewählt. Diese stammen entweder aus dem Bereich der Hochschulleitung oder leiten die jeweiligen Weiterbildungseinrichtungen. Der Interviewleitfaden, der einzelne Fragen und

Ansätze aus den vorangegangenen Kapiteln aufgreift, ist dem Anhang zu entnehmen.[153] Die Fragen konzentrieren sich auf zwei größere Themenbereiche:

- Welche Entwicklung haben die internen Strukturen im Verlauf des stärkeren Engagements in der Weiterbildung durchlaufen?
- Wie sehen die Organisationsstrukturen aktuell aus? Spezielle Fragen zu den internen Prozessen bzw. Aufgaben greifen in diesem Abschnitt z. B. Kooperationen, die Organisation der Lehre, des Leistungsportfolios, der Kommunikationspolitik und Pressearbeit, der Qualitätssicherung und der Finanzierung auf.

Als Vertreter der „Eigenfertigung" werden die Organisationsstrukturen der Weiterbildung der Universität Augsburg und der Fachhochschule Nürnberg vorgestellt. Vertreter von „Kooperationen" sind die Universität Heidelberg (öffentlich-privatwirtschaftlich) sowie die Universität Göttingen (öffentlich-öffentlich). Als „Sonderfälle" aus Sicht der staatlichen Hochschulen werden zum einen mit der International University Bruchsal eine private Hochschule und zum anderen die Donau-Universität Krems vorgestellt, die sich als staatliche Hochschule Österreichs auf die Weiterbildung spezialisiert hat. Die nachfolgende Tabelle zeigt eine Übersicht über die beteiligten Hochschulen sowie die Gesprächspartner und deren Funktionen.

Grad der Integration	Hochschule	Gesprächspartner und Funktion innerhalb der Hochschule
Eigenfertigung	Universität Augsburg	Prof. B. Wagner, Leiter des Zentrums für Weiterbildung und Wissenstransfer
	Fachhochschule Nürnberg	Dr. B. Hümmer, Geschäftsführer des Georg-Simon-Ohm Management Instituts
Kooperation	Universität Heidelberg	Dr. B. Stadler, Leiterin der Abteilung für Wissenschaftliche Weiterbildung im Zentrum für Studienberatung und Weiterbildung
	Universität Göttingen	Die Inhalte entstammen den eigenen Projekterfahrungen im Rahmen des Bildungsnetzwerkes WINFOLine
Sonderfälle	International University Bruchsal	Prof. T. Bayón, Vizepräsident Lehre
	Donau-Universität Krems	Prof. A. Pellert, Vizerektorin

Tabelle 5.3-3: Gesprächspartner für die Telefoninterviews und deren Funktionen in den Hochschulen

Die Interviews wurden mit den oben genannten Gesprächspartnern vom 27.07.-30.08.2005 geführt und variieren in der Dauer zwischen 29-66 Minuten. Ziel der Darstellung dieser Good-Practice-Beispiele ist es, ergänzend zu den theoretischen Ausführungen der vorherigen Kapitel, einen Einblick in tatsächlich etablierte Organisationsstrukturen zu erhalten und die jeweiligen Besonderheiten zu erfahren. Auf diesem Weg sollen exemplarisch einige Möglichkeiten

---

[153] Im Anhang befindet sich der Interviewleitfaden für die Befragung der Vertreter der „Eigenfertigung". Die Fragen für die anderen Fälle (Kooperationen und Sonderfälle) wurden entsprechend den jeweiligen Erfordernissen lediglich leicht angepasst.

aufgezeigt werden, wie sich die Hochschulen trotz ggf. bestehender Hemmnisse und Probleme dem gesetzlichen Bildungsauftrag der wissenschaftlichen Weiterbildung annehmen können.

5.3.4.1 Universität Augsburg

Welche Entwicklungen haben die internen Strukturen im Verlauf des stärkeren Engagements in der Weiterbildung durchlaufen?

Im Gründungskonzept der Universität Augsburg wurde der Ausbau der Weiterbildung explizit mit aufgenommen. Durch eine Anschubfinanzierung der Bund-Länder-Kommission im Jahre 1974 konnten zunächst sechs Stellen im Rahmen eines Modellversuchs „kontaktstudium management" (ksm) geschaffen werden, die nach Auslaufen des Projekts im Jahre 1978 in Planstellen der Universität Augsburg umgewandelt wurden. Die ersten beiden Jahre befassten sich die Mitarbeiter des ksm mit der Planung potenzieller Weiterbildungsprogramme. Als zentrale Betriebseinheit der Universität Augsburg bot das ksm ca. 150 gebührenfreie Seminare mit ca. 2000 Teilnehmern pro Jahr an. Durch die Einführung einer Gebührenpflicht für die weiterbildenden Programme gingen die Teilnehmerzahlen ab 1994 stark zurück. Ab diesem Zeitpunkt wurde an der Kommerzialisierung der Weiterbildungsprogramme gearbeitet und schließlich wurde 1996 in neuer Struktur das „Zentrum für Weiterbildung und Wissenstransfer" (ZWW) gegründet.

Wie sehen die Organisationsstrukturen aktuell aus?

Das Organigramm der Universität Augsburg zeigt das ZWW als zentrale Einrichtung[154], die direkt der Hochschulleitung untersteht. Die Weiterbildungsprogramme[155] sind im Wesentlichen in der juristischen, philosophischen, sozial- und wirtschaftswissenschaftlichen Fakultät verankert.

Die Mitarbeiter des ZWW arbeiten auf sechs Planstellen der Hochschule, die noch aus der Zeit des ksm übernommen wurden, sowie auf 34 Stellen, die das ZWW selbst finanziert (als Etat wurden im Jahr 2004 insgesamt 1,7 Mio. Euro selbst erwirtschaftet). Die Finanzierung der laufenden Tätigkeiten des ZWW über die sechs Planstellen hinaus erfolgt sowohl aus den Einnahmen der Studiengebühren als auch durch das Einwerben von Förder- und Forschungsmitteln (auf nationaler und europäischer Ebene). Eine spezielle Stelle für das Fundraising ist im ZWW nicht vorgesehen. Die Überschüsse aus den Weiterbildungsprogrammen verbleiben im ZWW und können für den Ausbau der Programmstruktur genutzt werden. Das ZWW kann die Infrastruktur der Universität Augsburg „kostenlos" nutzen, bietet

---

[154] Das ZWW steht hierbei neben anderen zentralen Einrichtungen, wie der Universitätsbibliothek, dem Rechenzentrum, dem Zentrum für Kommunikation und Beratung, dem Sportzentrum oder dem Sprachenzentrum.
[155] Insgesamt werden ca. 70 Einzelseminare und zwei berufsbegleitende Studiengänge pro Jahr angeboten. Die Zahl der Kunden beläuft sich auf ca. 1.000 pro Jahr (Stand: 2005).

im Gegenzug jedoch spezielle Dienstleistungen an, wie z. B. ein umfangreiches Mitarbeiterschulungsprogramm.

Das ZWW ist in einer Vielzahl von Geschäftsfeldern tätig. Übergeordnete Bereiche sind „Seminare und Weiterbildung", „Forschung und Consulting", „Wissens- und Technologietransfer", „Events" sowie „Administration". Aktuell sind im ZWW 20 Mitarbeiter und ca. 20 Hilfskräfte beschäftigt, die sämtliche wissenschaftlichen und nicht-wissenschaftlichen Tätigkeiten aus diesen Geschäftsfeldern übernehmen.[156] Das Auslagern von nicht-wissenschaftlichen Tätigkeiten an externe Dienstleister wird nicht verfolgt (gelegentlich werden kleine, konkret abgrenzbare Tätigkeiten fremd vergeben, wie z. B. das Gestalten von Layouts für Informationsbroschüren oder Übersetzungsarbeiten). Ein eigenständiges Controllingsystem, welches als Zusatz zu der eigentlich kameralistisch geführten Buchhaltung der Hochschule eingesetzt wird, bietet den Mitarbeitern des ZWW die Möglichkeit, auch kurzfristige Ergebnisrechnungen durchführen zu können.

Der Anstoß zur Entwicklung neuer Weiterbildungsprogramme erfolgt i. d. R. zentral durch das ZWW. Konkrete Weiterbildungsstellen innerhalb der einzelnen Fakultäten existieren zwar nicht, jedoch unterstützen einzelne Mitarbeiter die Tätigkeiten des ZWW, indem sie sich zum einen bei der inhaltlichen Entwicklung neuer Weiterbildungsprogramme beteiligen und zum anderen Dozententätigkeiten für die angebotenen Weiterbildungsprogramme übernehmen. Zwar ist die Möglichkeit gegeben, diese Lehrtätigkeit auf das Deputat anzurechnen, üblicherweise wird jedoch diese Dozententätigkeit im Nebenamt gegen eine zusätzliche Vergütung übernommen. Bei der Auswahl der Dozenten favorisiert das ZWW zunächst die hochschuleigenen Dozenten. Kann ein spezieller Kurs nicht durch hochschuleigenes Personal angeboten werden, werden Dozenten anderer Hochschulen oder freie Trainer bzw. Berater akquiriert. Der Anteil von hochschuleigenen zu hochschulfremden Dozenten ist auf gleichem Niveau.

Kooperationen mit der Privatwirtschaft werden seitens des ZWW auf vielfachen Ebenen konkretisiert. Zum einen sind in den Aufsichtsräten der beiden angebotenen MBA-Studiengängen hochrangige Vertreter aus der Wirtschaft vertreten, die der Hochschule beratend zur Seite stehen. Zum anderen werden speziell im Bereich des Wissens- und Technologietransfers forschungsbasierte Kooperationen zur Privatwirtschaft verfolgt. Schließlich bietet das ZWW auch Seminare bei den Unternehmen „vor Ort" an (Inhouse Seminare) und etabliert hierdurch weitere Kontakte zur Privatwirtschaft. Diese Kooperationen entstehen i. d. R. durch private Kontakte seitens der Hochschullehrer und Projektmanager bzw. Geschäftsführer der angebotenen Weiterbildungsprogramme. Sie werden jedoch auch durch eine gezielte Auswahl potenziell wertvoller Partner ergänzt.

Ein wesentliches Augenmerk legt das ZWW auf das professionelle Vermarkten der Weiterbildungsprogramme. Aus diesem Grund wurde zum einen eine volle Stelle für das Marketing geschaffen, die zwar Unterstützung seitens der Universitätspressestelle erhält, jedoch im We-

---

[156] Ca. 35 der Mitarbeiter sind verstärkt in der Weiterbildung tätig, die Trennlinie zwischen den einzelnen Bereichen ist jedoch nicht immer eindeutig bestimmbar.

sentlichen sämtliche Marketingaktionen selbstständig initiiert und durchführt. Zum anderen wird eine möglichst objektive Qualitätssicherung der Programme durchgeführt, die die Kunden bei der Auswahlentscheidung unterstützen soll. Diese Qualitätssicherung umfasst sowohl nationale Akkreditierungen der MBA-Studiengänge als auch zusätzliche Evaluation durch hochschulexterne und -interne Personen (Teilnehmergespräche, Lehrevaluationen, Schwachstellenanalysen, Feedbackgespräche durch die Aufsichtsräte etc.).

5.3.4.2 Fachhochschule Nürnberg

Welche Entwicklungen haben die internen Strukturen im Verlauf des stärkeren Engagements in der Weiterbildung durchlaufen?

1978 wurde der Verein „Hochschulseminare Nürnberg e. V." durch Professoren des Fachbereichs Betriebswirtschaft gegründet, der seit dieser Zeit verschiedene betriebswirtschaftlich orientierte Zertifikatskurse anbietet. Parallel dazu wurde der erste weiterbildende Studiengang in Form eines MBA zum Sommersemester 1997 direkt durch die Georg-Simon-Ohm Fachhochschule (GSO FH) Nürnberg angeboten. Das Engagement im Bereich des MBA war zu dieser Zeit stark personengebunden, d. h. wurde durch einzelne Professoren übernommen. Eine zentrale Weiterbildungsstelle oder -abteilung gab es zu diesem Zeitpunkt weder für die gesamte Hochschule noch in den Fakultäten. Zur Unterstützung wurden im Laufe der Zeit zwei halbe Verwaltungsstellen geschaffen, die das operative Tagesgeschäft für den MBA abwickelten (die eine aus Mitteln des Wissenschaftsministeriums, die andere aus den Programmüberschüssen). Der zweisemestrige MBA nahm pro Jahr 30 Studierende auf, die Lehre wurde überwiegend durch hochschuleigene Dozenten übernommen, die die Möglichkeit der Anrechnung auf das Lehrdeputat erhielten.

Im Rahmen der High-Tech-Offensive (HTO) Bayern wurde seitens der GSO FH Nürnberg die Chance ergriffen, sich um Fördermittel für eine Anschubfinanzierung zu bewerben, die die (akademische und nicht-akademische) Weiterbildung stärker in der Hochschule verankern und die Prozesse professionalisieren sollte. Mit Beschluss vom November 2002 wurde die Anschubfinanzierung aus der HTO gewährt und das GSO Management Institut (GSO MI) wurde als zentrales Hochschulinstitut gegründet. Es wurden externe Räume angemietet und mit entsprechender Büroausstattung sowie Seminar- und Mediatechnik eingerichtet. Zusätzlich wurde ein Mitarbeiterstamm aufgebaut, der anfänglich aus drei Verwaltungsstellen (die beiden halben Stellen aus der vorherigen Phase wurden integriert), der Stelle des Geschäftsführers und mittlerweile ca. zehn studentischen Hilfskräften besteht, die z. B. Marktanalysen durchführen oder die Teilnehmerbetreuung übernehmen.

Wie sehen die Organisationsstrukturen aktuell aus?

Das GSO MI ist als zentrale Einrichtung der Hochschule direkt dem Rektorat unterstellt. Die Leitung wird durch den Geschäftsführer sowie zwei akademische Leiter (Professoren des

Fachbereichs Betriebswirtschaft) übernommen. Der Geschäftsführer und die akademische Leitung werden vom Fachbereich vorgeschlagen und durch die Hochschulleitung ernannt. Neben dem GSO MI für den Fachbereich Betriebswirtschaft existieren an der GSO FH Nürnberg weitere dezentrale Weiterbildungsstellen bzw. -abteilungen innerhalb anderer Fachbereiche. Der operative Betrieb des GSO MI wurde zum Sommersemester 2003 aufgenommen. Das bestehende MBA-Programm wurde übernommen und zwischenzeitlich wurden drei weitere MBA-Studiengänge sowie zwei neue betriebswirtschaftlich orientierte Seminare eingeführt. Das GSO MI akquiriert jährlich ca. 45-50 neue Studierende für die MBA-Programme. Die beiden Seminare, die mehrfach pro Jahr angeboten werden, sind teilweise Monate im Voraus ausgebucht (die qualitativ orientierte Aufnahmegrenze liegt bei 20 bzw. 25 Personen). Die Haupteinnahmequelle sind die Studiengebühren. Sponsoringprojekte und Fundraising spielen derzeit noch keine signifikante Rolle.

Die Entwicklung neuer Weiterbildungsprogramme erfolgt durch externe oder interne Programmmanager in Zusammenarbeit mit dem Geschäftsführer und den akademischen Leitern des GSO MI. Die konzeptionellen Ideen und fachlichen Inhalte werden durch die Programmmanager vertreten, die in enger Zusammenarbeit mit dem Geschäftsführer und dem gesamten GSO MI-Team auch das kommerzielle Vermarkten sowie operative Umsetzen der Programme übernehmen. Die wissenschaftliche Begleitung erfolgt durch die akademischen Leiter. Bei der Konzeption neuer Seminare ist es unerheblich, ob die Programmmanager Hochschulangehörige sind, jedoch ist es bei der Neuentwicklung von Studiengängen i. d. R. der Fall, dass diese aus den Reihen der Hochschullehrer stammen. Das durch das GSO MI entwickelte Anreizsystem sieht zum einen vor, dass die Programmmanager eine erfolgsabhängige Vergütung erhalten. Zum anderen erhalten die Dozenten marktübliche Lehrvergütungen (das interne Lehrpersonal übernimmt die Lehre in Nebentätigkeit).

Kooperationen zur Privatwirtschaft bestehen dahingehend, dass ein nationales und internationales Unternehmensnetzwerk aufgebaut wurde, innerhalb dessen die Programme regelmäßig vorgestellt werden und aus denen das GSO MI einen Teil der Kunden rekrutiert. Verschiedene Unternehmen dieses Netzwerks bieten zusätzlich einzelne Wahlpflichtfächer im Weiterbildungsportfolio des GSO MI an. Des Weiteren bietet das GSO MI auch Seminare vor Ort (Inhouse Seminare) an, die speziell auf die einzelnen Kooperationspartner abgestimmt sind. Neben diesen privatwirtschaftlichen Kooperationen bestehen ebenfalls Kooperationen zu anderen Partnerhochschulen, indem ein Austausch der Dozenten stattfindet und die Studierenden der MBA-Programme Teile des Studiums im Ausland an einer Partnerhochschule absolvieren. Eine vertraglich formalisierte Kooperation zum privaten Verein „Hochschulseminare Nürnberg e. V." existiert derzeit nicht, es bestehen jedoch enge informelle Kontakte.

Die Mitarbeiter des GSO MI übernehmen sämtliche Tätigkeiten, die im Rahmen der wissenschaftlichen Weiterbildung anfallen, ein Auslagern der unterstützenden Prozesse wird nicht verfolgt. Die Schnittstellen zur Hochschulverwaltung (z. B. Haushalt, Prüfungsamt, Personal) sind klar definiert. Zentrale Schnittstelle zu den Kunden des GSO MI (Studenten, Seminarteilnehmer) sind die Mitarbeiter des Instituts. Das GSO MI muss sich aus den eigenen Einnahmen selbst finanzieren, eine Quersubventionierung aus hochschuleigenen Mitteln ist nicht vorgesehen. Die erwirtschafteten Überschüsse verbleiben mindestens mittelfristig im GSO MI und können zur Konzeption und Realisierung neuer Weiterbildungsprogramme bzw. sonstiger Investitionen (z. B. Ausbau der Seminarräume) genutzt werden. Um das Überschreiten der Gewinnzone langfristig zu sichern, stellen sowohl die Vermarktung als auch die Qualitätssicherung sehr wichtige Aspekte aus Sicht der Geschäftsführung dar. Für Marketing- und Öffentlichkeitsarbeiten ist deshalb eine volle Stelle vorgesehen, die die entsprechenden Maßnahmen in Abstimmung mit der Geschäftsführung vorbereitet und durchführt. Im Rahmen der Qualitätssicherung stand zunächst die Realisierung einer effizienten und kundenorientierten Prozessabwicklung (von der ersten Kundenanfrage bis zum Eintritt in den Alumni-Verband) im Vordergrund. Die Prozesse wurden aufgenommen, analysiert und reorganisiert. Zudem konnten potenzielle Schwachstellen im Prozess durch interne Regelungen eliminiert werden. Diese sollen z. B. ein schnelles bzw. flexibles Entscheiden und Reagieren (z. B. Arbeitszeiten, Zeichnungsbefugnisse etc.) ermöglichen, auch wenn für das GSO MI das allgemeine Haushalts-, Dienst- und Besoldungsrecht der Hochschule gilt. Weitere qualitätsorientierte Maßnahmen sind zum einen nationale und für den Euro-MBA auch internationale Akkreditierungen der Studiengänge. Zum anderen sind es Lehrevaluationen sowie interne Feedbackgespräche der akademischen Leitung mit den einzelnen Dozenten.

5.3.4.3 Universität Heidelberg

Welche Entwicklungen haben die internen Strukturen im Verlauf des stärkeren Engagements in der Weiterbildung durchlaufen?

Die Universität Heidelberg fördert die wissenschaftliche Weiterbildung in institutionalisierter Form seit 1995. Davor gab es in verschiedenen Instituten bzw. Abteilungen Einzelinitiativen, die jedoch organisatorisch nicht durch zentrale oder dezentrale Weiterbildungsabteilungen unterstützt wurden. Zunächst, d. h. bis zum Jahr 2003, verpflichteten sich die Universitäten Heidelberg und Mannheim sowie der Verein zur Förderung der wissenschaftlichen Weiterbildung an der Universität Mannheim per Kooperationsvertrag, die wissenschaftliche Weiterbildung zu fördern. Der Kooperationsvertrag sah vor, dass an beiden Hochschulen jeweils eine Koordinierungsstelle geschaffen wird und aus dem zuvor genannten Verein die „Akademie für Weiterbildung an den Universitäten Heidelberg und Mannheim e. V." gegründet werden sollte.

Die Koordinierungsstellen konnten mittels Anschubfinanzierung durch das Ministerium für Wissenschaft und Forschung Baden-Württemberg, welche auf fünf Jahre begrenzt war, an den beiden Universitäten eingerichtet werden. Organisatorisch wurde diese neu geschaffene Stelle an der Universität Heidelberg als zentrale Serviceeinheit der Hochschule im Zentrum für Studienberatung und Weiterbildung (ZSW) angesiedelt, welches direkt dem Rektorat unterstellt ist. Im Jahr 2002 wurde sie nach siebenjährigem Projektstatus an der Universität Heidelberg als Planstelle institutionalisiert. Aufgabe dieser Koordinierungsstelle war im Wesentlichen die wissenschaftliche und strategische Begleitung der Weiterbildung, d. h. sie sollte die Fakultäten bei der Entwicklung postgradualer Qualifizierungsangebote unterstützen. Hierbei erhielt sie durch einen „Koordinierungsausschuss Wissenschaftliche Weiterbildung", dessen Vorsitz durch einen Vertreter der Hochschulleitung übernommen wurde, wissenschaftlichen Beistand.

Aufgabe der „Akademie für Weiterbildung an den Universitäten Heidelberg und Mannheim e. V.", deren Vorstand sich aus den Rektoren der beteiligten Universitäten sowie je einem weiteren Hochschulangehörigen, dem Hauptgeschäftsführer der Industrie- und Handelskammer sowie vier Vertretern aus der regionalen Wirtschaft zusammensetzte, war es hingegen, die von den Hochschulen entwickelten Weiterbildungsprogramme zu vermarkten. Da die beteiligten Hochschulen aus dem laufenden Etat keine finanziellen Mittel für die Grundausstattung der Akademie zur Verfügung stellen konnten, wurde diese ohne Startkapital gegründet. Zwar konnte dieses Manko zunächst durch die Anschubfinanzierung des Ministeriums sowie einem stetigen Wachstum der Teilnehmeranzahl kompensiert werden, jedoch führten rückläufige Kursauslastungen im Jahr 2003 dazu, dass die Akademie Insolvenz anmelden musste.

Wie sehen die Organisationsstrukturen aktuell aus?

Nachdem qualitative (keine Neukonzeption von Weiterbildungsprogrammen) und quantitative (Ausscheiden einiger Weiterbildungsprogramme) Rückschritte durch die Universität Heidelberg hingenommen werden mussten und die Universität Mannheim als Kooperationspartner ausgeschieden war, sollte die wissenschaftliche Weiterbildung an der Universität Heidelberg über eine Kooperation zu einem externen Weiterbildungsanbieter neu positioniert werden. Im Rahmen einer PPP wurde eine Kooperation zur Stiftung Rehabilitation Heidelberg (SRH) Learnlife AG formalisiert, die bereit war, sämtliche noch existierenden Weiterbildungsprogramme sowie Mitarbeiter zu übernehmen.

Durch die Unterschriften des Rektors der Universität Heidelberg, des Vorstandsvorsitzenden der SRH Learnlife AG und des Geschäftsführers der SRH Hochschulen gGmbH werden seit dem 13.07.2004 die Weiterbildungsprogramme der Universität Heidelberg unter dem Markennamen "Universität Heidelberg – Akademie für Wissenschaftliche Weiterbildung" angeboten. Die Akademie für Wissenschaftliche Weiterbildung übernimmt als Unternehmen der SRH Learnlife AG die Verantwortung für die Vermarktung, Vorbereitung und Durchführung der Weiterbildungsprogramme.[157] Vertragspartner für die Teilnehmer und Dozenten ist die SRH Learnlife AG. Die Universität Heidelberg übernimmt im Rahmen dieser Kooperation die Entwicklung neuer Weiterbildungsprogramme, die Prüfungsabnahme, die Auswahl geeigneter Studienleiter und Dozenten sowie die Konzeption und Durchführung der Qualitätssicherung. Diese Tätigkeiten werden durch die bereits zuvor institutionalisierte Koordinationsstelle übernommen, die als Machtpromotor Unterstützung durch den Direktor des ZSW sowie dem Rek-

---

[157] Spezielle Aufgaben sind z. B. das Durchführen von Marktanalysen, das Marketing, der Vertrieb, die Organisation des Programmablaufs, das Teilnehmer-, Dozenten- und Veranstaltungsmanagement sowie die finanzielle Abwicklung und Rechnungslegung.

torat der Universität Heidelberg erhält. Unterstützt wird die PPP durch einen Lenkungsausschuss, der aus jeweils zwei Vertretern der Universität Heidelberg und der SRH Learnlife AG besteht. Zusätzlich sind spezielle Fachbeiräte für die wissenschaftliche Begleitung der Programmkonzeption eingerichtet.

Die Koordinationsstelle der Universität Heidelberg übernimmt zwar die zentrale Konzeption und Entwicklung der Weiterbildungsprogramme, die reinen Inhalte und auch Ideen stammen jedoch durchaus von den einzelnen Instituten bzw. Abteilungen der Universität Heidelberg. Diese Aufgaben übernehmen die wissenschaftlichen Mitarbeiter in Nebentätigkeit. Die Mitarbeit des wissenschaftlichen Personals als Studienleiter oder Dozenten für bestimmte Weiterbildungsprogramme wird durch ein finanzielles Anreizsystem unterstützt. Da die Akademie für Weiterbildung an keine Hochschulgebührenordnung gebunden ist, sind die Dozentenhonorare insofern Verhandlungssache. Die Aufteilung möglicher Überschüsse bzw. Verantwortung für finanzielle Verluste zwischen den Kooperationspartnern ist vertraglich geregelt. Zur Stärkung der Region werden weitere Kooperationen insbesondere zu anderen privatwirtschaftlichen Partnern angestrebt.

Die Auswahl der Dozenten erfolgt durch die Studienleiter, die i. d. R. Hochschullehrer der Universität Heidelberg sind. Die Lehre im Rahmen der angebotenen Programme wird zu ca. 50% durch die Hochschullehrer der Universität Heidelberg übernommen, die restlichen 50% übernehmen Dozenten anderer Hochschulen, Fachexperten aus der Industrie und freie Trainer. Die Kommunikations- und Pressearbeit wird in gemeinschaftlicher Aktion zwischen der Hochschule und der SRH Learnlife AG durchgeführt. Das Einwerben von zusätzlichen Finanzmitteln in Form von Sponsoring- oder Drittmittelgeldern wird sowohl durch die Projektleiter als auch die Koordinationsstelle übernommen, jedoch gibt es keine eigene Abteilung oder Stelle, die diese Tätigkeit schwerpunktmäßig übernimmt. In der Akademie arbeiten drei Personen als fest angestellte Mitarbeiter und eine Reihe an wissenschaftlichen Hilfskräften, die insbesondere Tätigkeiten, wie z. B. die Rechner- und Netzwerkbetreuung, Aufbereitung der Internetpräsenz oder das Catering vor Ort übernehmen.

Im ersten Halbjahr 2005 haben insgesamt 320 Teilnehmer 126 Einzelseminare an 217 Schulungstagen besucht. Die Akademie für Wissenschaftliche Weiterbildung wickelt ausschließlich solche Weiterbildungsprogramme ab, die nicht mit einem akademischen Grad abschließen. Aufgrund des Baden-Württembergischen Universitätsgesetzes ist es den Hochschulen zurzeit noch nicht gestattet, auch die akademische Weiterbildung, z. B. in Form von postgradualen Masterstudiengängen, in Kooperation mit einem externen privatwirtschaftlichen Partner abzuwickeln. Dies ist lediglich für das Kontaktstudium möglich, welches mit einem Zertifikat abschließt. Durch eine sich an das Kontaktstudium anschließende „Externenprüfung" können jedoch Absolventen solcher Kontaktstudiengänge mittels einer zusätzlichen Masterprüfung und dem Anfertigen einer Masterarbeit an der Universität Heidelberg einen akademischen Grad erlangen.

5.3.4.4 Universität Göttingen

Welche Entwicklungen haben die internen Strukturen im Verlauf des stärkeren Engagements in der Weiterbildung durchlaufen?

Im Rahmen des Förderschwerpunktes „Neue Medien in der Bildung" förderte das Bundesministerium für Bildung und Forschung (BMBF) vom 01.06.2001-31.12.2003 das hochschulübergreifende Projekt „Bildungsnetzwerk WINFOLine". In diesem Bildungsnetzwerk schlossen sich vier Lehrstühle der Wirtschaftsinformatik an den Hochschulen Göttingen, Leipzig, Kassel und Saarbrücken zusammen (Kernteam). Fokus war es zum einen, den aus dem Vorgängerprojekt „winfoline" etablierten Pool an IuK-basierten Lehr-/Lernmaterialien weiter auszubauen und im Rahmen eines „Tauschrings" für die Studierenden der beteiligten Hochschulen in der grundständigen Hochschullehre anzubieten. Zum anderen sollte durch die Anschubfinanzierung des Bundes ein weitestgehend onlinebasierter Weiterbildungsstudiengang konzipiert und die erforderlichen Strukturen an den beteiligten Hochschulen eingerichtet werden.

Die Tätigkeiten des Bildungsnetzwerks wurden per Funktionsabstimmung auf Basis des Projektförderantrags sowie eines speziellen Rahmenkooperationsvertrags zwischen den beteiligten Lehrstühlen abgewickelt. Die insgesamt neun „Arbeitspakete" wurden mit möglichst gleichmäßigem Workload auf die einzelnen Standorte verteilt, in denen jeweils zwei Mitarbeiter für das Bildungsnetzwerk tätig waren. Das Netzwerk wurde über einen Lenkungsausschuss zentral koordiniert und geleitet, in dem die vier beteiligten Professoren bei Bedarf mehrfach im Jahr über strategisch wichtige Aspekte des Netzwerks entschieden. Die Abwicklung der operativen Tätigkeiten wurde innerhalb des Mitarbeiterteams koordiniert. Ein Schwerpunkt der Tätigkeiten lag bis Mitte 2002 auf dem Herstellen der Leistungsbereitschaft für den Weiterbildungsstudiengang „Master of Science in Information Systems" und ab WS 02/03 in dessen Durchführung sowie Akkreditierung. Da der Weiterbildungsstudiengang juristisch an der Universität Göttingen verankert ist, wurden an diesem Standort die Organisationsstrukturen an die neue Situation angepasst. Eine spezielle Weiterbildungsabteilung bzw. -Stelle wurde zu diesem Zeitpunkt noch nicht geschaffen, sämtliche wissenschaftlichen und nicht-wissenschaftlichen Tätigkeiten wurden durch die Mitarbeiter der vier involvierten Lehrstühle übernommen, wobei ein Großteil der operativen Tätigkeiten an einem Standort gebündelt abgewickelt wurde, um mögliche Redundanzen zu vermeiden.

Wie sehen die Organisationsstrukturen aktuell aus?

Bereits zum September 2003 konnte aus den Überschüssen des Weiterbildungsstudiengangs eine volle Verwaltungsstelle sowie eine 83-Stunden Hilfskraftstelle geschaffen werden, die den weiteren Routinebetrieb übernehmen sollten. Diese Verwaltungsstelle wurde mit speziellem Fokus auf den Masterstudiengang gebildet und ist als erste dezentrale Weiterbildungsstelle der Universität Göttingen innerhalb der Wirtschaftswissenschaftlichen Fakultät eingerichtet worden. Nach dem Auslaufen des Projektes wurde die Unterstützung der Mitarbeiter aus den Instituten stark reduziert. Sämtliche administrativen und operativen Tätigkeiten wer-

5.3 Grad der Integration und interne Strukturen der wissenschaftlichen Weiterbildung

den seit dieser Zeit durch die Verwaltungsstelle und die Hilfskräfte übernommen. Die wissenschaftlichen Tätigkeiten, d. h. speziell die Lehre, übernimmt das im Laufe der Zeit gebildete Netzwerk an internen und externen Hochschuldozenten. Die wissenschaftliche Begleitung des Studiengangs wird durch die Professoren des Kernteams übernommen.

Um die weitere kooperative Zusammenarbeit zwischen den Kernteamstandorten zu formalisieren, wurde ein spezielles Vertragswerk für die beteiligten Professoren entwickelt (Rahmenvertrag sowie besondere Verträge für die Fortführung des Tauschrings und der Aktivitäten im Masterstudiengang). Über ein monetäres Anreizsystem sollen sich die Kernteamstandorte auch weiterhin sowohl bei der wissenschaftlichen Begleitung als auch der Ansprache neuer Dozenten und potenzieller Kunden engagieren. Insbesondere bei der Akquisition der Partner für die integrierten Projektseminare des Studiengangs wird die Verwaltungsstelle durch die Professoren unterstützt, die die erforderlichen Kontakte zur Praxis herstellen. Zusätzlich stellen die Hochschulen der Kernteammitglieder Prüfungsräume und Aufsichtspersonal zur Verfügung, so dass die Prüfungen des Masterstudiengangs auch weiterhin parallel an vier Standorten in Deutschland abgenommen werden können. Um geeignetes Lehrpersonal zu akquirieren wurden spezielle Lehr- bzw. Drittmittelverträge als Anreizsystem entwickelt, mit denen sowohl die externen als auch die hochschulinternen Dozenten vergütet werden (die Lehre wird ausschließlich in Nebentätigkeit abgewickelt). Die Vergütung sieht zum einen ein Fixum für die Bereitstellung der Lehr-/Lernmaterialien sowie die allgemeine Betreuung der Studierenden vor. Zum anderen besteht sie aus einem variablen Anteil pro Prüfungsteilnehmer. Im Laufe der Zeit wurde ein Netzwerk von 24 Hochschullehrern von 17 Hochschulen aufgebaut, neben denen auch ein geringer Teil an Dozenten aus der Praxis im Masterstudiengang eingesetzt wird (<10%).

Im Bereich des Marketings wird neben einer Informationsdistribution über das Internet (Homepage, Suchmaschinen, Bildungsportale etc.) auch die Pressearbeit verfolgt. Hierbei wird die Verwaltungsstelle durch die Universitätspressestelle unterstützt. Zur weiteren Vermarktungsunterstützung werden Direktansprachen von Unternehmen sowie Alumniarbeit fokussiert. Im Rahmen der Qualitätssicherung werden neben der Akkreditierung des Studiengangs auch Lehrevaluationen durchgeführt und die Teilnehmer werden ermuntert, Positives und Negatives an die Verwaltungsstelle zu senden, die im Zweifel zwischen den Studierenden und den Dozenten vermitteln kann.

Eine Zusammenarbeit mit der Fundraisingabteilung der Universität Göttingen ist in Vorbereitung, zurzeit finanziert sich die Weiterbildungsstelle jedoch ausschließlich durch die Einnahmen der Studiengebühren (zum WS 05/06 sind 72 Studierende im Masterstudiengang immatrikuliert, neun Personen haben das Studium bereits mit Erfolg abgeschlossen). Die finanzielle Verantwortung des Weiterbildungsstudiengangs liegt beim juristisch verantwortlichen Standort, von einer Aufteilung des finanziellen Risikos bzw. Überschusses zwischen den Kernteampartnern wurde einvernehmlich abgesehen.

5.3.4.5 International University Bruchsal

Welche Entwicklungen hat die International University in Germany (IU) durchlaufen?

Die IU wurde im Frühjahr 1998 durch Ministerratsbeschluss mit einer Anschubfinanzierung durch das Land Baden-Württemberg als private, staatlich anerkannte wissenschaftliche Hochschule gegründet und startete im September 1998 mit dem ersten akademischen Studiengang. Im Laufe der Zeit sind insgesamt drei Bachelor- und drei Masterprogramme entwickelt und realisiert worden. Seit Herbst 1999 ist die Kernstruktur im Programmbereich im Wesentlichen unverändert.

Aufgrund der staatlichen Anerkennung ist die IU an das Landeshochschulgesetz gebunden, unterliegt als juristisch eigenständige gGmbH jedoch nicht dem öffentlichen Dienst-, Arbeits- oder Haushaltsrecht. Im Jahr 2002 wurde mit der „IU Foundation" eine gemeinnützige Stiftung gegründet, die das Ziel verfolgt, die IU Bruchsal in den Bereichen Studium und Lehre sowie Forschung finanziell zu unterstützen.

Wie sehen die Organisationsstrukturen aktuell aus?

Die IU Bruchsal wird durch einen Präsidenten und einen kaufmännischen Geschäftsführer geleitet. Zwei Vizepräsidenten übernehmen die akademische Verantwortung für die Bereiche „Forschung" und „Lehre". Die IU besitzt zwei Schools[158], die jeweils durch einen Dekan geleitet werden, sowie ein übergreifendes Department of Sciences and Liberal Arts (SLA). Der Fokus der IU liegt seit Beginn der Tätigkeiten auf der grundständigen Lehre, insofern existiert keine explizite organisatorische Trennung zwischen der Aus- und Weiterbildung. Die Administration der 150 Studierenden in den sechs Bildungsprogrammen wird durch ca. 15 Personen übernommen.[159]

Im Laufe des Jahres 2005 wurde eine organisatorische Restrukturierung dahingehend vorgenommen, dass ein verschränkter Bottom-Up-/Top-Down-Ansatz etabliert wurde, indem stärker als zuvor Gremienarbeiten durchgeführt werden. Die Initiativen zur Entwicklung neuer Bildungsprogramme stammen sowohl aus den jeweiligen Schools und dem SLA-Department von den dort tätigen Professoren und wissenschaftlichen Mitarbeitern als auch von der Hochschulleitung (Präsident, Vizepräsidenten und Dekane). Neue Ideen und Konzepte werden zunächst durch die Dekane, Professoren und wissenschaftlichen Mitarbeiter in sog. „Faculty-Meetings" besprochen, bevor die Studien- und Prüfungsordnungen im „Committee for Undergraduate bzw. Graduate Curricula" auf Hochschulebene diskutiert werden. Diese „Committees" geben anschließend Empfehlungen zur Einrichtung an das „University Council"[160] weiter.

---

[158] School of Information Technology und School of Business Administration. Diese Schools stellen Pendants zu den Fakultäten an traditionellen staatlichen Hochschulen dar.
[159] Stand: 09/2005.
[160] Das University Council entspricht dem Senat und fungiert als das zentrale Entscheidungsgremium der Hochschule in allen akademischen Fragen.

Die Lehre in den angebotenen Bildungsprogrammen wird sowohl durch hochschuleigene als auch externe Dozenten (aus der Praxis, von anderen Hochschulen oder kooperierenden Wissenschaftseinrichtungen) durchgeführt, wobei der Anteil der hochschulexternen Dozenten bei ca. 40% liegt. Sämtliche wertschöpfende und unterstützende Prozesse der wissenschaftlichen Weiterbildung werden durch die IU selbstständig übernommen, ein Auslagern an privatwirtschaftliche Partner ist nicht vorgesehen. Studierendenservices, Marketing, Pressearbeit, Alumniarbeit, Studierendenwerbung und -zulassung übernimmt die Administration der IU. Kooperationen bestehen überwiegend in unterstützenden Bereichen wie der Bibliothek (Rahmenvertrag mit der Universität Mannheim) sowie im IT-bezogenen Forschungsbereich.

Die Besonderheiten der IU liegen u. a. in der starken Kundennähe sowie der individuellen und persönlichkeitsbildenden Betreuung der Studierenden. Auch der Alumnibereich stellt einen sehr wichtigen Aspekt der Kundenbetreuung dar und es wurden Betreuungsszenarien entwickelt, die die speziellen Bedürfnisse der (auch zu einem Großteil internationalen) Studierenden berücksichtigen. Das hochschulimmanente Anreizsystem liegt im gegebenen ökonomischen Druck, da sich die Hochschule selbst finanziert. Es besteht insofern eine unternehmerische Verantwortung für das Bestehen am Markt, die durch sämtliche Mitarbeiter getragen wird. Die Finanzierungsquellen bestehen jeweils ca. zur Hälfte aus Studiengebühren und Sponsoren- bzw. Stiftungsgeldern. Das Fundraising war vor der Restrukturierung stark auf das Präsidium und die Stiftung konzentriert. Aktuell werden darüber hinaus auch die Schools und die Administration enger in das Fundraising einbezogen. Eine spezifische Fundraisingabteilung existiert nicht.

Im Rahmen eines Qualitätsmanagements befinden sich die Studienprogramme der IU zurzeit in einem nationalen Akkreditierungsverfahren, mittelfristig ist eine institutionelle Akkreditierung angedacht. Zusätzlich finden regelmäßige Lehrevaluationen und Zufriedenheitsbefragungen der Studierenden statt.

5.3.4.6 Donau-Universität Krems

Welche Entwicklungen hat die Donau-Universität Krems (DUK) durchlaufen?

Die DUK wurde 1994 als Modellprojekt gegründet und startete am 01.10.1995 mit einem Leistungsportfolio von drei Universitätslehrgängen[161] und 93 Studierenden. Mit dem am 01.08.1997 in Kraft getretenen Universitätsstudiengesetz erhielt die DUK, die zunächst formal als Universitätszentrum und nicht als staatlich anerkannte Hochschule galt, das Recht, akademische Grade zu verleihen (Master of Advanced Studies und Master of Business Administration). Am 01.04.2004 trat das „Bundesgesetz über die Universität für Weiterbildung Krems" (DUK-Gesetz) in Kraft, in dem die Strukturen der DUK dem aktuellen österreichischen Universitätsgesetz weitgehend angeglichen wurden. Hierdurch wurde sie offiziell zur 22. Universität

---

[161] Universitätslehrgänge sind i. d. R. ein- oder zweijährig. Einjährige Lehrgänge schließen üblicherweise mit dem Abschluss „akademischer Experte" ab, zweijährige Lehrgänge mit einem akademischen Grad, z. B. in Form eines Masters.

5.3 Grad der Integration und interne Strukturen der wissenschaftlichen Weiterbildung

Österreichs, die sich jedoch, in Abgrenzung zu den anderen Universitäten, auf die Weiterbildung spezialisiert hat.

Wie sehen die Organisationsstrukturen aktuell aus?

Seit Beginn der Tätigkeiten ist die Anzahl der Mitarbeiter (180 Vollzeitstellen), der Weiterbildungsprogramme (46 Seminare und 124 Universitätslehrgänge) und der Studierenden (3107 Personen) stark gestiegen.[162] Aufgrund der Spezialisierung auf die Weiterbildung existieren keine expliziten zentralen oder dezentralen Weiterbildungsabteilungen. Die DUK wird durch ein Rektorat geleitet, dem das Qualitätsmanagement, die Alumniabteilung und das Controlling als Stabsstellen zugeordnet sind. Ein Rektor und zwei Vizerektoren übernehmen die Leitung der Bereiche „Kommunikation und Forschung", „Lehre und Weiterbildung" sowie „Dienstleistungen"[163] für die gesamte Hochschule. In insgesamt fünf Abteilungen[164] werden die einzelnen Weiterbildungsprogramme durch die Professoren und wissenschaftlichen Mitarbeiter geplant, konzipiert und realisiert.

Die DUK befindet sich zurzeit in einer organisatorischen Restrukturierung. Zum einen soll eine stärkere, thematisch ausgerichtete Profilbildung und zum anderen neben der Weiterbildung zukünftig verstärkt auch die anwendungsorientierte Forschung verfolgt werden. Um dieses Ziel zu erreichen wurden 13 eigenständige Professuren ausgeschrieben, die neben der Forschung auch für die Lehre verantwortlich sind und insofern das Verhältnis von externen zu internen Dozenten etwas reduzieren sollen (zurzeit ca. 80% zu 20%). Neben der stärkeren Forschungsorientierung ist insbesondere im Rahmen des „Herstellens der Leistungsbereitschaft" ein intensiver Austausch zwischen der Privatwirtschaft und der Hochschule ein wichtiger Aspekt. Die neuen Weiterbildungsprogramme werden insofern vielfach durch Teams geplant, konzipiert und realisiert, welche sowohl aus Mitarbeitern der Hochschule als auch aus Arbeitgebern, Berufsverbänden und Mitarbeitern anderer Hochschulen bestehen. Die hierfür erforderlichen Kontakte werden stark personengebunden geknüpft, da aufgrund der besseren Umfeldkenntnis gezielt die jeweils relevanten Fachexperten angesprochen werden können. Die Beziehungen zu den kooperierenden Partnern werden einzelvertraglich geregelt, ebenso wie eine evtl. Aufteilung finanzieller Überschüsse oder Verluste. Organisiert und operativ betrieben werden die Programme ausschließlich durch die DUK, d. h. dass die kooperierenden Partner keine unterstützenden Prozesse aus dem Weiterbildungsprozess übernehmen. Einen wesentlichen Aspekt im Rahmen der Phase „Durchführen der Weiterbildung" stellen spezielle Services für die Kunden der Weiterbildungsprogramme dar. Neben Sprechzeiten auch nach

---

[162] Stand: 02/2005.
[163] Die Dienstleistungen entsprechen der allgemeinen Verwaltung.
[164] Die Abteilungen („Wirtschafts- und Managementwissenschaften", „Telekommunikation, Information und Medien", „Europäische Integration", „Umwelt- und medizinische Wissenschaften" sowie „Kulturwissenschaften") stellen im Wesentlichen Pendants zu den Fakultäten staatlicher Hochschulen dar, jedoch sind sie weniger Disziplingebunden (wie z. B. eine Wirtschaftswissenschaftliche Fakultät), sondern in sich thematisch umfassender organisiert.

Feierabend und schnellen Reaktionszeiten wird zusätzlich das Maß an Bürokratisierung möglichst gering gehalten.

Die Besonderheiten der DUK liegen seit Beginn der Tätigkeiten zum einen in dem hohen Anteil der Eigenfinanzierung, da lediglich ca. ¼ der Einnahmen staatliche Mittel sind. Zum anderen liegen die Besonderheiten im gewählten Fokus. Insofern wurden von Anfang an andere Prioritäten als bei traditionellen staatlichen Hochschulen verfolgt, die die grundständige Forschung und Lehre als Hauptaufgaben verstehen, neben denen erst seit wenigen Jahren die Weiterbildung eine ergänzende Rolle einnimmt. Anders als traditionelle Hochschulen besitzt die DUK eher privatwirtschaftlich orientierte Organisationsstrukturen, wenn auch mit den Positionsbezeichnungen (Rektorat, Senat, Kommissionen) Parallelen zum traditionellen Hochschulsystem gegeben sind. Das hochschulimmanente Anreizsystem ist im gegebenen ökonomischen Druck und dem Wettbewerb verankert, denn die Mitarbeiter müssen sich zu einem sehr hohen Anteil selbst finanzieren.[165] Insofern existieren keine zusätzlichen finanziellen Anreizmodelle, die die Entwicklung oder Fortführung des Leistungsportfolios stärken müssen. Aufgrund der unternehmerischen Verantwortung liegt ein besonderes Augenmerk auf der Vermarktung der Weiterbildungsprogramme (die Marketingabteilung zählt mit zehn Personen zu den am stärksten besetzten Dienstleistungsabteilungen an der DUK).

Seit Inkrafttreten des aktuell geltenden Universitätsgesetzes besitzen sämtliche österreichischen Hochschulen mehr Autonomie, u. a. in Budgetierungs- oder Personalangelegenheiten (z. B. wird neues Personal im Angestelltenverhältnis durch die Hochschule eingestellt). Diese Deregulierungen betreffen auch die Entwicklung neuer Weiterbildungsprogramme, die nun nicht mehr durch ein externes Kuratorium befürwortet und durch das Fachministerium genehmigt werden müssen, sondern hochschulintern durch den Senat genehmigt werden. Eine staatliche Akkreditierung neuer Weiterbildungsprogramme, die mit einem akademischen Grad abschließen, ist nicht vorgeschrieben, wird jedoch freiwillig insbesondere für den MBA-Bereich vorgenommen. Zusätzlich sind sowohl eine institutionelle Akkreditierung der DUK als auch die Etablierung eines internen Qualitätsmanagements in Vorbereitung, welches u. a. den Prozess der Entwicklung neuer Weiterbildungsprogramme qualitativ absichern soll.

5.3.4.7 Aggregation der Erkenntnisse aus den Fallstudien

Die Fallstudien haben gezeigt, dass ein aktives Engagement in der Weiterbildung in den unterschiedlichsten organisatorischen Formen verfolgt werden kann. Bei sämtlichen Fallbeispielen stellen die professionelle Vermarktung sowie eine möglichst umfassende Qualitätssicherung über staatliche Akkreditierungen und zusätzliche interne Evaluationsverfahren wesentliche Erfolgsaspekte dar. Der Anteil der externen Dozenten ist in sämtlichen Fällen sehr hoch, teilweise überschreitet er den Anteil der internen Dozenten. Wie wichtig es ist, die Wei-

---

[165] Die Eigenfinanzierungsquote beträgt laut Geschäftsbericht aus dem Jahr 2003 78,5% (DUK 2004). Ein Großteil der eigenen Einnahmen (ca. 85%) besteht aus Studiengebühren, die restlichen Gelder stammen z. B. aus Forschungsprojekten. Eine spezielle Fundraisingabteilung zur Ergänzung dieser Einnahmen existiert nicht.

terbildung auf einer soliden finanziellen Basis aufzubauen und das langfristige „Commitment" der beteiligten Partner zu erhalten bzw. auch die langfristige finanzielle Unterstützung sicherzustellen, zeigen die Fallbeispiele der Universität Heidelberg und der International University Bruchsal.

In den Beispielen der „Eigenfertigung" ist die Weiterbildung an zentraler Stelle direkt der Hochschulleitung unterstellt. Diesbezüglich ist zu vermuten, dass das Präsidium als Machtpromotor die Tätigkeiten der Weiterbildung speziell nach innen entsprechend unterstützt und dass die strategisch wichtigen Absprachen aufgrund der kurzen Dienstwege mit größerer Flexibilität und geringeren Reaktionszeiten durchgeführt werden können. Der Anstoß zur Entwicklung neuer Weiterbildungsprogramme erfolgt sowohl von zentraler Stelle als auch von dezentralen Einheiten, wobei die reinen Inhalte stets von den dezentralen Einheiten, d. h. den Hochschullehrern oder Programminitiatoren entwickelt werden. In beiden Beispielen existiert eine geringe Anzahl an Planstellen und die restlichen Stellen müssen sich durch die Vermarktung der Weiterbildung selbst finanzieren, insofern ist aufgrund des hohen ökonomischen Drucks eine entsprechend marktorientierte Einstellung der Weiterbildungsmitarbeiter zu vermuten. Die Vorgehensweisen zur Entwicklung neuer Weiterbildungsangebote differieren teilweise sehr stark und werden auch durch unterschiedlich wirkende Anreizsysteme unterstützt, jedoch werden Kooperationen zur Privatwirtschaft von beiden Organisationseinheiten als sehr relevant angesehen. Dies nicht nur aufgrund der Integration eines angemessenen Umfangs an Praxisorientierung, sondern auch um die Vermarktung zu unterstützen (Orientierung am Bedarf des Arbeitsmarktes). Dass die Überschüsse zumindest mittelfristig für den Ausbau der Weiterbildung genutzt werden können, ist als Grundvoraussetzung für das hohe Engagement in der Weiterbildung zu sehen.

Analog zur „Eigenfertigung" erfolgt auch bei den Beispielen der öffentlich-privatwirtschaftlichen bzw. öffentlich-öffentlichen Kooperation eine Zentralisierung der Tätigkeiten. In sämtlichen Beispielen bestehen vertragliche Regelungen zwischen den kooperierenden Partnern, die das Zusammenarbeiten sowie die Aufteilung evtl. Überschüsse oder Verluste regeln. Zusätzlich wird ein spezielles finanzielles Anreizsystem eingesetzt, welches insbesondere die Akquisition geeigneter Hochschullehrer unterstützen soll. Strategisch relevante Entscheidungen werden durch einen kooperativ besetzten Lenkungsausschuss getroffen. Wird bei der öffentlich-privatwirtschaftlichen Kooperation der Weg der Auslagerung von unterstützenden Prozessen, wie z. B. des Marketings und der Vermarktung, gewählt, erfolgen die Tätigkeiten im Rahmen der Weiterbildung bei der öffentlich-öffentlichen Kooperation in Funktionsabstimmung (bzw. nach Einführung der Verwaltungsstelle zentralisiert).

In den beiden letztgenannten Beispielen liegt eine wesentliche Besonderheit in der vorherrschenden Grundeinstellung der gesamten Institution: Aufgrund der hohen Eigenfinanzierungsquote stellen die unternehmerische Verantwortung, speziellen Services sowie hohe Kundennähe (neben der zuvor angesprochenen professionellen Vermarktung und Qualitätssicherung) elementare Grundpfeiler der Tätigkeiten dar. Sämtliche Tätigkeiten aus den wertschöpfenden und unterstützenden Prozessen werden durch die Organisationseinheiten selbst übernommen und ein besonderes Augenmerk liegt im Rahmen der Planung und Konzeption der Weiterbildungsprogramme auf dem Einbinden von Kooperationspartnern aus der Privatwirtschaft (Arbeitgeber, Verbände etc.). Mit den Hemmnissen des öffentlichen Dienst- und Arbeitsrechts ist lediglich die DUK konfrontiert, die jedoch aufgrund der letzten Änderung des österreichischen Universitätsgesetzes auch in diesem Punkt mehr Flexibilität und Autonomie erhalten hat, indem neues Personal im Angestelltenverhältnis an der Hochschule eingestellt wird.

5.3.5 Fazit

Im Rahmen des vorliegenden Kapitels wurden der Grad der Integration, die Ausgestaltung der internen Strukturen sowie die Auswirkungen der verschiedenen Integrationsformen auf die im Rahmen der Situationsanalyse identifizierten Schwächen diskutiert. Hierbei wurden sowohl die vollständige Eigenfertigung als auch die verschiedenen Varianten der Kooperation betrachtet. Nachfolgende Tabelle zeigt die Erkenntnisse dieses Kapitels in einer Übersicht:

Grad der Integration	finanzielle Probleme	organisatorische Probleme	Problem der mangelnde Praxisorientierung
vollständige Integration	• können nur geringfügig reduziert werden • evtl. durch Ausnutzen von Synergien und Lernkurveneffekten	können reduziert werden	kann nur geringfügig reduziert werden
öffentlich-privatwirtschaftliche Kooperation	können reduziert werden	• können reduziert werden • positive Effekte bezüglich der professionellen Abwicklung der unterstützenden Prozesse	kann reduziert werden
öffentlich-öffentliche Kooperation	• können nur geringfügig reduziert werden • evtl. durch Ausnutzen von Funktionsabstimmung, Synergien und Lernkurveneffekten	können nur reduziert werden, wenn bei den Partnern entsprechend ausgestaltete interne Organisationsstrukturen geschaffen werden	• kann nur geringfügig reduziert werden • evtl. größere Marktmacht durch entsprechende Wahrnehmung des Netzwerks durch den Markt

Tabelle 5.3-4: Auswirkungen der einzelnen Integrationsformen auf die identifizierten Schwächen

Innerhalb der vollständigen Integration wurden sowohl vertikale als auch horizontale Integrationskonzepte vorgestellt. Zu den vertikalen Formen zählen zum einen die zentralen Organisationsformen, wie z. B. die zentrale Umsetzung, die zentrale Koordination sowie das flexible Mix-Modell. Zum anderen zählen auch dezentrale Formen (Weiterbildungsbeauftragte) und Mischformen (Anreizsteuerung) zu den vertikalen Integrationskonzepten. Stellvertretend für die horizontalen Integrationskonzepte wurden die Matrixorganisation, die Projektorganisation sowie die organisatorischen Selbstabstimmungsverfahren und die Prozessorganisation vorgestellt. Welche Organisationsform im Einzelnen sinnvoll innerhalb der Hochschulen etabliert werden sollte, kann nur für den Individualfall selbst entschieden werden. Anhand einer Beispielorganisation, die auf einer Kombination aus vertikaler und horizontaler Integration basiert, wurden jedoch die Möglichkeiten bezüglich der Verantwortungsverteilung aus den Tätigkeiten der wertschöpfenden und unterstützenden Prozesse auf zentrale und dezentrale Stellen demonstriert. Es wurde herausgearbeitet, dass Großteile der in der Situationsanalyse identifizierten Schwächen durch eine geeignete Organisationsstruktur reduziert werden können. Weiterhin problematisch bleiben jedoch die mangelnden finanziellen Ressourcen sowie die mangelnde Praxisorientierung.

Der Abschnitt über Kooperationen innerhalb der wissenschaftlichen Weiterbildung wurde zweigeteilt: Es wurden zum einen sektorübergreifende (öffentlich-privatwirtschaftlich) und zum anderen intersektorale (öffentlich-öffentlich) Kooperationen diskutiert. Nachdem die jeweiligen Ausprägungsformen dieser beiden Kooperationsformen vorgestellt wurden, wurden – analog zum vorhergehenden Kapitel – die Möglichkeiten der Verantwortungsverteilung an die verschiedenen Kooperationspartner herausgearbeitet.

- In Anlehnung an die obige Tabelle kann für die sektorübergreifenden Kooperationen zusammenfassend festgehalten werden, dass sich sowohl die finanziellen als auch organisatorischen Probleme sowie die mangelnde Praxisorientierung reduzieren lassen. Zusätzlich können die Kooperationspartner als Referenzen fungieren und insofern eine positive Signalwirkung auf den Markt ausstrahlen, die im Rahmen einer Präferenzstrategie die Vermarktung der Weiterbildung unterstützen kann. Da stets ein Teil des Weiterbildungsprozesses innerhalb der Hochschulen verbleiben muss, ist es jedoch unumgänglich, dass diese die internen Organisationsstrukturen anpassen, damit die verbleibenden Aufgaben möglichst effizient erfüllt werden können.
- Für die intersektoralen Kooperationen wird zusammenfassend festgehalten, dass sie insbesondere durch die Möglichkeiten der Funktionsabstimmung und der zentralen Bearbeitung von Aufgaben für das gesamte Netzwerk Kostensenkungspotenzial besitzen. Allerdings können insbesondere die organisatorischen Probleme nur dann reduziert werden, wenn die an der Kooperation beteiligten Hochschulen zusätzlich auch interne Organisationsstrukturen etabliert haben, die insbesondere das Herauslösen der nicht-wissenschaftlichen Tätigkeiten aus dem Wissenschaftsbereich unterstützen. Weiterhin problematisch sind die mangelnden finanziellen Ressourcen sowie die fehlende Praxisorientierung: Zum einen sind die Möglichkeiten, durch eine intersektorale Kooperation zusätzliche privatwirtschaftliche Gelder zu akquirieren, geringer als bei einer sektorübergreifenden und zum anderen gelangen wenig praxisorientierte Impulse in die Konzeption und Realisierung der Weiterbildung. Das Problem der mangelnden Praxisorientierung könnte dadurch beseitigt werden, dass personengebundene Kontakte seitens der einzelnen Institute oder Lehrstühle zu potenziellen Praxispartnern hergestellt werden. Positiv anzumerken ist, dass eine Kooperation von mehreren staatlichen Hochschulen eine stärkere Marktmacht ausstrahlt als einzeln fungierende Hochschulen, was die Vermarktung der Weiterbildung, insbesondere durch die Vereinigung einer Vielzahl an hoch renommierten Dozenten (Verkaufsargument), positiv beeinflussen kann.

Die abschließend präsentierten Fallstudien haben gezeigt, dass es wesentliche Elemente gibt, die ein erfolgreiches Agieren auf dem Weiterbildungsmarkt unabhängig von der jeweiligen Organisationsform unterstützen. Nachfolgend werden sie stichpunktartig noch einmal zusammengefasst:

- Eine solide finanzielle Basis bzw. langfristige Sicherung der Finanzierung,
- eine in den Mitarbeitern verankerte unternehmerische Verantwortung,
- die „Rückendeckung" seitens der Hochschulleitung,
- ein gezielter Einsatz des Marketinginstrumentariums,
- ein professionelles Qualitätsmanagement,
- das frühzeitige Einbinden von Praxispartnern (Arbeitgeber, Verbände etc.) in die Planung und Konzeption der Weiterbildungsprogramme,
- eine starke Kundennähe,
- ein gezielt eingesetztes Anreizsystem sowie
- eindeutige vertragliche Regelungen zwischen den Partnern.

5.4 Finanzielle Aspekte der wissenschaftlichen Weiterbildung

Im vorangegangenen Kapitel wurde zwar deutlich, dass die wissenschaftliche Weiterbildung in verschiedenen Formen organisatorisch an der Hochschule verankert werden kann und dass durch geeignete Organisationsstrukturen insbesondere die organisatorischen Schwächen sowie die mangelnde Praxisorientierung reduziert werden können. Die im Rahmen der wertschöpfungszentrierten Analyse (vgl. Kap. 4.2.2) identifizierten finanziellen Probleme bleiben jedoch auch bei einer speziell auf die Weiterbildung eingerichteten Organisationsstruktur bestehen, weshalb die finanziellen Aspekte an dieser Stelle eingehender zu betrachten sind.

5.4.1 Strukturierende Vorüberlegungen

Ziel dieses Abschnittes ist es, die entstehenden Kosten den verschiedenen Erlös- bzw. Einnahmequellen aus der wissenschaftlichen Weiterbildung gegenüber zu stellen, damit zum einen eine fundierte Preiskalkulation der Weiterbildungsangebote erfolgen kann und zum anderen diese Informationen für das Anfertigen von Business- und Finanzierungsplänen genutzt werden können.

Mit einer Analyse der potenziellen Kosten und Erlös- bzw. Einnahmequellen wird das Ziel verfolgt, den Informationsbedarf von Entscheidungsträgern im operativen und strategischen Bereich zu decken (Sandberg/Bertelsmann 2000, S. 12). Diese Entscheidungsträger sind für die wissenschaftliche Weiterbildung insbesondere das Präsidium sowie die Dekane der juristisch verantwortlichen Fakultäten. Für viele Zwecke ist es ausreichend, die Höhe der in einer

Periode anfallenden Kosten und Erlöse zu kennen. Je nachdem, welche Rechnungsziele[166] verfolgt werden, sind die einzelnen Kosten u. U. genauer zu differenzieren. Hierfür wird üblicherweise eine Unterteilung in Einzel- bzw. Gemeinkosten (direkte oder indirekte Zuordnung zu einem Kostenträger), variable oder fixe Kosten (Kostenhöhe in Abhängigkeit von der Leistungsmenge), Voll- oder Teilkosten (Vollständigkeit der Zurechnung auf Kostenstellen oder -träger) sowie Ist- oder Plankosten (tatsächliche oder kalkulatorische Kosten) vorgenommen (Hödl/Zegelin 1999, S. 281). Des Weiteren ist auch eine Unterteilung in Kostenarten, -stellen und/oder -träger üblich (Schweitzer/Küpper 2003, S. 49 ff.).

Für eine allgemeine Analyse der Kosten (Kap. 5.4.2) aus der wissenschaftlichen Weiterbildung ist eine Aufteilung in Anlehnung an eine Kostenartenrechnung ausreichend, da hierdurch ein Überblick über die benötigten finanziellen Ressourcen (pro Kostenträger[167]) ermöglicht wird.[168] Speziell für Hochschulen lässt sich in der Literatur eine Aufteilung der Kostenarten in Personal-, Material-, Raum-, Dienstleistungs- und sonstige Kosten finden (Seidenschwarz 1992, S. 98), die auch nachfolgend vorgenommen wird.

Bei der Analyse in Kap. 5.4.3 werden schließlich die beeinflussbaren und, der Vollständigkeit halber, auch die nicht-beeinflussbaren Einnahmequellen von Hochschulen im Rahmen der Weiterbildung diskutiert. Seitens der Hochschule direkt beeinflussbare Einnahmequellen sind im Wesentlichen die Einnahmen aus Studiengebühren. Des Weiteren spielen insbesondere zur Anschubfinanzierung auch die Möglichkeiten der Aufnahme von Krediten oder der Beantragung von Förderprogrammen eine wichtige Rolle. Schließlich bietet das Fundraising die Möglichkeit, zusätzliche Ressourcen für verschiedene Bereiche der Hochschule, u. a. auch für spezielle Weiterbildungsprojekte, zu akquirieren. Seitens der Hochschulen nicht-beeinflussbare Einnahmequellen stellen hingegen Bildungskonten, Bildungsgutscheine und Bildungsfonds dar.

---

[166] Als potenzielle Rechnungsziele führt WEICHSELBAUMER das Schaffen von Transparenz (interne und externe Vergleichbarkeit), die Grundlage zur kurz- bis langfristigen Planung, die interne Steuerung, die Entscheidungsunterstützung (z. B. Eigenfertigung oder Fremdbezug) sowie die Kontrolle der Erfolgswirksamkeit von Planung und Steuerung an (Weichselbaumer 2003, S. 27).

[167] SANDBERG und BERTELSMANN identifizieren die Lehre, die Forschung, sonstige Sach- und Dienstleistungen sowie die Verwaltung als übergeordnete Kostenträgerbereiche (Sandberg/Bertelsmann 2000, S. 12). Die verschiedenen Weiterbildungsprogramme lassen sich als einzelne Kostenträger dem Bereich der Lehre zuordnen und werden nachfolgend auch so bezeichnet.

[168] Eine detaillierte Kostenstellen- bzw. Kostenträgerrechnung oder das Entwickeln einer auf die Weiterbildung abgestimmten Prozess- bzw. Projektkostenrechnung bieten sich eher bei der Betrachtung eines konkreten Fallbeispieles an.

5.4.2 Kosten der wissenschaftlichen Weiterbildung

Die entstehenden Kosten für die wissenschaftliche Weiterbildung werden nachfolgend in einer Kostenartenrechnung in *Personal-*, *Material-*, *Raum-* und *Dienstleistungskosten* eingruppiert.[169] Zusätzlich zu den auszahlungswirksamen Kostenbestandteilen werden im Rahmen der sonstigen Kosten auch *kalkulatorische Kosten* berücksichtigt. Dies sind speziell die kalkulatorische Miete und Abschreibung sowie die kalkulatorischen Zinsen und Wagnisse. Durch den Einbezug solcher Opportunitätskosten wird bei der Erstellung von Business- und Finanzierungsplänen für neue Weiterbildungsprogramme eine fundierte Abschätzung zwischen zwei Entscheidungsalternativen (z. B. Eigenfertigung oder Fremdbezug) erst ermöglicht, der tatsächliche Werteverzehr umfassender abgebildet und ein leistungsabhängiger Verschleiß angemessen berücksichtigt (Dobrindt 2005, S. 109). Des Weiteren wird eine Unterscheidung in fixe/variable sowie Einzel-/Gemeinkosten aus der Perspektive der Leistungsmengen „Anzahl der Weiterbildungsprogramme" sowie „Anzahl der Kunden" vorgenommen. Hierdurch soll zum einen verdeutlicht werden, welche Kosten sich einer kurzfristigen Steuerung entziehen und zum anderen, welche Kosten den einzelnen Weiterbildungsprogrammen direkt zuzurechnen sind.

5.4.2.1 Personalkosten

Personalkosten entstehen durch den Einsatz des Produktionsfaktors „menschliche Arbeit" und umfassen im Rahmen der wissenschaftlichen Weiterbildung Gehälter, gesetzliche und freiwillige Sozialkosten sowie sonstige Personalkosten[170] für das wissenschaftliche und nicht-wissenschaftliche Personal (Mitarbeiter und Hilfskräfte) (analog Götze/Bosse 2000, S. 40). Sie entstehen sowohl in der Phase des „Herstellens der Leistungsbereitschaft" für die Tätigkeiten in der Planung, Konzeption, Realisierung und Organisation als auch in der Phase des „Durchführens der Weiterbildung" für die Tätigkeiten in der Lehre[171] sowie insbesondere in der Verwaltung und Administration.

Werden die jeweiligen Tätigkeiten in der Weiterbildung durch eine eigene Stelle oder Abteilung übernommen, so kann die Höhe der für die Preiskalkulation relevanten Personalkosten grundsätzlich genauer ermittelt werden, als wenn das wissenschaftliche Personal diese Wei-

---

[169] Als Quelle der entstehenden Kostenarten werden die einzelnen Tätigkeiten aus den Phasen der wissenschaftlichen Weiterbildung betrachtet (vgl. Kap. 3.1.1). Es ist jedoch kritisch anzumerken, dass der wissenschaftlichen Literatur in diesem Zusammenhang sehr wenig zu entnehmen ist. Insofern basiert ein Großteil der Ausführungen, insbesondere im Hinblick auf die Identifikation potenzieller Kostenarten, auf persönlichen Erfahrungen, die im Rahmen der Konzeption und Einführung eines online-basierten Weiterbildungsstudiengangs an der Georg-August-Universität Göttingen gewonnen wurden.

[170] Sonstige Personalkosten sind z. B. dienstliche Reisekosten, die bei der Akquisition neuer Dozenten, neuer Kunden oder im Rahmen von sonstigen Öffentlichkeitsarbeiten (Messen, Konferenzen etc.) entstehen.

[171] Die Personalkosten für die Lehre entstehen, wenn die hochschuleigenen Dozenten die Lehrtätigkeit in der Weiterbildung im Rahmen des Lehrdeputats leisten. Führen die Dozenten diese Lehre in Nebentätigkeit aus und werden hierfür über gesonderte Lehraufträge vergütet, sind die Kosten als Dienstleistungskosten zu verstehen.

terbildungs- oder Verwaltungsstelle in Nebentätigkeit unterstützt, da bei einem solchen Szenario der Anteil der zuzurechnenden Personalkosten nur schwer einschätzbar ist. Zudem stellt sich grundsätzlich die Frage, wie die möglicherweise geleisteten Überstunden behandelt werden sollen. DOBRINDT diskutiert diesbezüglich zwei Alternativen: Zum einen können für die Preiskalkulation von Weiterbildungsprogrammen die absolut geleisteten Stunden unbeachtet bleiben und in der Kalkulation wird lediglich die anteilsmäßige Aufteilung der vertraglichen Arbeitszeit auf die einzelnen Kostenträger berücksichtigt. Zum anderen werden in der Kalkulation auch die Überstunden berücksichtigt. Insbesondere mit dem Aspekt der Preisfindung für wissenschaftliche Weiterbildungsprogramme schätzt DOBRINDT diese zweite Alternative als vorteilhaft ein, um eine Vergleichbarkeit zu privatwirtschaftlich kalkulierter Weiterbildung zu ermöglichen (Dobrindt 2005, S. 112 f.).

Arbeiten bestimmte Mitarbeiter ausschließlich für ein Weiterbildungsprogramm, können diese Personalkosten dem jeweiligen Weiterbildungsprogramm als Einzelkosten direkt zugerechnet werden. Üblicherweise wird dies jedoch nicht der Fall sein, so dass die Personalkosten über einen Schlüssel als Gemeinkosten zu berücksichtigen sind. Aus der Perspektive einzelner Weiterbildungsprogramme sind sie i. d. R. sprungfix (d. h. ab einer bestimmten Anzahl an Weiterbildungsprogrammen bzw. Kunden wird zusätzliches Personal benötigt) und beinhalten ein gewisses finanzielles Risiko, wenn sie durch Einnahmen oder sonstige Erlöse aus der Weiterbildung, z. B. aufgrund mangelnder Nachfrage, nicht gedeckt sind. Dies betrifft sowohl unbefristet bzw. langfristig eingestelltes wissenschaftliches und nicht-wissenschaftliches Personal als auch Hilfskräfte, wobei bei den Hilfskräften die Vertragslaufzeiten i. d. R. kürzer sind und insofern eine kurzfristigere Steuerung möglich wird.

5.4.2.2 Materialkosten

Zu den Materialkosten an Hochschulen zählt SEIDENSCHWARZ die Kosten für den Geschäftsbedarf, den Energieverbrauch, EDV-Material, die Ausstattung eines wissenschaftlichen Labors bzw. einer Werkstatt sowie Informations- und Anschauungsmaterial (Seidenschwarz 1992, S. 104). Der Energieverbrauch soll nachfolgend jedoch nicht den Materialkosten zugeordnet werden, sondern den Bewirtschaftungskosten, zu denen nach LESZCZENSKY ET AL. neben Energie- (z. B. für Beleuchtung und Beheizung) auch Reinigungs- sowie Reparatur- und Wartungskosten zu zählen sind (Leszczensky/Barna/Schacher 2000, S. 17).

Materialkosten entstehen ebenfalls wie Personalkosten in beiden Phasen der wissenschaftlichen Weiterbildung: Auf der einen Seite um die Arbeitsplätze des in der Weiterbildung tätigen Personals einzurichten und die Lehr-/Lern- sowie Informationsmaterialien zu realisieren, auf der anderen Seite um den Kunden Informationen über die Weiterbildungsprogramme sowie Lerninhalte zugänglich zu machen.[172] Die zu berücksichtigenden Materialkosten bestehen insofern aus:

---

[172] Bezüglich der Ausstattung der Büroräume sowie des Zugangs zu den Lehr-/Lernmaterialien siehe auch die Abschnitte „Raumkosten und kalkulatorische Miete" sowie „sonstige Kosten".

5.4 Finanzielle Aspekte der wissenschaftlichen Weiterbildung

- dem Geschäftsbedarf der in der Weiterbildung tätigen Mitarbeiter (z. B. Büroausstattung, Literatur, EDV-Ausstattung, wie Hard- und Software etc.),
- den Werbekosten (z. B. Kosten für Print- oder Onlinemedien bzw. Kosten für Informationsbroschüren, -flyer oder -plakate der einzelnen Weiterbildungsprogramme),
- den Kosten für das technische Equipment (Hard- und Software) der Hörsäle oder Tagungsräume, wie Computer, Beamer, Overhead, Projektionswände und ggf. Autorenwerkzeuge (um die Vorlesungen oder Seminare als Aufzeichnung zusätzlich bereit zu stellen) sowie
- einer möglicherweise anzuschaffenden Lernplattform (zu berücksichtigen sind hier Anschaffungskosten und ggf. für die folgenden Jahre Updatekosten) und entsprechender Hardware, sofern die Weiterbildung nicht nur in Präsenzform, sondern auch online- und computerbasiert angeboten wird. In diesem Fall sind neben den zuvor angesprochenen Materialkosten auch Kosten für DVD- und CD-Brenner sowie DVD- und CD-Rohlinge zu berücksichtigen, auf denen das Lehr-/Lernmaterial bei Bedarf als Offlinevariante alternativ zur Onlineversion zur Verfügung gestellt werden kann. Wird die Weiterbildung zumindest teilweise in Präsenzform angeboten, nennt HAGENHOFF als zu berücksichtigende Materialkosten Kosten für Folien, Skripte oder sonstige Kopien (Hagenhoff 2002, S. 40).

Variabel aus Sicht einzelner Weiterbildungsprogramme wären die Materialkosten lediglich dann, wenn die einzelnen Positionen einem Weiterbildungsprogramm direkt zurechenbar wären. Dies kann ggf. für spezielle Werbemaßnahmen oder bestimmtes Kleinmaterial[173] (wie z. B. DVD-/CD-Rohlinge oder Literatur) gelten, ist jedoch ansonsten nicht üblich. Insofern ist ein Großteil der Materialkosten als fix bzw. sprungfix zu klassifizieren. Erhöhte Kosten für den Geschäftsbedarf ergeben sich erst durch zusätzlich benötigtes Personal ab einer bestimmten Anzahl an Kunden bzw. Weiterbildungsprogrammen. Weitestgehend unabhängig von der Anzahl der Kunden oder der Weiterbildungsprogramme sind die Kosten des technischen Equipments, der Hardware sowie der anzuschaffenden Lernplattform[174]. Diese Gemeinkosten müssen über einen Schlüssel auf die einzelnen Kostenträger verteilt werden. Steigt die Anzahl der angebotenen Weiterbildungsprogramme können diese Kosten über mehrere Kostenträger verteilt werden, was die Gesamtkosten je Weiterbildungsprogramm reduziert. Jedoch entziehen sich diese fixen Kosten einer kurzfristigen Steuerung, was ein Risiko bedeutet, wenn die erforderlichen Nachfragerzahlen nicht erreicht werden.

---

[173] Um die Wirtschaftlichkeit der Kostenrechnung zu wahren werden in der Kostenrechnungspraxis insbesondere die Kleinmaterialien häufig nicht als Einzelkosten erfasst, auch wenn dies grundsätzlich möglich wäre. In diesem Fall handelt es sich um unechte Gemeinkosten (Götze/Bosse 2000, S. 19).

[174] Einen Sonderfall stellt das Mieten einer Lernplattform dar, bei dem sich die Mietkosten in Abhängigkeit von Mandanten (z. B. Weiterbildungsprogramme) und Nutzern verändern. Verändert sich die Anzahl der Weiterbildungsprogramme oder der Kunden, d. h. die Leistungsmenge, verändern sich insofern auch die Kosten.

5.4.2.3 Raumkosten und kalkulatorische Miete

Können die in der Weiterbildung tätigen Mitarbeiter die Büroräume der Hochschule nutzen und finden die Präsenzveranstaltungen in hochschuleigenen Hörsälen oder Tagungsräumen statt, so sind üblicherweise keine auszahlungswirksamen Mieten an die Hochschule zu leisten. Um bei einer Preiskalkulation eine Vergleichbarkeit der wissenschaftlichen Weiterbildungsprogramme zu privatwirtschaftlich angebotener Weiterbildung herzustellen, sollten an dieser Stelle jedoch Opportunitätskosten in Form einer kalkulatorischen Miete berücksichtigt werden (Dobrindt 2005, S. 113). Zur Kalkulation dieser Opportunitätskosten sehen DÖLLE ET AL. vor, sowohl Kosten für den Substanzverbrauch als auch für die Bewirtschaftung zu berücksichtigen (Dölle et al. 2005, S. 12 f.):

- Die kalkulatorischen Mieten für den Substanzverbrauch sind hierbei der jeweiligen Raumnutzungsart anzupassen, d. h. dass für Büroräume ein anderer Wert anzusetzen ist als z. B. für einen Hörsaal oder ein Labor. Die HIS GmbH orientiert sich in diesem Zusammenhang z. B. an den Raumnutzungsarten gemäß DIN 277.
- Die Bewirtschaftungskosten werden i. d. R. über einen prozentualen Aufschlag auf die Substanzkosten berücksichtigt.

Da beide zuvor genannten Kostenarten z. T. stark zwischen den einzelnen Hochschulen variieren, müssen sie insofern stets individuell ermittelt werden (Dölle et al. 2005, S. 328). Alternativ schlagen Ambrosy und Hinsenkamp lokale Vergleichsmieten als eine sinnvolle Kalkulationsgrundlage vor (Ambrosy/Hinsenkamp 2001, S. 279). Auszahlungswirksame Raumkosten entstehen hingegen dann, wenn die Mitarbeiter, die in der wissenschaftlichen Weiterbildung tätig sind, in hochschulexternen Räumen arbeiten oder wenn für bestimmte Veranstaltungen der einzelnen Weiterbildungsprogramme externe Räume angemietet werden müssen, wie z. B. für spezielle Präsenzseminare oder zur Abnahme von Prüfungen außerhalb der Hochschule.

Vollständig variabel aus Sicht der Weiterbildungsprogramme wären die (kalkulatorischen) Raumkosten lediglich dann, wenn sowohl die Büroräume als auch die Hörsäle oder Tagungsräume direkt einem speziellen Weiterbildungsprogramm zugerechnet werden könnten. Dies kann bei den Hörsälen oder Tagungsräumen der Fall sein,[175] jedoch üblicherweise nicht bei den Büroräumen. Die Kosten der Büroräume sind als sprungfix anzusehen (erst bei Überschreiten eines bestimmten Schwellenwertes an Personal verändert sich die Anzahl der benötigten Büroräume) und müssen insofern über einen bestimmten Schlüssel auf die einzelnen Kostenträger verteilt werden.

---

[175] Grundsätzlich benötigen mehr Programme auch mehr Räume bzw. Nutzungszeiten, es sei denn, die Programme bestehen teilweise aus denselben Veranstaltungen, so dass Kunden aus verschiedenen Programmen gleichzeitig in einem Hörsaal bzw. Tagungsraum an einer Veranstaltung teilnehmen können.

5.4.2.4 Dienstleistungskosten

Bei den Dienstleistungskosten handelt es sich um Kosten für in Anspruch genommene Leistungen, die von Dritten erbracht werden, d. h. wenn spezielle Tätigkeiten oder Aufgaben fremdvergeben[176] werden (Schweitzer/Küpper 2003, S. 78). Sie können sowohl im Rahmen des „Herstellens der Leistungsbereitschaft" als auch des „Durchführens der Lehre" entstehen. SEIDENSCHWARZ differenziert zwischen wissenschaftlichen und nicht-wissenschaftlichen Dienstleistungen (Seidenschwarz 1992, S. 104 f.). Mögliche wissenschaftliche Dienstleistungskosten, die im Rahmen der Weiterbildung berücksichtigt werden müssen, sind insbesondere die Lehrvergütung von internen[177] und externen Dozenten, die Lehrleistungen erbringen.

Nicht wissenschaftliche Dienstleistungen stellen hingegen die Aufgabenbereiche aus den unterstützenden Prozessen dar (vgl. Tabelle 5.3-2), die ggf. von Dritten übernommen werden können, sowie eine möglicherweise relevante Rechtsberatung, die Leistungen der Akkreditierungsagenturen oder z. B. Catering- bzw. Serviceleistungen für Präsenzveranstaltungen. Sofern es den Kunden ermöglicht wird, an verschiedenen Standorten Prüfungen abzulegen, muss jeweils vor Ort entsprechendes Aufsichtspersonal vorhanden sein. Die Kosten, die für diese Prüfungsaufsicht zu zahlen sind, sind ebenfalls in einer Preiskalkulation zu berücksichtigen.

Die Dienstleistungskosten können den einzelnen Weiterbildungsprogrammen i. d. R. direkt zugerechnet werden. Ändert sich die Anzahl der Weiterbildungsprogramme, so ändern sich auch die Dienstleistungskosten. Variiert hingegen die Anzahl der Kunden, müssen sich die Dienstleistungskosten nicht zwangsläufig ändern, d. h. auch sie entziehen sich aus dieser Perspektive einer kurzfristigen Steuerung bei auftretenden Nachfrageschwankungen. Eine Ausnahme können die Lehrvergütungen bilden. Sofern die Hochschulen entweder durch Gesetz oder ministerialer Genehmigung selbst über die Art und Höhe der Lehrvergütung im Rahmen der wissenschaftlichen Weiterbildung entscheiden können (vgl. Kap. 2.1.3), bietet es sich an, anstelle der sonst üblichen Semesterwochenstunden (SWS) eine andere Vergütungsbasis zu wählen. Interessante Steuerungsmöglichkeiten bietet in diesem Zusammenhang ein zweiteiliger Tarif mit einer nutzungsunabhängigen und einer nutzungsabhängigen Vergütungskomponente (analog Meffert 2000, S. 575). Ein solches Modell garantiert den Dozenten ein bestimmtes Fixum für das zur Verfügung gestellte Lehr-/Lernmaterial sowie die allgemeine Betreuungsleistung (telefonische Erreichbarkeit, Antworten auf Anfragen etc.). Zusätzlich erhalten sie in Abhängigkeit der Prüfungsteilnehmer einen variablen Anteil für die abgenommenen Prüfungsleistungen (Klausuren, Hausarbeiten, Fallstudien, Abschlussarbeiten etc.).

---

[176] Zu den Möglichkeiten der Fremdvergabe vgl. Kap. 5.3.3.1.2.
[177] Hierbei erbringen die internen Dozenten die Lehrleistung in Nebentätigkeit.

5.4.2.5 Sonstige Kosten

In diesem Abschnitt sind abschließend die kalkulatorischen *Abschreibungen*, *Zinsen* und *Wagnisse* zu behandeln, die ggf. bei einer Preiskalkulation zu berücksichtigen sind. Diese kalkulatorischen Kosten sind grundsätzlich unabhängig von den beiden Phasen der wissenschaftlichen Weiterbildung.

Kalkulatorische *Abschreibungen* sollen den Werteverzehr von Anlagegütern erfassen (Schweitzer/Küpper 2003, S. 98 f.). Sie lassen sich bei einer Kalkulation der Weiterbildungsprogramme insbesondere bei Integration des E-Learnings sinnvoll berücksichtigen, um die durch die Bereitstellung und den Einsatz der Anlagen bzw. Materialien (Lernplattform, WBT) entstehenden Kosten zum Ausdruck zu bringen.

Auch wenn kalkulatorische *Zinsen* üblicherweise für Hochschulen nicht als Kostenart vorgesehen sind (Heise 2001, S. 29), da entsprechende Erfolgsziele traditionell nicht zwingend verfolgt werden (Schweitzer/Küpper 2003, S. 733), können sie speziell für den Bereich der wissenschaftlichen Weiterbildung durchaus berücksichtigt werden, da in diesem Geschäftsfeld ein ökonomisches Erfolgsziel als gegeben anzunehmen ist. Sofern die mit der Weiterbildung erwirtschafteten Erlöse die Kosten übersteigen, können die Gelder zinsbringend angelegt und zum Vermögensaufbau genutzt werden, was ein legitimes Zwischenziel von Hochschulen ist. Wenn die Hochschule die frei verfügbaren Mittel ausgibt, anstatt sie zinsbringend anzulegen, lässt sich das als Opportunitätskosten für entgangene Zinserlöse interpretieren (Dobrindt 2005, S. 115), was ggf. bei einer Kalkulation neuer Weiterbildungsprogramme zu berücksichtigen ist. Sofern die Hochschulen eine Anschubfinanzierung der Weiterbildungsprogramme über Kredite verfolgen, entstehen hierdurch reale Zinszahlungen, die bei einer vorherigen Kalkulation der Programme entsprechend zu berücksichtigen sind.

Kalkulatorische *Wagniskosten* sind schließlich als interne „Versicherungsprämien" zu berücksichtigen, um außerordentliche Ertragseinbußen abzusichern (analog Götze/Bosse 2000, S. 66 f.). DOBRINDT erscheint es im Rahmen einer Hochschulkostenrechnung sinnvoll, solche speziellen Einzelwagnisse zu berücksichtigen, bei denen das Land nicht für einen Ausgleich sorgt (Dobrindt 2005, S. 114 f.). Diese wären im Rahmen der wissenschaftlichen Weiterbildung insbesondere die Vertriebswagnisse (z. B. Ausfall durch Kursabbrecher, Forderungsverluste etc.).

Während die kalkulatorischen Abschreibungen und Zinsen für das Eigenkapital i. d. R. Gemeinkosten darstellen und sich lediglich über eine bestimmte Schlüsselung auf die einzelnen Kostenträger aufteilen lassen, kann es sich bei den hier vorgestellten Wagnissen sowie den kalkulatorischen Zinsen für Fremdkapital um solche Kosten handeln, die dem jeweiligen Kostenträger direkt zurechenbar sind. In ihrer anzusetzenden Höhe sind sie jedoch durch potenzielle Nachfrageschwankungen unbeeinflusst.

5.4.2.6 Kostenarten in Abhängigkeit der betrachteten Leistungsmenge

In der nachfolgenden Tabelle werden die vorangegangenen Ausführungen übersichtsartig zusammengefasst. Hierbei wird getrennt nach Art der Leistungsmenge, d. h. zum einen bezogen auf einzelne Weiterbildungsprogramme und zum anderen kundenbezogen, analysiert, inwiefern die Kosten als Einzelkosten (EK; variabel) direkt zurechenbar sind oder ob sie als Gemeinkosten (GK; fix, sprungfix)[178] über einen Schlüssel auf die jeweilige Leistungsmenge umgelegt werden müssen.

	Kostenart	abhängig von der Leistungsmenge „Anzahl Programme"	abhängig von der Leistungsmenge „Anzahl Kunden"
Personalkosten	wissenschaftliches Personal	Sowohl direkt (variable EK) als auch indirekt (fixe GK) zurechenbar, schlechte Steuerbarkeit durch i. d. R. langfristige Verträge	Nein: I. d. R. GK (sprungfix)
	nicht-wissenschaftl. Personal		
	Hilfskräfte		
Materialkosten	Geschäftsausstattung (Büro)	Nein: I. d. R. GK (sprungfix)	Nein: I. d. R. GK (sprungfix)
	technisches Equipment (Hörsäle/Tagungsräume) und Hardware		
	Werbekosten	Sowohl direkt (variable EK) als auch indirekt (fixe GK) zurechenbar	Nein: I. d. R. GK (fix)
	Lernplattform	Nein: I. d. R. GK (fix); lediglich beim Sonderfall des Mietens EK	Nein: I. d. R. GK (fix), lediglich beim Sonderfall des Mietens EK
	Kleinmaterial	Ja: I. d. R. direkt zurechenbar (variable EK)	Ja: I. d. R. direkt zurechenbar (variable EK)
Raumkosten	Büroräume	Nein: I. d. R. GK (sprungfix)	Nein: I. d. R. GK (sprungfix)
	Hörsäle bzw. Tagungsräume	Sowohl direkt (variable EK) als auch indirekt (fixe GK) zurechenbar	
	Räume für Prüfungsabnahme		
Dienstleistungskosten	Lehrvergütung von Dozenten	Ja: I. d. R. direkt zurechenbare EK (u. U. fixe + variable Bestandteile)	Nein: Fixe Vergütung (SWS); Ja: Zweiteiliger Tarif
	Unterstützende Prozesse	Ja: I. d. R. direkt zurechenbar (variable EK)	Nein: I. d. R. GK (fix)
	Rechtsberatung	Sowohl direkt (variable EK) als auch indirekt (fixe GK) zurechenbar	
	Akkreditierung	Ja: Direkt zurechenbar (variable EK)	
	Catering im Rahmen von Präsenzveranstaltungen	Ja: I. d. R. direkt zurechenbar (variable EK)	Ja: I. d. R. direkt zurechenbar (variable EK)
	externes Aufsichtspersonal	Ja: I. d. R. direkt zurechenbar (variable EK)	Nein: I. d. R. GK (sprungfix)

---

[178] Die Option der unechten Gemeinkosten wird nachfolgend vernachlässigt, da durch eine Berücksichtigung kein Aussagenmehrwert geschaffen wird.

Fortsetzung Tabelle

Kostenart		abhängig von der Leistungsmenge „Anzahl Programme"	abhängig von der Leistungsmenge „Anzahl Kunden"
sonstige Kosten	kalkulatorische Abschreibungen	Nein: l. d. R. GK (fix)	Nein: l. d. R. GK (fix)
	kalkulatorische Zinsen	Sowohl direkt (variable EK) als auch indirekt (fixe GK) zurechenbar	
	kalkulatorische Wagnisse	Ja: l. d. R. direkt zurechenbar (variable EK)	

Tabelle 5.4-1: Kostenarten und Zurechenbarkeit aus der wissenschaftlichen Weiterbildung

Insbesondere aus der Perspektive der Nachfragesituation (s. rechte Spalte) stellt sich eine Vielzahl der identifizierten Kostenarten als durchaus risikobehaftet für die Hochschulen dar, da sie fix sind und sich bei einem Nachfragerückgang nur sehr eingeschränkt, wenn überhaupt, reduzieren lassen. Langfristige Verträge mit wissenschaftlichem oder nicht-wissenschaftlichem Personal sowie Rahmenverträge mit externen Dienstleistern schränken auch aus Sicht der einzelnen Kostenträger eine kurzfristige Steuerung ein. Ein zentrales Ziel der Hochschulen stellt insofern das Erreichen des jeweiligen Break-Even-Punktes[179] (nachfragebezogen) eines Weiterbildungsprogramms dar. Je nachdem, welche zusätzlichen Einnahmequellen neben den Einnahmen aus Studien- und Kursgebühren erschlossen werden können, erhöht sich der Spielraum seitens der Hochschule, diesen Break-Even-Punkt nach unten zu korrigieren. Die potenziellen Einnahmequellen werden im nachfolgenden Abschnitt näher dargestellt.

5.4.3 Erlöse und Einnahmen der wissenschaftlichen Weiterbildung

In diesem Abschnitt sind die potenziellen Entstehungsbereiche von Einnahmen und Erlösen aus der wissenschaftlichen Weiterbildung von Interesse. Diese sind teilweise von den Hochschulen gezielt beeinflussbar (Kap. 5.4.3.1), teilweise entziehen sie sich jedoch auch der direkten Beeinflussung durch die Hochschulen, da sie z. B. auf Aktivitäten der Privatkunden, der Unternehmen oder des Staates zurückzuführen sind (Kap. 5.4.3.2). Beide Bereiche werden nachfolgend vorgestellt.

5.4.3.1 Durch die Hochschulen beeinflussbare Erlös- bzw. Einnahmequellen

Zu den durch die Hochschulen direkt beeinflussbaren Möglichkeiten, Erlöse bzw. Einnahmequellen aus der wissenschaftlichen Weiterbildung zu erschließen, zählen vordergründig die *Studiengebühren*. Neben diesen sollten, insbesondere mit dem Aspekt der Anschubfinanzierung, auch *Förderprogramme* und *Kredite* berücksichtigt werden. Weitere alternative Einnah-

---

[179] Ziel muss es sein, mindestens die laufenden Kosten für die Phase des „Durchführens der Weiterbildung" durch die erzielten Einnahmen sowie einen angemessenen Anteil der Kosten für die Phase des „Herstellens der Leistungsbereitschaft" zu decken, d. h. dass die Vorlaufkosten zwar über entsprechende Einnahmen zu decken sind, sich die Deckung jedoch ggf. über mehrere Jahre erstrecken kann, sofern dies die finanzielle Situation der Hochschule zulässt.

mequellen des *Fundraisings*[180] ergeben sich schließlich aus dem Sponsoring und der Möglichkeit, Stiftungsgelder bzw. -leistungen einzuwerben. Nachfolgend werden die einzelnen Einnahmemöglichkeiten näher betrachtet:

Studiengebühren

Bevor eine Auseinandersetzung über die Zahlweise der Studien- bzw. Teilnehmergebühren und der damit einhergehenden Vor- und Nachteile aus Sicht der Hochschule sowie der Kunden erfolgt, wird zunächst auf die Problematik der angemessenen Preisfindung eingegangen. Die Kalkulation der Studien- bzw. Teilnahmegebühren stellt sich als komplexes Entscheidungsproblem dar, da verschiedene Determinanten zu berücksichtigen sind. Diese Determinanten bestehen in erster Linie aus den Kosten, die für das betrachtete Weiterbildungsprogramm entstehen. Daneben sind jedoch auch Überlegungen zum angestrebten Überschuss zu führen, der wiederum genutzt werden kann, um neue Programme zu entwickeln oder bereits bestehende zu variieren bzw. zu differenzieren. Die Preisfestsetzung ist zudem von der allgemeinen Wettbewerbssituation (vgl. Kap. 4.1.3), der verfolgten Absatzstrategie (Preis-, Mengen- oder Präferenzstrategie) sowie der Markenpositionierung der Institution bzw. des Weiterbildungsprogramms (vgl. Kap. 5.5.3) abhängig (analog Meffert 2000, S. 1372). Die Höhe der Studien- bzw. Teilnehmergebühren kann im Rahmen von Preiswürdigkeitsurteilen auch die qualitative Beurteilung einer Dienstleistung beeinflussen. Insbesondere das vor der Inanspruchnahme empfundene qualitative Risiko wird in diesem Zusammenhang als Bestimmungsgrad für eine preisabhängige Qualitätsbeurteilung herangezogen (Lambert 1972, S. 35 ff.). Die Höhe des empfundenen Risikos und die damit einhergehende Intensität der preisabhängigen Qualitätsbeurteilung wird hierbei von einer Vielzahl an motivationalen (z. B. Qualitätsstreben), kognitiven (z. B. Vertrauen zum Anbieter) und situativen (z. B. wirtschaftliche Situation des Haushalts) Faktoren beeinflusst (Diller 1977, S. 221). Bei der Festsetzung der Studien- bzw. Teilnehmergebühren müssen die Hochschulen insofern sowohl einen angemessenen Beitrag zur Kostendeckung verfolgen (Kostenorientierung) als auch abschätzen, welche Vorteile den Absolventen der angebotenen Programme entstehen, um somit ein angemessenes Kosten-Nutzen-Verhältnis zu wahren (Nachfrager- und Konkurrenzorientierung durch Marktforschung).

Die Art der Studien- bzw. Teilnehmergebühren kann zudem in Form und Zeitpunkt unterschiedlich gestaltet werden (Konditionenpolitik, analog Kotler/Bliemel 2001, S. 851 ff.). Zum einen können sie im Voraus oder im Verlauf des Programms gezahlt werden (in entweder kursbezogenen oder -unabhängigen Raten). Zum anderen ist ein Modell denkbar, bei dem die Studierenden die Möglichkeit haben, die Studien- bzw. Teilnehmergebühren erst nach Ab-

---

[180] Fundraising ist der Oberbegriff für sämtliche Formen der externen Mittelbeschaffung, bei denen Personen oder Organisationen per Geld- oder Sachmittel gemeinnützige und wohltätige Zwecke unterstützen wollen. Es wird nachfolgend als spenderorientierter, professionell geführter, zyklischer Prozess verstanden und schließt das Sponsoring sowie Einwerben von Stiftungsgeldern bzw. -leistungen mit ein (Dubach/Frey 2002, S. 16; Drees 1997, S. 13 ff.).

schluss der Weiterbildung zu zahlen. Ein solches Modell findet z. B. in der australischen Hochschulausbildung (HECS = Higher Education Contribution Scheme) statt. Die Studierenden können die Gebühren entweder zu Beginn eines jeden Studienjahres zahlen und sich somit einen 25%igen Rabatt auf diese sichern oder sie führen erst nach Abschluss des Studiums und dem Erreichen eines gewissen Mindesteinkommens einen bestimmten Prozentsatz zusätzlich zu den normalen Einkommensteuern an den Staat ab (Chevaillier/Eicher 2002, S. 92). Als bislang rein theoretisches Modell wird diese Finanzierungsalternative in Deutschland unter dem Namen der „Akademikersteuer" diskutiert (Stuchtey 2001, S. 177 ff.). Das Modell lässt sich leicht modifiziert auf die Weiterbildung in Deutschland übertragen, jedoch würden die Studien- bzw. Teilnehmergebühren nicht in Form einer zusätzlichen Akademikersteuer an den Staat und durch diesen z. B. formelgebunden an die Hochschulen gezahlt, sondern direkt durch die Studierenden an die Hochschulen abgegeben werden.

Es ergeben sich je nach Ausprägung des Gebührenmodells Vor- und Nachteile aus Sicht der Kunden sowie der Hochschulen, die in der nachfolgenden Tabelle einander gegenübergestellt sind:

	Aus Sicht der Kunden		Aus Sicht der Hochschulen	
	Vorteile	Nachteile	Vorteile	Nachteile
Vorauszahlung		• Finanzielle Belastung vor möglichem Aufstieg durch die Maßnahme. • Kunde tritt komplett in Vorleistung → hohes individuelles Risiko (Kosten-Nutzen-Verhältnis).	• Vorleistungen durch Kunden verbessern Liquidität der Hochschule. • Sichere Kalkulationsgrundlage, deshalb Planungssicherheit für die Hochschule. • Einnahmen unabhängig von der Abbrecherquote.	• Hohe Notwendigkeit, die zu leistende Qualität über objektiv nachvollziehbare Kriterien bereits im Vorfeld zu signalisieren. • Weiterbildung richtet sich primär an einkommensstarke Personen.
Ratenzahlung	• Weitestgehend leistungsabhängige Zahlung. • Bei vorzeitigem Abbruch sind i. d. R. nicht sämtliche Studiengebühren zu zahlen (geringes finanzielles Risiko).	• Finanzielle Belastung vor möglichem Aufstieg durch die Maßnahme. • Möglicherweise Abbruch des Studiums als Konsequenz von Finanzierungsengpässen.	• Bei einem entsprechenden Ratenmodell tritt die Hochschule nicht in Vorleistung an Dienstleister oder Lieferanten. • Durch Ratenzahlung werden ggf. mehr Kunden angezogen.	• Unsichere Kalkulationsgrundlage, deshalb Planungsunsicherheit für die Hochschule. • Einnahmen abhängig von der Abbrecherquote.

Fortsetzung Tabelle

	Aus Sicht der Kunden		Aus Sicht der Hochschulen	
	Vorteile	Nachteile	Vorteile	Nachteile
Zahlung nach der Bildungsmaßnahme	• Finanzielle Belastung erst nach Beendigung der Maßnahme. • Auch sozial schwächere Personen können kostenintensive Weiterbildung in Anspruch nehmen. • Individuelles finanzielles Risiko ist sehr gering.		• Hochschule unterstützt sehr sichtbar den Zugang sozial Schwächerer (größere Anreizwirkung, größerer potenzieller Kundenkreis). • Hochschule erwirbt u. U. besseres Image als soziale Organisation.	• Hochschule tritt in Vorleistung. Zeitspanne zw. Leistung der Hochschule und deren Vergütung u. U. sehr lang → wie ist sie in der Anfangsphase zu überbrücken? • Risiko: Was passiert bei finanziellen Ausfällen seitens der Kunden (arbeitslos, arbeitsunfähig, zu geringer Verdienst etc.)? • Problematisch bei stark schwankenden Studierendenzahlen

Tabelle 5.4-2: Vor- und Nachteile verschiedener Studiengebührenmodelle

Aus Sicht der Kunden stellt sich die Vorauszahlung als am wenigsten vorteilhaft dar, weil sie in diesem Fall das komplette finanzielle Risiko tragen, d. h. sich vor Beginn der Maßnahme entscheiden müssen ggf. mehrere Tausend Euro zu zahlen, obwohl die geleistete Qualität und die beruflichen Chancen, die sich durch das Absolvieren dieser Maßnahme ergeben, nur schlecht eingeschätzt werden können.

Die Ratenzahlung stellt sich hingegen als sehr viel vorteilhafter dar, obwohl auch bei dieser Variante mögliche Nachteile gegeben sind, sofern finanzielle Engpässen auftreten. Am attraktivsten aus Sicht der Kunden gestaltet sich die Zahlung nach der Bildungsmaßnahme. Dieses Modell ermöglicht es qualifizierten Personen unabhängig von den aktuellen finanziellen Möglichkeiten auch an kostenintensiven Weiterbildungsprogrammen teilzunehmen und verbessert insofern die Aussichten auf einen beruflichen Aufstieg nach dem Abschluss der Maßnahme. Das individuelle finanzielle Risiko ist bei diesem Modell am geringsten.

Aus Sicht der Hochschulen bieten sich bei jedem der hier vorgestellten Modelle Vor- und Nachteile. Am unsichersten ist das an die Weiterbildung angepasste HECS-Modell, bei dem den Studierenden die Möglichkeit eingeräumt wird, die Gebühren erst nach Abschluss der Maßnahme durch einen prozentualen Anteil ihres Einkommens zu zahlen. Obwohl das Modell bereits seit Ende der 1980er Jahre in der australischen Hochschulausbildung (und seit 2001 auch in Schottland) eingesetzt wird und seine Funktionsfähigkeit über die Jahre unter Beweis gestellt hat, müssen einige Problembereiche betrachtet werden, die sich u. a. aus der Tatsache ergeben, dass die staatlichen Hochschulen in Deutschland das Angebot in der Weiterbildung grundsätzlich eigenständig (d. h. von Landesmitteln unabhängig) initiieren und durchführen sollen: Zum einen tritt die Hochschule bei diesem Modell komplett in Vorleistung und trägt das finanzielle Risiko, wenn der Absolvent nach Abschluss der Maßnahme zahlungsunfähig ist, sofern es staatlicherseits keine Entschädigung für solche Ausfälle gibt. Zum anderen entstehen bei diesem Modell Probleme, wenn die Zahl der Studierenden stark schwankt. Jedoch stellen sich die Ausweitung des potenziellen Kundenkreises sowie eine Imageverbesserung als sozial agierende Organisation als vorteilhaft dar. Auch die Ratenzahlung ist sowohl mit Vor- als auch mit Nachteilen behaftet: Vorteilhaft ist, dass die Hochschulen nicht in Vorleistung treten müssen und dass die Ratenzahlung auch einkommensschwächeren Personen bei geeigneter Qualifikation erlaubt, an der Weiterbildung teilzunehmen. Problematisch ist jedoch, dass die Einnahmen zu einem gewissen Anteil abhängig von der Abbrecherquote sind und aufgrund dessen keine Planungssicherheit für die Kalkulation gegeben ist. Eine solche Planungssicherheit ist lediglich bei der Vorauszahlung gegeben oder wenn auch bei Ratenzahlung trotz vorzeitigen Abbruchs die kompletten Gebühren gezahlt werden müssten.[181] In diesem Fall richtet sich die Weiterbildung jedoch primär an einen einkommensstarken Personenkreis und grenzt die Einkommensschwachen auch bei gleicher oder sogar höherer Qualifikation aus. Insbesondere für die hochpreisigen Weiterbildungsprogramme müssen die Hochschulen in einem solchen Modell Strategien entwickeln, die die hohe Qualität der angebotenen Leistungen hervorheben und insofern die Vermarktung unterstützen (vgl. hierzu Kap. 5.5.2).

Förderprogramme und Kredite

In den vergangenen Jahren wurden verstärkt Förderprogramme als Anschubfinanzierung für den Ausbau der (onlinegestützten) Aus- und Weiterbildung genutzt, wie z. B. Programme aus dem Förderschwerpunkt „Neue Medien in der Bildung" (BMBF), EU- oder Länderprogramme sowie private Initiativen, wie z. B. von der Bertelsmann- oder Heinz-Nixdorf-Stiftung. Es ist jedoch nicht zwingend davon auszugehen, dass solche Projekte auch zukünftig entsprechend gefördert werden können, vor allem nicht in der Dimension des Förderschwerpunkts „Neue Medien in der Bildung", welcher für die Jahre 2000–2004 (u. a. durch den Verkauf der UMTS-Lizenzen) Bundesmittel in Höhe von ca. 200 Mio. Euro vorgesehen hatte (Dohmen 2003a, S. 16). Aus diesem Grund ist auch die nachfolgend beschriebene Alternative zur Anschubfinanzierung in Betracht zu ziehen.

Bereits im Rahmen der Umweltanalyse (vgl. Kap. 4.1.2.1) wurde auf die Alternative der kreditären Anschubfinanzierung hingewiesen, welche den Hochschulen grundsätzlich offen steht, sofern sie von den Kreditgebern als kreditwürdig angesehen werden. Insbesondere, wenn die Hochschulen den Weg wählen, zur Konzeption und Vermarktung der Weiterbildung eine ei-

---

[181] Unabhängig davon sind die Hochschulen in der Weiterbildung immer mit einer nachfrageorientierten Planungsunsicherheit konfrontiert, da die Zahl der Kunden in den kommenden Semestern gewissen Marktschwankungen und sonstigen Umwelteinflüssen (z. B. neue Wettbewerber, starker konjunktureller Aufschwung etc.) unterliegt.

genständige Organisationseinheit auszugründen (z. B. GmbH oder e. V.), die mit eigenem Grundkapital ausgestattet ist, bestehen entsprechende Besicherungsmöglichkeiten, so dass eine kreditäre Vorfinanzierung in begrenztem Umfang möglich wäre. Ggf. muss die Kreditwürdigkeit durch eine zusätzliche Besicherung mit Privatvermögen oder Bürgschaften hergestellt werden.

Fundraising

Das Thema des Hochschul-Fundraisings wird in der wissenschaftlichen Literatur ca. seit Ende der 1990er Jahre verstärkt und teilweise sehr spezialisiert behandelt (z. B. HRK 2004b, Ehlers 2002b; Westebbe/Winter/Trost 1997; Beier 2005). Vorbilder für die bestehenden Möglichkeiten sind in vielen Fällen die Fundraising-Aktivitäten aus den USA und den Nachbarländern in Europa, wie z. B. den Niederlanden oder Großbritannien. Deutscher Vorreiter auf dem Gebiet des Hochschul-Fundraisings ist sicherlich die Technische Universität München, die seit 1999 bis dato über 70 Mio. Euro eingeworben hat. Wenn auch aufgrund interner und externer Hemmnisse[182] mittelfristig nicht zu erwarten ist, dass der durch Fundraising eingeworbene Anteil öffentlicher Hochschulen an die Vorbilder aus den USA oder den europäischen Nachbarländern heranreicht[183], stellt das Fundraising dennoch eine entscheidende Möglichkeit dar, die Hochschulen im Aufbau eines individuellen und besonderen Profils (z. B. als Kompetenzzentrum in der wissenschaftlichen Weiterbildung) zu unterstützen. Nachfolgend werden die möglichen *Erscheinungsformen* sowie die *Voraussetzungen* des Hochschul-Fundraisings dargestellt:

Die *Erscheinungsformen* des Hochschul-Fundraisings liegen allgemein zum einen im Mäzenatentum sowie dem Stiftungs- und Spendenwesen und zum anderen im Sponsoring. Unterschiede zwischen diesen beiden Bereichen liegen darin, dass beim Sponsoring vorwiegend die Interessen der fördernden Unternehmen im Vordergrund stehen und eine kommunikative Gegenleistung i. d. R. zwingend festgelegt wird mittels der die Mittelgeber genannt und hervorgehoben werden. Dies ist beim Spenden- und Stiftungswesen[184] sowie dem Mäzenatentum oftmals nicht der Fall (Beier 2005, S. 32). Eine Sonderstellung kommt der Auftragsforschung zu, bei der der Geldgeber ein spezielles Forschungsvorhaben und hierdurch einen intensiven Know-how-Transfer zwischen Hochschule und Wirtschaft unterstützt (Hermanns/Glogger 1998, S. 16). Das Spektrum einzelner Projekte, die sich für ein Hochschul-Fundraising eignen, ist groß. Es reicht von der Förderung einzelner Veranstaltungen oder Events über spezielle Unterstützung bestimmter (Weiter-)Bildungsprogramme bis zur Einrichtung von Stiftungslehrstühlen (Beier 2005, S. 118). Eine spezielle Form des Fundraisings stellt

---

[182] Die internen Hemmnisse bestehen grundsätzlich in der mangelnden Bereitschaft zum Fundraising, den mangelnden (personellen) Ressourcen sowie dem Mangel an aktiver Unterstützung durch die Hochschulleitung. Die externen Hemmnisse liegen darin, dass in Deutschland aktuell noch keine weit verbreitete Spendenkultur für den Hochschulbereich vorhanden ist (Mönch 2002, S. 6 ff.).

[183] Spitzenreiter der öffentlichen Hochschulen in den USA ist die Indiana University in Bloomington, die 2001 ein Fundraisingvolumen von 300 Mio. US$ erreichte (Hoyningen-Huene 2004, S. 3).

[184] Die Geförderten werden bei Stiftungen nicht zwingend genannt.

schließlich das Alumni-Fundraising dar. Alumni sind für Hochschulen ein sehr wichtiges Kontaktnetz, da sie als Botschafter, Türöffner, Klein- oder Großspender, Stifter oder ehrenamtliche Fundraiser fungieren können. Als sehr relevant sieht HAIBACH in diesem Zusammenhang eine regelmäßige Kontaktpflege zu den Alumni an, um die Identifikation der Ehemaligen mit ihrer Hochschule zu stärken (Haibach 2004, S. 88).

Der Literatur ist eine Vielzahl an *Voraussetzungen* für ein Fundraising an Hochschulen zu entnehmen. BEIER identifiziert zwei essentielle Voraussetzungen in ihrer Studie zum Hochschul-Sponsoring (Beier 2005, S. 101 ff.): Zum einen, dass eine starke Unterstützung durch die Hochschulleitung gegeben sein muss. Diese soll als „Türöffner" die Kontaktaufnahme zu den potenziellen Mittelgebern unterstützen und durch einen kontinuierlichen Kommunikationsprozess das Fundraising mit der allgemeinen Hochschulentwicklungsplanung abstimmen.[185] Zum anderen dass die Hochschulen ein Image bzw. eine Marke haben müssen, die sich vermarkten lässt (vgl. hierzu Kap. 5.5.3). Auch HAIBACH nennt verschiedene Voraussetzungen für das Hochschulsponsoring: Neben einem überzeugenden und motivierenden Zielbild der Hochschule und des Fundraisings müssen die Förderprojekte realisierbar und der Finanzbedarf plausibel sein. Weitere Voraussetzungen sind in bereits bestehenden Kontakten zu potenziellen Förderern, in einem hohen Engagement von Fürsprechern sowie in einer angemessenen hochschulinternen Bereitschaft gegeben. Zu dem letzten Aspekt zählt nicht nur eine positive Einstellung innerhalb der Organisation zum Fundraising, sondern auch engagierte Führungskräfte, die das Fundraising mittels aktuell zu haltenden Förderdatenbanken kontinuierlich und zielgerichtet betreiben (Haibach 2002, S. 20). Ein weiterer Aspekt, um sinnvoll Fundraising betreiben zu können, ist das Vorhandensein einer gemeinnützigen Körperschaft, denn hierdurch kann potenziellen Förderern die Möglichkeit eingeräumt werden, die Zuwendungen steuerlich geltend zu machen (Graf Strachwitz 2002, S. 62). Als typische Organisationsformen werden für das Fundraising durch die Hochschulen vielfach juristisch eigenständige Vereine, Stiftungen oder GmbHs gegründet, da hierdurch den Geldgebern eindeutig vermittelt werden kann, wohin das Geld fließt bzw. wofür es verwendet wird. Eine solche Argumentation gestaltet sich für Hochschulen in Trägerschaft des Staates aufgrund der engen Bindung zwischen Körperschaft und Staat schwieriger (Beier 2005, S. 110).

---

[185] Vielfach wurde in dieser Studie erwähnt, dass das Fundraising als Stabsstelle zur Hochschulleitung organisiert ist. Unter Rückgriff auf die in Abbildung 5.3-3 vorgestellte beispielhafte Organisation der Weiterbildung könnte die Aufgabe des Fundraisings (mit speziellem Fokus auf Weiterbildungsprojekte) in der zentralen Weiterbildungsabteilung übernommen werden.

5.4.3.2 Nicht durch die Hochschulen beeinflussbare Erlös- bzw. Einnahmequellen

Spezielle Modelle, die zu einer stärkeren Nutzung allgemeiner und beruflicher Weiterbildung führen können, stellen *Bildungskonten*, *Bildungsgutscheine* und *Bildungsfonds* dar, die nachfolgend kurz vorgestellt werden.[186] Sie sind jedoch durch die Hochschulen im Rahmen eines Geschäftmodells zur wissenschaftlichen Weiterbildung nicht beeinflussbar und stellen insofern lediglich zusätzliche Optionen zu den zuvor beschriebenen Einnahmequellen dar.

Bildungskonten

Die Diskussion über Bildungskonten bzw. das Bildungssparen betont einen neoliberalen Ansatz, bei dem die Verantwortlichkeit bezüglich des eigenen Lebenslaufs auf das Individuum verlagert wird. Als Ideal wird ein autonomes und risikobereites Individuum angenommen, welches auf dem Bildungsmarkt eigenverantwortlich handelt, seine Karriere selbstständig plant und hierbei ggf. auch finanzielle Risiken eingeht. Jedes Individuum sollte sich (frühestmöglich) ein Konto einrichten auf dem Kapital angespart und bei Bedarf abgerufen wird und welches, je nach Ausgestaltung, zusätzlich auch vom Staat oder dem Arbeitgeber durch Einzahlungen unterstützt wird (ähnlich zu den vermögensbildenden Leistungen in Form von Kapitalaufbau oder Bausparen) (Dohmen 2003b, S. 14 f.). Individuelle Bildungskonten appellieren insofern an die Eigenverantwortung der Individuen für ihren Bildungsverlauf. Sie setzen auf der Nachfragerseite an, da die Individuen grundsätzlich autonom über die Verwendung des Guthabens entscheiden können. Als wesentlichen Vorteil sieht JAICH eine potenzielle Erhöhung der Bildungsbeteiligung durch zusätzliche Anreize seitens des Staates und der Unternehmen. Des Weiteren unterstützen solche Bildungskonten ein bedarfsgerechtes Angebot an Weiterbildung, da aufgrund der Nachfragemacht lediglich diejenigen Bildungsanbieter am Markt bestehen bleiben werden, die die Anforderungen der Kunden erfüllen können. Allerdings betont er, dass es auch wesentliche Nachteile gibt, so z. B. dass aufgrund einer ggf. vorherrschenden Risikoaversion seitens der Individuen verstärkt kürzere Programme und weniger längerfristige, allgemein bildende Angebote gewählt werden. Des Weiteren bedeutet ein solches Modell für die Bildungsanbieter eine stärkere Unsicherheit als wenn diese direkt durch den Staat gefördert würden, da bei Nachfrageschwankungen ein ggf. hoher Anteil an Fixkosten nicht ausreichend gedeckt ist. Schließlich ist ungeklärt, wie einkommensschwache Haushalte solche Konten füllen sollen und was mit ihnen z. B. beim Eintritt in das Rentenalter geschieht. Sofern sie beim Renteneintritt aufgelöst werden können, besteht die Gefahr, dass sie zweckentfremdet und nicht zu Bildungszwecken, sondern als Rentensparmodelle genutzt werden (Jaich 2005, S. 129 f.).

---

[186] Weitere Optionen stellen die Unterstützung der Studierenden über Stipendien, Steuernachlässe oder Darlehen dar. Aufgrund des vorauszusetzenden Bekanntheitsgrades bezüglich der allgemeinen Funktionsweise sowie der hohen Individualität dieser Optionen werden sie nachfolgend nicht weiter behandelt.

Bildungsgutscheine

Bildungsgutscheine statten, ähnlich wie Bildungskonten, die Individuen mit eigener Verantwortung für ihren Bildungsverlauf aus. Zu unterscheiden sind solche Gutscheine, bei denen die Leistung zum Marktpreis nachgekauft werden muss, sofern die konsumierten Leistungen das Kontingent überschreiten, von denjenigen Gutscheinen, die stets dann ausgegeben werden, wenn ein Leistungsfall eintritt. Die erste Variante entspricht quasi dem Studienguthabenmodell der grundständigen Hochschullehre, bei dem die Studierenden ein Studienkontingent von mindestens der Regelstudienzeit erhalten, nach dessen Auslaufen sie sog. Langzeitstudiengebühren zahlen müssen (Dohmen 2003a, S 15).[187] Die zweite Variante entspricht den Qualifizierungsgutscheinen für die SGB III-geförderten Weiterbildungsprogramme (Sauter 2005, S. 109 f.). Die Vorteile liegen erneut in einer Anreizwirkung seitens des Staates, die Nachteile in der grundsätzlich nachfrageorientierten Bildungssteuerung (finanzielle Unsicherheit für den Bildungsanbieter). Des Weiteren entsteht bei diesem Modell ein nicht unerheblicher Verwaltungsaufwand (insbesondere bei den SGB III-geförderten Bildungsgutscheinen). Sollten die Bildungsgutscheine ggf. übertragbar oder durch eigene Finanzmittel ergänzbar sein, besteht zudem die Gefahr der sozialen Polarisierung: Einkommensstarke Individuen können zuzahlen und bessere Bildungsangebote wählen, während einkommensschwache Individuen die Gutscheine und somit die Weiterbildungschancen ggf. verkaufen, um liquide Mittel zu erhalten (Jaich 2005, S. 134).

Bildungsfonds

Entgegen den beiden zuvor dargestellten individuellen Finanzierungsalternativen handelt es sich bei Bildungsfonds um ein kollektives Finanzierungsinstrument. Die Fonds können unterschiedlich ausgestaltet sein: Zum einen als Zentralfonds, in die sämtliche Unternehmen unabhängig von der Branche oder Region über eine Umlage einzahlen oder zum anderen als Partialfonds, die für spezielle Berufsgruppen, Regionen oder Bildungsbereiche (z. B. akademische oder nicht-akademische bzw. allgemeine oder spezielle Weiterbildung) eingerichtet werden (Timmermann 2000, S. 22). Insbesondere in Frankreich und den Niederlanden kommen Bildungsfonds bereits seit vielen Jahren zum Einsatz (Drexel 2005, S. 69 ff; Moraal/Schönfeld 2005, S. 60 f.). Durch das Umlageprinzip besteht keine zwingende Entsprechung zwischen den Einzahlungen der Betriebe und der aus den Fonds bezogenen Leistungen. Wesentlich für das Ausschütten von Leistungen ist die Erfüllung der erforderlichen sachlichen und persönlichen Voraussetzungen. Als Erfolge wurden in den angesprochenen Ländern sowohl ein Zuwachs an Ausgaben für die Weiterbildung als auch eine Verstetigung der betrieblichen und allgemeinen Weiterbildung verzeichnet.

---

[187] Wie bereits im Kap. 2.1.3 angeführt, haben die Hochschulen seit dem Urteil des Bundesverfassungsgerichts vom 26.01.2005 die Möglichkeit, Studiengebühren auch im grundständigen Studium zu erheben. Zurzeit ist das Studienguthabenmodell jedoch noch nicht abgelöst, dies wird sich voraussichtlich im Jahr 2006 in vielen Bundesländern ändern.

5.4.4 Fazit

In diesem Abschnitt wurden die finanziellen Aspekte von Geschäftsmodellen der wissenschaftlichen Weiterbildung analysiert. Im Vordergrund standen die Fragen, welche potenziellen Kosten sich aus der Weiterbildung ergeben und welche Möglichkeiten die Hochschulen haben, Erlös- bzw. Einnahmequellen zu erschließen.

In Kap. 5.4.2 wurden in einer Kostenartenrechnung verschiedene Kosten ermittelt, die im Rahmen der wissenschaftlichen Weiterbildung entstehen können. Hierbei wurden auch kalkulatorische Kosten berücksichtigt, um deutlich zu machen, an welchen Stellen es zu einer verdeckten Quersubventionierung der Weiterbildung aus Landesmitteln kommen könnte. Diese Kosten umfassen die Personal-, Material-, Raum-, Dienstleistungs- und sonstigen Kosten. Sie wurden dahingehend analysiert, inwiefern sie abhängig von der jeweils betrachteten Leistungsmenge „Anzahl Programme" bzw. „Anzahl Kunden" sind. Insbesondere aus Sicht der einzelnen Nachfrager wird das Risiko aus der Weiterbildung deutlich, denn ein Großteil der identifizierten Kosten ist bei einem Nachfragerückgang nicht oder nur sehr eingeschränkt reduzierbar.

Kap. 5.4.3 befasste sich hingegen mit den Möglichkeiten der Hochschule, verschiedene Erlöse bzw. Einnahmequellen zu generieren. Zunächst wurden direkt beeinflussbare Einnahmequellen seitens der Hochschule vorgestellt (Kap. 5.4.3.1). Das Hauptaugenmerk lag hierbei auf der Einnahme von Kurs- bzw. Studiengebühren. Es wurden insgesamt drei verschiedene Zahlungsmodelle vorgestellt (Vorauszahlung, Ratenzahlung, Zahlung nach der Bildungsmaßnahme) und deren Vor- und Nachteile aus Sicht der Hochschulen sowie der Kunden diskutiert. Am vorteilhaftesten aus Sicht der Kunden gestaltet sich ein Zahlungsmodell in Anlehnung an das HECS-Modell, bei dem die Studierenden die Möglichkeit haben, die anfallenden Gebühren erst nach Abschluss der Bildungsmaßnahme zu entrichten. Aus Sicht der Hochschulen bieten sich bei sämtlichen der vorgestellten Modelle Vor- und Nachteile, jedoch ist das Zahlungsmodell in Anlehnung an das HECS-Modell als am unsichersten einzustufen, obwohl es insbesondere aus Imagegründen durchaus Vorteile bietet. Neben dieser Einnahmequelle wurden Förderprogramme und Kredite als Möglichkeiten zur Anschubfinanzierung von neuen Weiterbildungsprogrammen vorgestellt. Das abschließend dargestellte Fundraising bietet schließlich eine langfristig orientierte alternative Einnahmequelle zu den Studiengebühren, dessen Erscheinungsformen im Mäzenatentum, dem Stiftungs- und Spendenwesen sowie dem Sponsoring liegen. Als wesentliche Voraussetzungen für ein Hochschul-Sponsoring wurden sowohl eine Unterstützung seitens der Hochschulleitung als auch ein vorhandenes Image bzw. eine vorhandene Marke identifiziert. Zusätzlich bietet das Einwerben von Fundraisingmitteln durch eine von der Hochschule juristisch getrennte Körperschaft deutliche Vorteile, weil eindeutig kommuniziert werden kann, wofür die Mittel eingesetzt werden und nicht die Gefahr besteht, dass der Staat diese Mittel möglicherweise vereinnahmt. Neben den durch die Hochschulen beeinflussbaren Einnahmequellen wurden der Vollständigkeit halber auch solche vorgestellt, die nicht direkt durch die Hochschulen beeinflussbar sind (Kap. 5.4.3.2). Dies sind die Bildungskonten, Bildungsgutscheine und Bildungsfonds, durch die die allgemeine Nachfrage nach der Weiterbildung erhöht werden soll.

5.5 Nachhaltige Absicherung der wissenschaftlichen Weiterbildung

Neben der strategischen Planung und Konzeption des Leistungsportfolios, der angemessenen organisatorischen Einbettung in die komplexe Organisationseinheit der Hochschule sowie der Klärung der Finanzierung der wissenschaftlichen Weiterbildung ist nachfolgend zu eruieren, wie die Weiterbildung für ein nachhaltiges Angebot strategisch abzusichern ist. Hierzu erfolgen, analog zu den vorangegangenen Kapiteln, zunächst strukturierende Vorüberlegungen, die den Aufbau des Abschnitts erläutern, bevor die wesentlichen Aspekte auf den Untersuchungsgegenstand übertragen werden.

5.5.1 Strukturierende Vorüberlegungen

Die Ausführungen aus den vorherigen Abschnitten haben gezeigt, dass es zum einen eine Reihe von Schwächen gibt, die für die Hochschulen im Zusammenhang mit der wissenschaftlichen Weiterbildung typisch sind (Kap. 4.2.2). Zum anderen gibt es einige wesentliche Aspekte, die diejenigen Anbieter, die bereits aktiv am Weiterbildungsmarkt agieren, für sehr relevant halten (Kap. 5.3.4.7). Eine Schnittmenge aus den Schwächen sowie den relevanten Aspekten bildet neben dem finanziellen Aspekt sowie der Praxisorientierung die professionelle Vermarktung und Qualitätssicherung. Bezüglich der mangelnden Praxisorientierung sowie der finanziellen Schwächen wurden bereits die wesentlichen Aspekte in den vorangegangenen Abschnitten diskutiert (vgl. Kap. 5.3 und 5.4). Zur nachhaltigen Absicherung werden deshalb nachfolgend speziell die Schwächen der mangelnden Vermarktung und Qualitätssicherung aufgegriffen.

Um die Vermarktung der Weiterbildungsprogramme zu stärken, können verschiedene Strategien gewählt werden. MEFFERT unterscheidet die abnehmer-, konkurrenz-, absatzmittler- und anspruchsgruppengerichteten Strategien (Meffert 2000, S. 269 ff.). Eine Darstellung sämtlicher Strategien und deren typischer Grundausrichtungen ist für diese Arbeit nicht zielführend. In den vorangegangenen Kapiteln wurde stets ein starker Kundenbezug in die Diskussion über das Geschäftsmodell der wissenschaftlichen Weiterbildung integriert, dies wird auch in diesem Abschnitt erfolgen, weshalb der Fokus auf den abnehmergerichteten Strategien liegt.[188] Grundsätzlich stehen den Hochschulen hierbei zwei Alternativen zur Verfügung: Die Preis-Mengen-Strategie sowie die Präferenzstrategie. Eine Preis-Mengen-Strategie zielt auf den Aufbau eindimensionaler Präferenzen ab, d. h. dass die Kunden das Produkt bzw. die

---

[188] Wie sich nachfolgend zeigen wird, weisen die strategischen Aspekte jedoch durchaus Überschneidungen zu den konkurrenzgerichteten Strategien auf, da durch die entsprechend zu wählenden Dimensionen der nachhaltigen Absicherung eine Abhebungsstrategie (Qualitätsvorteil) von den Wettbewerbern verfolgt wird.

Leistung im Wesentlichen aufgrund des niedrigen Preises konsumieren. Eine solche Strategie mündet oftmals in einem aggressiven Preiswettbewerb (Becker 2002, S. 214 f.). Wie bereits zuvor angesprochen, ist der Grad der Rivalität der Wettbewerber im Markt der wissenschaftlichen Weiterbildung jedoch eher als gering einzustufen (vgl. Kap. 4.1.3.2).

Dies ist ein Hinweis darauf, dass die von den Hochschulen verfolgten Strategien eher im Bereich der Präferenzstrategien über eine Qualitätsorientierung zu finden sind, was sich auch aus der Tatsache begründen lässt, dass es sich bei der Weiterbildung um ein Vertrauensgut handelt. Die Präferenzstrategie verfolgt das Ziel, durch den Einsatz nicht-preislicher Aktionsparameter mehrdimensionale Präferenzen bei den Konsumenten aufzubauen. Träger solcher Präferenzen sind jeweils Marken (Becker 2002, S. 182 f.). Als Grunddimensionen der Präferenzstrategie (Meffert 2000, S. 271) werden insofern nachfolgend sowohl die Qualitäts- (Kap. 5.5.2) als auch die Markierungsorientierung (Kap. 5.5.3) eingehender diskutiert.

5.5.2 Qualitätsorientierung

Aus der Perspektive der Abnehmer ergibt sich die Qualität als Ergebnis eines Wahrnehmungs- und Bewertungsvorgangs. Um einen bestimmten Qualitätsstandard anzustreben, müssen der anbietenden Institution die relevanten Kundenanforderungen bekannt sein. Aus diesem Grund wurde die kundenzentrierte Analyse in Kap. 4.2.3 durchgeführt. Hochschulen gelten zwar als Kompetenzzentren für die Wissensvermittlung und auch die Privatpersonen haben sie als Stätte der Forschung und der Methodenentwicklung charakterisiert (vgl. Tabelle 4.2-15), jedoch müssen sie einen Weg finden, sich von den Wettbewerbern in geeigneter Weise abzugrenzen, damit sie von den Kunden als potenzielle Anbieter wahrgenommen und schließlich auch ausgewählt werden.

Ein umfassendes Qualitätsmanagement wird in diesem Zusammenhang als ein Weg gesehen, sich gegenüber den Wettbewerbern zu profilieren. Die Umsetzungsmöglichkeiten eines solchen Qualitätsmanagements werden nachfolgend zweigeteilt dargestellt: Zunächst durch eher organisationsbezogene Qualitätssicherungsverfahren und -modelle (Kap. 5.5.2.1) und im Anschluss daran durch ein Modell, welches explizit die Interaktion mit den Kunden berücksichtigt (Kap. 5.5.2.2). In diesem Zusammenhang wird zusätzlich diskutiert, mittels welcher Verfahren die Qualität gemessen werden kann.

5.5.2.1 Organisationsbezogene Qualitätssicherungsverfahren und -modelle

Die traditionellen Verfahren der allgemeinen Qualitätssicherung und -verbesserung an staatlichen Hochschulen sind Evaluationen, Akkreditierungen und Rankings, wobei die Akkreditierung eine spezielle Form der Evaluation darstellt. Nachfolgend werden deshalb zum einen die *Evaluationen und Akkreditierungen* und zum anderen die *Rankings* kurz charakterisiert:

Evaluationen und Akkreditierungen

In der wissenschaftlichen Literatur zur Evaluation universitärer Leistungen existiert eine Vielzahl von Verfahren, die oftmals mit unterschiedlichen Zielsetzungen eingesetzt werden. SCHARITZER nennt in diesem Zusammenhang folgende Evaluationsverfahren (Scharitzer 1994, S. 165 f.):

- Vorgabe von Standards und Ermittlung von Kennzahlen, die insbesondere für eine Mittelzuweisung und zur strategischen Ausrichtung verwendet werden, wie z. B.:
  - Frequenzkennzahlen: Anzahl und Entwicklung der Studierenden, Teilnehmeranzahlen, Anzahl der betreuten Seminar- und Abschlussarbeiten etc.,
  - Ressourcenausstattung: Kosten- und Budgetentwicklung, Betreuungsverhältnisse (Lehrende/ Studierende), Infrastruktur etc.,
  - Forschungsleistungen: Bewertung von Publikationen nach verschiedenen Kategorien, externe Forschungsprojekte, Anfragen zur Gutachtenerstellungen etc.
- Peer[189]-Review-Bewertungsverfahren mittels derer vorwiegend externe Experten die Leistungsbewertung durchführen (z. B. Akkreditierungen von Institutionen oder Studiengängen, siehe weiter unten).
- Qualitätsaudits, bei denen externe Gutachter das Vorhandensein und Funktionieren geeigneter Konzepte, Verfahren und Ressourcen im Rahmen eines Qualitätsmanagements (ähnlich wie z. B. nach DIN ISO 9000 ff.) überprüfen und hierbei sowohl die Input- und Outputgrößen als auch die Prozesse berücksichtigen.
- Selbstevaluationen, die insbesondere im Bereich der Lehre vielfache Anwendung finden.

Speziell im Bereich der institutionellen Evaluationen werden in Deutschland verstärkt solche Verfahren eingesetzt, die auf dem niederländischen Ansatz[190] basieren (Roland 2001, S. 106 f.): Hierbei erstellen die Fakultäten zunächst im Rahmen einer internen Evaluation anhand eines individuell anzufertigenden Fragenkatalogs Selbstberichte, innerhalb derer sowohl relevante Kennzahlen (siehe oben) als auch Informationen über Ziele und Perspektiven der Fakultät, über die Organisation und den Aufbau der angebotenen Studiengänge und Weiterbildungsprogramme sowie die Studienberatung und Betreuung der Studierenden dargestellt werden. Im nächsten Schritt wird eine externe Evaluation durchgeführt, die auf Basis der Selbstberichte aus einer Begehung der Fakultäten sowie verschiedener Peer-Gespräche mit der Hochschul- und Fakultätsleitung besteht. Die Peers erstellen einen Abschlussbericht, zu dem die Hochschule vor Veröffentlichung Stellung nehmen kann, und gehen dabei auf Probleme und mögliche Lösungen ein. Abschließend erfolgt i. d. R. ein Erarbeiten von internen

---

[189] Peers sind externe Experten aus Wissenschaft, Bildungspolitik und/oder Praxis, die die Hochschule oder den Studiengang begutachten.
[190] Bezüglich detaillierter Inhalte des niederländischen Modells wird auf KIESER verwiesen (Kieser 1998).

5.5 Nachhaltige Absicherung der wissenschaftlichen Weiterbildung

Zielvereinbarungen zwischen der Hochschul- und Fakultätsleitung, in denen Maßnahmen und Projekte zur Lösung der aufgezeigten Problembereiche verankert werden.

Im Rahmen einer Akkreditierung werden positive oder negative Entscheidungen über die Erfüllung von Mindeststandards bei Einführung neuer Studiengänge oder Errichtung einer Hochschule getroffen. Ziel der Akkreditierung ist es, zu einer ex ante Sicherung der Qualität in der Lehre und dem Studium beizutragen und die internationale Anerkennung von Studienabschlüssen zu unterstützen (Akkreditierungsrat 2004a). Hingegen wird nicht verfolgt, Lösungen für bestehende Probleme zu erarbeiten. Allerdings ist davon auszugehen, dass es aufgrund der hohen Anzahl an zu akkreditierenden Studiengängen in Deutschland auf die Dauer nicht möglich sein wird, die Akkreditierung auf dieser Ebene flächendeckend und in einem angemessenen Zeitrahmen durchzuführen. Insofern könnte ein Trend zu einer institutionellen Akkreditierung entstehen, bei der die einzelnen Hochschulen als Einrichtung akkreditiert werden, die dann selbstständig für die Qualitätssicherung der angebotenen Leistungen zuständig sind. Bei einer solchen Akkreditierung stehen die Prozesse der Hochschule im Vordergrund (analog zu den in der DIN EN ISO 9000er Reihe implementierten Prozessen). Hierzu müssten jedoch die Hochschulgesetze der Länder angepasst werden, die die Akkreditierung einzelner Studiengänge vor der Einführung und staatlichen Genehmigung zurzeit noch zwingend voraussetzen (Akkreditierungsrat 2004b).

Grundsätzlich erzeugt die Qualitätssicherung über die Akkreditierungen eine „hohe Einheitsqualität" der angebotenen Studiengänge. Insbesondere die Unternehmenskunden stufen den Aussagegehalt einer Akkreditierung als hoch ein, denn mehr als 70% der Unternehmensverantwortlichen halten eine in Deutschland akkreditierte Weiterbildung für qualitativ hochwertig (vgl. Tabelle 4.2-21). Da jedoch lediglich 35,9% der Privatpersonen eine in Deutschland akkreditierte Weiterbildung für qualitativ hochwertig halten (vgl. Tabelle 4.2-14), müssen die Hochschulen neben der Akkreditierung weitere Maßnahmen ergreifen, um auch diesen Kundenkreis von der Qualität der Programme zu überzeugen.

Rankings

Ziel von Rankings ist es, eine möglichst objektive Vergleichbarkeit zwischen verschiedenen Institutionen bzw. Fakultäten oder Studiengängen herzustellen und hierdurch die Markttransparenz zu stärken.

Jedoch steht die Methodik der Rankings oftmals in der Kritik, denn es besteht eine nicht zu vernachlässigende Willkür in der Selektion der in das Ranking einbezogenen Institutionen sowie eine Intransparenz in der Gewichtung einzelner Indikatoren (Pastowski 2004, S. 203).[191]

Um neben der Struktur- und Ergebnisqualität der universitären Leistungen die internen Prozesse stärker in den Vordergrund zu stellen, werden seit Mitte der 1995er Jahre vermehrt speziell prozessorientierte Qualitätssicherungsmodelle diskutiert (Roland 2001, S. 105). Verschiedenartige, jedoch inhaltlich zusammengehörige Tätigkeiten, sollen mit dem Ziel der Rationalisierung und Professionalisierung (z. B. eindeutige Verantwortlichkeiten) zu umfassenden Prozessen gebündelt werden (Bogaschewsky/Rollberg 1998, S. 192 ff.; Roland/Daub 2000, S. 445 ff.).

Eine möglichst hohe Qualität im Gesamtprozess der Weiterbildung bietet den Hochschulen die Chance, sich von den Wettbewerbern abzuheben, indem z. B. schnellere Entwicklungszeiten für neue Weiterbildungsprogramme, kürzere Reaktionszeiten bei Kundenanfragen oder professionellere Prozesse im direkten Kontakt mit Kunden oder Lieferanten realisiert werden können. Aus diesem Grund werden mit der *DIN EN ISO 9000 ff.*, dem Modell der *European Foundation for Quality Management*, der *Lernerorientierten Qualitätstestierung in der Weiterbildung* sowie der *Publicly Available Specification 1032* nachfolgend vier verstärkt prozessorientierte Qualitätssicherungsmodelle vorgestellt.

DIN EN ISO 9000 ff. und European Foundation for Quality Management (EFQM)

Ein insbesondere im Profitbereich weit verbreitetes Modell zum Aufbau eines Qualitätsmanagementsystems stellt die Normreihe DIN EN ISO 9000 ff. dar. Sie liefert Empfehlungen zum Aufbau, zur Aufrechterhaltung, Dokumentation, interner und externer Überprüfungen sowie zur Zertifizierung eines Qualitätsmanagementsystems. Die Normen beziehen hierbei insbesondere die Kundenanforderungen sowie die Abläufe und Prozesse in die Bewertung ein, welche das Maß an Qualität einer Organisation im Wesentlichen mitbestimmen (DIN 2000b, S. 13). Problematisch aus Sicht der Hochschulen ist jedoch, dass die Distanz der Inhalte und Begriffe der Normenreihe zum Bildungsbereich (aufgrund der gewollten Branchenunabhängigkeit) trotz der jüngsten Revisionen immer noch einen sehr hohen Transfer- und subjektiven Interpretationsaufwand erfordert (Faber 2001, S. 136). Dennoch werden sich Bildungseinrichtungen speziell bei engeren Kooperationen mit Wirtschaftsbetrieben mit dieser Normen-

---

[191] Insbesondere beim CHE-Ranking der juristischen Fakultäten in Deutschland wurde diesbezüglich auch ein Vollständigkeitsproblem bemängelt, da es z. B. die Publikationen der an einer Fakultät tätigen wissenschaftlichen Mitarbeiter nicht in das Ranking mit einbezieht, was vor dem Hintergrund der Aufgabe der Hochschulen zur Förderung des wissenschaftlichen Nachwuchses unverständlich ist (Ipsen 2005, S. 249). Der Vollständigkeit halber sei an dieser Stelle jedoch angemerkt, dass die fragliche Publikationsanalyse des CHE-Rankings u. a. aufgrund dieser Kritikpunkte das Ranking nicht beeinflusst hat, sondern lediglich als isoliertes Arbeitspapier veröffentlicht wurde (Müller-Böling 2005, S. 367).

reihe auseinandersetzen und sich ggf. zertifizieren lassen müssen, wenn die Wirtschaftsbetriebe ausschließlich zertifizierte Organisationseinheiten als Lieferanten (hier: für die Personalentwicklung durch externe Weiterbildung) zulassen.

Das Modell der EFQM ist eine an die DIN EN ISO 9000 ff. angepasste Norm und richtet sich explizit auf die Prozessebene von Organisationen. Das EFQM-Modell umfasst bei der Qualitätsanalyse verschiedene Bereiche, die ihrerseits wiederum über konkrete Normanforderungen präzisiert sind. Voraussetzung der Zertifizierung ist die Dokumentation der Unternehmensprozesse (Aufbau- und Ablauforganisation) entlang dieses Normenanforderungskatalogs sowie das Erarbeiten eines Qualitätsmanagementhandbuchs (EFQM 1999, S. 6 ff.). Aufgrund der Nähe zur Wirtschaft und der hierdurch problematischen Adaption auf Bildungseinrichtungen wurde das EFQM-Modell durch das Deutsche Institut für Erwachsenenbildung branchenspezifisch speziell auf den Weiterbildungsbereich angepasst. Analog zur Originalversion wird im bildungsspezifischen EFQM-Modell zwischen Befähiger- und Ergebniskriterien unterschieden, die in der Qualitätsanalyse zu dokumentieren sind. Die „Befähiger" müssen gegeben sein, damit die Institution die anvisierten Leistungen realisieren kann. Sie umfassen das Personal (Hochschul- bzw. Weiterbildungsleitung und Mitarbeiter), das Profil und die Strategie, die Ressourcen und Kooperationen sowie die internen Prozesse. Die „Ergebnisse" sollen die von der Institution verfolgten Resultate auf mitarbeiter-, kunden-, gesellschafts- und organisationsbezogener Ebene dokumentieren. Nachfolgende Abbildung visualisiert den Zusammenhang zwischen Befähigern und Ergebnissen (Hartz 2004, S. 237 nach Heinold-Krug/Griep/Klenk 2001):

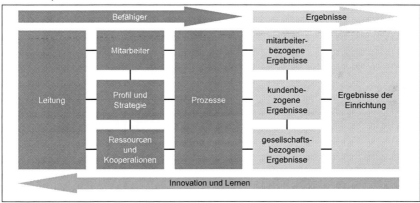

Abbildung 5.5-1: EFQM-Modell als spezielle Branchenversion für Weiterbildung

Positiv an der DIN ISO 9000 ff. sowie dem EFQM-Modell ist die umfassende Betrachtung der Organisation. So werden bei beiden Modellen z. B. explizit auch die Mitarbeiter in die Qualitätsbeurteilung einbezogen, was nicht bei sämtlichen Modellen zur Qualitätssicherung erfolgt. Jedoch muss z. B. speziell im EFQM-Modell die Gewichtung der einzelnen Bereiche kritisch reflektiert werden, denn diese sind grundsätzlich sehr willkürlich gewählt,[192] wenn auch die Befähiger-Kriterien mit den Ergebnis-Kriterien bezüglich des Gewichts gleichgestellt sind (Guellali 2004, S. 144 f.).

Lernerorientierte Qualitätstestierung in der Weiterbildung (LQW)

Die LQW[193] ist ein sehr umfassendes Qualitätsmanagementmodell, welches sich durch seine Prozess- und Kundenorientierung auszeichnet. Sie wurde speziell für die Weiterbildung entwickelt und soll sowohl länder- als auch trägerübergreifende Anwendung finden. Die Besonderheit dieses Modells ist, dass es berücksichtigt, dass das eigentliche Produkt (d. h. der Wissenszuwachs) in einer Co-Produktion von Anbieter und Lernendem hergestellt wird. Die Motivation und Aktivität des Lernenden sind insofern mitentscheidend für einen erfolgreichen Lernprozess.

Die LQW folgt dem bereits zuvor kurz skizzierten niederländischen Modell und basiert auf einem durch die Hochschule zu erstellenden Selbstreport. Die im Selbstreport kritisch zu analysierenden Komponenten des Qualitätssystems betreffen (Zech 2004, S. 214 ff.):

- das Erstellen eines profilgebenden *Leitbilds*,
- die *Bedarfserschließung*, in der geeignete Instrumente zur systematischen Marktbeobachtung hinsichtlich der gesellschaftlichen Bildungsbedarfe eingesetzt werden,
- die Identifikation der internen *Schlüsselprozesse*, die eine Transparenz sowie ein untereinander abgestimmtes kooperatives Handeln der Organisation sicherstellen sollen,
- die Darstellung des *Lehr-/Lernprozesses* und des Kompetenzzuwachses seitens der Lernenden,
- die Evaluation der *Bildungsprozesse*, d. h. die Beschreibung des geplanten regelmäßigen Einsatzes geeigneter Evaluationsverfahren,
- die zur Verfügung stehende *Infrastruktur* der räumlichen, technischen, materiellen und medialen Bedingungen des Lernkontextes,
- die *Führung*, d. h. die Steuerung und Koordination der im Weiterbildungsprozess verankerten Teilprozesse sowie Mitarbeiter,
- das *Personal*, welches entsprechend qualifiziert und motiviert sein muss, um die gesetzten Entwicklungsziele aus dem Leitbild der Organisation verfolgen und erfüllen zu können,
- das *Controlling*, welches sämtliche Maßnahmen umfasst, den Erfüllungsgrad der Zielerreichung zu messen

---

[192] Z. B. wird den mitarbeiterbezogenen Ergebnissen mit 9% ein geringeres Gewicht zugewiesen als den kundenbezogenen Ergebnissen mit 20% (EFQM 2004).
[193] Die LQW wurde im Rahmen eines Pilotprojektes entwickelt und mit 119 Weiterbildungsorganisationen aus neun Bundesländern erprobt (Ehses/Heinen-Tenrich/Zech 2002). Seit Juni 2003 wird die LQW bundesweit einem „Großversuch" unterzogen, aktuell (Stand 09/2005) sind 479 Anmeldungen von Weiterbildungseinrichtungen aus Deutschland und acht aus Österreich verzeichnet (LQW 2005).

- die *Kundenkommunikation*, die sowohl die Kundengewinnung als auch -pflege umfasst und deren Verfahrensabläufe anhand der ermittelten Kundenbedürfnisse auszurichten sind sowie
- die *strategischen Entwicklungsziele*, die auf dem Leitbild sowie einer internen und externen Evaluation basieren und die Richtung vorgeben, in die sich die Organisation innerhalb eines bestimmten Zeitraums entwickeln will.

Auch wenn nach Abschluss des Verfahrens ein Testat sowie ein Logo vergeben werden, welche die zertifizierten Hochschulen als erfolgreiche Teilnehmer der LQW ausweisen, ist die LQW in ihrem Wesen kein Prüfungsverfahren wie z. B. die zuvor dargestellte Akkreditierung, sondern ein Organisationsentwicklungsmodell. Durch die im Selbstreport durchgeführte Stärken-Schwächen-Analyse sowie aufgrund der Feedbackgespräche mit den Gutachtern werden die vorhandenen Qualitätspotenziale expliziert und Ideen sowie Handlungsempfehlungen generiert, diese weiter auszubauen.

Publicly Available Specification (PAS) 1032

Die PAS 1032 ist aufgrund eines integrierten Referenzmodells, welches ein Prozess- und ein Beschreibungsmodell enthält, als Spezifikation im Bildungsbereich auf sämtliche Prozesse der Bildung und Weiterbildung anwendbar, wobei speziell das elektronisch unterstützte Lernen (E-Learning) fokussiert wird. Das integrierte Prozessmodell der PAS umfasst sowohl die Phase des „Herstellens der Leistungsbereitschaft" als auch des „Durchführens der Weiterbildung". Zusätzlich ist mit der Prozesskategorie der „Rahmenbedingungen" eine umwelt- sowie wertschöpfungszentrierte Analyse enthalten. Die nachfolgende Abbildung visualisiert die sieben Prozesskategorien sowie die dort verankerten Teilprozesse der PAS 1032-1 (PAS 2004, S. 9):

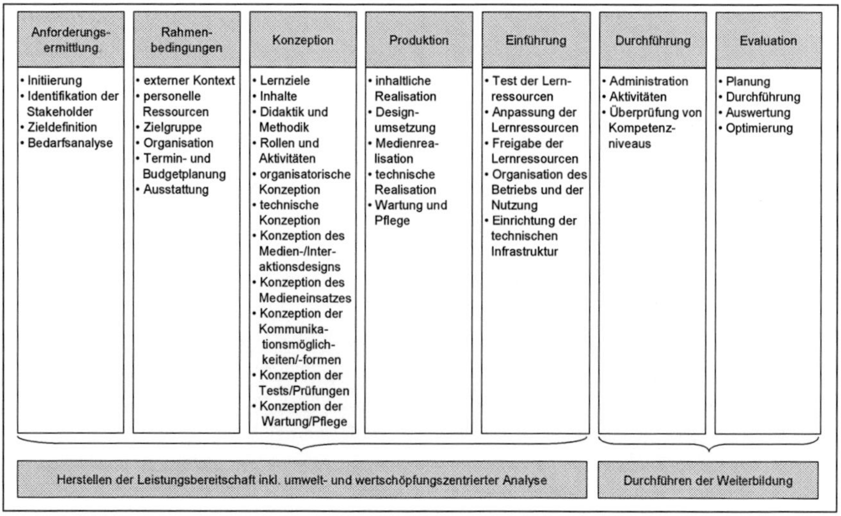

Anforderungs-ermittlung	Rahmen-bedingungen	Konzeption	Produktion	Einführung	Durchführung	Evaluation
• Initiierung • Identifikation der Stakeholder • Zieldefinition • Bedarfsanalyse	• externer Kontext • personelle Ressourcen • Zielgruppe • Organisation • Termin- und Budgetplanung • Ausstattung	• Lernziele • Inhalte • Didaktik und Methodik • Rollen und Aktivitäten • organisatorische Konzeption • technische Konzeption • Konzeption des Medien-/Interaktionsdesigns • Konzeption des Medieneinsatzes • Konzeption der Kommunikationsmöglich-keiten/-formen • Konzeption der Tests/Prüfungen • Konzeption der Wartung/Pflege	• inhaltliche Realisation • Design-umsetzung • Medienrea-lisation • technische Realisation • Wartung und Pflege	• Test der Lern-ressourcen • Anpassung der Lernressourcen • Freigabe der Lernressourcen • Organisation des Betriebs und der Nutzung • Einrichtung der technischen Infrastruktur	• Administration • Aktivitäten • Überprüfung von Kompetenz-niveaus	• Planung • Durchführung • Auswertung • Optimierung

Herstellen der Leistungsbereitschaft inkl. umwelt- und wertschöpfungszentrierter Analyse	Durchführen der Weiterbildung

Abbildung 5.5-2: Prozessmodell der PAS 1032-1

Obwohl die PAS im Wesentlichen auf die Mikroebene ausgelegt ist (da der spezielle Fokus auf dem E-Learning liegt) können sämtliche Prozesskategorien mit leichten Modifikationen auch auf der Makroebene[194] komplexer Weiterbildungsprogramme Anwendung finden. Die in der PAS integrierte Logik sieht vor, dass zu jeder Prozesskategorie eine Reihe von Teilprozessen zu berücksichtigen ist. Dies sind z. B. für die Prozesskategorie „Anforderungsermittlung" die Initiierung, Identifikation der Stakeholder, Zieldefinition sowie Bedarfsanalyse. Zu jedem der Teilprozesse existiert ein Beschreibungsmodell, welches u. a. die einzelnen relevanten Aspekte, die verfolgten Ziele, die einzusetzenden Methoden, das erwartete Ergebnis, die Verantwortlichen für die Durchführung der Prozesse sowie normative Verweisungen auf andere Publikationen enthält. Nachfolgend wird beispielhaft anhand der Prozesskategorie „Anforderungsermittlung„ sowie des Teilprozesses „Bedarfsanalyse" demonstriert, wie die PAS modifiziert werden und im Rahmen des „Herstellens der Leistungsbereitschaft" auch für komplexe Weiterbildungsangebote Anwendung finden kann. Die nachfolgende Tabelle fasst vorweg die wichtigsten Aspekte zusammen (analog PAS 2004, S. 26 f.):

---

[194] Zur Begrifflichkeit der Mikro- und Makroebene vgl. Kap. 3.1.2.

5.5 Nachhaltige Absicherung der wissenschaftlichen Weiterbildung

ID	Prozesskategorie	Teilprozess	Beschreibung	Beziehung[195]
1.4	Anforderungsermittlung	Bedarfsanalyse	Spezifikation, Beschreibung und Bewertung des Bildungsbedarfs und der Ziele des Bildungsprojekts	Initiierung, Stakeholder, Zieldefinition, *Rahmenbedingungen, Konzeption, Evaluation*
Aspekte der Teilprozesse			• Begründung des Bildungsbedarfs, • Beschreibung des Bildungsbedarfs (Niveau, Inhalt), • Art der Bildung (theorieorientiert, praxisorientiert, akademisch, nicht-akademisch), • Suche potenzieller Kooperationspartner zur Arbeitsmarktorientierung.	
Ziele			• Spezifikation, Beschreibung und Bewertung des Bildungsbedarfs unter spezieller Berücksichtigung der Arbeitsmarkt- und Kundenorientierung, • interne Übereinkunft über die Ziele, die mit dem Angebot der Weiterbildung erreicht werden sollen (Profilbildung, Ergänzen des Leistungsportfolios, ökonomische Ziele, inhaltliche Ziele etc.), • Auswahl und vertragliche Bindung zu Kooperationspartnern.	
Methoden			• Marktforschung (Kunden, Lieferanten, Wettbewerber), • empirische Erhebungen (schriftliche und mündliche Befragungen) von potenziellen Zielkunden (Privatpersonen und Arbeitgeber), von Experten sowie von potenziellen Kooperationspartnern (Unternehmen, Verbände, Forschungs- und Bildungseinrichtungen etc.), • Inhaltsanalysen bestehender ähnlicher Weiterbildungsprogramme, • Workshops mit Experten, Kunden und potenziellen Partnern.	
Ergebnisse			Dokumentation und Bewertung des Bildungsbedarfs und der internen Ziele sowie Akquisition geeigneter Fachreferenten als Kooperationspartner.	
Verantwortlicher			Zentrale oder dezentrale Weiterbildungsstellen, Projektleitung „akademische bzw. nicht-akademische Weiterbildung" oder Programminitiatoren.	
Bewertung			Expertenevaluation	
Verweisungen			DIN EN ISO 9000 ff.	

Tabelle 5.5-1: Beschreibungsmodell für den Teilprozess der Bedarfsanalyse

Die Bedarfsanalyse ist in der Planungsphase des „Herstellens der Leistungsbereitschaft" durchzuführen, in der neben der Beschreibung des zu wählenden Niveaus und der Art der Bildung[196] auch eine Begründung[197] des aktuellen Bildungsbedarfs zu identifizieren ist. Speziell aufgrund der zu verfolgenden Arbeitsmarktorientierung ist es bereits in diesem Stadium wichtig, entsprechende Impulse aus der Praxis in die Planung zu integrieren. Eine personenorientierte und/oder systematische Suche nach potenziellen Fachreferenten, die als Kooperationspartner z. B. in Form von reinen Inhaltsanbietern, Dozenten oder Mitgliedern in Lenkungsausschüssen bzw. Fachbeiräten im neuen Weiterbildungsprogramm integriert werden, rundet insofern die Bedarfsanalyse ab.

---

[195] Kursiv gedruckte Worte stehen für komplette Prozesskategorien, ansonsten sind die einzelnen Teilprozesse genannt.

[196] Z. B. sehr spezielles praxisorientiertes Managementseminar zum Thema „Informationssysteme" versus eines allgemeinen wissenschaftlichen Weiterbildungsstudiengangs in Form eines MBA mit Schwerpunkt der Wirtschaftsinformatik.

[197] Z. B. besteht insbesondere der Bedarf, ausgebildete Theologen im Themengebiet der Informationssysteme zu schulen, da die IuK-Technologie auch in diesem Berufsfeld verstärkt Anwendung findet. Insofern können anhand der Begründung des Bildungsbedarfs auch direkt Rückschlüsse auf die anvisierte Zielgruppe der Kunden gezogen werden.

Die verfolgten Ziele können durch den Einsatz eines Methoden-Mix erreicht werden. Über die Marktforschung wird die erforderliche Marktkenntnis auf Seiten des Anbieters geschaffen. Durch Interviews oder schriftliche Erhebungen bei Kunden, potenziellen Kooperationspartnern oder Experten werden der zu spezifizierende Bildungsbedarf sowie die darin implizierten Bildungsinhalte im Grobkonzept erfassbar. Neben den Befragungen können auch Inhaltsanalysen zur Bedarfsermittlung beitragen. Soll z. B. ein weiterbildender Masterstudiengang entwickelt werden, könnten die bestehenden MBA-Programme der staatlichen und privaten Anbieter bezüglich der Inhalte, Zugangsformen und sonstiger Modalitäten analysiert werden, was im Abgleich mit den Kundenanforderungen ggf. noch nicht bearbeitete bzw. besonders attraktive Marktnischen identifiziert.

Die Ergebnisse der Bedarfsanalyse sind zu dokumentieren. Diese Dokumentation bildet sowohl einen Ausgangspunkt für die spätere Erfolgskontrolle als auch die Grundlage für die nachfolgenden Prozesskategorien im Rahmen des Weiterbildungsprozesses. Wer für die Durchführung der Analyse und Dokumentation im Einzelnen verantwortlich ist, ist abhängig von der jeweils gewählten Organisationsform der wissenschaftlichen Weiterbildung. Je nachdem ob es zentrale und/oder dezentrale Weiterbildungsabteilungen bzw. eine entsprechende Projektorganisation gibt, stammen die Verantwortlichen aus diesen Bereichen. Wesentlich bei der Bewertung der Zielerreichung ist jedoch, dass dies nicht ausschließlich durch interne Experten vorgenommen wird, sondern im besten Fall auch durch die akquirierten Fachreferenten erfolgt. Auf diese Weise wird ein „Wir-Gefühl" bei den Beteiligten erzeugt, welches insbesondere bei den externen Experten den Zuspruch zum neuen Weiterbildungsprogramm stärkt, so dass z. B. kooperierende Arbeitgeber eher eigene Mitarbeiter durch das Weiterbildungsprogramm qualifizieren oder ggf. beteiligte Verbände das neue Programm über Mund-zu-Mund-Kommunikation bzw. PR-Kampagnen einem größeren Abnehmerkreis bekannt machen.

Analog zur beispielhaften Darstellung der Bedarfsanalyse müssen sämtliche Teilprozesse aus der PAS beschrieben werden. Dies erfordert eine ausführliche Auseinandersetzung der involvierten Mitarbeiter mit dem kompletten Weiterbildungsprozess und stellt sich insofern als eine sehr zeitintensive Aufgabe dar. Allerdings ermöglicht dieses Vorgehen die Identifikation potenzieller Schwachstellen in einzelnen Organisationsbereichen und aus den Ergebnissen der verschiedenen Analysen lassen sich Handlungsempfehlungen zu deren Beseitigung sowie zur Qualitätssteigerung ableiten (Teschler/Pawlowski 2005, S. 356). Die PAS ist somit ein Verfahren, welches im Rahmen eines Total Quality Managements dazu beiträgt, in sämtlichen Bereichen und Teilprozessen der Weiterbildung ein hohes Qualitätsbewusstsein zu entwickeln und umzusetzen. Insbesondere in den internen Verwaltungsbereichen, die im Teilprozess der „Administration" verankert sind, ist zu vermuten, dass bei staatlichen Hochschulen zahlreiche Möglichkeiten der Qualitäts- und Effizienzsteigerung bestehen.

Ergänzend zu den zuvor beschriebenen Ansätzen, Verfahren bzw. Modellen der organisationsorientierten Qualitätssicherung werden nachfolgend spezielle kundenorientierte Qualitätsmodelle diskutiert, die den intensiven Kundenkontakt im Rahmen der Weiterbildung nutzen, um die Qualität zu messen und hervorzuheben.

5.5.2.2 Kundenbezogene Qualitätsmodelle

Es existiert eine Vielzahl an Modellen die die Entstehung der Qualitätswahrnehmung einer Dienstleistung durch die Kunden beschreiben. Stellvertretend für die verschiedenen Modelle wird nachfolgend das *GAP-Modell* vorgestellt, welches zum einen sehr anschaulich ist und sich zum anderen aufgrund der Branchenunabhängigkeit auch für einen Einsatz in der Weiterbildung anbietet.[198]

Ausgangspunkt des GAP-Modells ist eine Aufteilung der vielfältigen Interaktionsbeziehungen zwischen dem Anbieter und den Kunden. Mögliche Konfliktbereiche, in denen die Anforderungen bzw. erwarteten Dienstleistungen seitens der Kunden bzw. des Anbieters nicht mit der tatsächlichen Leistung übereinstimmen, werden als „GAP" bezeichnet und sind in der nachfolgenden Abbildung (analog Zeithaml/Berry/Parasuraman 1988, S. 44) als gestrichelte Pfeile eingezeichnet. Die durchgezeichneten Pfeile beschreiben hingegen zum einen aus welchen Elementen sich die Kundenerwartungen zusammensetzen (oberer Bereich der Abbildung) bzw. zum anderen die Aktionen, die für das Umsetzen der wahrgenommenen Erwartungen in entsprechende Spezifikationen und Leistungen erfolgen.

Die in der nachfolgenden Abbildung visualisierten fünf „GAPs" werden, in Analogie zu den generischen Ausführungen von ZEITHAML, PARASURAMAN und BERRY (analog Zeithaml/Parasuraman/Berry 1992, S. 66 ff.), mit Bezug auf die wissenschaftliche Weiterbildung diskutiert:

Die Kundenerwartungen konstituieren sich aus den subjektiven Erfahrungen der Vergangenheit, den individuellen Bedürfnissen sowie der durch Mund-zu-Mund-Kommunikation aufgebauten Einstellungen bezüglich der betreffenden Hochschule und der angebotenen Leistungen. Zwischen der hierdurch gebildeten Vorstellung der erwarteten Dienstleistung und den Kundenerwartungen in der Wahrnehmung des Hochschulmanagements entsteht die GAP 1, wenn die Erwartungen nicht übereinstimmen. Die GAP 1 lässt sich durch drei essenzielle Einflussfaktoren reduzieren. Insbesondere eine intensive kundenorientierte *Marktforschung* kann das durch das Hochschulmanagement wahrgenommene Verständnis der Kundenerwartungen und -anforderungen transparenter machen.[199] Zusätzlich hierzu ist ebenfalls eine *Aufwärtskommunikation* innerhalb der Hochschule wichtig, in der diejenigen Mitarbeiter, die im direkten

---

[198] Weitere Modelle sind z. B. die Dienstleistungsqualitätsmodelle von GRÖNROOS (Grönroos 1990, S. 37 ff.) oder MEYER und MATTMÜLLER (Meyer/Mattmüller 1987), das dynamische Prozessmodell von BOULDING ET AL. (Boulding et al. 1993) oder das qualitative Zufriedenheitsmodell von STAUSS und NEUHAUS (Stauss/Neuhaus 1995).

[199] Ein erster Schritt in diese Richtung wurde durch die in der Situationsanalyse durchgeführte kundenzentrierte Studie unternommen, in der die wesentlichen Qualitätsaspekte der wissenschaftlichen Weiterbildung ermittelt und durch die Kunden bewertet worden sind (vgl. Kap. 4.2.3).

Kundenkontakt stehen (z. B. Dozenten oder Servicemitarbeiter) relevante Informationen (z. B. bestehende Probleme oder Beschwerden) an das Hochschulmanagement weiter reichen. Schließlich gestaltet sich die Diskrepanz in der GAP 1 umso größer, je mehr *Hierarchiestufen* zwischen dem Personal mit Kundenkontakt und dem Hochschulmanagement liegen.

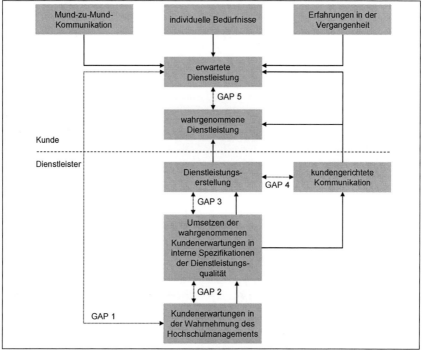

Abbildung 5.5-3: Das GAP-Modell der Dienstleistungsqualität

Die GAPs 2-4 sind Lücken, die aufgrund interner Organisationsprobleme entstehen: GAP 2 entsteht durch eine Diskrepanz zwischen der durch das Hochschulmanagement wahrgenommenen Kundenerwartungen und der anschließenden Überführung in interne Spezifikationen zur Dienstleistungsqualität. Insbesondere interne Beschränkungen (wie z. B. die in der wertschöpfungszentrierten Analyse ermittelten Probleme, vgl. Kap. 4.2.2) und Fehler des Hochschul- bzw. Weiterbildungsmanagements (z. B. Gleichgültigkeit oder kurzfristige Sichtweise) sind für die in diesem Bereich entstehende Diskrepanz verantwortlich. Den Unterschied zwischen den Spezifikationen der Dienstleistungsqualität und der tatsächlich erstellten Leistung beschreibt die GAP 3, die dann auftritt, wenn die Mitarbeiter die ihnen vorgegebenen Spezifikationen nicht umsetzen können bzw. wollen. Im Zentrum der GAP 4 stehen die Unterschiede zwischen der tatsächlich erhaltenen Leistung und den an die Kunden kommunizierten Leistungsversprechen.

Die entscheidende Lücke ist die GAP 5, die als Diskrepanz zwischen der wahrgenommenen und der erwarteten Dienstleistung auf der Kundenseite entsteht und durch Minimierung der übrigen vier GAPs verringert werden kann. Insbesondere das Über- oder Unterschreiten der erwarteten Dienstleistungsqualität wird das Qualitätsurteil in entsprechendem Ausmaß beeinflussen. Die Diskrepanz in dieser Lücke kann über verschiedene Verfahren ermittelt werden. Die Autoren selbst schlagen diesbezüglich mit dem Befragungsinstrument „SERVQUAL" eine merkmalsorientierte Doppelskalen-Befragung vor, die sich über fünf zentrale Qualitätsdimensionen und 22 Items erstreckt (Parasuraman/Zeithaml/Berry 1985, S. 42 ff.). Da jedoch die gewählte Methodik der Doppelskala sehr kritisch beurteilt wird (z. B. Hentschel 1990, S. 235 f.; Scharitzer 1994, S. 151 f.), werden nachfolgend andere kundenorientierte Verfahren zur Messung der Dienstleistungsqualität vorgestellt. Zum einen ist dies die *sequenzielle Ereignismethode* und zum anderen ist es die *Beschwerdeanalyse*, die beide für den Einsatz in der wissenschaftlichen Weiterbildung als geeignet erscheinen, wie nachfolgend beschrieben wird.

Sequenzielle Ereignismethode

Die sequenzielle Ereignismethode sieht eine Kombination des sog. „Story-Tellings" und „Blueprintings" vor. Beim Story-Telling werden individuelle Konsumerlebnisse im Zusammenhang mit einer Dienstleistung durch episodische Erzählungen festgehalten (Bruhn 2004, S. 127 ff.). Das Blueprinting ist eine ursprünglich von SHOSTACK in die wissenschaftliche Literatur eingeführte Technik, mittels derer die wesentlichen Kontaktpunkte aus Sicht des Dienstleistungsanbieters identifiziert werden. Bezogen auf diese Kontaktpunkte sollen die Konsumenten individuell Erlebtes erzählen, um hierdurch die wahrgenommenen Stärken und Schwächen im Dienstleistungsprozess zu verdeutlichen (Shostack 1984, S. 134 ff.). Die für die Konsumenten unmittelbar sicht- und bewertbaren Kontakte werden durch eine „Line of Visibility" von den Abläufen im sog. „Back-Office" (Bodendorf 1999, S. 22) getrennt, die ohne Kundenkontakt erfolgen. Die nachfolgende Abbildung zeigt, wie ein Blueprint auf ein wissenschaftliches Weiterbildungsprogramm angewendet werden kann. Der idealtypische Kontakt verläuft von oben links nach oben rechts innerhalb der grau hinterlegten Fläche.

Die Kunden nehmen die Dienstleistungsqualität lediglich innerhalb der „Line of Visibilty" wahr, die umgebende Infrastruktur sowie z. B. eine Unterstützung der Lehrenden durch die Verwaltung sind hingegen für die Kunden nicht sichtbar. Für die Kunden sind bereits bei der ersten Informationsaufnahme Teilbereiche der Dienstleistungsqualität bewertbar. Aspekte der Beurteilung sind z. B. ob die Informationen adäquat aufbereitet (inhaltlich, strukturell, designtechnisch) und ggf. durch redaktionelle Beiträge unterstützt sind, der Ort der Platzierung (Homepage, Fachzeitschrift, Tageszeitung etc.) oder auch die Frequenz, mit der die Kunden mit den dargebotenen Informationen kontaktiert werden. Ein direkter Kontakt mit der anbietenden Institution wird bei der ersten Anfrage (telefonisch, persönlich oder per E-Mail) hergestellt. Bei sämtlichen nachfolgenden Stadien (d. h. bis zur Exmatrikulation und dem Eintritt in die Ehemaligenphase) muss davon ausgegangen werden, dass neben den eingezeichneten organisatorischen Kontaktpunkten auch solche existieren, die nicht explizit in der obigen Graphik dargestellt wurden, weil sie die Übersichtlichkeit stark reduzieren würden. Es handelt sich hierbei z. B. um Fragen zur An- und Abmeldung oder dem Abrufen von Prüfungsergebnissen sowie um Fragen bezüglich Krankmeldungen, Beurlaubungen oder Problemen mit Dozenten. Bei sämtlichen Kontaktpunkten gehen die Freundlichkeit, Fachkenntnis, Problemlösefähigkeit und Reaktionszeiten in die Bewertung der Dienstleistungsqualität ein. Aus diesem Grund sind die Mitarbeiter, die in direktem Kundenkontakt stehen, entsprechend zu schulen (inhaltlich und kommunikativ).

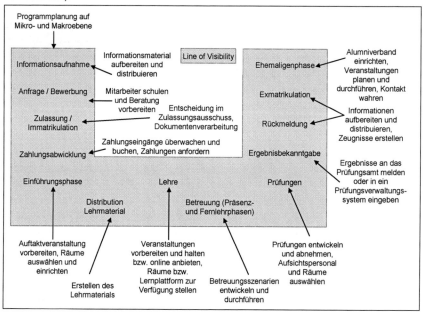

Abbildung 5.5-4: Blueprint für ein Weiterbildungsprogramm

Ein sehr intensiver Kontakt, speziell mit den Dozenten, erfolgt im unteren Bereich der „Line of Visibility", d. h. von der Einführungsphase bis zu den Prüfungen. Neben den bereits im vorherigen Abschnitt genannten Aspekten spielt in dieser Phase auch das grundlegende didaktische Konzept eine wichtige Rolle, d. h. inwiefern es den Kunden angeboten wird, sich mit konkreten Fragen an die Dozenten zu wenden, ob ggf. spezielle Übungen oder Tutorien vorgesehen sind, innerhalb derer die Studierenden miteinander konkrete Fragen klären können und inwieweit eine stetige Auseinandersetzung mit dem jeweiligen Thema durch die Dozenten unterstützt wird (z. B. durch eine diskrete Führung, die das Einsenden kleinerer Fallstudien im Vorfeld vorsieht).

Nach durchlaufenem Prozess können die Kunden bezüglich der individuellen Erlebnisse für einen jeweils konkreten Fall (z. B. einzelner Weiterbildungskurs oder komplexes Weiterbildungsangebot) befragt werden. Die hierdurch gewonnenen Informationen sind im Anschluss über sämtliche befragten Kunden zu verdichten, auszuwerten und durch das Hochschul- bzw. Weiterbildungsmanagement zu beurteilen. Werden kritische Bereiche identifiziert, sind diese zu reorganisieren und die hierdurch erwartete Qualitätsverbesserung anhand regelmäßiger Messverfahren (wie z. B. dem Story-Telling) zu evaluieren.

Beschwerdeanalyse

Die systematische Analyse von Beschwerden ist dazu geeignet, aktuelle Probleme, die die Kunden bei der Inanspruchnahme der wissenschaftlichen Weiterbildung bemerken, aufzudecken und zu beheben. Die Ergebnisse solcher Analysen sind qualitative Informationen über wahrgenommene Unzulänglichkeiten, die durch die Kunden an den Anbieter herangetragen werden. Durch Inhaltsanalysen und eine ex post Kategorisierung der Aufzeichnungen lassen sich solche qualitativen Informationen auch statistisch auswerten (Scharitzer 1994, S. 136). Ziel eines umfassenden Beschwerdemanagementsystems ist die (Wieder-)Herstellung der Kundenzufriedenheit, um hierdurch z. B. das Abwandern zu Wettbewerbern oder negative Mund-zu-Mund-Kommunikation zu vermeiden (Günter 2003, S. 295 ff.). Neben einer rein reaktiven Lösung von einzelnen Problemfällen kann ein solches System zum einen auch zusätzliche akquisitorische Effekte schaffen, indem durch die (Wieder-)Herstellung der Kundenzufriedenheit eine positive Mund-zu-Mund-Kommunikation initiiert wird. Zum anderen können auch Verbesserungspotenziale bezüglich der Prozessgestaltung und Mitarbeiterqualifikation eröffnet werden (Bruhn 2001, S. 173).

Allerdings ist nicht davon auszugehen, dass die tatsächlich geäußerten Beschwerden sämtliche kritischen Bereiche abdecken, denn Untersuchungen zur Kundenzufriedenheit (z. B. Rust/Subramanian/ Wells 1992; Berry/Parasuraman 1992) zeigen, dass sich lediglich ein geringer prozentualer Anteil der Kunden beschwert, während der Großteil den mit der Beschwerde verbundenen Aufwand scheut, da z. B. unklar ist, an wen die Beschwerden zu richten sind oder befürchtet wird, dass keine positiven Veränderungen erfolgen. Bei der wissenschaftlichen Weiterbildung könnten zudem weitere Faktoren gegeben sein, die die Motivation zur Beschwerde insbesondere im Bereich der Lehrqualität jedoch auch in der Administration unterdrücken: Zum einen könnten sich die Kunden für eine mangelhafte Dienstleistungsqualität mitverantwortlich fühlen, weil sie sich z. B. nicht rechtzeitig gekümmert oder innerhalb der einzelnen Veranstaltungen nicht aktiv mitgearbeitet haben (analog Bruhn 2004, S. 142). Zum anderen könnten sie befürchten, dass sich die Beschwerde negativ auf die Bewertung ihrer Prüfungsleistungen auswirkt. Dies ist aus Sicht der Hochschulen als problematisch einzustufen, da ein solches Verhalten die negativen Konsequenzen der Kundenunzufriedenheit verstärkt.

Aus diesem Grund ist es für die Hochschulen strategisch wichtig, ein kundenorientiertes Beschwerdemanagementsystem zu implementieren, welches es den Kunden möglichst unkompliziert gestattet, sich zu beschweren und ihnen das Gefühl vermittelt, sich an die richtige Stelle gewendet zu haben die das Problem zufrieden stellend löst. Neben einer entsprechenden Feedback- bzw. Beschwerdestimulation stellen auch die tatsächliche Bearbeitung der Anmerkungen und die Reaktionszeiten wesentliche Elemente eines solchen Systems dar (analog Bruhn 2001, S. 174). Die Umsetzung erfolgt z. B. durch

- feste Ansprechpartner in der Organisation bzw. der Lehre, deren Kontaktdaten den Kunden transparent und leicht zugänglich angezeigt werden (ggf. über stets aktuell zu haltende Seiten der Hochschulhomepage oder durch regelmäßig aktualisierte Newsletter, in denen stets zum Schluss wesentliche Kontaktadressen aufgeführt sind),
- speziell geschulte Mitarbeiter im Administrationsbereich, die entsprechende kommunikative und fachliche Fähigkeiten aufweisen, die Beschwerden entgegenzunehmen und die Probleme entweder eigenständig oder durch Unterstützung kompetenter Fachexperten zu lösen,
- ein zufrieden stellendes Feedback an die Kunden innerhalb einer möglichst kurzen Reaktionszeit (diese lag für die Beantwortung organisatorischer Fragen eher im Bereich von 12-24 Stunden und für inhaltliche Fragen an die Dozenten im Bereich von 24-48 Stunden (vgl. Abbildung 4.2-17),
- transparente Prozessabläufe, die die interne Bearbeitung möglichst standardisieren und den Kunden angezeigt werden können, damit diese Kenntnis über den zu initiierenden Prozess haben und ggf. Verständnis zeigen, sofern ein entsprechendes Problem nicht in einer sehr kurzen Reaktionszeit gelöst werden kann,
- regelmäßige Analysen der aggregierten Beschwerden seitens des Weiterbildungsmanagements zur Grundlage für eine ggf. erforderliche Restrukturierung spezieller Bereiche sowie
- entsprechend aufbereitete Informationen über die vorgenommenen Restrukturierungen aufgrund eingegangener Beschwerden, so dass die Kunden zum einen erkennen, dass es sich lohnt, Problemfälle anzuzeigen und zum anderen wissen, dass die ggf. auftretenden Probleme sehr ernst genommen werden und sich der mit der Beschwerde verbundene individuelle Aufwand durchaus lohnt.

Abschließend erfolgen einige kritische Anmerkungen zu den Konsequenzen aus der *Integration des externen Faktors* in die Leistungserstellung der Weiterbildung, die sich auf die Qualitätswahrnehmung der Kunden und insofern auf die Möglichkeiten der kundenorientierten Messung der Dienstleistungsqualität auswirken (Pastowski 2004, S. 71 ff.): Je umfangreicher die Integration des externen Faktors ist und je mehr dieser externe Faktor aktiv zur Erstellung der Dienstleistung beitragen muss, desto schwieriger wird das Messen des Outputs. Die wissenschaftliche Weiterbildung zählt zu den hoch integrativen Dienstleistungen, denn sie erfordert, dass sich der Lernende aktiv in den Prozess der Leistungserstellung einbringt, indem er kooperatives Verhalten zeigt, mitarbeitet, regelmäßig lernt und an den Prüfungen teilnimmt. Wird diese Mitarbeit verweigert, kann es u. U. aufgrund fehlender persönlicher Einsicht dazu kommen, dass die Gesamtleistungsbeurteilung seitens des Kunden negativ ausfällt, obwohl die eigentliche Inputqualität der Hochschule sehr hoch ist. Insofern gestaltet sich die Integration des externen Faktors für die Hochschulen als nicht unproblematisch, denn sie sind zwingend auf die Kooperation der Lernenden angewiesen. Die Berücksichtigung der Kontaktpunkte mit den Kunden im zeitlichen Ablauf stellt sich im Rahmen des Qualitätsmanagements deshalb durchaus als sinnvoll dar (analog Stauss 1995, S. 25 ff.).

Da die Kunden die Qualität der zu erstellenden Leistung ex ante nur eingeschränkt beurteilen können, wählen sie andere Indikatoren, die ihnen glaubwürdige Signale über die Leistungsfähigkeit und -bereitschaft der Weiterbildungsanbieter vermitteln. Solche Signale können zum einen über das tangible Umfeld gegeben werden, zu dem neben der Ausstattung des Weiterbildungsanbieters (Seminar- und Tagungsräume, Qualität der Unterlagen etc.) auch eine ansprechende und informative Homepage zählt, die den Kunden erste Anhaltspunkte bietet, ob der potenzielle Anbieter über die geforderten Qualifikationen verfügt. Zum anderen können auch Informationen über Ablehnungsquoten entsprechende Qualitätssignale setzen. Schließlich können Signale auch über die Markierung, die Reputation, das Image oder den Preis eines Programms bzw. eines Bildungsanbieters vermittelt werden (analog Roth 2001, S. 52). Da dem „Signaling" im Wettbewerb um qualifizierte Kunden eine zentrale Rolle zukommt, weil es einem Weiterbildungsanbieter einen komparativen Vorteil gegenüber seinen Konkurrenten verschaffen kann, indem es den Abbau ggf. bestehender Verhaltensunsicherheiten seitens der Kunden unterstützt (Benkenstein et al. 2003, S. 11 ff.), werden speziell die Themen der Markierung und des Imageaufbaus nachfolgend eingehender behandelt.

5.5.3 Markierungsorientierung

Die Qualitäts- und Markierungsorientierung[200] greifen bei einer Präferenzstrategie eng ineinander. Insbesondere bei Produkten oder Leistungen, die aus Abnehmersicht durch eine hohe Austauschbarkeit gekennzeichnet sind, bietet sich eine differenzierende Wirkung über die Markierung der Institution bzw. der Produkte und Leistungen an. Auch in Fällen, in denen die Nachfrager nur unzureichend über die Bandbreite potenzieller Anbieter bzw. Angebote informiert sind, kann eine markierungsorientierte psychologische Differenzierung die Konsumpräferenzen entsprechend beeinflussen (Meffert 2000, S. 277). Ein solcher Fall ist bei der wissenschaftlichen Weiterbildung anzunehmen: Das „Evoked-Set"[201] der meisten Kunden wird nicht sehr umfassend sein, da insbesondere die staatlichen Hochschulen vergleichsweise

---

[200] Unter einer Marke wird nachfolgend MEFFERT und BURMANN folgend „ein in der Psyche des Konsumenten verankertes, unverwechselbares Vorstellungsbild von einem Produkt oder einer Dienstleistung" verstanden. „Die zugrunde liegende markierte Leistung wird dabei einem möglichst großen Absatzraum über einen längeren Zeitraum in gleichartigem Auftritt und in gleich bleibender oder verbesserter Qualität angeboten" (Meffert/Burmann 2002, S. 169).

[201] Diejenigen Produkte bzw. Leistungen, die der Konsument in die Endauswahl zur Konsumentscheidung einbezieht, wird als „Evoked-Set" bezeichnet (Homburg/Krohmer 2003, S. 48).

wenig auf sich aufmerksam machen[202] (identifizierte Schwäche in der Vermarktung, vgl. Kap. 4.2.2 und Kap. 4.2.4) und die Suchvorgänge für die Kunden mit entsprechenden Kosten (insbesondere Zeit) verbunden sind (Pastowski 2004, S. 73 f.). Um die Markierungsorientierung der Hochschulen vorzustellen werden nachfolgend kurz Anmerkungen zum Aufbau einer Identität bzw. eines Images von Hochschulen als Bildungsanbieter vorgenommen (Kap. 5.5.3.1), bevor anschließend die dienstleistungsspezifischen Markierungsprobleme diskutiert (Kap. 5.5.3.2), die wesentlichen strategischen Optionen für den Aufbau einer eigenen Hochschulidentität mit speziellem Fokus auf die wissenschaftliche Weiterbildung vorgestellt (Kap. 5.5.3.3) und die Kommunikationsbeziehungen diskutiert werden (Kap. 5.5.3.4).

5.5.3.1 Identität und Image von Hochschulen als Anbieter von Weiterbildung

Die Markierungsorientierung erfüllt aus Sicht der Hochschulen und der Kunden verschiedene Funktionen: Die Hochschulen verfolgen u. a. eine Kommunikations-, Profilierungs- und Imageträgerfunktion, die die Vermarktung der Weiterbildung unterstützen soll, wohingegen die Kunden die Markierung u. a. zur Orientierung, Information oder Vertrauensbildung über Qualitätssicherung nutzen. Durch die Intangibilität der Weiterbildung können die Erfahrungs- und Vertrauenseigenschaften seitens der Kunden erst nach dem Konsum beurteilt werden, was insofern das subjektive Kaufrisiko vergrößert. Vor diesem Hintergrund wächst das individuelle Bedürfnis, sich bereits im Vorfeld Sicherheit über die zu erwartende Qualität zu verschaffen (analog Stauss 1998, S. 13 ff.).

Aufgrund der hohen Immaterialität der Weiterbildung stehen verstärkt die Hochschulen als Anbieter anstelle der einzelnen Programme im Fokus der Qualitätsbeurteilung (Gerhard 2004, S. 34). Insofern spielen die *Identität* und das *Image* der Hochschule eine zentrale Rolle bei der Entscheidung für oder gegen den Konsum der angebotenen Leistungen:

- Um die *Identität* einer Marke zu entwickeln werden in der wissenschaftlichen Literatur verschiedene Modelle diskutiert, von denen nachfolgend vier beispielhaft aufgezählt werden: KAPFERER stellt die Identität einer Marke innerhalb eines Prismas dar, welches die Facetten „Physique", „Personality", „Culture", „Relationship", „Reflection" sowie „Self-Image" aufweist (Kapferer 2000, S. 99). Ähnlich beschreiben KOTLER und BLIEMEL, dass über die Identität einer Marke Aspekte wie „Eigenschaften", „Nutzen", „Werte", „Kultur", „Persönlichkeit" und „Nutzeridentifikation" in kompakter Form kommuniziert werden (Kotler/Bliemel 2001, S. 737). AAKER beschreibt die Identität einer Marke als „product", „organization",

---

[202] Aufgrund dieser Schwäche haben der DAAD im Zusammenwirken mit der HRK sowie in Absprache mit Wissenschaftsorganisationen und Partnern in Politik und Wirtschaft zum 01.01.2001 ein Konsortium speziell für das international ausgerichtete Hochschulmarketing gegründet. Ziel dieses Konsortiums namens „GATE Germany", welches durch das BMBF finanziell gefördert wird, ist es, in Zusammenarbeit mit anderen professionellen Agenturen den Studien- und Forschungsstandort Deutschland angemessen zu positionieren. Die in diesem Zusammenhang kostenpflichtig angebotenen Leistungen umfassen z. B. einen professionellen Service für Bildungsmessen und (internationale) Promotionstouren sowie Beratung für Vermarktungsstrategien, indem die Marketingstrategien und Aktionsprogramme mitgestaltet und Verbindungen zum weltweit agierenden DAAD-Netzwerk hergestellt werden (GATE 2004).

"person" und "symbol" (Aaker 1996, S. 78 ff.). MEFFERT und BURMANN greifen die Ausführungen von AAKER auf und beschreiben die Identität einer Marke als "Produkt", "Person", "Organisation" und "Symbol" (Meffert/Burmann 1996b, S. 379). Da AAKER den englischen Begriff "person" jedoch in den weiteren Ausführungen mit "personality" gleichsetzt (Aaker 1996, S. 83), was übersetzt auch "Persönlichkeit" bedeutet, wäre es insofern durchaus sinnvoll, die "Identität einer Marke als Person" mit "Persönlichkeit der Marke" zu umschreiben.

Eine solche Markenidentität kann sowohl organisationsweit als auch auf Ebene einzelner Fachbereiche oder Institute bzw. für spezielle Geschäftsfelder (wie Weiterbildung oder Forschung) aufgebaut werden (analog Escher 2001, S. 202 ff.). Durch Letzteres wird grundsätzlich die Eigenständigkeit gewahrt, wenn auch ein solches Vorgehen nicht dazu führen darf, dass die Bindung der Fakultät, des Instituts oder des Geschäftsfeldes an die Gesamthochschule nicht mehr erkennbar ist, da ansonsten die mit dem Aufbau einer Identität verbundenen positiven Effekte nicht erreicht werden können. Die Markierungsorientierung befindet sich insofern in einem Trade-Off zwischen einer organisationsweiten und fakultäts-, instituts- oder geschäftsfeldweiten Identitätsbildung (Helferich 2004, S. 37). Für die nachfolgenden Ausführungen bezüglich der Markierungsorientierung in der wissenschaftlichen Weiterbildung wird GERHARD gefolgt, die vorschlägt, zunächst eine grundlegende Identität der Hochschule in Form einer "Dachmarke" zu schaffen, die sämtliche Geschäftsbereiche umfasst und im Rahmen derer sich die Weiterbildung speziell positionieren kann (Gerhard 2004, S. 139). Hierbei können die einzelnen Aspekte in den zuvor genannten Modellen zum Aufbau einer Markenidentität inklusive eines entsprechenden Logos als Markenzeichen die hochschulweite Identität zwischen der Dachmarke und den Einzelmarken der Fakultäten, Institute oder Geschäftsfelder sicherstellen.[203]

- Ziel des Aufbaus einer Hochschulidentität ist es, ein unverwechselbares positives *Image* auf dem Bildungsmarkt zu etablieren (analog Glöckler 1995, S. 4). Hierbei ist unter dem Image das Fremdbild der Identität zu verstehen, welches sich in im Bewusstsein der externen Anspruchsgruppen (Kunden, Lieferanten, Wettbewerber, Politik etc.) durch einen direkten bzw. indirekten Kontakt mit dem Meinungsgegenstand aufbaut.[204] Im Zusammenhang mit dem Hochschulimage wird oftmals auch der Begriff der Reputation verwendet. Eine Hochschule baut sich eine gute Reputation aufgrund der angebotenen Programmqualität, der fachlichen Kompetenz und der Zuverlässigkeit auf. Die Reputation ist sowohl Voraussetzung für ein effizientes Aussenden von Signalen (z. B. über die Markierung) als auch Konsequenz solcher Signalisierungsmaßnahmen (analog Roth 2001, S. 52 f.). Sie baut

---

[203] Bezüglich einer detaillierten Diskussion über die Vor- und Nachteile von verschiedenen Markenstrategien (z. B. Einzelmarken, Markenfamilien und Dachmarken) wird auf BECKER verwiesen (Becker 2001, S. 301 ff.).

[204] Der Begriff des Images wird in der wissenschaftlichen Literatur auch als mehrdimensionales Einstellungskonstrukt bezeichnet (Meffert 2000, S. 118): Das Image kennzeichnet die "Einstellung einer Person zu einem Meinungsgegenstand" (Andritzky 1976, S. 215).

sich durch das mehrfache Aussenden von glaubwürdigen Signalen auf und kann als wirksames Mittel zum Aufbau strategischer MEB eingesetzt werden (Pastowski 2004, S. 98).

Um eine starke Position im Wettbewerb zu erreichen, erscheint es erforderlich, dass eine weitgehende Kongruenz zwischen der durch das Hochschulmanagement aufzubauenden Identität (Selbstbild) und dem Image (Fremdbild) vorliegt, da ansonsten die Markenidentität nicht glaubhaft kommuniziert werden kann (Meffert 2000, S. 879). Beim Aufbau eines solch kongruenten Selbst- und Fremdbildes für die eigene Hochschule müssen jedoch verschiedene dienstleistungsspezifische Markierungsprobleme überwunden werden, die nachfolgend vorgestellt werden.

5.5.3.2 Spezifische Markierungsprobleme

STAUSS identifiziert die nachfolgend genannten dienstleistungsspezifischen Problembereiche beim Aufbau einer Markierungsorientierung (Stauss 1998, S. 15 ff.): Das Sichern einer gleich bleibend hohen *Qualität* sowie das *Visualisieren* des *Markenzeichens* und des *Markenvorteils*.

Eine gleich bleibend hohe *Qualität* kann seitens der Hochschulen nicht garantiert, sondern lediglich angestrebt werden. Zwar sind die Inputfaktoren, d. h. die Effizienz der Prozesse, die Qualität der Mitarbeiter sowie der Lehre und Forschung, im Rahmen eines Qualitätsmanagementsystems kontrollier- und steuerbar, jedoch ist die Integration des externen Faktors als unbekannte Variable anzusehen. Dieser ist, wie bereits erwähnt, als Co-Produzent an der Leistungserstellung beteiligt und je nach persönlichen Anforderungen, Erwartungen und Engagement fällt die Qualitätsbeurteilung unterschiedlich aus. Insofern ist es wichtig, neben objektiven Zeichen einer hohen Qualität (z. B. durch Akkreditierungen (institutionell bzw. programmbezogen) oder sonstigen Zertifizierungen, vgl. Kap. 5.5.2.1) auch die Kundenorientierung im Qualitätsmanagementsystem zu integrieren und durch geeignete Feedbackverfahren regelmäßig die Kundenzufriedenheit zu evaluieren um entsprechende Qualitätsverbesserungen vorzunehmen, sollte das Qualitätsniveau nicht den Anforderungen der Kunden entsprechen.

Die Probleme der *Visualisierung* des *Markenzeichens* und *Markenvorteils* resultieren aus der Immaterialität der angebotenen Leistungen (Forschung, Lehre, Weiterbildung etc.), denn die Visualisierung kann nur über Hilfsmittel (vgl. Tabelle 5.5-2) erfolgen und nicht über sensorische oder haptische Eigenschaften wie bei einem physischen Produkt. Für die bildliche Darstellung des Markenvorteils werden vielfach die Stadtwappen, die Anfangsbuchstaben oder eine Strichzeichnung der Hochschule als bildliche Verankerung sowie die Jahreszahl der Gründung im Logo verwendet, um z. B. auf die lange Tradition hinzuweisen. MEFFERT und BRUHN schlagen vor, für „die Visualisierung der Dienstleistungsmarke Anhaltspunkte zu schaffen, die berührbare Evidenzbeweise erzeugen" (Meffert/Bruhn 2003, S. 401). Das bedeutet, dass sowohl externe als auch interne Kontaktpunkte (Objekte und Subjekte) als Träger einer Markierung identifiziert werden müssen. Nachfolgende Tabelle zeigt in Anlehnung an MEYER, wie dies durch die Hochschulen erfolgen kann (analog Meyer 1998, S. 98):

Verfügungsbereich		Kontaktträger	
		Kontaktobjekte (Dinge)	Kontaktsubjekte (Menschen)
	extern	• Markierung auf Scheinen und Zertifikaten • Markierung an Gebrauchs- und Verbrauchsgegenständen (Flyer, Broschüren, Kugelschreiber, Uhren, Becher etc.) • Markierung der Lehr-/Lernmaterialien (Folien, Studienbriefe, Skripte im einheitlichen Layout bzw. Lernplattform im Corporate Design)	Textile Merchandising-Artikel, z. B. T-Shirts oder Schirmmützen mit Universitätslogo
	intern	• Markierung von Verbrauchsgegenständen (Kugelschreiber, Papier, Mappen etc.) • Corporate Design (Farben, Formen) der Ausstattung solcher Büros, in denen Kontaktsituationen stattfinden • Corporate Design der Hochschulhomepage	Corporate Logo auf Kleidung der Mitarbeiter (z. B. T-Shirts, Hemden, Krawatten etc.)

Tabelle 5.5-2: Markierung von Dienstleistungen in der wissenschaftlichen Weiterbildung

Der externe Verfügungsbereich bezieht Objekte ein, die an Marktteilnehmer distribuiert werden und die durch diese entweder genutzt oder getragen werden. Insbesondere wenn die Kunden mit der konsumierten Leistung sehr zufrieden waren und sie hierdurch die angestrebten Nutzenerwartungen erfüllen konnten (wie z. B. beruflicher Aufstieg, verbessertes Einkommen, oder höheres Ansehen in der Gesellschaft) ist zu erwarten, dass sie ein starkes Bedürfnis empfinden, den Konsum der Dienstleistung nach außen zu dokumentieren (Prestigefunktion). Hierfür eignet sich ein Aushändigen bzw. Verkaufen von Gegenständen, wie Uhren, Kugelschreiber, Becher, T-Shirts oder Schirmmützen. Solche Gegenstände verschaffen den Kunden die Möglichkeit, die Erinnerungen zu pflegen und somit den inneren Kontakt zur Dienstleistung zu wahren sowie einen Imagetransfer vom Anbieter auf sich selbst herzustellen (Graumann 1983, S. 161 f.). Analog bezieht der interne Verfügungsbereich solche Gegenstände ein, die an die Mitarbeiter ausgegeben werden und durch diese entweder im Rahmen der Tätigkeiten genutzt (Verbrauchsmaterial im Büro) oder getragen werden (z. B. einheitliche Hemden für die Studienberater oder einheitliche Kleidung auf einem Messestand). Des Weiteren wird das Corporate Design auch bei der Gestaltung der Hochschulhomepage sowie der Einrichtung von Gebäuden bzw. Räumen relevant, die einer Kontaktsituation mit den Kunden ausgesetzt sind, um in diesen Situationen ein einheitliches Erscheinungsbild zu erzeugen. In diesem Zusammenhang ist allerdings darauf hinzuweisen, dass eine vollkommene Gleichheit im Design nicht erforderlich und u. U. auch nicht sinnvoll ist, damit speziell voneinander abgrenzbare Bereiche, wie z. B. die Aus- und Weiterbildung oder die Lehre und die Forschung nicht vermischt werden. Dies erhöht die Übersichtlichkeit der präsentierten Informationen für die Anspruchsgruppen, verdeutlicht jedoch erneut das bereits zuvor angesprochene Entscheidungsproblem zwischen organisations- und geschäftsfeldweiter Identitätsbildung.

5.5.3.3 Strategische Optionen zur Identitätsbildung

Der Aufbau einer starken Markenidentität und einem positiv besetzten Image gestaltet sich im Rahmen der Weiterbildung in solchen Fachbereichen einfacher, in denen die Hochschule entweder bereits in der grundständigen Lehre und/oder der Forschung hohe, möglichst objektiv bestätigte Kompetenz aufweist (z. B. durch entsprechende Auszeichnungen, Rankings oder Lehr- und Forschungsevaluationen), denn hierdurch kann es gelingen, das dort erarbeitete positive Image auf die Weiterbildung zu transferieren. Für den Aufbau einer Markenidentität in der wissenschaftlichen Weiterbildung wird nachfolgend, dem Modell von AAKER folgend (vgl. Kap. 5.5.3.1), die Weiterbildung als *Produkt* sowie die *Persönlichkeit*, die *Organisation* und das *Symbol* der Weiterbildung diskutiert.[205] Hierbei liegen zusätzlich die Ausführungen von MEFFERT und spezieller von GERHARD zugrunde (analog Meffert 2000, S. 880; Gerhard 2004, S. 142 ff.):

Die Weiterbildung als *Produkt* umfasst zunächst die angebotenen Programme (inkl. Abschlüsse) und Services sowie den hierfür verlangten Preis. Seitens der Hochschulen ist zu entscheiden, wie das Leistungsportfolio (vgl. Kap. 5.2) grundsätzlich aufgebaut sein und weiterentwickelt werden soll. In diesem Zusammenhang sind auch der im Kap. 5.5.2 diskutierte Qualitätsaspekt, die Organisationsstruktur, d. h. die Effizienz und Qualität der Prozesse, sowie die Art und Qualität der Beziehungen, die zu den Kunden hergestellt werden, zu berücksichtigen. Wie bereits zuvor angesprochen ist insbesondere die Gestaltung des letztgenannten Aspekts mit einer gewissen Unsicherheit aufgrund der Integration des externen Faktors in die Leistungserstellung behaftet.

Die *Persönlichkeit* der Weiterbildung ist durch die grundlegenden Charakteristika der anbietenden Institution geprägt: Je nachdem ob es einen speziellen Fokus gibt, präsentiert sich die Hochschule z. B. eher lehr- oder forschungsorientiert, eher modern oder traditionsorientiert, eher national oder international ausgerichtet. Speziell in der Weiterbildung kann sich die Persönlichkeit auch durch den Zeitpunkt des Markteintritts manifestieren, d. h. ist das Angebot sehr innovativ, positioniert sich die Hochschule mit der Weiterbildung in einer Pionierposition, wohingegen sie sich als „early" oder „late" Adopter (Rogers 1962, S. 247) präsentiert, wenn es andere Hochschulen gibt, die bereits zuvor vergleichbare Weiterbildungsprogramme angeboten haben. Des Weiteren bestimmen auch die Art der vorzugsweise eingesetzten Lehr-/Lernformen (Frontalunterricht oder handlungsorientierter Unterricht, Präsenz- oder Fernlehre, Gruppengröße etc.), die Dozenten (ausschließlich hochschuleigen oder auch Fachexperten aus der Praxis) sowie das grundsätzliche Verhältnis zwischen Anwendungs- und Theoriebezug der Lerninhalte die Persönlichkeit der Weiterbildung.[206]

---

[205] Dieses Modell ist im Vergleich zu den anderen in Kap. 5.5.3.1 vorgestellten Modellen aufgrund der Einfachheit vorzuziehen. Sämtliche Aspekte, die z. B. KOTLER oder KAPFERER wählen, werden in den vier genannten Dimensionen dieses Modells erfasst, insofern ist eine für den Untersuchungsgegenstand adäquat gewählte Granularität gegeben.

[206] Entgegen den Ausführungen von GERHARD (Gerhard 2004, S. 156) werden diese Aspekte unter der *Persönlichkeit* und nicht der *Organisation* der Weiterbildung subsumiert.

Die *Organisation* der Weiterbildung wird sowohl durch das Verhalten der Mitarbeiter als auch durch die unterschiedlichen Kulturen in den einzelnen Fachbereichen bestimmt. SPORN hat sich intensiv mit dem Verhalten der Mitarbeiter auseinandergesetzt und bezeichnet dieses als „Universitätskultur", die sich aus den Werten, Normen und Einstellungen der Mitarbeiter unter den gegebenen Rahmenbedingungen ergibt (Sporn 1992, S. 5). Als problematisch im Rahmen einer möglichst eindeutigen Markierung gestalten sich u. U. die unterschiedlichen Kulturen der einzelnen Fachbereiche. Wird eine wissenschaftliche Weiterbildung stark interdisziplinär angeboten, kann es insofern dazu kommen, dass das Etablieren einer für den Kunden sichtbar einheitlichen Kultur nur mit erheblichen Anstrengungen realisiert werden kann.

Schließlich sind bei dem *Symbol* der Weiterbildung die visuelle Gestaltung der Marke (Corporate Design über Logo, Farbgebung und Schriftzug) sowie die Kommunikation zu den Marktteilnehmern (Wettbewerber, Lieferanten, Kunden, Medien, Politik und Öffentlichkeit) zu definieren. Die potenziellen Probleme bei der Symbolbestimmung für Hochschulen bzw. für die wissenschaftliche Weiterbildung wurden bereits im vorherigen Abschnitt angesprochen. Ist eine Einigung bezüglich des Corporate Designs erfolgt, so kann die Visualisierung über verschiedene Kontaktträger erfolgen (vgl. Kap. 5.5.3.2). Die Kommunikation der Marke ist als komplexe Aufgabe durch das Management der Weiterbildung in enger Abstimmung mit dem Hochschulmanagement in einem Top-Down-Prozess konzeptionell zu planen, durchzuführen und zu kontrollieren. Jedoch sollte dieser Top-Down-Prozess durch einen Bottom-Up-Prozess flankiert werden, um zu vermeiden, dass es zu Identifikations- oder Akzeptanzproblemen auf den unteren Hierarchieebenen kommt (analog Bruhn 2005, S. 76 ff.).

FRITZ empfiehlt den Hochschulen im Zusammenhang mit dem Aufbau einer Markenidentität die Abteilung für Presse- und Öffentlichkeitsarbeit zu einer Marketingabteilung zu reorganisieren, um die vielfältigen Aktivitäten innerhalb eines umfassenden Marketingkonzepts zu koordinieren. Die Leitung sollte durch einen Marketing-Manager auf hoher Hierarchieebene der Hochschule übernommen werden, der die Unterstützung der Hochschulleitung erfährt und die einzelnen Marketingaktivitäten durch kurze und direkte Absprachen mit der Hochschulleitung möglichst effizient und mit kurzen Reaktionszeiten realisieren kann (Fritz 1996, S. 78). Da die Kommunikation die essenzielle Schnittstelle zwischen der Hochschule und den Marktteilnehmern einnimmt, wird dieser Aspekt nachfolgend zum Abschluss dieses Hauptelements noch einmal eingehender diskutiert.

5.5.3.4 Kommunikationsbeziehungen

Aus Sicht der Hochschulen bieten sich zur Kommunikation die *klassische Werbung*, die *Öffentlichkeitsarbeit*, das *Direktmarketing* sowie die *Multimediakommunikation* an (analog Meffert 2000, S. 684 f.). Mit diesen Kommunikationsinstrumenten werden im Rahmen eines integrierten, d. h. inhaltlich und formal aufeinander abgestimmten, Kommunikationskonzepts (Esch 2001, S. 28) sämtliche externen Marktteilnehmer, d. h. die Kunden, Lieferanten,

Wettbewerber, Medien und Öffentlichkeit sowie die internen Mitarbeiter angesprochen, wie die nachfolgende Abbildung visualisiert (in Anlehnung an Meffert 2000, S. 27):

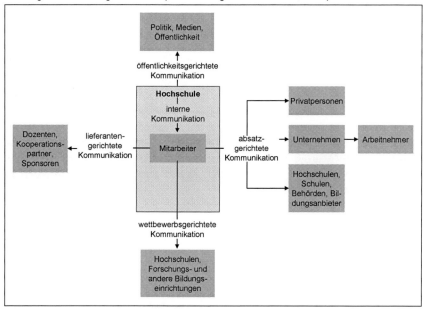

Abbildung 5.5-5: Kommunikationsmöglichkeiten in einem integrierten Kommunikationskonzept

Im Rahmen eines solchen Kommunikationskonzepts ist vorrangig zu klären, welche Ziele erreicht werden sollen. Diese bestimmen über die zu kommunizierenden Inhalte, die zu nutzenden Instrumente und Medien sowie die internen Zuständigkeiten für die Planung, Durchführung und Kontrolle der Kommunikation. Die finanziellen Rahmenbedingungen werden durch das Budget gegeben, welches in der Praxis der Werbebudgetierung trotz der Größenordnungen der Beträge überwiegend durch heuristische Ansätze, wie z. B. der „zielorientierten Methode" oder der „Prozent vom erwarteten Umsatz-Methode" bestimmt wird (Simon/Möhrle 1993, S. 304 ff.). Nachdem die Ziele und Inhalte für jede Hochschule sehr individuell festgelegt werden müssen, werden nachfolgend lediglich die wichtigsten Kommunikationsinstrumente vorgestellt.

Bei der *klassischen Werbung* liegt das Hauptaugenmerk auf der Werbung in Printmedien[207] (wie z. B. in Zeitungen sowie Publikums- oder Fachzeitschriften) sowie auf der Außenwerbung in Form von Plakaten. Mittels klassischer Werbung werden i. d. R. spezielle Weiterbildungsprogramme beworben und das Ziel verfolgt, insbesondere bei den potenziellen Kunden und

---

[207] Anzumerken ist an dieser Stelle, dass sowohl von den Privatpersonen als auch den Unternehmen im Rahmen der kundenzentrierten Analyse lediglich die Fachpresse als relevantes bzw. sehr relevantes Informationsmedium charakterisiert wurde (vgl. Tabelle 4.2-7 und Tabelle 4.2-17).

5.5 Nachhaltige Absicherung der wissenschaftlichen Weiterbildung

der Öffentlichkeit die Bekanntheit des Weiterbildungsprogramms zu steigern (analog Rogge 2004, S. 29 ff.).

Die *Öffentlichkeitsarbeit* fokussiert auf die Pressearbeit, wie z. B. Pressekonferenzen und -mitteilungen oder redaktionelle Beiträge[208]. Ziel ist es, das Vertrauen möglichst sämtlicher Gruppen von Marktteilnehmern aufzubauen und zu erhalten, insofern stellen gleichermaßen auch die Pflege von persönlichen Beziehungen zu Meinungsführern und Pressevertretern, ein persönliches Engagement in Verbänden sowie Informationsveranstaltungen in Schulen, Bildungseinrichtungen oder Unternehmen sehr wichtige Aspekte dar (analog Bruhn 2005, S. 377 ff.). Des Weiteren sind in diesem Zusammenhang Aktionen wie ein „Tag der offenen Tür" oder die bereits zuvor genannte Mund-zu-Mund-Kommunikation zu berücksichtigen. Diese basiert auf den eigenen Erfahrungen mit den Weiterbildungsprogrammen bzw. der Hochschule als Bildungsanbieter und insofern ist der Aufbau einer aktiven Kommunikationsbeziehung vor (z. B. durch Messen und Ausstellungen), während (z. B. durch Zufriedenheitsbefragungen) und auch nach Beendigung einer Maßnahme (z. B. über einen Alumni-Verband) ein wichtiger Aspekt der Öffentlichkeitsarbeit mit speziellem absatzgerichteten Fokus. Im Mittelpunkt sämtlicher Aktivitäten der Öffentlichkeitsarbeit steht üblicherweise die Hochschule, jedoch konzentrieren sich spezielle Maßnahmen auch durchaus auf einzelne Weiterbildungsprogramme (analog Meffert 2000, S. 724 ff.).

Im Rahmen des *Direktmarketings* bzw. der *Direktkommunikation* wird eine differenzierte Ansprache potenzieller Zielgruppen mittels Informationsschreiben und ggf. zusätzlichem Informationsmaterial wie Flyer oder Broschüren verfolgt. Zur Unterstützung des Direktmarketings wird vielfach auf ein Informations- und Marktbearbeitungssystem zurückgegriffen (Database-Marketing). Die in einem solchen System verankerte Datenbank sollte sämtliche relevanten Informationen, wie z. B. Status, Typ und Kontakt- sowie Responsehistorie, der potenziellen Zielpersonen enthalten und ist stets aktuell zu halten, um die direkte Ansprache möglichst zielgerichtet und erfolgreich durchführen zu können (Link/Hildebrand 1997, S. 19 ff.). Das Direktmarketing gestaltet sich passiv oder interaktiv (Bruhn 2005, S. 364 ff.). Bei der passiven Form wird als Ziel verfolgt, die Aufmerksamkeit auf spezielle Weiterbildungsprogramme zu lenken. Ein direkter Kundenkontakt steht jedoch nicht im Vordergrund, dies wird vielmehr in der interaktiven Form verfolgt. Bei der Ansprache von potenziellen Zielpersonen eignen sich die interaktiven Formen aus Sicht der Hochschulen stärker als die passive Form, da davon ausgegangen werden muss, dass aufgrund der Komplexität der Dienstleistung Weiterbildung, der Intransparenz des Bildungsmarktes und der Unsicherheiten bezüglich der vorzufindenden Qualität (Kosten-Nutzenverhältnis) individueller Erklärungsbedarf besteht.

Insofern stellt ein zweistufiges Vorgehen, bei dem in einem ersten Schritt entsprechendes Informationsmaterial verschickt und in einem zweiten Schritt zunächst telefonisch das grundsätzliche Interesse erfragt wird, möglicherweise eine geeignete Option für die Hochschulen

---

[208] Diese Option wurde durch die Teilnehmer der Interviews im Kap. 5.3.4 als sehr wirksames Mittel in der Öffentlichkeitsarbeit klassifiziert.

dar, speziell Unternehmenskunden anzusprechen, auch ohne deren vorherige Interessensbekundungen erhalten zu haben. Im Anschluss daran lassen sich bei hoch interessierten Unternehmen persönliche Informationstermine vereinbaren. Die schriftliche Ansprache von Privatkunden sollte hingegen nicht unaufgefordert erfolgen, da somit die Seriosität der Aktion in Frage gestellt werden könnte.[209] Jedoch könnten auf exponierten Seiten der Hochschulhomepages im Rahmen eines „Newslettersystems" entsprechende Daten erfragt werden, die die Interessierten selbstständig eingeben und hierbei explizit vermerken, dass sie entsprechende Informationen erhalten wollen. Neben der Ansprache von solch interessierten Personen sollten sich die Direktmarketingaktionen auch insbesondere an eigene Absolventen richten, deren Daten im Rahmen der zurückliegenden Studienphasen oder innerhalb eines Alumni-Systems erfasst wurden.

Schließlich liegt der Fokus in der *Multimediakommunikation* im Wesentlichen auf der Aufbereitung der Hochschulhomepage, da sonstige multimedialen Kommunikationsmittel, wie Fernsehen, Radio oder Kino aufgrund der eindeutigen Unterhaltungsfunktion aus Sicht der Hochschulen eher ungeeignet erscheinen. Im Rahmen der kundenzentrierten Analyse konnte festgestellt werden, dass die Suche auf den Homepages der Hochschulen von mehr als 80% der Privatpersonen bzw. 70% der Unternehmen als wichtige bzw. sehr wichtige Informationsquelle angesehen wird (vgl. Tabelle 4.2-7 und Tabelle 4.2-17). Wesentliche Aspekte sind die strukturierte Navigation, das leichte Auffinden von Informationen sowie stets aktuelle und relevante Inhalte. Vor diesem Hintergrund bietet es sich zum einen an, direkt auf der Startseite der Hochschulhomepages entsprechende Links zu den Weiterbildungsprogrammen anzubieten und vor dem Angebot an Informationen ggf. erneut nach Informationen für Privatpersonen, Unternehmenskunden und Medien bzw. Presse zu selektieren. Die Informationen werden hierdurch zielgruppenkonform angeboten, d. h. dass zwar grundsätzlich die gleichen Inhalte präsentiert werden, jedoch ggf. in unterschiedlicher Ausführlichkeit und mit differenzierten Schwerpunkten (die Synopse der theorieorientierten Studie und der Expertenbefragung zeigt diesbezüglich unterschiedliche Interessen der Kundengruppen „Privatpersonen" und „Unternehmen", vgl. Tabelle 4.2-4 und Tabelle 4.2-5).

5.5.4 Fazit

Im Rahmen dieses Abschnitts wurde die nachhaltige Absicherung von Geschäftsmodellen der wissenschaftlichen Weiterbildung diskutiert. Aufgrund der bereits zuvor gewählten kundenorientierten Ausrichtung der gesamten Arbeit standen verstärkt abnehmerorientierte Strategien im Vordergrund. Um die im Rahmen der kundenzentrierten Analyse identifizierte Schwäche der mangelhaften Vermarktung zu reduzieren, bietet es sich im Rahmen einer Präferenzstrategie an, die Qualitäts- und die Markierungsorientierung als strategische Grunddimensionen der abnehmergerichteten Strategien näher zu analysieren.

---

[209] Entgegen der Briefpost ist die unaufgeforderte Ansprache per E-Mail auch ohne entsprechenden Sperrvermerk gesetzlich untersagt, da sie die Individualsphäre des Empfängers verletzt und insofern einen Unterlassungsanspruch aus den §§ 823, Abs. 1 bis 1004 des BGB begründet.

Im Kap. 5.5.2 wurden deshalb zunächst organisationsorientierte Qualitätsmodelle vorgestellt (Kap. 5.5.2.1), die sowohl eher struktur- und ergebnisorientiert als auch prozessorientiert sind. Traditionellerweise sind die Evaluationen, Akkreditierungen und Rankings eher struktur- und ergebnisorientiert, wohingegen Qualitätsmanagementsysteme wie die DIN EN ISO 9000 ff., das EFQM-Modell, das LQW-Modell oder die PAS stärker die prozessorientierte Sicht fokussieren und hierdurch zu einem hohen Qualitätsbewusstsein auf sämtlichen weiterbildungsbezogenen Hochschulebenen beitragen. Anschließend wurde mit dem GAP-Modell ein speziell kundenorientiertes Qualitätsmodell vorgestellt (Kap. 5.5.2.2), welches die Interaktionsbeziehungen zwischen Kunden und Anbieter analysiert und mögliche Konfliktbereiche aufzeigt. Als die entscheidende Lücke wurde die „GAP" zwischen der vom Kunden wahrgenommenen und der erwarteten Dienstleistung charakterisiert. In diesem Bereich ist es wichtig, die Diskrepanz zwischen erwarteter und wahrgenommener Qualität über spezielle kundenorientierte Messverfahren aufzunehmen. Beispielhaft wurden in diesem Zusammenhang die sequenzielle Ereignismethode sowie die Beschwerdeanalyse vorgestellt, die sich gut für den Einsatz durch Hochschulen eignen. Mittels der sequenziellen Ereignismethode lassen sich in verschiedenen, durch die Hochschule zu spezifizierenden, Kontaktpunkten Qualitätseindrücke erheben, indem die Konsumenten individuelle Konsumerfahrungen verbalisieren. Mittels der Beschwerdeanalyse lassen sich aktuelle Probleme in der Phase des „Durchführens der Weiterbildung" aufdecken. Die jeweils erhaltenen qualitativen Informationen sind entsprechend aufzubereiten und stellen die Basis für evtl. erforderliche Restrukturierungsmaßnahmen (z. B. Mitarbeiterschulungen oder Prozessreorganisation) dar. Allerdings muss bei der Messung der Dienstleistungsqualität stets die Integration des externen Faktors berücksichtigt werden, die aus Sicht der Hochschulen zu einem unkalkulierbaren Problem werden kann, da sie auf die Kunden als Co-Produzenten in der Leistungserstellung angewiesen sind.

Eng verbunden mit der Qualitätsorientierung ist die im Anschluss dargestellte Markierungsorientierung (Kap. 5.5.3). Es ist anzunehmen, dass das „Evoked-Set" der meisten Kunden eher aus wenigen Weiterbildungsanbietern besteht. Insofern müssen die Hochschulen einen Weg finden, in dieses „Evoked-Set" zu gelangen und sich als potenziell beste Wahl gegenüber den Wettbewerbern zu profilieren. Der Aufbau einer Markenidentität und eines guten Images (Kap. 5.5.3.1), welches im Hochschulbereich auch oftmals als gute Reputation bezeichnet wird, stellen in diesem Zusammenhang wesentliche Aspekte dar, um die Kunden bei der Auswahlentscheidung positiv zu beeinflussen. Allerdings ergeben sich beim Aufbau der Markenidentität spezielle dienstleistungsspezifische Markierungsprobleme (Kap. 5.5.3.2), die seitens der Hochschulen berücksichtigt werden müssen. Die strategischen Optionen beim Aufbau einer Markenidentität wurden schließlich anhand von vier Dimensionen beschrieben: Weiterbildung als „Produkt" sowie die „Persönlichkeit", die „Organisation" und das „Symbol" der Weiterbildung (Kap. 5.5.3.3). Da die Kommunikationsbeziehungen als essentielle Schnittstelle zwischen den Hochschulen als Anbieter von Weiterbildung und den Marktteilnehmern zu sehen sind, wurden abschließend die wesentlichen Kommunikationsinstrumente und die Möglichkeiten der Ansprache der verschiedenen Anspruchsgruppen vorgestellt (Kap. 5.5.3.4).

Neben die klassische Werbung treten diesbezüglich die Öffentlichkeitsarbeit, das Direktmarketing sowie die Multimediawerbung, die sich hauptsächlich auf die Gestaltung der Homepage beschränkt.

Die Ausführungen in diesem Abschnitt haben gezeigt, dass die Hochschulen durchaus Möglichkeiten haben, sich durch entsprechende abnehmergerichtete Strategien von den Wettbewerbern abzuheben und in das „Evoked-Set" der Kunden zu gelangen. Die hier beschriebenen strategischen Optionen sind jedoch nur im Rahmen eines Gesamtkonzepts sinnvoll durchzusetzen, welches eine ausreichende finanzielle Rückendeckung erfahren muss, eine entsprechende Organisation der Weiterbildung innerhalb der Hochschule voraussetzt und nicht mittels kurzfristiger oder isolierter Aktionen in der Qualitätssicherung oder der Vermarktung realisiert werden kann.

6 Zusammenfassung der Ergebnisse und Ausblick

Im Rahmen der vorliegenden Arbeit wurde das Ziel verfolgt, Geschäftsmodelle der wissenschaftlichen Weiterbildung aus einer strategischen Perspektive zu analysieren und die wesentlichen Hauptelemente herauszuarbeiten. Im **ersten Kapitel** wurde diesbezüglich die allgemeine Problemstellung aufgezeigt sowie die methodische Vorgehensweise erläutert. Zusätzlich wurden acht übergeordnete Forschungsfragen formuliert, zu denen nachfolgend die Ergebnisse dieser Arbeit vorgestellt werden.

Bevor Antworten auf die erste übergeordnete Forschungsfrage erarbeitet werden konnten, wurden im **zweiten Kapitel** die Grundlagen für die nachfolgenden Ausführungen erarbeitet. Nachdem im ersten Teil der Grundlagen zunächst der Begriff und die Charakteristika von Hochschulen geklärt wurden, konnten die verschiedenen Organisationsebenen eingehender beschrieben werden. Die staatlichen Hochschulen stellen sich als sehr komplexe Organisationseinheiten dar, die einen gesetzlichen Bildungsauftrag erfüllen. Hierdurch sind sie nicht nur internen, sondern auch externen Einflüssen unterworfen, die auf den Zielbildungsprozess und die Ausübung der Tätigkeiten einwirken. Es ist festzuhalten, dass sich die Hochschulen mit den angebotenen Leistungen in der Forschung und Lehre, dem grundständigen Studium und der Weiterbildung in einem Wettbewerbssystem befinden. Hierbei ist jedoch einschränkend festzustellen, dass dieser Wettbewerb zum einen lediglich auf der Ebene der einzelnen Individuen und zum anderen in solchen Bereichen als gegeben angenommen werden kann, in denen die Hochschulen eine stärkere Autonomie aufweisen. Die wissenschaftliche Weiterbildung ist im Vergleich zu den anderen gesetzlichen Aufgaben der Hochschulen durchaus diesem Bereich zuzuordnen. Der zweite Teil der Grundlagen fokussierte speziell die wissenschaftliche Weiterbildung. Aufgrund der Vielzahl an teilweise sehr uneinheitlichen Definitionen zu diesem Thema wurde zunächst eine geeignete Arbeitsdefinition entwickelt. Im Rahmen dieser Arbeit wird die wissenschaftliche Weiterbildung als Weiterbildung durch staatliche bzw. staatlich anerkannte Hochschulen angesehen, die entweder mit einem akademischen oder nicht-akademischen Grad abschließt, nach Abschluss einer ersten berufsqualifizierenden Ausbildungsphase aufgenommen wird sowie allgemeine und/oder berufliche Kenntnisse erneuert, erweitert oder vertieft. Sie weist sowohl einen hohen Forschungsbezug als auch eine intensive Methodenreflexion auf und wird entweder in Präsenzform oder durch Nutzung moderner IuK-Technologien online- bzw. computerbasiert (E-Learning) angeboten. Es ist abschließend festzuhalten, dass aufgrund der bestehenden gesellschaftlichen Umstände, d. h. einer in stärkerem Umfang benötigten wissensbasierten Qualifikation sowie der Abkehr vom Lernen auf Vorrat hin zum Lernen auf Abruf, eine hohe Notwendigkeit zur Weiterbildung gegeben ist.

Im **dritten Kapitel** wurde der Bezugsrahmen für die nachfolgenden Ausführungen entwickelt. Im ersten Teil dieses Bezugsrahmens waren Antworten zur nachfolgenden Forschungsfrage zu erarbeiten: *Aus welchen Phasen und Teilprozessen besteht der Prozess der wissenschaftlichen Weiterbildung?* Die einzelnen Phasen des Weiterbildungsprozesses, die ihrerseits in einzelne Teilprozesse zu zerlegen sind, bestehen aus dem „Herstellen der Leistungsbereitschaft" sowie dem „Durchführen der Weiterbildung". Die Teilprozesse der ersten Phase sind die „Planung", „Konzeption", „Realisierung" und „Organisation", wohingegen die Teilprozesse der zweiten Phase aus der „Lehre" sowie der „Verwaltung und Administration" bestehen. Die einzelnen Teilprozesse wurden nach ihrer Identifikation dahingehend analysiert, ob sie grundsätzlich den wissenschaftsorientierten Prozessen der Hochschulen zuzuordnen sind (wertschöpfungsorientiert) oder sich eher dem Verwaltungs- bzw. Overheadbereich zuordnen lassen (unterstützend). Hintergrund dieser Analyse war es herauszufinden, welche Teilaufgaben ggf. aus den Hochschulen ausgelagert werden könnten und welche in sinnvollerweise durch sie selbst übernommen werden sollten. Festzuhalten ist, dass die Teilprozesse der „Konzeption" und der „Lehre" ausschließlich zu den wertschöpfenden Prozessen zu zählen sind und insofern stets innerhalb der Hochschule verbleiben sollten. Der Teilprozess der „Verwaltung und Administration" ist hingegen ausschließlich den unterstützenden Prozessen zuzuordnen, weshalb sich in diesem Bereich durchaus Überlegungen zu einem Auslagern der verschiedenen Tätigkeiten anbieten. Die Teilprozesse der „Planung", „Realisierung" und „Organisation" stellen schließlich sowohl wertschöpfende als auch unterstützende Prozesse dar, da sie wissenschaftliche und verwaltungsorientierte Teilaufgaben enthalten.

Der zweite Teil des Bezugsrahmens widmete sich dem Themengebiet der Geschäftsmodelle und der übergeordneten Forschungsfrage: *Welche Hauptelemente weisen Geschäftsmodelle der wissenschaftlichen Weiterbildung auf?* Aufgrund mangelnder wissenschaftlicher Auseinandersetzung mit Geschäftsmodellen der wissenschaftlichen Weiterbildung war es zunächst erforderlich, die grundsätzlichen Hauptelemente von Geschäftsmodellen herauszuarbeiten. Anhand einer Synopse dieser wesentlichen Hauptelemente wurde eine Arbeitsdefinition entwickelt, die die Geschäftsmodelle in der wissenschaftlichen Weiterbildung als Struktur gebenden Rahmen charakterisiert, welcher als Teilbereich des strategischen Managements darüber Auskunft gibt, in welcher Form und mit welchen Leistungen auf welchen Märkten Geschäfte getätigt werden. Die Konzeption von Geschäftsmodellen erfolgt in einem dreistufigen Prozess, an dessen Anfang zunächst eine Situationsanalyse zu durchlaufen ist, bevor strategische Ziele formuliert und schließlich die wesentlichen Hauptelemente erarbeitet werden können. Als Hauptelemente für den vorliegenden Untersuchungsgegenstand wurden das „Leistungsportfolio", der „Grad der Integration und die internen Strukturen", „die finanziellen Aspekte" sowie „die nachhaltige Absicherung" identifiziert. Um den weiteren Verlauf der Arbeit grob zu strukturieren wurde die zuvor erwähnte übergeordnete Forschungsfrage auf der Ebene dieser Hauptelemente weiter konkretisiert.

Als erster Hauptteil dieser Arbeit beschreibt das **vierte Kapitel** den initialen Schritt bei der Konzeption von Geschäftsmodellen, indem im Rahmen einer Situationsanalyse sowohl die globale und engere Umwelt als auch die Hochschule als Organisationseinheit und die Kundenanforderungen analysiert wurden. Im Rahmen dieses Kapitels wurden insofern Antworten auf drei übergeordnete Forschungsfragen erarbeitet, die nachfolgend kurz wiedergegeben werden. Die erste hier zu berücksichtigende Forschungsfrage lautet: *Wie ist die globale und engere ökonomische Umwelt zu beschreiben, in der sich die staatlichen Hochschulen mit ih-*

rem Engagement in der wissenschaftlichen Weiterbildung befinden? Als Antwort kann festgehalten werden, dass sich Notwendigkeiten ergeben, die in der globalen und engeren ökonomischen Umwelt zu beachten sind:

- Globale Umwelt: Grundsätzlich zeigen sich die Tendenzen in der sozioökonomischen Umwelt als Chancen, da die Weiterbildungsstatistiken nicht nur auf ein allgemein steigendes Wachstum für die Teilnahme an Weiterbildung hinweisen, sondern es zukünftig auch anteilsmäßig mehr Hochschulabsolventen geben wird und dies die Gruppe mit der höchsten Beteiligung an Weiterbildungsprogrammen ist. Anders zeigen sich die Entwicklungen in der makroökonomischen Umwelt: Zum einen stellt sich die desolate Finanzsituation der staatlichen Hochschulen dem Ausbau der wissenschaftlichen Weiterbildung entgegen, da die erforderlichen Mittel zur Anschubfinanzierung der Entwicklung neuer Weiterbildungsprogramme nicht vorhanden sind. Zum anderen könnte sich die anhand der Weiterbildungsstatistiken festzustellende Expansion der Ausgaben für die Teilnahme an Weiterbildung positiv für die Weiterbildungsanbieter, und insofern auch für die Hochschulen, auswirken. Analog hierzu zeigen sich auch die Entwicklungen in der rechtlich-politischen Umwelt sowohl positiv als auch negativ. Unterstützend für den Ausbau der wissenschaftlichen Weiterbildung wirken die Bemühungen der KMK, des Akkreditierungsrats und der Akkreditierungsagenturen, da diese Empfehlungen für den Ausbau der Durchlässigkeit und Anrechnungsmöglichkeiten aus vorangegangenen Studienzeiten sowie die Qualitätssicherung entwickeln. Hemmend wirken hingegen die bestehenden haushalts-, arbeits- und dienstrechtlichen Vorschriften. Die Entwicklungen der technologischen Umwelt bieten eine durchaus positiv zu wertende Grundlage für den Ausbau eines modernen Fernstudiums, sofern die finanziellen Mittel zur nachhaltigen Sicherung der elektronischen Lehr-/Lernmaterialien vorhanden sind.

- Engere ökonomische Umwelt: Faktoren, die die Attraktivität des Geschäftsfelds der wissenschaftlichen Weiterbildung grundsätzlich steigern, stellen die Möglichkeiten des Aufbaus strategischer MEB (z. B. durch Produktdifferenzierungen oder Qualitätssicherungsmaßnahmen), die anzunehmende geringe Rivalität unter den bestehenden Anbietern der wissenschaftlichen Weiterbildung sowie die eher als gering einzustufende Verhandlungsstärke der Lieferanten dar. Hingegen senken die hohen strukturellen MEB (z. B. Kapitalbedarf), der hohe Druck durch Substitutionsleistungen anderer Bildungsanbieter sowie die spürbare Nachfragemacht der Abnehmer die Attraktivität des Geschäftsfelds.

Die zweite in diesem Kapitel zu betrachtende übergeordnete Forschungsfrage wurde im Rahmen einer wertschöpfungszentrierten Analyse diskutiert: *Welche Stärken und Schwächen zeigen staatliche Hochschulen beim Aufbau und der Etablierung der wissenschaftlichen Weiterbildung?* Als wesentliche Stärken wurden in diesem Zusammenhang der enge Forschungs- und Wissenschaftsbezug, eine de facto Monopolstellung bei der Vergabe von akademischen Abschlüssen sowie das gesellschaftliche Ansehen als Kompetenzzentrum für Bildung und Forschung festgehalten. Schwächen zeigen die staatlichen Hochschulen jedoch im Bereich der (Anschub-)Finanzierung sowie der Praxisorientierung der Inhalte der wissenschaftlichen Weiterbildung. Schließlich zeigen sich ebenfalls organisatorische Probleme, wie z. B. Schwächen in der professionellen Abwicklung der operativen Tätigkeiten sowie der Vermarktung, Schwächen aufgrund mangelnder Anreizsysteme und rechtlicher Hemmnisse sowie Schwächen aus einer traditionell verankerten Verwaltungsorientierung.

Die dritte in diesem Kapitel zu beantwortende übergeordnete Forschungsfrage wandte sich den Kundenanforderungen zu: *Welche Anforderungen stellen die Kunden an die Dienstleistung der wissenschaftlichen Weiterbildung?* Im Rahmen einer empirisch durchgeführten kundenzentrierten Analyse wurde zunächst eruiert, aus welchen einzelnen Kriterien sich die Kundenanforderungen bezüglich der wissenschaftlichen Weiterbildung zusammensetzen. Neben einer theoriebasierten Literaturstudie wurde in diesem Zusammenhang eine Expertenbefragung durchgeführt. Als Ergebnis dieser qualitativen Studie kann festgehalten werden, dass die Anforderungen der Kunden an die wissenschaftliche Weiterbildung sehr komplex sind, denn es wurden insgesamt 48 einzelne Qualitätsaspekte identifiziert, die sich in sieben logisch übergeordnete Kriterien eingruppieren lassen: „Zugang zu Informationen und Lehr/Lernmaterial", „Vermittlung der Lerninhalte", „Betreuung und Kontakte", „Studienstruktur und Curriculum", „Reputation, formelle Qualifikation, Qualitätssicherung und Kooperation", „Qualifikation des Personals" sowie „Organisation". Während sich die ersten vier Kriterien der Kurs- und Programmebene zuordnen lassen, erfolgt dies bei den letzten drei Kriterien auf der Hochschulebene. Ziel der qualitativen Erhebung war es, die nachfolgende quantitative Erhebung vorzubereiten. Aus den erarbeiteten Qualitätskriterien und -aspekten wurden insofern zwei auf die Kundengruppen angepasste Fragebögen entwickelt, die im Rahmen einer Onlinebefragung durch 233 Privatpersonen und 67 Unternehmensverantwortliche vollständig ausgefüllt wurden. Als Ergebnisse dieser quantitativen Befragung wurden Antworten zu insgesamt 21 konkreten Forschungsleitfragen erarbeitet.[210] Diese Ergebnisse wurden bei den beiden nächsten Schritten zur Konzeption von Geschäftsmodellen der wissenschaftlichen Weiterbildung, d. h. der Zielformulierung und der Analyse der relevanten Hauptelemente, eingehend berücksichtigt.

Im **fünften** Kapitel, dem zweiten Hauptteil dieser Arbeit, wurden die drei letzten übergeordneten Forschungsfragen diskutiert: *Welche Ziele verfolgen die Hochschulen mit der wissenschaftlichen Weiterbildung? Welche zentralen Fragestellungen sind innerhalb der identifizierten Hauptelemente zu diskutieren? Wie lassen sich die Kundenanforderungen in der Gestaltung der Hauptelemente angemessen berücksichtigen?*

Bezogen auf die erste dieser beiden Forschungsfragen ist festzuhalten, dass es zwar eine Vielzahl an Hochschulen gibt, die die wissenschaftliche Weiterbildung in das eigene Leitbild aufgenommen haben, dies jedoch überwiegend lediglich in Form reiner Absichtserklärungen und ohne Verbindung zu Zielen auf untergeordneten Ebenen. Konkrete Ziele für die Weiterbil-

---

[210] Aufgrund des Umfangs der Ergebnisse wird an dieser Stelle davon abgesehen, sie hier erneut zu präsentieren. Sie können übersichtlich im Kap. 4.2.3.2.5 nachgelesen werden.

dung lassen sich auf der Ebene der Handlungsziele entwickeln. Hierbei sind die Oberziele, die sowohl aus ökonomischen als auch aus nicht-ökonomischen Zielgrößen bestehen, möglichst über Ursache-Wirkungsbeziehungen mit den nach gelagerten Zielen auf der Ebene der einzelnen Hauptelemente zu verbinden. Der Zielinhalt des „Leistungsportfolios" besteht im Wesentlichen in der Entwicklung neuer Weiterbildungsprogramme unter Berücksichtigung der marktseitigen Anforderungen. Zielinhalt des „Grades der Integration sowie der internen Strukturen" ist es hingegen, die erforderliche organisatorische Einbettung der Weiterbildung möglichst effizient zu gestalten und zu prüfen, ob einige Teilprozesse sinnvollerweise ausgelagert werden sollten. Das Hauptelement der „finanziellen Aspekte" verfolgt Formalziele ökonomischer Art, d. h. auf der einen Seite die Identifikation der Kostenarten und ggf. deren Reduktion und auf der anderen Seite die Sicherung der Einnahmequellen, damit die entstehenden Kosten mindestens gedeckt werden.

Schließlich verfolgt das Hauptelement der „nachhaltigen Absicherung" insbesondere das Ziel, das Angebot der wissenschaftlichen Weiterbildung nachhaltig gestalten zu können, indem entsprechende Maßnahmen ergriffen werden, die der jeweiligen Hochschule zu Wettbewerbsvorteilen verhelfen sollen. Im Kapitel zur Verankerung der wissenschaftlichen Weiterbildung im Zielsystem der Hochschule wurde abschließend auch festgehalten, dass der Einsatz von Macht-, Prozess- und Fachpromotoren zur Erarbeitung und hochschulweiten Umsetzung der Ziele sinnvoll ist.

Bezüglich der letzten beiden in diesem Abschnitt zu diskutierenden Forschungsfragen werden nachfolgend die wesentlichen Ergebnisse aus den vier Hauptelementen präsentiert:

Im Rahmen des „Leistungsportfolios" wurden die ersten beiden Teilprozesse der wissenschaftlichen Weiterbildung, d. h. die strategische Planung und Konzeption, diskutiert. Die Entscheidungstatbestände im Rahmen der strategischen Planung umfassen die Innovation, Variation, Differenzierung und Elimination einzelner Weiterbildungsprogramme und zwar sowohl auf der Ebene der jeweiligen Hauptleistungen (Weiterbildungsprogramme) als auch auf der Ebene von Nebenleistungen (Value-Added-Services), um den Wert der angebotenen Programme gegenüber dem Wettbewerb aus Sicht der Kunden zu erhöhen. Zur Unterstützung der zu treffenden Entscheidungen können sich die Hochschulen betriebswirtschaftlicher Analysetechniken bedienen, wie z. B. der Lebenszyklus-, Portfolio-, Struktur- oder Positionierungsanalyse. Hierbei ist jedoch zu bedenken, dass die Dienstleistungen von Hochschulen durchaus spezielle Besonderheiten aufweisen, die eine Anwendung solcher Analysetechniken möglicherweise erschweren bzw. obsolet erscheinen lassen, weshalb insbesondere auch Verfahren der Evaluation bzw. des Qualitätsmanagements für den Bereich der strategischen Planung wertvolle Informationen liefern können. Schwerpunkt im Teilprozess der strategischen Konzeption von Weiterbildungsprogrammen war es, einen beispielhaften Konzepttest zu beschreiben, der die Ergebnisse der zuvor durchgeführten kundenzentrierten Studie explizit aufnimmt. Mittels solcher Konzepttests können die Hochschulen bereits vor der Markteinführung die Akzeptanz der neuen Weiterbildungsprogramme testen und erhalten Informationen darüber, welche Merkmale einen stärkeren Beitrag zur Auswahl eines Weiterbildungsprogramms aus Sicht der Kunden leisten als andere.

Im „Grad der Integration sowie interne Strukturen" wurden mit der Eigenfertigung und der Kooperation zwei Möglichkeiten diskutiert, den Integrationsgrad der Weiterbildung in die Hochschulen zu variieren. Schließlich konnten die theoriebasierten Ausführungen durch ausgewählte Good-Practice-Beispiele ergänzt werden, die im Rahmen von Experteninterviews erhoben wurden. Für die Eigenfertigung wurden vertikale und horizontale Integrationskonzepte sowie zentrale und dezentrale Organisationsformen vorgestellt. Zwar richtet sich die Eignung einer speziellen Organisationsform nach den individuellen Gegebenheiten an den Hochschulen, jedoch wurde ermittelt, dass durch eine geeignete Organisationsstruktur Großteile der in der Situationsanalyse identifizierten Schwächen reduziert und sämtliche wertschöpfenden bzw. unterstützenden Prozesse autark durch die Hochschulen durchgeführt werden können. Als problematisch anzusehen sind die mangelnden finanziellen Ressourcen sowie die möglicherweise geringe Praxisorientierung. Kooperationen können entweder zur Privatwirtschaft oder zu anderen staatlichen Hochschulen geschlossen werden. Für den erstgenannten Fall läst sich festhalten, dass sich die in der Situationsanalyse identifizierten Schwächen im Grundsatz reduzieren lassen. Zusätzlich fungieren privatwirtschaftliche Kooperationspartner möglicherweise als Referenzen, die im Rahmen einer Präferenzstrategie Unterstützung für die Vermarktung der Weiterbildungsprogramme bieten. Für den letztgenannten Fall lässt sich festhalten, dass insbesondere die Möglichkeiten der Funktionsabstimmung zwischen den Partnern sowie die zentrale Bearbeitung einzelner Aufgaben für das gesamte Netzwerk Kostensenkungspotenziale bieten. Trotzdem können die finanziellen und organisatorischen Probleme sowie die mangelnde Praxisorientierung nur unzureichend gelöst werden. Als eine wesentliche Stärke einer solchen Kooperation ist jedoch anzunehmen, dass sie eine größere Marktmacht ausstrahlt als einzeln fungierende Hochschulen, was die Vermarktung der Weiterbildung positiv beeinflussen kann. Im Rahmen der abschließend vorgestellten Good-Practice-Beispiele konnten wesentliche Aspekte ermittelt werden, die ein ökonomisch erfolgreiches Agieren auf dem Weiterbildungsmarkt unabhängig von der jeweiligen Organisationsform positiv beeinflussen: Eine solide finanzielle Basis bzw. eine langfristige Sicherung der Finanzierung, eine in den Mitarbeitern verankerte unternehmerische Verantwortung, die Rückendeckung seitens der Hochschulleitung, die das Durchsetzen strategisch wichtiger Entscheidungen unterstützt, ein gezielter Einsatz des Marketinginstrumentariums, ein professionelles Qualitätsmanagement, das frühzeitige Einbinden von Praxispartnern in die Planungs- und Konzeptionsphase, eine starke Kundennähe, ein gezielt eingesetztes internes Anreizsystem sowie eindeutige vertragliche Regelungen zwischen den beteiligten Partnern.

Im Vordergrund der „finanziellen Aspekte" standen Fragen nach den Kosten und den Erlösen bzw. Einnahmequellen, die sich aus der Weiterbildung ergeben. Die Kosten wurden im Rahmen einer Kostenartenrechnung ermittelt, innerhalb derer auch kalkulatorische Kosten zu berücksichtigen waren, um zu verdeutlichen, an welchen Stellen (z. B. kalkulatorische Raummiete) es zu einer verdeckten Quersubventionierung der Weiterbildung aus Landesmitteln kommen kann. Die Kosten umfassen Personal-, Material-, Raum-, Dienstleistungs- und sonstige Kosten. Problematisch aus Sicht der Hochschulen ist es, dass eine Vielzahl der identifizierten Kosten bei einer Reduktion der Nachfrage nicht bzw. nur sehr eingeschränkt reduzierbar ist. Insofern war es wichtig zu ermitteln, welche Einnahmequellen den Hochschulen zur Verfügung stehen, um die aus der Weiterbildung entstehenden Kosten zu decken. Vordergründig sind dies die Einnahmen aus Kurs- bzw. Studiengebühren, Mittel zur Anschubfinanzierung aus Förderprogrammen und Krediten sowie Mittel, die im Rahmen eines strategisch betriebenen Fundraisings eingeworben werden. Neben diesen direkt durch die Hochschulen beeinflussbaren Einnahmequellen wurden mit den Bildungskonten, Bildungsgutscheinen und Bildungsfonds auch noch drei weitere Einnahmequellen vorgestellt, die nicht durch die Hochschulen beeinflusst werden können, jedoch durchaus dazu in der Lage sind, die allgemeine Nachfrage nach Weiterbildung zu stimulieren und somit die Einnahmemöglichkeiten über Kurs- und Studiengebühren zu stärken.

Schließlich wurden im Hauptelement der „nachhaltigen Absicherung" mit der Qualitäts- und Markierungsorientierung zwei speziell abnehmerorientierte Strategien diskutiert, die im Rahmen einer Präferenzstrategie gezielt eingesetzt werden können, um die identifizierten Schwächen in der Vermarktung zu reduzieren. Bei der Qualitätsorientierung sind organisationsorientierte Qualitätssicherungsverfahren und -modelle von solchen zu unterscheiden, die stärker die Kontaktpunkte zu den Kunden berücksichtigen. Als organisationsorientierte Qualitätssicherungsverfahren bzw. -modelle wurden neben Evaluationen, Akkreditierungen und Rankings auch speziell prozessorientierte Modelle vorgestellt, wie die DIN EN ISO 9000 ff., das EFQM-Modell, die LQW und die PAS 1032. Sämtliche dieser prozessorientierten Modelle eignen sich, um ein hohes Qualitätsbewusstsein organisationsweit zu entwickeln und umzusetzen, erfordern jedoch ein intensives Auseinandersetzen der involvierten Mitarbeiter mit dem kompletten Weiterbildungsprozess und ggf. die Einsicht, organisatorische Anpassungen vorzunehmen. Als Vertreter der stärker kundenorientierten Qualitätsmodelle wurde das GAP-Modell vorgestellt, welches potenzielle Konfliktbereiche aufdeckt, die aus den Unterschieden zwischen den Erwartungen bzw. Anforderungen und den tatsächlichen Leistungen resultieren. Diese Unterschiede (und insofern die wahrgenommene Qualität) lassen sich über verschiedene Verfahren messen, wobei in diesem Zusammenhang auch auf die Probleme hingewiesen wurde, die aufgrund der Integration des externen Faktors, d. h. des Kunden als Co-Produzenten in der Weiterbildung, entstehen können. Stellvertretend für die Vielzahl an Messverfahren lag der Fokus in dieser Arbeit auf der sequenziellen Ereignismethode und der Beschwerdeanalyse, die für die wissenschaftliche Weiterbildung als sehr geeignet erscheinen. Mittels der sequenziellen Ereignismethode kann die Qualität an den Kontaktpunkten zwischen Anbieter und Kunden analysiert und an die Kundenanforderungen angepasst werden. Mittels einer Beschwerdeanalyse werden nicht nur aktuelle Probleme bei der Inanspruchnahme der wissenschaftlichen Weiterbildung aufgedeckt, sondern es wird auch das Ziel verfolgt, die allgemeine Kundenzufriedenheit zu steigern und insofern die Kundenbindung sowie die Mund-zu-Mund-Kommunikation positiv zu beeinflussen. Eng verbunden mit dem zuvor Genannten ist die Markierungsorientierung. Da anzunehmen ist, dass das Evoked-Set der meisten Kunden eher aus einer geringen Anzahl potenzieller Weiterbildungsanbieter besteht, müssen die Hochschulen einen Weg finden, in dieses Set zu gelangen und sich von den Wettbewerbern positiv abzuheben. Neben einer starken Qualitätsorientierung kann dies durch den Aufbau einer Markenidentität und einem positivem Image (bzw. hochschulspezifischer einer positiven Reputation) erfolgen. Nachdem auf die dienstleistungsspezifischen Markierungsprobleme hingewiesen wurde, konnten Vorschläge entwickelt werden, die zu einer Visualisierung der Dienstleistungsmarke beitragen, indem Kontaktobjekte bzw. -subjekte aus dem internen oder externen Verfügungsbereich für die Markierung genutzt werden. Die strategischen Optionen für den Aufbau einer Markenidentität wurden in Anlehnung an das Modell von AAKER anhand von vier Dimensionen (Produkt, Persönlichkeit, Organisation und Symbol) beschrieben. Als wesentliche Elemente, diese Identität zu „transportieren" und das Image in im Bewusstsein der Anspruchsgruppen zu entwickeln, wurden schließlich mit der klassischen Werbung, der Öffentlichkeitsarbeit, dem Direktmarketing sowie der Multimediawerbung die wichtigsten Kommunikationsinstrumente vorgestellt.

Abschließend wird kurz beschrieben, welche Teilaspekte dieser Arbeit weiteren Forschungsbedarf induzieren und den Weg für anschließende Publikationen eröffnen.

In der hier vorliegenden Arbeit wurden Geschäftsmodelle der wissenschaftlichen Weiterbildung aus einer strategischen Perspektive analysiert. Es bietet sich daher an, dieses Themengebiet auch aus einer operativen Sichtweise zu diskutieren. Geeignet erscheint dies anhand einer geringen Anzahl an Fallstudien (Hochschulen und Leistungsprogramme). Im Rahmen einer solchen operativen Analyse könnten z. B. spezielle Marktanalysen mit konkreten Stimuli (Konzepte oder bestehende Programme) durchgeführt werden. Des Weiteren ließe sich eine fallstudienbasierte Positionierungsanalyse der wissenschaftlichen Weiterbildung durchführen, was zu einer stärkeren Transparenz auf dem Weiterbildungsmarkt und praktischen Rückschlüssen in Bezug auf möglicherweise bestehende Änderungsbedarfe bei der Ausrichtung der einbezogenen Fallbeispiele führt.

Weiterer Forschungsbedarf ist im Aspekt der Anreizsysteme in der wissenschaftlichen Weiterbildung verankert. Es bietet sich an, im Rahmen einer Befragung der Hochschullehrer an staatlichen und staatlich anerkannten Hochschulen sowohl die bestehenden Hemmnisse, die ein Engagement in der wissenschaftlichen Weiterbildung unterdrücken, als auch die individuellen Anforderungen zu erheben, die erfüllt sein müssten, damit das Engagement in der Weiterbildung aus Sicht der Hochschullehrer attraktiver erscheint. Die hierdurch gewonnen Erkenntnisse könnten zur Entwicklung von gezielt einsetzbaren Anreizsystemen führen, um die Beteiligung der Hochschullehrer nicht nur in der Lehre, sondern auch in der Planung, Konzeption und Realisierung der Weiterbildung zu stärken.

Auch auf den Gebieten des Fundraisings, der Kostenrechnung und der nachhaltigen Absicherung der wissenschaftlichen Weiterbildung ergeben sich weitere Forschungsbedarfe, welche

z. B. in Form von internationalen Vergleichsstudien gedeckt werden können. Speziell für den Bereich der internen Strukturen muss in diesem Zusammenhang die internationale Vergleichsstudie zur „Struktur und Organisation der Weiterbildung an Hochschulen" angeführt werden, die aktuell[211] durch die Universität Oldenburg in Kooperation mit den Universitäten Hamburg und Kassel, der Donau-Universität Krems sowie der Business School of Finance & Management in Frankfurt durchgeführt wird und die Ausführungen dieser Arbeit in einem speziellen Teilaspekt um wertvolle Erkenntnisse erweitern wird.

---

[211] Stand: 09/2005.

Anhang I: Leitfragen für die qualitative Studie

Frage	Gruppe	Frage	Kriterien
F1	P / U	Adäquate Unterstützung der Suchphase durch die Internetpräsenzen der Hochschulen?	Zugang
F2	P / U	Wird E-Learning oder die Präsenzlehre bevorzugt?	Zugang
F3	P / U	Relevanz des direkten Lerntransfers in das tägliche Arbeitsleben?	Vermittlung Lerninhalte
F4	P	Bevorzugte Prüfungsmodalitäten (Klausuren, Hausarbeiten etc.)?	Vermittlung Lerninhalte
F5	P	Erwartungen in Bezug auf die Erreichbarkeit von Kommilitonen, Organisatoren und Dozenten?	Betreuung / Kommunikation
F6	P	Relevanz des informellen Austauschs zwischen den Studierenden?	Betreuung / Kommunikation
F7	P	Relevanz der Unterstützung der Gruppenbildung seitens der Dozenten?	Betreuung / Kommunikation
F8	P	Welche Erwartungen bestehen bezüglich der Betreuung?	Betreuung / Kommunikation
F9	P / U	Können Hochschulen die sich im ständigen Wechsel befindenden praxisorientierten Inhalte adäquat vermitteln?	Qualifikation
F10	P	Wie relevant sind innovative Lehr-/Lernformen?	Vermittlung Lerninhalte
F11	P / U	Relevanz der Aktualität und Innovativität der Inhalte?	Vermittlung Lerninhalte
F12	P / U	Relevanz der berufsbegleitenden Weiterbildung?	Curriculum
F13	P	Relevanz eines modularen Curriculums (Wahl- und Pflichtkurse)?	Curriculum
F14	P / U	Relevanz nicht-wissenschaftlicher Themen im Themenportfolio?	Curriculum
F15	P / U	Erwarteter Anteil nicht-wissenschaftlichen Inhalte?	Curriculum
F16	U	Relevanz einer fachlichen Abstimmung der Inhalte zu den Unternehmen?	Curriculum
F17	P / U	Anteil von E-Learning- zu Präsenzphasen?	Curriculum
F18	P	Erwartete Freiheitsgrade in der zeitlichen Abfolge von Kursen?	Curriculum
F19	P / U	Relevanz der Unabhängigkeit von den Semesterstrukturen?	Curriculum
F20	P / U	Erwartete Transparenz der Qualitätssicherung der Programme?	Qualifikation/QS
F21	P / U	Relevanz der nationalen / internationalen Reputation der Hochschule und des Weiterbildungsprogramms?	Reputation / formelle Qualifikat.
F22	P	Relevanz der Teambildung von internationalen Top-Managern innerhalb der Weiterbildungsprogramme?	Kontakte
F23	P	Relevanz von Kooperationen zu namhaften Unternehmen?	Kooperation
F24	P	Relevanz eines professionellen Konflikt-/Problemmanagements?	Organisation
F25	P	Erwartete Reaktionszeiten bei inhaltlichen bzw. organisatorischen Fragen?	Organisation
F26	P / U	An welcher Stelle wird in den Wirtschaftswissenschaften neues Wissen generiert: In den Unternehmen oder in den Hochschulen?	Qualifikation
F27	P / U	Relevanz von frei zugänglichen Lehr- und Forschungsevaluationen zur Qualitätsbeurteilung der Weiterbildung?	Qualifikation

Tabelle Anhang I: Übersicht der Leitfragen für die Experteninterviews

Anhang II: Fragebogen an Privatpersonen

KURS- UND PROGRAMMEBENE

Kriterien: Zugang zu Informationen und Lehr-/Lernmaterialien

1. Wie wichtig sind Ihnen die unten aufgeführten Möglichkeiten, Informationen über wissenschaftliche Weiterbildungsangebote (z. B. Inhalte, Studiengebühren, Dozenten, Zulassungsvoraussetzungen, Bewerbungsfristen o. Ä.) zu erhalten?
Kreuzen Sie bitte zu jeder Zeile an.

	sehr un-wichtig	un-wichtig	egal	wichtig	sehr wichtig
Internetrecherche auf den Homepages der Hochschulen	❒	❒	❒	❒	❒
Internetrecherche über Suchmaschinen (z. B. Google, AltaVista, o. Ä.)	❒	❒	❒	❒	❒
Internetrecherche in Bildungsportalen	❒	❒	❒	❒	❒
Informationsveranstaltungen an Hochschulen	❒	❒	❒	❒	❒
Präsenz auf Messen und Kongressen	❒	❒	❒	❒	❒
Informationsflyer	❒	❒	❒	❒	❒
Informationsbroschüre	❒	❒	❒	❒	❒
Regionale Presse (z. B. regionale Tageszeitungen)	❒	❒	❒	❒	❒
Überregionale Presse (z. B. DIE WELT, DIE ZEIT etc.)	❒	❒	❒	❒	❒
Fachpresse	❒	❒	❒	❒	❒
Gespräche mit Freunden und Bekannten	❒	❒	❒	❒	❒

KURS- UND PROGRAMMEBENE

Kriterien: Zugang zu Informationen und Lehr-/Lernmaterialien (Fortsetzung)

2. Welche Möglichkeiten haben Sie in der Vergangenheit genutzt, um sich über wissenschaftliche Weiterbildungsangebote zu informieren?
   Bitte treffen Sie eine Auswahl. Mehrfachnennungen sind möglich:

☐	Internetrecherche auf den Homepages der Hochschulen
☐	Internetrecherche über Suchmaschinen (z. B. Google, AltaVista, o. Ä.)
☐	Internetrecherche in Bildungsportalen
☐	Informationsveranstaltungen an Hochschulen
☐	Präsenz auf Messen und Kongressen
☐	Informationsflyer
☐	Informationsbroschüre
☐	Regionale Presse (z. B. regionale Tageszeitungen)
☐	Überregionale Presse (z. B. DIE WELT, DIE ZEIT etc.)
☐	Fachpresse
☐	Gespräche mit Freunden und Bekannten
☐	sonstiges (*bitte nennen*):
☐	Ich habe mich bisher noch nicht über wissenschaftliche Weiterbildung informiert.

Wenn Sie bei der Frage 2 „Internetrecherche auf den Homepages der Hochschulen" angekreuzt haben, dann beantworten Sie bitte auch die Fragen 3 – 5. Ansonsten weiter mit Frage 6.

3. Wie oft haben Sie im vergangenen Jahr auf den Homepages von Hochschulen nach Weiterbildungsangeboten gesucht?
   Bitte treffen Sie eine Auswahl.

☐	selten (ein- bis zweimal)
☐	manchmal (drei- bis fünfmal)
☐	häufig (mehr als fünfmal)

KURS- UND PROGRAMMEBENE

Kriterien: Zugang zu Informationen und Lehr-/Lernmaterialien (Fortsetzung)

4. Welche Erfahrungen haben Sie bei der Suche nach Informationen über Weiterbildungsangebote auf den Homepages der Hochschulen gemacht?
   Kreuzen Sie bitte zu jeder Zeile an.

	trifft überhaupt nicht zu	trifft eher nicht zu	indifferent	trifft eher zu	trifft voll zu
Auf der Hochschulhomepage konnte ich durch eine übersichtliche Navigation leicht sämtliche Weiterbildungsangebote einsehen	❏	❏	❏	❏	❏
Innerhalb einer Rubrik Weiterbildung konnte ich fächerbezogen nach Weiterbildungsangeboten sortieren.	❏	❏	❏	❏	❏
Innerhalb der Hochschulhomepage konnte ich über eine Suchmaske nach Weiterbildungsangeboten suchen.	❏	❏	❏	❏	❏
Ich musste mich durch eine Vielzahl von Seiten der Hochschulhomepage durchnavigieren bis ich Weiterbildungsangebote gefunden hatte.	❏	❏	❏	❏	❏
Ich habe gezielt nach Informationen über Weiterbildungsmöglichkeiten auf den Seiten der einzelnen Institute gesucht.	❏	❏	❏	❏	❏
sonstiges (*bitte nennen*)					

5. Haben Sie die Suche nach Weiterbildungsangeboten auf den Homepages der Hochschulen als einfach empfunden?
   Bitte treffen Sie eine Auswahl.

❏	Grundsätzlich ja, weil (*bitte Grund nennen*):
❏	Grundsätzlich nein, weil (*bitte Grund nennen*):
❏	keine Angabe

KURS- UND PROGRAMMEBENE

Kriterien: Zugang zu Informationen und Lehr-/Lernmaterialien (Fortsetzung)

6. Abgesehen von den üblicherweise vorherrschenden Vorlesungen, Übungen und Seminaren im Präsenzstudium haben Sie auch folgende innovativen Lehr-/Lernformen kennen gelernt: *Bitte treffen Sie eine Auswahl und nehmen Sie anschließend die betreffende Bewertung vor:*

Ergänzung des Präsenzunterrichts durch E-Learning[212] in Form von ...	überhaupt nicht hilfreich	eher nicht hilfreich	neutral	eher hilfreich	sehr hilfreich
☐ CD-Rom-basierten Lerneinheiten. Dies habe ich empfunden als	☐	☐	☐	☐	☐
☐ internetbasierten Lerneinheiten. Dies habe ich empfunden als	☐	☐	☐	☐	☐
Vollständiges Ersetzen des Präsenzunterrichts durch E-Learning in Form von ...	überhaupt nicht hilfreich	eher nicht hilfreich	neutral	eher hilfreich	sehr hilfreich
☐ CD-Rom-basierten Lerneinheiten. Dies habe ich empfunden als	☐	☐	☐	☐	☐
☐ internetbasierten Lerneinheiten. Dies habe ich empfunden als	☐	☐	☐	☐	☐
☐ Ich habe noch keine innovativen Lehr-/Lernformen kennen gelernt.					

Wenn Sie bei der Frage 6 „Ich habe noch keine innovativen Lehr-/Lernformen kennen gelernt" angekreuzt haben, bitte ich Sie die nachfolgende Frage zu beurteilen und anschließend direkt mit Frage 9 fortzufahren. Ansonsten beantworten Sie bitte weiter ab Frage 8

7. Den Einsatz von innovativen Lehr-/Lernformen des E-Learnings...

	überhaupt nicht hilfreich	eher nicht hilfreich	neutral	eher hilfreich	sehr hilfreich
zur Ergänzung des Präsenzunterrichts halte ich für	☐	☐	☐	☐	☐
zum vollständigen Ersetzen des Präsenzunterrichts halte ich für	☐	☐	☐	☐	☐
☐ Hierzu kann bzw. möchte ich keine Aussage treffen.					

---

[212] Zum Verständnis: Beim E-Learning werden die Lehrmaterialien computer- oder internetbasiert angeboten.

KURS- UND PROGRAMMEBENE

Kriterien: Zugang zu Informationen und Lehr-/Lernmaterialien (Fortsetzung)

8. Wie wichtig sind Ihnen folgende Merkmale bei E-Learning basierter Weiterbildung?
   Kreuzen Sie bitte zu jeder Zeile an.

Ich empfinde die …	überhaupt nicht hilfreich	eher nicht hilfreich	neutral	eher hilfreich	sehr hilfreich
Möglichkeit, internetbasierte Lehrinhalte auch offline ansehen bzw. bearbeiten zu können als	❏	❏	❏	❏	❏
Möglichkeit, internet- oder computerbasierte Lehrinhalte in Form eines Skriptes ausdrucken zu können als	❏	❏	❏	❏	❏
eine geringe Ladezeit von internetbasierten Lehrangeboten als	❏	❏	❏	❏	❏

9. Welche Form des Zugangs zu den Lehr/Lernmaterialien bevorzugen Sie aus heutiger Sicht?
   Bitte treffen Sie eine Auswahl.

❏	Reine Präsenzlehre: Unterricht, Vorlesungen, Übungen, Seminare etc.
❏	Reine Fernlehre mittels Studienbriefen
❏	Reine Fernlehre mittels E-Learning (internet- oder computerbasiert, z. B. CD-Rom)
❏	Kombination von Präsenz- und Fernlehre *Wenn Sie „Kombination von Präsenz- und Fernlehre" angekreuzt haben, beantworten Sie bitte nachfolgende Frage:*
	Fernlehre hierbei überwiegend mittels ❏ Studienbriefen oder ❏ E-Learning
❏	Sonstiges (*bitte nennen*):
❏	Ist mir egal

KURS- UND PROGRAMMEBENE

Kriterium: Vermittlung der Lerninhalte

10. Wie relevant sind die nachfolgend genannten Formen des Praxisbezuges innerhalb wissenschaftlicher Weiterbildung für Sie?
Kreuzen Sie bitte zu jeder Zeile an.

Ich empfinde ...	sehr unwichtig	unwichtig	egal	wichtig	sehr wichtig
die Vermittlung der neuesten Erkenntnisse aus der Praxis als	❏	❏	❏	❏	❏
die Vermittlung der neuesten Erkenntnisse aus der Wissenschaft als	❏	❏	❏	❏	❏
das Einbinden von Fallstudien / Übungsaufgaben zu „realen" Problemen als	❏	❏	❏	❏	❏
die Möglichkeit, Seminar- und Abschlussarbeiten in Kooperation mit Praxispartnern schreiben zu können als	❏	❏	❏	❏	❏
die Möglichkeit, Praktika bei Kooperationspartnern absolvieren zu können als	❏	❏	❏	❏	❏
Praktikervorträge zu ausgewählten Themen als	❏	❏	❏	❏	❏
Projektseminare[213] mit Praxispartnern als	❏	❏	❏	❏	❏
das Renommee der Praxispartner als	❏	❏	❏	❏	❏

---

[213] Zur Erläuterung: Bei einem Projektseminar mit einem Praxispartner entwickelt dieser z. B. eine Fallstudie, die durch die Studierenden in Gruppenarbeit zu lösen ist. In diesem Zusammenhang sind unterschiedliche Betreuungsszenarien denkbar. Sie können aus einer oder auch mehreren Phasen (z. B. individuelle Vorbereitung in Form eines Essays, Gruppenbearbeitung und individuelle Nachbearbeitung durch Ergebnispräsentation in Form einer Hausarbeit) bestehen.

KURS- UND PROGRAMMEBENE

Kriterium: Vermittlung der Lerninhalte (Fortsetzung)

11. *Bitte treffen Sie eine Auswahl:*
Bei der Inanspruchnahme wissenschaftlicher Weiterbildung empfinde ich die Möglichkeit, das neu erlernte Wissen unmittelbar im Berufsleben anwenden zu können (direkter Lerntransfer) als ...

☐	sehr unwichtig.
☐	unwichtig.
☐	egal.
☐	wichtig.
☐	sehr wichtig.

12. *Bitte treffen Sie eine Auswahl:*
Die internationale Ausrichtung der wissenschaftlichen Weiterbildung (z. B. durch Inhalte, Lehrsprache, Dozenten ausländischer Hochschulen etc.) ist mir ...

☐	sehr unwichtig.
☐	unwichtig.
☐	egal.
☐	wichtig.
☐	sehr wichtig.

13. *Bitte treffen Sie eine Auswahl:*
Methodenkompetenz ist die Fähigkeit, sich Informationen und Fachwissen zu beschaffen, zu strukturieren und Problemlösetechniken fallbezogen anzuwenden. Die Vermittlung von Methodenkompetenz ist mir...

☐	sehr unwichtig.
☐	unwichtig.
☐	egal.
☐	wichtig.
☐	sehr wichtig.

KURS- UND PROGRAMMEBENE

Kriterium: Vermittlung der Lerninhalte (Fortsetzung)

14. *Bitte treffen Sie eine Auswahl:*
Sozialkompetenz umfasst z. B. Kommunikations-, Kooperations-, Team-, Konflikt- und Kritikfähigkeit. Die Vermittlung von Sozialkompetenz ist mir ...

☐	sehr unwichtig.
☐	unwichtig.
☐	egal.
☐	wichtig.
☐	sehr wichtig.

15. Sie beurteilen die nachfolgenden Prüfungsmodalitäten und -formen wie folgt:
Kreuzen Sie bitte zu jeder Zeile an.

Die Möglichkeit, im Rahmen wissenschaftlicher Weiterbildung ...	sehr unwichtig	unwichtig	egal	wichtig	sehr wichtig
Hausarbeiten anzufertigen anstelle von Klausuren vor Ort zu schreiben, ist mir	☐	☐	☐	☐	☐
Präsentationen oder mündliche Vorträge zu halten anstelle von Klausuren vor Ort zu schreiben, ist mir	☐	☐	☐	☐	☐
Prüfungen an verschiedenen Standorten in Deutschland ablegen zu können, ist mir	☐	☐	☐	☐	☐
Prüfungstermine in gewissen Grenzen selbst bestimmen zu können, ist mir	☐	☐	☐	☐	☐
Klausuren oder mündliche Prüfungen online ablegen zu können, ist mir	☐	☐	☐	☐	☐

KURS- UND PROGRAMMEBENE

Kriterien: Betreuung und Kontakte

16. Bitte beantworten Sie nachfolgende Fragestellungen, die sich auf den Bereich der Betreuung von Lehrveranstaltungen und Weiterbildungsangeboten beziehen.
Kreuzen Sie bitte zu jeder Zeile an.

Wie wollen Sie am liebsten ...	Per Telefon	Per E-Mail	Persönlich
Ihre Kommilitonen erreichen?	❏	❏	❏
Ihre Dozenten erreichen?	❏	❏	❏
ein Service Center zur Klärung organisatorischer Fragen erreichen?	❏	❏	❏

17. Wie relevant sind die nachfolgenden Aspekte im Bezug auf die Betreuung und Kontaktherstellung zu anderen Kommilitonen?
Kreuzen Sie bitte zu jeder Zeile an.

	sehr unwichtig	unwichtig	egal	wichtig	sehr wichtig
Eine geringe Gruppengröße in den einzelnen Kursen ist mir	❏	❏	❏	❏	❏
Eine diskrete Führung beim Lernen (z. B. durch regelmäßig einzusendende Übungsaufgaben) ist mir	❏	❏	❏	❏	❏
Die Möglichkeit, in den Veranstaltungen Kontakte zu Top-Managern anderer Unternehmen aufzubauen, ist mir	❏	❏	❏	❏	❏
Ich erwarte, dass mir die Betreuer zu inhaltlichen Fragen zu folgenden Tagen bzw. Zeiten telefonisch zur Verfügung stehen *(Uhrzeit bitte im Format hh:mm eingeben)*:						
❏ wochentags in der Zeit von			bis		
❏ am Wochenende in der Zeit von			bis		
	12 Std.	24 Std.	36 Std.	48 Std.	60 Std.
Wenn ich eine kursbezogene bzw. inhaltliche Frage an den Dozenten habe, erwarte ich eine Antwort in	❏	❏	❏	❏	❏
Wenn ich eine organisatorische Frage an ein Service Center stelle, erwarte ich eine Antwort in	❏	❏	❏	❏	❏

KURS- UND PROGRAMMEBENE

Kriterien: Betreuung und Kontakte (Fortsetzung)

18. Wenn die wissenschaftliche Weiterbildung weitestgehend als Fernstudium angeboten wird, erwarte ich neben der Möglichkeit, per Telefon oder E-Mail zu kommunizieren, auch noch folgende Kommunikationsmöglichkeiten[214]:
Kreuzen Sie bitte zu jeder Zeile an.

	trifft überhaupt nicht zu	trifft eher nicht zu	indifferent	trifft eher zu	trifft voll zu
Ich erwarte den Einsatz von unbetreuten Diskussionsforen	☐	☐	☐	☐	☐
Ich erwarte den Einsatz von betreuten Diskussionsforen	☐	☐	☐	☐	☐
Ich erwarte den Einsatz von nicht moderierten Chats.	☐	☐	☐	☐	☐
Ich erwarte den Einsatz von moderierten Chats.	☐	☐	☐	☐	☐
Ich erwarte den Einsatz von virtuellen Cafeterien oder Chatrooms zur informellen Kommunikation.	☐	☐	☐	☐	☐

---

[214] Zum Verständnis: Diskussionsforen, Chats oder virtuelle Cafeterien werden in einer virtuellen Lernumgebung, die z. B. über eine Lernplattform zur Verfügung gestellt wird, als Ersatz für die persönlichen Kommunikationsmöglichkeiten angeboten. Sie bieten ein Forum für soziale Kontakte unter den Studierenden, so dass z. B. Fragen zum Studium oder zu Dingen des täglichen Lebens gestellt und beantwortet werden können. In virtuellen Cafeterien gibt es zudem oft die Möglichkeit, an virtuellen schwarzen Brettern Informationen zu hinterlassen, wie z. B. zur Suche von Mitfahrgelegenheiten oder zur Bildung von Arbeitsgruppen.

Anhang II

KURS- UND PROGRAMMEBENE

Kriterien: Studienstruktur und Curriculum

19. Nachfolgende Fragen beziehen sich im Wesentlichen auf Langzeitmaßnahmen, wie z. B. komplette Studiengänge. Bitte beurteilen Sie die genannten Aspekte, die sich mit dem Studienverlauf, den Freiheiten in der Studienplanung und dem Studienplan (Curriculum) beschäftigen:
Kreuzen Sie bitte zu jeder Zeile an.

	trifft überhaupt nicht zu	trifft eher nicht zu	indifferent	trifft eher zu	trifft voll zu
Mich berufsbegleitend weiterbilden zu können ist mir sehr wichtig.	☐	☐	☐	☐	☐
Der Anteil von Präsenzphasen muss sehr gering sein.	☐	☐	☐	☐	☐
Präsenzphasen dürfen nur außerhalb meiner Arbeitszeit stattfinden.	☐	☐	☐	☐	☐
Präsenzphasen dürfen nur an Wochenenden stattfinden.	☐	☐	☐	☐	☐
Die Weiterbildung darf mein berufliches Arbeitsleben nicht stören.	☐	☐	☐	☐	☐
Ein reines Fernstudium lehne ich ab.	☐	☐	☐	☐	☐
Ein reines Präsenzstudium lehne ich ab.	☐	☐	☐	☐	☐
Ich erwarte auch nicht-wissenschaftliche Kurse im angebotenen Themenportfolio.	☐	☐	☐	☐	☐
Ich erwarte, dass ich aus Pflicht- und Wahlkursen wählen kann (modulares Curriculum).	☐	☐	☐	☐	☐
Ich möchte ausgewählte Themen vertiefend studieren können.	☐	☐	☐	☐	☐
Mir ist wichtig, dass ich die Abfolge einzelner Kurse im Gesamtcurriculum individuell steuern kann.	☐	☐	☐	☐	☐
Weiterbildung soll unabhängig von den an Hochschulen üblicherweise vorherrschenden Semesterstrukturen erfolgen.	☐	☐	☐	☐	☐
Ich möchte möglichst hohe Freiheiten in meiner Zeiteinteilung zum Lernen haben.	☐	☐	☐	☐	☐
Ich möchte die Wahl zwischen einem Vollzeit- oder Teilzeitstudium haben.	☐	☐	☐	☐	☐
Bereits vor Beginn der Weiterbildung erwarte ich eine hohe Transparenz ...					
über den Studienverlauf.	☐	☐	☐	☐	☐
über die relevanten Lehrinhalte.	☐	☐	☐	☐	☐
über den Aufwand im Studium/Kurs.	☐	☐	☐	☐	☐

HOCHSCHULEBENE

Kriterien: Reputation, formelle Qualifikation, Qualitätssicherung und Kooperation

20. Bitte beurteilen Sie, inwiefern folgende Aussagen bei der Entscheidung für oder gegen eine wissenschaftliche Weiterbildung für Sie zutreffen:
Kreuzen Sie bitte zu jeder Zeile an.

	trifft überhaupt nicht zu	trifft eher nicht zu	indifferent	trifft eher zu	trifft voll zu
Die internationale Reputation der anbietenden Institution ist mir wichtig.	☐	☐	☐	☐	☐
Die nationale Reputation der anbietenden Institution ist mir wichtig.	☐	☐	☐	☐	☐
Für mich kommen nur Abschlüsse von renommierten Anbietern in Betracht.	☐	☐	☐	☐	☐
Das Renommee der Dozenten ist mir nicht wichtig.	☐	☐	☐	☐	☐
Mir ist insbesondere der anerkannte Abschluss wichtig.	☐	☐	☐	☐	☐
Mir ist insbesondere das hohe akademische Niveau wichtig.	☐	☐	☐	☐	☐
Ich wähle wissenschaftliche Weiterbildung, weil ich wissenschaftlich arbeiten will.	☐	☐	☐	☐	☐
Ich bin sicher, dass in Deutschland akkreditierte Weiterbildung qualitativ hochwertig ist.	☐	☐	☐	☐	☐
Ein Weiterbildungsangebot ohne ein nationales Qualitätssiegel lehne ich ab.	☐	☐	☐	☐	☐
Ein Weiterbildungsangebot ohne ein internationales Qualitätssiegel lehne ich ab.	☐	☐	☐	☐	☐
Kooperationen zu namhaften Unternehmen seitens der Hochschule sind mir wichtig.	☐	☐	☐	☐	☐

HOCHSCHULEBENE

Kriterium: Qualifikation der Dozenten

21. Bitte beurteilen Sie, inwiefern folgende Aussagen aus Ihrer Sicht bzw. Erfahrung zutreffen.
Kreuzen Sie bitte zu jeder Zeile an.

	trifft überhaupt nicht zu	trifft eher nicht zu	indifferent	trifft eher zu	trifft voll zu
Innovative Methoden werden an den Hochschulen entwickelt.	☐	☐	☐	☐	☐
Innovative Methoden werden in den Unternehmen entwickelt.	☐	☐	☐	☐	☐
Neue Forschungserkenntnisse werden in den Hochschulen generiert.	☐	☐	☐	☐	☐
Neue Forschungserkenntnisse werden in den Unternehmen generiert.	☐	☐	☐	☐	☐
Mir ist wichtig, dass die Dozenten bedeutende Fachvertreter aus der Wissenschaft sind.	☐	☐	☐	☐	☐
Mir ist wichtig, dass die Dozenten bedeutende Fachvertreter aus der Praxis sind.	☐	☐	☐	☐	☐
Hochschuldozenten habe ich als Fachvertreter auf ihrem Wissensgebiet kennen gelernt.	☐	☐	☐	☐	☐
Hochschuldozenten habe ich als didaktisch sehr versiert kennen gelernt.	☐	☐	☐	☐	☐
Hochschuldozenten nutzen in angemessenem Umfang neue Medien in den Veranstaltungen.	☐	☐	☐	☐	☐
Hochschuldozenten empfinde ich als sicher im Umgang mit neuen Medien.	☐	☐	☐	☐	☐

HOCHSCHULEBENE

Kriterium: Organisation

22. Bitte bringen Sie die drei nachfolgenden Aussagen in eine Rangfolge, indem Sie der für Sie am wichtigsten Aussage eine 1, der am zweitwichtigsten eine 2 und der am wenigsten wichtigen Aussage eine 3 zuordnen.

Rangfolge	
	Die Zusammenarbeit in organisatorischen Dingen (Einschreibung, Prüfungsleistungsverwaltung, Prüfungsamt, Verlaufsplanung, Rückmeldung etc.) muss unbürokratisch erfolgen.
	Zur Klärung organisatorischer Fragen erwarte ich, dass mir ein fester Ansprechpartner zur Verfügung steht.
	Zur Klärung außergewöhnlicher Konfliktfälle (z. B. Widersprüche zu Prüfungsentscheidungen o. Ä.) erwarte ich ein professionelles Beschwerdemanagement.

23. Die telefonische Erreichbarkeit eines Ansprechpartners für organisatorische Angelegenheiten sollte wie folgt gegeben sein:
Bitte treffen Sie eine Auswahl und tragen Sie die Uhrzeiten im Format hh:mm ein.

☐	wochentags in der Zeit von		bis	
☐	am Wochenende in der Zeit von		bis	

ABSCHLIEßENDE FRAGEN

Vielen Dank für die Beantwortung der inhaltlichen Fragen. Nun folgen noch wenige abschließende Fragen zur Person:

24. Welches Geschlecht haben Sie?

☐	männlich
☐	weiblich

25. Wie alt sind Sie? *Bitte tragen Sie einen Wert ein*: _____ Jahre

26. Welchen Beruf üben Sie zurzeit aus?
    Bitte kreuzen Sie an:

☐	Ich bin un- / angelernter Arbeiter.
☐	Ich bin Facharbeiter.
☐	Ich bin ausführender Angestellter.
☐	Ich bin leitender Angestellter.
☐	Ich bin Beamter im einfachen, mittleren oder gehobenen Dienst.
☐	Ich bin Beamter im höheren Dienst.
☐	Ich bin selbstständig.
☐	Ich bin arbeitslos.
☐	sonstiges *(Bitte geben Sie einen Freitext ein):*

ABSCHLIEßENDE FRAGEN

27. Studieren Sie zurzeit?
Bitte treffen Sie eine Auswahl und – sofern Sie studieren bzw. studiert haben – benennen Sie bitte den Fachbereich sowie den Zeitpunkt des (voraussichtlichen) Abschlusses.

❐	Ja, meinen Abschluss in …		erwerbe ich voraussichtlich im Jahr …
	❐	Agrar-, Forst-, Haushalts-, Ernährungswissenschaften	
	❐	Gesundheitswissenschaften, Medizin, Psychologie	
	❐	Ingenieurwissenschaften	
	❐	Kunst, Musik	
	❐	Mathematik, Naturwissenschaften	
	❐	Informatik	
	❐	Rechts-, Wirtschafts- oder Sozialwissenschaften	
	❐	Sprach- oder Kulturwissenschaften	
	❐	Theologie	
	❐	Geschichte	
	❐	sonstiges:	
❐	Nein, ich habe mein Studium der …		bereits im Jahr … abgeschlossen
	❐	Agrar-, Forst-, Haushalts-, Ernährungswissenschaften	
	❐	Gesundheitswissenschaften, Medizin, Psychologie	
	❐	Ingenieurwissenschaften	
	❐	Kunst, Musik	
	❐	Mathematik, Naturwissenschaften	
	❐	Informatik	
	❐	Rechts-, Wirtschafts- oder Sozialwissenschaften	
	❐	Sprach- oder Kulturwissenschaften	
	❐	Theologie	
	❐	Geschichte	
	❐	sonstiges:	
❐	Nein, ich habe mein Studium unterbrochen und es steht nicht fest, ob ich es wieder aufnehmen werde.		
❐	Nein, ich studiere nicht und habe auch noch keinen Hochschulabschluss.		

❐	Ich bin Absolvent bzw. Studierender einer Universität.
❐	Ich bin Absolvent bzw. Studierender einer Fachhochschule.

ABSCHLIEßENDE FRAGEN

28. Bitte geben Sie durch Eingabe von Zahlenwerten an, wie viele wissenschaftliche Weiterbildungsangebote Sie bereits genutzt haben (inklusive eventuell noch laufender Weiterbildung) und wie hoch die durchschnittlichen Studiengebühren hierfür waren. Zur wissenschaftlichen Weiterbildung zählen sämtliche Programme, die durch Hochschulen als Träger angeboten werden und die Sie nach Abschluss einer ersten Ausbildungsphase begonnen haben.

Art der Kurse	Häufigkeit	Durchschnittliche Studiengebühren in Euro (für den gesamten Kurs bzw. das gesamte Studium)
☐ Zertifikatskurse (z. B. Sprachkurse)		
☐ Diplomstudiengänge (z. B. Dipl.-Kfm.)		
☐ Bachelorstudiengänge (z. B. BBA)		
☐ Masterstudiengänge (z. B. MBA)		
☐ Promotionsstudiengänge		
☐ sonstiges *(bitte eingeben)*:		
☐ Ich habe noch nicht an wissenschaftlicher Weiterbildung teilgenommen.		

29. *Wenn Sie bereits an wissenschaftlicher Weiterbildung teilgenommen haben, beantworten Sie bitte diese Frage, ansonsten weiter mit Frage 31:*

Was waren die Gründe zur Teilnahme?

Bitte geben Sie einen Freitext ein:

ABSCHLIEßENDE FRAGEN

30. *Wenn Sie noch nicht an wissenschaftlicher Weiterbildung teilgenommen haben, beantworten Sie bitte diese Frage, ansonsten weiter mit Frage 32:*

Was waren die Gründe dafür, dass Sie noch nicht teilgenommen haben?

Bitte geben Sie einen Freitext ein:

31. An dieser Stelle haben Sie die Gelegenheit, eigene Anmerkungen oder Vorschläge einzutragen. Gerne können Sie auch weitere Anforderungen an wissenschaftliche Weiterbildung formulieren, die innerhalb des Fragebogens nicht angesprochen wurden.

Bitte geben Sie einen Freitext ein:

Vielen Dank für Ihre Unterstützung, Sie haben nun sämtliche Fragen beantwortet!

Sofern Sie es wünschen, werden wir Sie über die Ergebnisse nach Abschluss der Auswertung des Fragebogens informieren. Hierzu und für die Teilnahme am Gewinnspiel geben Sie uns bitte Ihre E-Mailadresse an.

Ich versichere Ihnen, dass sämtliche Daten anonymisiert ausgewertet und nicht an Dritte weiter gegeben werden.

E-Mailadresse:

Anhang III: Fragebogen an Unternehmensverantwortliche

KURS- UND PROGRAMMEBENE

Kriterien: Zugang zu Informationen und Lehr-/Lernmaterialien

1. Wie wichtig sind Ihnen die unten aufgeführten Möglichkeiten, Informationen über wissenschaftliche Weiterbildungsangebote (z. B. Inhalte, Studiengebühren, Dozenten, Zulassungsvoraussetzungen, Bewerbungsfristen o. Ä.) zu erhalten?

	sehr un-	unwichtig	egal	wichtig	sehr wichtig
Homepages der Hochschulen	❏	❏	❏	❏	❏
Suchmaschinen (z. B. Google, AltaVista, o. Ä.)	❏	❏	❏	❏	❏
Internetrecherche in Bildungsportalen	❏	❏	❏	❏	❏
Informationsveranstaltungen an Hochschulen	❏	❏	❏	❏	❏
Präsenz auf Messen und Kongressen	❏	❏	❏	❏	❏
Informationsbroschüre	❏	❏	❏	❏	❏
Regionale Presse (z. B. Tageszeitungen)	❏	❏	❏	❏	❏
Überregionale Presse (z. B. DIE WELT)	❏	❏	❏	❏	❏
Fachpresse	❏	❏	❏	❏	❏
Gespräche mit Freunden und Bekannten	❏	❏	❏	❏	❏

2. Welche Möglichkeiten haben Sie in der Vergangenheit genutzt, um sich über wissenschaftliche Weiterbildungsangebote zu informieren?

❏	Internetrecherche auf den Homepages der Hochschulen
❏	Internetrecherche über Suchmaschinen (z. B. Google, AltaVista, o. Ä.)
❏	Internetrecherche in Bildungsportalen
❏	Informationsveranstaltungen an Hochschulen
❏	Präsenz auf Messen und Kongressen
❏	Informationsbroschüre
❏	Regionale Presse (z. B. Tageszeitungen)
❏	Überregionale Presse (z. B. DIE WELT)
❏	Fachpresse
❏	Gespräche mit Freunden und Bekannten
❏	Sonstiges:
❏	Ich habe mich bisher noch nicht über wissenschaftliche Weiterbildung informiert. Die wesentlichen Gründe dafür waren:

KURS- UND PROGRAMMEBENE

Kriterien: Zugang zu Informationen und Lehr-/Lernmaterialien (Fortsetzung)

Wenn Sie bei der Frage 2 „Internetrecherche auf den Homepages der Hochschulen" angekreuzt haben, dann beantworten Sie bitte auch die Fragen 3 + 4. Ansonsten weiter mit Frage 5.

3. Häufigkeit der Suche nach Weiterbildungsangeboten auf den Homepages von Hochschulen?

☐	selten (ein- bis zweimal)
☐	manchmal (drei- bis fünfmal)
☐	häufig (mehr als fünfmal)

4. Haben Sie die Suche auf den Homepages der Hochschulen als einfach empfunden?

☐	Grundsätzlich ja, weil:
☐	Grundsätzlich nein, weil:
☐	keine Angabe

5. Welche Lehr-/Lernformen nutzen Sie in Ihrem Unternehmen und welchen Anteil nehmen diese ein?

	Formen des Zugangs	Anteile in %
☐	Reine Präsenzlehre: Seminare, Vorlesungen, Übungen etc.	
☐	Reine Fernlehre mittels Studienbriefen[215]	
☐	Reine Fernlehre mittels E-Learning[216]	
☐	Kombination von Präsenz- und Fernlehre (Fernlehre hierbei überwiegend...	
	☐ mittels Studienbriefen oder	
	☐ mittels E-Learning)	
☐	Sonstiges (*bitte nennen*):	

---

[215] Studienbriefe sind Lehrmaterialien z. B. in Form von Fallstudien, Skripten, Übungsaufgaben o. Ä., die in gedruckter Form vorliegen bzw. versandt werden.
[216] Beim E-Learning werden die Lehrmaterialien computer- oder internetbasiert angeboten.

KURS- UND PROGRAMMEBENE

Kriterium: Vermittlung der Lerninhalte

6. Wie relevant ist es für Sie, dass die wissenschaftliche Weiterbildung nachfolgend genannte Formen des Praxisbezuges aufweist?

Sie empfinden ...	sehr un-	un- wichtig	egal	wichtig	sehr wichtig
den Bezug zu „realen" Fällen bzw. Problemen Ihres Unternehmens (durch Fallstudien o.Ä.) als	❏	❏	❏	❏	❏
Praktikervorträge zu ausgewählten Themen als	❏	❏	❏	❏	❏
die Vermittlung von aktuellem Fachwissen als	❏	❏	❏	❏	❏
die Vermittlung der neuesten Erkenntnisse aus der Wissenschaft als	❏	❏	❏	❏	❏
eine enge inhaltliche Abstimmung der Weiterbildungsthemen[217] auf ihr Unternehmen als	❏	❏	❏	❏	❏
eine thematische Fokussierung der Weiterbildungsangebote als	❏	❏	❏	❏	❏

7. Dass Ihre Mitarbeiter bei der Inanspruchnahme wissenschaftlicher Weiterbildung das neu erlernte Wissen unmittelbar im Berufsleben anwenden können (direkter Lerntransfer), ist ...

❏	sehr unwichtig.
❏	unwichtig.
❏	egal.
❏	wichtig.
❏	sehr wichtig.

8. Die internationale Ausrichtung der wissenschaftlichen Weiterbildung (z. B. durch Inhalte, Lehrsprache, Dozenten ausländischer Hochschulen etc.) ist ...

❏	sehr unwichtig.
❏	unwichtig.
❏	egal.
❏	wichtig.
❏	sehr wichtig.

---

[217] Dies bedeutet, dass die Weiterbildung eher individuell auf Ihr Unternehmen bzw. Ihre Branche abgestimmt und weniger allgemeinbildend, wie z.B. ein firmenunspezifischer MBA-Studiengang, ist.

KURS- UND PROGRAMMEBENE

Kriterium: Vermittlung der Lerninhalte (Fortsetzung)

9. Methodenkompetenz ist die Fähigkeit, sich Informationen/Fachwissen zu beschaffen, zu strukturieren und Problemlösetechniken fallbezogen anzuwenden. Die Vermittlung von Methodenkompetenz ist ...

☐	sehr unwichtig.
☐	unwichtig.
☐	egal.
☐	wichtig.
☐	sehr wichtig.

10. Sozialkompetenz umfasst z. B. Kommunikations-, Kooperations-, Team-, Konflikt- und Kritikfähigkeit. Die Vermittlung von Sozialkompetenz ist ...

☐	sehr unwichtig.
☐	unwichtig.
☐	egal.
☐	wichtig.
☐	sehr wichtig.

Kurs- und Programmebene

Kriterien: Studienstruktur und Curriculum

11. Nachfolgende Fragen beziehen sich auf <u>Langzeitmaßnahmen</u>, wie z. B. komplette Studiengänge. Bitte beurteilen Sie die genannten Aspekte:

	trifft überhaupt <u>nicht</u> zu	trifft eher <u>nicht</u> zu	indifferent	trifft eher zu	trifft voll zu
Berufsbegleitende Weiterbildungsangebote sind für Sie sehr wichtig.	☐	☐	☐	☐	☐
Der Anteil von Präsenzphasen muss sehr gering sein.	☐	☐	☐	☐	☐
Präsenzphasen dürfen nur außerhalb der Arbeitszeit Ihrer Mitarbeiter stattfinden.	☐	☐	☐	☐	☐
Präsenzphasen dürfen nur an Wochenenden stattfinden.	☐	☐	☐	☐	☐
Die Weiterbildung darf das berufliche Arbeitsleben nicht stören.	☐	☐	☐	☐	☐
Ein reines Fernstudium lehnen Sie als Weiterbildung für Ihre Mitarbeiter ab.	☐	☐	☐	☐	☐
Ein reines Präsenzstudium lehnen Sie als Weiterbildung für Ihre Mitarbeiter ab.	☐	☐	☐	☐	☐
Sie erwarten auch nicht-wissenschaftliche Kurse im Themenportfolio der Weiterbildung.	☐	☐	☐	☐	☐
Sie erwarten, dass Ihre Mitarbeiter aus Pflicht- und Wahlkursen wählen können.	☐	☐	☐	☐	☐
Sie erwarten, dass Ihre Mitarbeiter ausgewählte Themen vertiefend studieren können.	☐	☐	☐	☐	☐
Weiterbildung soll unabhängig von den Semesterstrukturen an Hochschulen erfolgen.	☐	☐	☐	☐	☐

HOCHSCHULEBENE
Kriterien: Reputation, formelle Qualifikation und Qualitätssicherung

12. Bitte beurteilen Sie, inwiefern folgende Aussagen bei der Entscheidung für oder gegen eine wissenschaftliche Weiterbildung für Sie zutreffen:

	trifft überhaupt nicht zu	trifft eher nicht zu	indifferent	trifft eher zu	trifft voll zu
Die internationale Reputation[218] der anbietenden Institution ist Ihnen wichtig.	☐	☐	☐	☐	☐
Die nationale Reputation der anbietenden Institution ist Ihnen wichtig.	☐	☐	☐	☐	☐
Ihr Unternehmen nutzt nur Weiterbildungsangebote von renommierten[219] Anbietern.	☐	☐	☐	☐	☐
Das Renommee der Dozenten ist Ihnen nicht wichtig.	☐	☐	☐	☐	☐
Ihnen ist insbesondere das hohe akademische Niveau wichtig.	☐	☐	☐	☐	☐
Sie sind der Meinung, dass national akkreditierte Weiterbildung qualitativ hochwertig ist.	☐	☐	☐	☐	☐
Externe Weiterbildungsprogramme ohne ein nationales Qualitätssiegel lehnen Sie ab.	☐	☐	☐	☐	☐
Externe Weiterbildungsprogramme ohne ein internationales Qualitätssiegel lehnen Sie ab.	☐	☐	☐	☐	☐

---

[218] Reputation = (positives) Ansehen, (guter) Ruf.
[219] Renommee = (positiv besetzter) Name, (positives) Ansehen, (guter) Ruf.

Anhang III

HOCHSCHULEBENE

Kriterium: Qualifikation der Dozenten

13. Bitte beurteilen Sie, inwiefern folgende Aussagen aus Ihrer Sicht bzw. Erfahrung zutreffen.

	trifft überhaupt nicht zu	trifft eher nicht zu	indifferent	trifft eher zu	trifft voll zu
Innovative Methoden werden in den Hochschulen entwickelt.	☐	☐	☐	☐	☐
Innovative Methoden werden in den Unternehmen entwickelt.	☐	☐	☐	☐	☐
Neue Forschungserkenntnisse werden in den Hochschulen generiert.	☐	☐	☐	☐	☐
Neue Forschungserkenntnisse werden in den Unternehmen generiert.	☐	☐	☐	☐	☐
Ihnen ist wichtig, dass die Dozenten bedeutende Fachvertreter aus der Wissenschaft sind.	☐	☐	☐	☐	☐
Hochschuldozenten haben Sie als Fachvertreter auf ihrem Wissensgebiet kennen gelernt.	☐	☐	☐	☐	☐
Ihnen ist wichtig, dass die Dozenten bedeutende Fachvertreter aus der Praxis sind.	☐	☐	☐	☐	☐
Ihnen ist wichtig, dass die Dozenten Ihre Unternehmenskultur kennen und berücksichtigen.	☐	☐	☐	☐	☐

ABSCHLIEßENDE FRAGEN

Fragen zur Situation in Ihrem Unternehmen

14. Bitte geben Sie die Größenkategorie[220] an, zu der Ihr Unternehmen zählt.

☐	Kleines Unternehmen (d. h. weniger als 50 Mitarbeiter und einen Jahresumsatz von höchstens 10 Mio. Euro)
☐	Mittleres Unternehmen (d. h. weniger als 250 Mitarbeiter und einen Jahresumsatz von höchstens 50 Mio. Euro)
☐	Großes Unternehmen (mehr als 250 Mitarbeiter und einen Jahresumsatz von mehr als 50 Mio. Euro)

---

[220] Dieser Einteilung liegt die seit dem 01.01.2005 geltende Empfehlung der Europäischen Kommission zur Klassifikation von Klein- und Mittelständischen Unternehmen zugrunde.

ABSCHLIEßENDE FRAGEN

Fragen zur Situation in Ihrem Unternehmen (Fortsetzung)

15. Welche Ziele werden in Ihrem Unternehmen mit Weiterbildung verfolgt? Hierbei ist es unerheblich, ob die Weiterbildung durch Hochschulen oder sonstige Träger angeboten wird.

Bitte geben Sie einen Freitext ein:

16. Bitte geben Sie an, wie viel Prozent (ca.) der Arbeitnehmer in Ihrem Unternehmen an Weiterbildung teilnehmen. Hierbei ist es unerheblich, ob die Weiterbildung durch Hochschulen oder sonstige Träger angeboten wird.

| In unserem Unternehmen nehmen ca. | % | der Mitarbeiter an Weiterbildung teil. |

17. Welche Mitarbeitergruppen (z. B. Facharbeiter, ausführende oder leitende Angestellte, Führungsnachwuchs, Managementspitze etc.) nehmen in Ihrem Unternehmen überwiegend an Weiterbildung teil?

Bitte nennen Sie verschiedene Mitarbeitergruppen:

18. Von wem geht i. d. R. die Initiative zur Weiterbildung aus?

☐	Die Initiative geht i. d. R. von den Mitarbeitern aus.
☐	Die Initiative geht i. d. R. von der Personalentwicklungsabteilung bzw. der Unternehmensleitung aus.
☐	Sonstiges *(bitte nennen)*:

19. In Ihrem Unternehmen nimmt die Weiterbildung durch ... nachfolgende Anteile ein:

... staatliche oder staatlich anerkannte Hochschulen	%
... private Hochschulen	%
... sonstige private externe Weiterbildungsanbieter	%

ABSCHLIEßENDE FRAGEN

Fragen zur Situation in Ihrem Unternehmen (Fortsetzung)

Sofern Ihr Unternehmen bereits wissenschaftliche Weiterbildung durch staatliche oder staatlich anerkannte Hochschulen genutzt hat, beantworten Sie bitte die Fragen 20 – 22, ansonsten weiter mit Frage 23.

20. Bitte geben Sie die Art und Anzahl der Weiterbildungsangebote[221] an, die Ihr Unternehmen zur Mitarbeiterqualifizierung von staatlichen oder staatlich anerkannten Hochschulen nutzt. Wie hoch sind die durchschnittlichen Studiengebühren[222] hierfür?

Art der Kurse	Anzahl	Durchschnittliche Gebühren in Euro (für den gesamten Kurs bzw. das gesamte Studium)
☐ Zertifikatskurse (z. B. Sprachkurse)		
☐ Diplomstudiengänge (z. B. Dipl.-Kfm.)		
☐ Bachelorstudiengänge (z. B. BBA)		
☐ Masterstudiengänge (z. B. MBA)		
☐ Promotionsstudiengänge		
☐ sonstiges *(bitte eingeben)*:		

21. Gibt es bestimmte Mitarbeitergruppen, die stärker als andere an Weiterbildung durch staatliche oder staatlich anerkannte Hochschulen teilnehmen?

☐ Nein, die gibt es nicht.

☐ Ja, die gibt es. Die Mitarbeitergruppe(n) (z. B. Facharbeiter, ausführende oder leitende Angestellte, Führungsnachwuchs, Managementspitze etc.), in der bzw. denen der Anteil an wissenschaftlicher Weiterbildung am höchsten ist, ist bzw. sind die …

---

[221] Z. B. zwei verschiedene MBA-Programme oder drei verschiedene Zertifikatskurse.
[222] Bei mehreren Kursen bitte die durchschnittlichen Gebühren von … bis angeben.

ABSCHLIEßENDE FRAGEN

Fragen zur Situation in Ihrem Unternehmen (Fortsetzung)

22. Was waren die Gründe für die Entscheidung Weiterbildung durch staatliche oder staatlich anerkannte Hochschulen zu nutzen?

Bitte geben Sie einen Freitext ein:

Sofern Ihr Unternehmen noch keine Weiterbildung von staatlichen oder staatlich anerkannten Hochschulen zur Qualifikation Ihrer Mitarbeiter genutzt hat, beantworten Sie bitte die nachfolgende Frage, ansonsten weiter mit Frage 24.

23. Was waren die Gründe dafür, dass Ihr Unternehmen noch keine Weiterbildung durch staatliche oder staatlich anerkannte Hochschulen eingesetzt hat (z. B. im Vergleich zu den anderen externen Weiterbildungsanbietern, die ihr Unternehmen ggf. nutzt)?

Bitte geben Sie einen Freitext ein:

Fragen zur Person:

24. Welches Geschlecht haben Sie?

☐	männlich
☐	weiblich

25. Wie alt sind Sie? _____ Jahre.

26. In welcher Position sind Sie zurzeit in Ihrem Unternehmen tätig?

27. Seit wann sind Sie in dieser Position in Ihrem Unternehmen tätig? Seit _____ Jahren.

28. Haben Sie bereits selbst an wissenschaftlicher Weiterbildung teilgenommen?

☐	Ja
☐	Nein

ABSCHLIEßENDE FRAGEN

Eigene Anmerkungen

29. An dieser Stelle haben Sie die Gelegenheit, eigene Anmerkungen oder Vorschläge einzutragen. Gerne können Sie auch weitere Anforderungen an wissenschaftliche Weiterbildung formulieren, die innerhalb des Fragebogens nicht angesprochen wurden.

Bitte geben Sie einen Freitext ein:

Vielen Dank für Ihre Unterstützung, Sie haben nun sämtliche Fragen beantwortet!

Sofern Sie es wünschen, werden wir Sie über die Ergebnisse nach Abschluss der Auswertung des Fragebogens informieren. Hierzu geben Sie uns bitte Ihre E-Mailadresse an.

Ich versichere Ihnen, dass sämtliche Daten anonymisiert ausgewertet und nicht an Dritte weiter gegeben werden.

E-Mailadresse:

Anhang IV: Leitfragen zur Datenerhebung der Good-Practice-Beispiele

1. Welche Entwicklung haben die internen Strukturen im Verlauf des stärkeren Engagements in der Weiterbildung durchlaufen?
   - Wie sahen sie zu Beginn aus?
   - Gab es bereits vereinzelte Organisationseinheiten (z. B. Institute), die in der Weiterbildung tätig waren? Wenn ja, wie wurden die in die jetzige Struktur eingegliedert?
   - Wurde Personal umgeschichtet (z. B. aus der Verwaltung in die Weiterbildung)?
   - Wurde Personal zusätzlich eingestellt?
   - Gab es zu Beginn der Tätigkeiten in der Weiterbildung Probleme, die überwunden werden mussten?
     - Wenn ja, welche? (mangelnde Motivation, wenig Personal etc.?)
     - Wie sind sie überwunden worden?

2. Wie sehen die Organisationsstrukturen aktuell aus?
   - Wie ist die Organisationsform der Weiterbildung?
     - Vertikal organisiert: Zentrale Formen, dezentrale Formen, Mischformen?
     - Horizontal organisiert: Matrixorganisation, Projektorganisation, organisatorische Selbstabstimmungsverfahren, Prozessorganisation, Mischformen?
     - Sind alle Fakultäten aktiv oder nur einige? Wenn nur einige, welche Bereiche (WiWi, Jura, Theologie etc.)?
   - Wie viele Personen sind in der Hochschule mit der Weiterbildung beschäftigt?
     - Herstellen der Leistungsbereitschaft?
     - Durchführen der Weiterbildung?
   - Erfüllen die Mitarbeiter die Weiterbildungsaufgaben in Nebentätigkeit? Ggf. einzelne?
   - Gibt es ein Anreizsystem zur Stärkung des Engagements in der Weiterbildung? Wenn ja, wie sieht das aus?
   - Gibt es evtl. Veränderungspotenzial bezüglich der organisatorischen Strukturen?
   - Wird die Weiterbildung durch Unterstützung von Kooperationspartnern durchgeführt?
     - Welche Teilaufgaben übernehmen diese Kooperationspartner?
     - Wie ist die Kooperation formalisiert (Ausgründungen bzw. Beteiligungen, Verträge: Einzelverträge, Rahmenverträge, Mündliche Absprachen oder informelle runde Tische, sonstiges)?
     - Wie sind diese Kooperationen entstanden?

- Gibt es eine Aufteilung der finanziellen Überschüsse aus der Weiterbildung bzw. eine finanzielle Entlohnung der Kooperationspartner?
- Sind die Kooperationspartner auch an Verlusten aus der Weiterbildung beteiligt?
  - Gibt es Bedarf an weiteren Kooperationen? Wenn ja zur Privatwirtschaft oder zu anderen staatlichen Hochschulen?
  - Erfolgt die Lehre ausschließlich mit internen Dozenten oder auch mit externen? Wenn auch durch externe – wie hoch ist deren Anteil?
  - Wer übernimmt die Weiterentwicklung des Leistungsportfolios der Weiterbildungsprogramme?
    - Spezielle Weiterbildungsabteilungen? Auf welcher Ebene (Fakultät, Hochschule)?
    - Wissenschaftliche Mitarbeiter der Institute?
  - Wer übernimmt die Kommunikationspolitik und die Pressearbeit?
    - Spezielle Weiterbildungsabteilungen? Auf welcher Ebene (Fakultät, Hochschule)?
    - Allgemeine Pressestelle?
    - Was wird im Rahmen der Kommunikationspolitik unternommen?
  - Gibt es ein Qualitätssicherungsverfahren für die wissenschaftliche Weiterbildung? Wenn ja:
    - Wer übernimmt die Konzeption, Durchführung, Weiterentwicklung?
      - Spezielle Weiterbildungsabt.? Auf welcher Ebene (Fakultät, Hochschule)?
      - Wissenschaftliche Mitarbeiter der Institute?
    - Was beinhaltet dieses Qualitätssicherungsverfahren?
  - Wer übernimmt die nicht-wissenschaftlichen Tätigkeiten im Bereich der Verwaltung und Administration (z. B. Marktforschung, Finanzplanung, Studierendenbetreuung, Zahlungsein- und Ausgänge, Kundenakquisition etc.)?
    - Spezielle Weiterbildungsabteilungen?
    - Wissenschaftliche Mitarbeiter der Institute?
  - Wie werden die Weiterbildungsprogramme finanziert?
    - Wer hat zu Beginn des Engagements für die Anschubfinanzierung gesorgt? Förderprogramme, Drittmittel (z. B. Sponsoring, Studienplatzkontingente von Unternehmen, Studiengebühren, Spenden etc.), Landesmittel, hochschuleigene Mittel, sonstiges?
    - Wer sorgt heute für die Anschubfinanzierung neuer Weiterbildungsprogramme? Förderprogramme, Drittmittel (z. B. Sponsoring, Studienplatzkontingente von Unternehmen, Studiengebühren, Spenden etc.), Landesmittel, hochschuleigene Mittel, Überschüsse aus bereits laufenden Programmen, sonstiges?
    - Wer (Abteilung, Personengruppe) übernimmt das Einwerben möglicher externer Finanzierungsquellen?

Literaturverzeichnis

Aachen 2005: Aachen Global Academy, http://www.aglac.de/, Stand: o.A.; Abruf: 07.06.2005.

Aaker 1996: Aaker, D.: Building strong brands, New York et al. 1996.

Abbott 1958: Abbott, L.: Qualität und Wettbewerb: ein Beitrag zur Wirtschaftstheorie, München et al. 1958.

ACQUIN 2004: Beurteilungsmaßstäbe des Akkreditierungs-, Certifizierungs- und Qualitätssicherungs-Institut e.V., http://www.acquin.org/acquincms/index/cms-filesystem-action?file =/Leitfaden100304.pdf, Stand: o.A.; Abruf: 22.06.2004.

ADM 2005: Arbeitskreis deutscher Markt- und Sozialforschungsinstitute e.V.: Online-Befragungen, http://www.adm-ev.de/quali_online_c.html, Stand: o.A.; Abruf: 28.04.2005.

AHPGS e.V. 2004: Qualitätskriterien der Akkreditierungsagentur für Studiengänge im Bereich Heilpädagogik, Pflege, Gesundheit und Soziale Arbeit e.V., http://www.ahpgs.de/, Stand: o.A.; Abruf: 22.06.2004.

Akkreditierungsrat 2004a: Akkreditierungsagenturen, http://www.akkreditierungsrat.de, Stand: o.A.; Abruf: 22.06.2004.

Akkreditierungsrat 2004b: Entscheidungsgrundlagen für die Genehmigung von Studiengängen mit den Abschlüssen Bachelor/Bakkalaureus und Master/Magister in den einzelnen Bundesländern, http://www.akkreditierungsrat.de/Entscheidungsgrundlagen%20050501 .pdf, Stand: 05/2004; Abruf: 16.09.2005.

Ambrosy/Hinsenkamp 2001: Ambrosy, R./Hinsenkamp, M.: Kostenrechnung - Ein Instrument zur internen Hochschulsteuerung. In: Cordes, J./Roland, F./Westermann, G. (Hrsg.): Hochschulmanagement: betriebswirtschaftliche Aspekte der Hochschulsteuerung, Wiesbaden 2001.

Amrhein 1998: Amrhein, D.: Die Universität als Dienstleistungsunternehmen: Innovative Organisationsstrukturen und Motivationskonzepte, 1. Auflage, Wiesbaden 1998.

Andritzky 1976: Andritzky, K.: Die Operationalisierbarkeit von Theorien zum Konsumentenverhalten, Berlin 1976.

Anz 2003: Anz, C.: Wissenschaftliche Weiterbildung durch Hochschulen. In: wissenschaftsmanagement, (2003) 05, S. 8-12.

AQAS e.V. 2004: Leitfaden für Hochschulen zur Erstellung des Akkreditierungsantrags, http://www. aqas.de/leitfaden.php, Stand: o.A.; Abruf: 22.06.2004.

Arbeitsstab 2001: Arbeitsstab Forum Bildung: Qualitätssicherung im internationalen Wettbewerb - Bericht der Expertengruppe des Forum Bildung, http://bildungplus.forumbildung.de/files/experten_neu.pdf, Stand: 2001; Abruf: 21.11.2003

ASIIN 2004: Anforderungen und Verfahrensgrundsätze für die Akkreditierung von Bachelor- und Masterstudiengängen in den Ingenieurwissenschaften, der Informatik, den Naturwissenschaften und der Mathematik, http://www.asiin.de/, Stand: 05/2004; Abruf: 22.06.2004.

Bain 1956: Bain, J.: Barriers to new competition: their character and consequences in manufacturing industries, Cambridge 1956.

Balassa 1961: Balassa, B.: The Theory of economic integration, London 1961.

Bandilla 1999: Bandilla, W.: WWW-Umfragen - Eine Alternative Datenerhebungstechnik für die empirische Sozialforschung? In: Batinic, B./Werner, A./Gräf, L./Bandilla, W. (Hrsg.): Online Research - Methoden, Anwendungen und Ergebnisse, Göttingen 1999, S. 9-19.

Bastian 2002: Bastian, H.: Der Teilnehmer als Kunde - der Bildungsauftrag als Dienstleistung. In: Bastian, H./Beer, W./Knoll, J. (Hrsg.): Pädagogisch denken - wirtschaftlich handeln, Bielefeld 2002, S. 11-24.

BBesG 2004: Bundesbesoldungsgesetz, http://bundesrecht.juris.de/bundesrecht/bbesg/gesamt.pdf, Stand: 07/2004; Abruf: 12.11.2004.

BDA/HRK 2003: Wegweiser der Wissensgesellschaft: zur Zukunfts- und Wettbewerbsfähigkeit unserer Hochschulen, Berlin 2003.

BDA/HRK/DIHK 2003: Weiterbildung durch Hochschulen - Gemeinsame Empfehlungen von BDA, HRK und DIHK, http://www.bda-online.de/www/bdaonline.nsf/id/AD67E83 E6EF4E47FC1256DFA003CF7F8/$file/Weiterbildung_durch_Hochschulen.pdf, Stand: 05/2003; Abruf: 12.03.2004.

Bea/Dichtl/Schweitzer 2004: Bea, F./Dichtl, E./Schweitzer, M.: Allgemeine Betriebswirtschaftslehre, Band 1, 9. Auflage, Stuttgart 2004.

Bea/Göbel 2002: Bea, F./Göbel, E.: Organisation: Theorie und Gestaltung, 2. Auflage, Stuttgart 2002.

Bea/Haas 2001: Bea, F./Haas, J.: Strategisches Management, 3. Auflage, Stuttgart 2001.

Beck 2003: Beck, A.: Die Einkaufsstättenwahl von Konsumenten unter transaktionskostentheoretischen Gesichtspunkten: theoretische Grundlegung und empirische Überprüfung mittels der adaptiven Conjoint-Analyse, http://www.opus-bayern.de/uni-passau/volltexte/2004/31/pdf/abeck.pdf, Stand: 2003; Abruf: 21.08.2005.

Beck/Giddens/Scott 1996: Beck, U./Giddens, A./Scott, L.: Reflexive Modernisierung: eine Kontroverse, Frankfurt am Main 1996.

Becker 1997: Becker, R.: Public Private Partnership. In: wissenschaftsmanagement, (1997) 01, S. 50-51.

Becker 2001: Becker, J.: Einzel-, Familien- und Dachmarken als grundlegende Handlungsoptionen. In: Esch, F. (Hrsg.): Moderne Markenführung: Grundlagen, innovative Ansätze, praktische Umsetzungen, Wiesbaden 2001, S. 297-316.

Becker 2002: Becker, J.: Marketing-Konzeption: Grundlagen des ziel-strategischen und operativen Marketing-Managements, 7. Auflage, München 2002.

Beier 2005: Beier, S.: Hochschul-Sponsoring: Rahmenbedingungen und Faktoren erfolgreicher Kooperationen, 1. Auflage, Wiesbaden 2005.

Bell 1976: Bell, D.: Die nachindustrielle Gesellschaft, 2. Auflage, Frankfurt am Main et al. 1976.

Belz/Bieger 2004: Belz, C./Bieger, T.: Kundenvorteile für Unternehmenserfolge. In: Belz, C./Bieger, T. (Hrsg.): Customer Value: Kundenvorteile schaffen Unternehmensvorteile, Frankfurt am Main 2004, S. 37-142.

Benkenstein et al. 2003: Benkenstein, M./Bastian, A./Pflieger, D./Postler, B.: Marketing-Management für Bildungsinstitutionen, Wiesbaden 2003.

Berlecon 2001: Berlecon Research (Hrsg.): Wachstumsmarkt E-learning. Anforderungen, Akteure und Perspektiven im deutschen Markt, Berlin 2001.

Berndt 2005: Berndt, R.: Marketingstrategie und Marketingpolitik, 4. Auflage, Berlin et al. 2005.

Berry/Parasuraman 1992: Berry, L./Parasuraman, A.: Service-Marketing: Wettbewerbsvorsprung durch erstklassige Qualität, Frankfurt am Main et al. 1992.

Bertelsmann 2003: Bertelsmann Stiftung (Hrsg.): Public Private Partnership und E-Government, Gütersloh, Kassel 2003.

BfW 2004: Qualitätskriterien der Bewertungsstelle für Weiterbildungsangebote AG, http://www.bfw.ch/ eingang.html, Stand: o.A.; Abruf: 22.06.2004.

Bieger/Bickhoff/zu Knyphausen-Aufseß 2002: Bieger, T./Bickhoff, N./zu Knyphausen-Aufseß, D.: Einleitung. In: Bieger, T./ Bickhoff, N./ Caspers, R./ zu Knyphausen-Aufseß, D. et al. (Hrsg.): Zukünftige Geschäftsmodelle, Berlin, Heidelberg et al. 2002, S. 1-11.

Bieger/Rüegg-Stürm/Rohr 2002: Bieger, T./Rüegg-Stürm, J./Rohr, T. v.: Strukturen und Ansätze einer Gestaltung von Beziehungskonfigurationen - Das Konzept Geschäftsmodell. In: Bieger, T./ Bickhoff, N./ Caspers, R./ zu Knyphausen-Aufseß, D. et al. (Hrsg.): Zukünftige Geschäftsmodelle, Berlin, Heidelberg et al. 2002, S. 35-61.

BLK 2000: Multimedia in der Hochschule, Heft 85, http://www.blk-bonn.de/papers/heft85.pdf, Stand: 06/2000; Abruf: 05.04.2005.

BMBF 2002: Grund- und Strukturdaten 2001/2002, Bonn 2002.

BMBF 2004: Kursbuch eLearning 2004. In: DLR-Projektträger (Hrsg.): Neue Medien in der Bildung - Hochschulen, Bonn 2004.

BMBF 2005a: Bundesverfassungsgericht entscheidet über 6. HRG-Novelle, http://www.bmbf.de/ press/1366.php, Stand: 02/2005; Abruf: 26.02.2005.

BMBF 2005b: Berufliche Kompetenz soll für Hochschulstudium nutzen - BMBF fördert Anrechenbarkeit beruflicher Kompetenzen fürs Studium, http://www.bmbf.de/_media/ press/akt_20050909-215.pdf, Stand: 09/2005; Abruf: 20.09.2005.

Bochum 2005: Akademie der Ruhr-Universität gGmbH, http://www.akademie.ruhr-uni-bochum.de/, Stand: o.A.; Abruf: 07.06.2005.

Böcker 1978: Böcker, F.: Die Bestimmung der Kaufverbundenheit von Produkten, Berlin 1978.

Bodendorf 1999: Bodendorf, F.: Wirtschaftsinformatik im Dienstleistungsbereich, Berlin, Heidelberg, New York 1999.

Bodenstein/Spiller 1998: Bodenstein, G./Spiller, A.: Marketing: Strategien, Instrumente und Organisation, Landsberg/Lech 1998.

Bogaschewsky/Rollberg 1998: Bogaschewsky, R./Rollberg, R.: Prozeßorientiertes Management, Berlin et al. 1998.

Bogner/Mayer 2000: Bogner, W./Mayer, M.: Die Validität von Onlinebefragungen II - Land in Sicht? In: Planung und Analyse, 1, (2000) S. 50-55.

Bohrnstedt 1983: Bohrnstedt, G.: Measurement. In: Rossi, P./Wright, J./Anderson, A. (Hrsg.): Handbook of Survey Research, Orlando, Florida 1983, S. 69-121.

Bolsenkötter 1976: Bolsenkötter, H.: Okonomie der Hochschule: Die Hochschule als Dienstleistungsbetrieb. Eine betriebswirtschaftliche Untersuchung. WIBERA-Projektgruppe, Band 1, Baden-Baden 1976.

Böltken 1976: Böltken, F.: Auswahlverfahren: eine Einführung für Sozialwissenschaftler, Stuttgart 1976.

Böning-Spohr 2003: Böning-Spohr, P.: Controlling für Medienunternehmen im Online-Markt: Gestaltung ausgewählter Controllinginstrumente, Göttingen 2003.

Bortz/Döring 2003: Bortz, J./Döring, N.: Forschungsmethoden und Evaluation für Human- und Sozialwissenschaftler, 3. überarbeitete Auflage, Heidelberg 2003.

Botti/Junga 2004: Botti, J./Junga, C.: Fit für den Wandel. Strategieentwicklung und -umsetzung in der Wissenschaft. In: wissenschaftsmanagement, (2004) 1, S. 20-26.

Boulding et al. 1993: Boulding, W./Kalra, A./Staelin, R./Zeithaml, V.: A Dynamic Process Model of Service Quality: From Expectations to Behavioral Intentions. In: Journal of marketing research, (1993) 1, S. 7-27.

Brackmann/Kran 2004: Brackmann, H./Kran, D.: Der MBA-Guide 2004, München/Unterschleißheim 2004.

Brand 1974: Brand, E.: Der Lebenszyklus von Produkten und sein Einfluss auf die Preispolitik der Unternehmung, 1974.

Breitner/Hoppe 2005: Breitner, M./Hoppe, G.: A Glimpse at Business Models and Evaluation Approaches for Electronic(E)-learning. In: Breitner, M./Hoppe, G. (Hrsg.): E-Learning - Einsatzkonzepte und Geschäftsmodelle, Heidelberg 2005, S. 179-194.

Breuer 2001: Breuer, J.: Kooperative Lernformen beim E-Learning einsetzen. In: Hohenstein, A./Wilbers, K. (Hrsg.): Handbuch E-Learning, Grundwerk, Kap. 4.2, Neuwied, Köln, München 2001, S. 1-20.

Breustedt 2004: Breustedt, T.: Neuordnung der Hochschulzulassung stärkt Abitur und Auswahlrecht der Hochschulen, http://idw-online.de/pages/de/news93990, Stand: 12/2004; Abruf: 09.12.2004.

Brockhoff 1999: Brockhoff, K.: Produktpolitik, 4. Auflage, Stuttgart 1999.

Bruhn 2001: Bruhn, M.: Relationship Marketing: das Management von Kundenbeziehungen, München 2001.

Bruhn 2004: Bruhn, M.: Qualitätsmanagement für Dienstleistungen: Grundlagen, Konzepte, Methoden, 5. Auflage, Berlin et al. 2004.

Bruhn 2005: Bruhn, M.: Kommunikationspolitik: systematischer Einsatz der Kommunikation für Unternehmen, 3. Auflage, München 2005.

Budäus 1999: Budäus, D.: Neue Kooperationsformen von öffentlichen Verwaltungen und privaten Unternehmen. Zürich 1999, S. 191-203.

Budäus 2000: Budäus, D.: Erfüllung öffentlicher Aufgaben durch Public Private Partnership (PPP) bei gewandeltem Funktions- und Rollenverständnis von Staat und Verwaltungen - innovative Formen der Kooperation zwischen privatem und öffentlichem Sektor. Wiesbaden 2000, S. 191-201.

Budäus 2003: Budäus, D.: Neue Kooperationsformen zur Erfüllung öffentlicher Aufgaben. Baden-Baden 2003, S. 213-233.

Budäus 2004: Budäus, D.: Public Private Partnership - Strukturierung eines nicht ganz neuen Problemfeldes. In: Zeitschrift Führung + Organisation (zfo), (2004) 6, S. 312-318.

Budäus/Grüning 1997: Budäus, D./Grüning, G.: Public Private Partnership - Konzeption und Probleme eines Instruments zur Verwaltungsreform aus Sicht der Public Choice Theorie. 1. Auflage, Baden-Baden 1997, S. 25-66.

Chesbrough/Rosenbloom 2002: Chesbrough, H./Rosenbloom, R.: The role of the business model in capturing value from innovation: evidence from Xerox Corporation's technology spin-off companies. In: Industrial and Corporate Change, 11, (2002) 3, S. 529-555.

Chevaillier/Eicher 2002: Chevaillier, T./Eicher, J.: Higher Education Funding: A Decade of Changes. In: Higher Education in Europe, (2002) 1-2, S. 89-99.

Chmielewicz 1994: Chmielewicz, K.: Forschungskonzeption der Wirtschaftswissenschaft, 3. Auflage, Stuttgart 1994.

Chrobok 1998: Chrobok, R.: Netzwerk. In: Zeitschrift Führung + Organisation (zfo), (1998) 4, S. 242-243.

Coase 1937: Coase, R.: The nature of the firm. In: Economica, (1937) 11, S. 386-405.

Dallinger/Gieseke 2004: Dallinger, P./Gieseke, L.: Kein Grund, länger zu warten. Ein Plädoyer für eine Änderung der HRG-Regelung für den Studienzugang. In: Forschung & Lehre, (2004) 3, S. 142-143.

Day/Wensley 1988: Day, G./Wensley, R.: Assessing advantage: a framework for diagnosing competitive superiority. In: Journal of marketing, 52, (1988) 2, S. 1-20.

Deiser 1998: Deiser, R.: Corporate Universities - Modeerscheinung oder strategischer Erfolgsfaktor? In: Organisationsentwicklung, (1998) 1, S. 36-49.

Deutscher Bildungsrat 1970: Deutscher Bildungsrat (Hrsg.): Empfehlungen der Bildungskommission, Strukturplan für das Bildungswesen, Stuttgart 1970.

Dichtl/Andritzky/Schober 1977: Dichtl, E./Andritzky, K./Schober, S.: Ein Verfahren zur Abgrenzung des 'relevanten Marktes' auf Basis von Produktperzeptionen. In: WiSt, (1977) 6, S. 290-301.

Diederich 1989: Diederich, H.: Ziele öffentlicher Unternehmen. In: Chmielewicz, K./Eichhorn, P. (Hrsg.): Handwörterbuch der öffentlichen Betriebswirtschaft, Stuttgart 1989, Sp. 1856-1867.

Diekmann 1995: Diekmann, A.: Empirische Sozialforschung, Grundlagen, Methoden, Anwendungen, Hamburg 1995.

Diller 1977: Diller, H.: Der Preis als Qualitätsindikator. In: Die Betriebswirtschaft, (1977) 2, S. 219-234.

DIN 2000a: Deutsches Institut für Normung e.V.: DIN EN ISO 9000:2000 - Qualitätsmanagementsysteme. Grundlagen und Begriffe, Berlin 2000.

DIN 2000b: Deutsches Institut für Normung e.V.: DIN EN ISO 9001:2000 - Qualitätsmanagementsysteme. Anforderungen, Berlin 2000.

Dobrindt 2005: Dobrindt, M.: Hochschulkostenrechnung: Konzeptionelle Überlegungen für ein Referenzmodell, Lohmar 2005.

Dohmen 1996: Dohmen, G.: Das lebenslange Lernen: Leitlinien einer modernen Bildungspolitik, Bonn 1996.

Dohmen 2003a: Dohmen, D.: Organisation und Finanzierung akademischer Weiterbildung, http://www. fibs-koeln.de/forum_014.pdf, Stand: 02/2003; Abruf: 08.04.2005.

Dohmen 2003b: Dohmen, D.: Alternative Formen der Finanzierung beruflicher Weiterbildung. Vortrag bei dem 4. BIBB-Fachkongress 'Berufsbildung für eine globale Gesellschaft - Perspektiven im 21. Jahrhundert' vom 23.-25. Oktober 2002 in Berlin.

Dohmen/Michel 2003: Dohmen, D./Michel, L.: Marktpotenziale und Geschäftsmodelle für eLearning-Angebote deutscher Hochschulen, Bielefeld 2003.

Dölle et al. 2005: Dölle, F./ Jenkner, P./ Otte, C./ Quiram, S. et al.: Ausstattungs-, Kosten- und Leistungsvergleich Universitäten 2002: Kennzahlenergebnisse für die Länder Berlin, Bremen, Hamburg, Mecklenburg-Vorpommern, Sachsen-Anhalt und Schleswig-Holstein, Hannover 2005.

Drees 1997: Drees, N.: Sportsponsoring, 3. Auflage, Wiesbaden 1997.

Dresden 2005: Technische Universität Dresden Institute of Advanced Studies GmbH (TUDIAS), http://www.tudias.de/templates/index.php?topic=tu_interne_wb, Stand: o. A.; Abruf: 07.06.2005.

Drexel 2005: Drexel, I.: Frankreichs Fondssystem: eine Alternative zu 'Eigenverantwortung' und 'Co-Investition' der Arbeitnehmer für Weiterbildung. In: Faulstich, P./Bayer, M. (Hrsg.): Lerngelder: für öffentliche Verantwortung in der Weiterbildung, Hamburg 2005, S. 65-80.

Dubach/Frey 2002: Dubach, E./Frey, H.: Sponsoring: der Leitfaden für die Praxis, 3. Auflage, Bern et al. 2002.

Dubs 1995: Dubs, R.: Lehrerverhalten. Ein Beitrag zur Interaktion von Lehrenden und lernenden im Unterricht, Zürich 1995.

Duhnkrack 1984: Duhnkrack, T.: Zielbildung und strategisches Zielsystem der internationalen Unternehmung, Göttingen 1984.

DUK 2004: Geschäftsbericht der Donau-Universität Krems für das Jahr 2003, http://www.donau-uni.ac.at/imperia/md/content/donau-uni/gb_und_wb/gb03.pdf, Stand: 04/2004; Abruf: 30.08.2005.

ECTS 2003: European Credit Transfer System, http://europa.eu.int/comm/education/ programmes/socrates/ects_en.html, Stand: 11/2003; Abruf: 27.01.2004.

eduQua 2004: eduQua: Handbuch eduQua-Zertifizierung: Information über das Verfahren, Anleitung zur Zertifizierung, http://www.eduqua.ch/pdf/eduqua_handbuch.pdf, Stand: 2004; Abruf: 22.06.2004.

EFQM 1999: Das EFQM-Modell für Excellence, Brüssel 1999.

EFQM 2004: Das EFQM-Modell, http://www.deutsche-efqm.de/, Stand: 11/2004; Abruf: 02.09.2005.

Ehlers 2002a: Ehlers, U.: Qualität beim E-Learning: Der Lernende als Grundkategorie bei der Qualitätssicherung. In: medienPädagogik, Onlinezeitschrift, www.medienpaed.com, (2002) S. 1-20.

Ehlers 2002b: Ehlers, I.: Fundraising für Hochschulen: Spenden, Sponsoring und Stiftungen als Chance, Bad Boll 2002.

Ehlers/Pawlowski/Goertz 2003: Ehlers, U./Pawlowski, J./Goertz, L.: Qualität von E-Learning kontrollieren. In: Hohenstein, A./Wilbers, K. (Hrsg.): Handbuch E-Learning, 6. Erg.-Lfg., Kap. 4.8, Neuwied, Köln, München, 2003, S. 1-29.

Ehses/Heinen-Tenrich/Zech 2002: Ehses, C./Heinen-Tenrich, J./Zech, R.: Das lernerorientierte Qualitätsmodell für Weiterbildungsorganisationen: BLK-Modellversuch: Lernerorientierte Qualitätstestierung in Weiterbildungsnetzwerken, 3. Auflage, Hannover 2002.

ELDOC 2005: E-Learning Documentation Maßnahmendatenbank, http://www.eldoc.info/, Stand: o.A.; Abruf: 28.07.2005.

Erichsen 1995: Erichsen, H.: Qualitätssicherung in Forschung, Lehre und Management. In: Müller-Böling, D. (Hrsg.): Qualitätssicherung in Hochschulen: Forschung - Lehre - Management, Gütersloh 1995, S. 19-26.

Erichson 2002: Erichson, B.: Prüfung von Produktideen und -konzepten. In: Albers, S./Herrmann, A. (Hrsg.): Handbuch Produktmanagement: Strategieentwicklung - Produktplanung - Organisation - Kontrolle, 2. Auflage, Wiesbaden 2002, S. 413-438.

Ernst 2001: Ernst, O.: Multimediale versus abstrakte Produktpräsentationsformen bei der adaptiven Conjoint-Analyse: ein empirischer Vergleich, Frankfurt am Main et al. 2001.

Erpenbeck/Sauer 2001: Erpenbeck, J./Sauer, J.: Das Forschungs- und Entwicklungsprogramm 'Lernkultur Kompetenzentwicklung'. Berlin 2001, S. 9-66.

Esch 2001: Esch, F.: Wirkung integrierter Kommunikation: ein verhaltenswissenschaftlicher Ansatz für die Werbung, 3. Auflage, Wiesbaden 2001.

Escher 2001: Escher, H.: Public Relations für wissenschaftliche Hochschulen: systemtheoretische Grundlegung und exemplarische Modellierung im Wettbewerbsumfeld, München et al. 2001.

Euler 2001: Euler, D.: Selbstgesteuertes Lernen mit Multimedia und Telekommunikation gestalten. In: Hohenstein, A./Wilbers, K. (Hrsg.): Handbuch E-Learning, Grundwerk, Kapitel 4.1, Köln 2001, S. 1-20.

Expertenkommission 2004: Finanzierung Lebenslangen Lernens - der Weg in die Zukunft: Schlussbericht der Expertenkommission 'Finanzierung Lebenslangen Lernens', Bielefeld 2004.

Faber 2001: Faber, K.: Qualitätsmanagement und Organisationsentwicklung an Hochschulen. In: Cordes, J./Roland, F./Westermann, G. (Hrsg.): Betriebswirtschaftliche Aspekte der Hochschulsteuerung, Wiesbaden 2001, S. 122-142.

Faulstich 2004: Faulstich, P.: Ressourcen der allgemeinen Weiterbildung in Deutschland, Bielefeld 2004.

Faulstich/Bayer 2005: Faulstich, P./Bayer, M.: Lerngelder: für öffentliche Verantwortung in der Weiterbildung, Hamburg 2005.

FIBAA 2004: Qualitätsstandards und Selbstdokumentationen der Foundation for International Business Administration Accreditation, http://www.fibaa.de/ger/hochsc/mbasta/mbasta.html, Stand: o. A.; Abruf: 22.06.2004.

Fischer-Blum/Wolff 2001: Fischer-Blum, K./Wolff, K.: Qualitätssicherung und Qualitätsentwicklung im Hochschulbereich. Online abrufbar: http://bildungplus.forumbildung.de/files/experten_neu.pdf 2001, S. 48-59.

Foray/Lundvall 1996: Foray, D./Lundvall, B.: The Knowledge-Based Economy: From the Economics of Knowledge to the Learning Economy. In: OECD (Hrsg.): Employment and Growth in the Knowledge-Based Economy, Paris 1996, S. 11-32.

Forschung und Lehre 1997: Zeitgerechte Leistungs- und Verwaltungsstrukturen für Universitäten. In: Forschung & Lehre, Sonderbeilage des Arbeitskreises Qualität und Effizienz der Hochschulverwaltung der Universitätskanzler der Bundesrepublik Deutschland, (1997) 07, S. 4-13.

Frackmann/de Weert 1993: Frackmann, R./de Weert, E.: Hochschulpolitik in der Bundesrepublik Deutschland. In: Bertelsmann Stiftung (Hrsg.): Hochschulpolitik im internationalen Vergleich, Gütersloh 1993, S. 69-104.

Frankfurter Institut 1993: Frankfurter Institut für wirtschaftspolitische Forschung e.V.: Zur Reform der Hochschulen, Schriftenreihe: Band 27, Bad Homburg 1993.

Frese 2000: Frese, E.: Grundlagen der Organisation: Konzept - Prinzipien - Strukturen, 8. Auflage, Wiesbaden 2000.

Frey 2002: Frey, U.: Evaluation der Weiterbildung für Klein- und Mittelunternehmen (KMU) aus Anbieter- und Nachfragersicht, Bamberg 2002.

Friedrichs 1990: Friedrichs, J.: Methoden empirischer Sozialforschung, 14. Auflage, Opladen 1990.

Fritz 1996: Fritz, W.: Marketing als Konzeption des Wissenschaftsmanagements (Teil II). In: wissenschaftsmanagement, (1996) 2, S. 74-80.

Gaitanides 1983: Gaitanides, M.: Prozeßorganisation: Entwicklung, Ansätze und Programme prozeßorientierter Organisationsgestaltung, München 1983.

GATE 2004: GATE Germany: Konsortium für internationales Hochschulmarketing, http://www.gate-germany.de, Stand: 2004; Abruf: 09.09.2005.

Gerhard 2004: Gerhard, J.: Die Hochschulmarke: ein Konzept für deutsche Universitäten, Lohmar et al. 2004.

Gerpott/Wittkemper 1991: Gerpott, T./Wittkemper, G.: Verkürzung von Produktentwicklungszeiten. In: Booz, A. &. H. (Hrsg.): Integriertes Technologie- und Innovationsmanagement, Berlin 1991, S. 117-150.

Glöckler 1995: Glöckler, T.: Strategische Erfolgspotentiale durch Corporate Identity: Aufbau und Nutzung, Wiesbaden 1995.

Gmür 1999: Gmür, M.: Strategisches Management für Nonprofit-Organisationen, http://www.ub.uni-konstanz.de/v13/volltexte/1999/355//pdf/355_1.pdf, Stand: 1999; Abruf: 27.05.2005.

Gnahs 2002: Gnahs, D.: Aktuelle statistische Ergebnisse zur Weiterbildung. In: Grundlagen der Weiterbildung, (2002) 4, S. 205-208.

Goerdt 1999: Goerdt, T.: Die Marken- und Einkaufsstättentreue der Konsumenten als Bestimmungsfaktoren des vertikalen Beziehungsmarketing: theoretische Grundlegung und empirische Analysen für das Category Management, Nürnberg 1999.

Goldstein/Maier/Luger 1995: Goldstein, H./Maier, G./Luger, M.: The University as an Instrument for Economic and Business Development. In: Dill, D./Sporn, B. (Hrsg.): Emerging patterns of social demand and university reform: through a glass darkly, Tarrytown, N.Y., U.S.A 1995, S. 105-139.

Gonon 2001: Gonon, P.: Qualitätssysteme auf dem Prüfstand: die neue Qualitätsdiskussion in Schule und Bildung, 3. Auflage, Aarau 2001.

Gordon 1961: Gordon, W.: Synectics: the development of creative capacity, New York et al. 1961.

Götte/Kümmerlein 1996: Götte, A./Kümmerlein, K.: Der Einsatz von Multimedia in der Marktforschung. In: Planung Analyse, (1996) 6, S. 36-41.

Götze/Bosse 2000: Götze, U./Bosse, C.: Kostenrechnung und Kostenmanagement, 2. Auflage, Chemnitz 2000.

Götze/Mikus 1999: Götze, U./Mikus, B.: Strategisches Management, Chemnitz 1999.

Graf Strachwitz 2002: Graf Strachwitz, R.: Rechtliche und steuerliche Aspekte von Fundraising an Hochschulen. In: Evangelische Akademie Bad Boll (Hrsg.): Fundraising für Hochschulen: Spenden, Sponsoring und Stiftungen als Chance, Bad Boll 2002, S. 62-66.

Graumann 1983: Graumann, J.: Die Dienstleistungsmarke: Charakterisierung und Bewertung eines neuen Markentypus aus absatzwirtschaftlicher Sicht, München 1983.

Greiling 2002: Greiling, D.: Public Private Partnership. In: WiSt, (2002) 06, S. 339-342.

Grenzendörffer 1998: Grenzendörffer, K.: Stakeholder-Prozesse in der Weiterbildung, Bremen 1998.

Grob/vom Brocke/Bensberg 2005: Grob, H./vom Brocke, J./Bensberg, F.: Finanzwirtschaftliche Bewertung von Geschäftsmodellen im E-Learning: Konzeption, Methoden, Perspektiven. In: Breitner, M./Hoppe, G. (Hrsg.): E-Learning - Einsatzkonzepte und Geschäftsmodelle, Heidelberg 2005, S. 101-116.

Grochla 1972: Grochla, E.: Die Kooperation von Unternehmen aus organisationstheoretischer Sicht. Tübingen 1972, S. 1-18.

Grönroos 1990: Grönroos, C.: Service management and marketing: managing the moments of truth in service competition, Lexington 1990.

Grundwald/Kieser 2003: Grundwald, R./Kieser, A.: Lernen nicht zu lernen. In: Harvard Business manager, (2003) 7, S. 35-43.

Guellali 2004: Guellali, M.: Vergleichende Analyse von Kriterien und Modellen der Qualitätssicherung und -entwicklung – Erarbeitung eines modellunabhängigen Qualitätsrahmens für die Selbstevaluation beruflicher Weiterbildungseinrichtungen, Dresden 2004.

Günter 2003: Günter, B.: Beschwerdemanagement als Schlüssel zur Kundenzufriedenheit. In: Simon, H./Homburg, C. (Hrsg.): Kundenzufriedenheit: Konzepte - Methoden - Erfahrungen, Wiesbaden 2003, S. 291-312.

Haedrich/Tomczak 1996: Haedrich, G./Tomczak, T.: Produktpolitik, Stuttgart et al. 1996.

Hagenhoff 2002: Hagenhoff, S.: Universitäre Bildungskooperationen - Gestaltungsvarianten für Geschäftsmodelle, 1. Auflage, Wiesbaden 2002.

Hagenhoff/Knust 2004: Hagenhoff, S./Knust, M.: Education Networks: Expected Market- and Cost-Oriented Benefits. In: Howard, C./Schenk, K./Discenza, R. (Hrsg.): Distance Learning and University Effectiveness: Changing Educational Paradigms for Online Learning, Hershey / USA 2004, S. 302-321.

Haibach 2002: Haibach, M.: Professionelles Fundraising: Was dies konkret für Hochschulen bedeutet. In: Evangelische Akademie Bad Boll (Hrsg.): Fundraising für Hochschulen: Spenden, Sponsoring und Stiftungen als Chance, Bad Boll 2002, S. 10-30.

Haibach 2004: Haibach, M.: Fundraising-Management: Von 'Zufallstreffern' zu Dauererfolgen. In: Hochschulrektorenkonferenz (Hrsg.): Alternativen in der Hochschulfinanzierung, Bonn 2004, S. 77-89.

Hamel 1992: Hamel, W.: Zielsysteme. In: Frese, E. (Hrsg.): Handwörterbuch der Organisation, 3. Auflage, Stuttgart 1992, S. Sp. 2634-2652.

Hanft 2000: Hanft, A.: Leitbilder an Hochschulen - Symbolisches oder strategisches Management? In: Hanft, A. (Hrsg.): Hochschulen managen? Zur Reformierbarkeit der Hochschulen nach Managementprinzipien, Neuwied 2000, S. 121-133.

Hartz 2004: Hartz, S.: Qualität in der Weiterbildung: Die Perspektivengebundenheit von Qualitätsanforderungen am Beispiel der Differenz von Organisation und Profession. In: Fröhlich, W./Jütte, W. (Hrsg.): Qualitätsentwicklung in der postgradualen Weiterbildung, Münster 2004, S. 231-248.

Haug 2004: Haug, H.: Ausreichend finanziert? Die finanzielle Situation der Universitäten in Trägerschaft der Länder. In: Forschung & Lehre, (2004) 9, S. 486-489.

Hauschildt 2004: Hauschildt, J.: Innovationsmanagement, 3. Auflage, München 2004.

Heidelberg 2005: Heidelberg: Akademie für wissenschaftliche Weiterbildung, http://www.akademie-fuer-weiterbildung.de/, Stand: o. A.; Abruf: 07.06.2005.

Heinen 1966: Heinen, E.: Das Zielsystem der Unternehmung: Grundlagen betriebswirtschaftlicher Entscheidungen, Wiesbaden 1966.

Heinold-Krug/Griep/Klenk 2001: Heinold-Krug, E./Griep, M./Klenk, W.: EFQM: Version Erwachsenenbildung/Weiterbildung, Frankfurt 2001.

Heinrich/Leist 2000: Heinrich, B./Leist, S.: Bankenarchitekturen im Informationszeitalter - Zur Rolle des Geschäftsmodells. In: Österle, H./Winter, R. (Hrsg.): Business Engineering - Auf dem Weg zum Unternehmen des Informationszeitalters, Berlin, Heidelberg, New York 2000, S. 141-165.

Heinz 1993: Heinz, W.: Public Private Partnership ein neuer Weg zur Stadtentwicklung, Stuttgart 1993.

Heise 2001: Heise, S.: Hochschulkostenrechnung: Forschung durch Entwicklung ausgehend vom Projekt der Fachhochschule Bochum, Lohmar et al. 2001.

Helferich 2004: Helferich, A.: Hochschulmarketing. In: wissenschaftsmanagement, (2004) 6, S. 35-37.

Hentschel 1990: Hentschel, B.: Die Messung der wahrgenommenen Dienstleistungsqualität mit SERVQUAL. In: Marketing ZFP, (1990) 4, S. 230-240.

Herm et al. 2003: Herm, B./Koepernik, C./Leuterer, V./Wolter, A.: Lebenslanges lernen und Weiterbildung im deutschen Hochschulsystem - Eine explorative Studie zu den Implementierungsstrategien deutscher Hochschulen. Arbeitsbericht der Fakultät für Erziehungswissenschaften der Technischen Universität Dresden, Dresden 2003.

Hermann/Glogger 1998: Hermann, A./Glogger, A.: Management des Hochschulsponsoring, Orientierungshilfen für die Gestaltung und Umsetzung von Sponsoringkonzepten an Hochschulen, Neuwied, Kriftel, Berlin 1998.

Hermanns/Glogger 1998: Hermanns, A./Glogger, A.: Management des Hochschulsponsoring: Orientierungshilfen für die Gestaltung und Umsetzung von Sponsoringkonzepten an Hochschulen, Neuwied et al. 1998.

Hess 2002: Hess, T.: Netzwerkcontrolling: Instrumente und ihre Werkzeugunterstützung, Wiesbaden 2002.

Heß 2003: Heß, J.: Weiterbildung der Weiterbildung. In: wissenschaftsmanagement, (2003) 6, S. 4-6.

Hess 2004: Hess, T.: Medienunternehmen im Spannungsfeld von Mehrfachverwertung und Individualisierung - eine Analyse für statische Inhalte. In: Zerdick, A./ Picot, A./ Schrape, K./ Burgelmann, J. et al. (Hrsg.): E-Merging Media: Kommunikation und Medienwirtschaft der Zukunft, Berlin et al. 2004, S. 59-78.

Hochschulgebührengesetz 2004: Gesetz zur Aufhebung des Hochschulgebührengesetzes, zur Einführung von Studienkonten und zur Erhebung von Hochschulgebühren sowie Änderung des Hochschulgesetzes, http://www.mwf.nrw.de/Hochschulen_in_NRW/ Recht/StKFG_HG.html, Stand: 01/2004; Abruf: 08.12.2004.

Hödl/Zegelin 1999: Hödl, E./Zegelin, W.: Hochschulreform und Hochschulmanagement - eine kritische Bestandsaufnahme der aktuellen Diskussion, Marburg 1999.

Höfer 1997: Höfer, S.: Strategische Allianzen und Spieltheorie: Analyse des Bildungsprozesses strategischer Allianzen und planungsunterstützender Einsatzmöglichkeiten der Theorie der strategischen Spiele, Lohmar et al. 1997.

Hofstätter/Gerth 1977: Hofstätter, H./Gerth, E.: Die Erfassung der langfristigen Absatzmöglichkeiten mit Hilfe des Lebenszyklus eines Produktes, Würzburg et al 1977.

Höftmann 2001: Höftmann, B.: Public Private Partnership als Instrument der kooperativen und sektorübergreifenden Leistungsbereitstellung: dargestellt an der neu strukturierten Abfallwirtschaft, Lütjensee 2001.

Holtbrügge 2001: Holtbrügge, D.: Neue Organisationsformen. In: Zeitschrift Führung + Organisation (zfo), (2001) 6, S. 338-345.

Holtkamp/Kazemzadeh 1989: Holtkamp, R./Kazemzadeh, F.: Das Engagement der Hochschulen in der Weiterbildung: Situation und Perspektiven, Hannover 1989.

Homburg 2000: Homburg, C.: Quantitative Betriebswirtschaftslehre: Entscheidungsunterstützung durch Modelle, 3. Auflage, Wiesbaden 2000.

Homburg/Krohmer 2003: Homburg, C./Krohmer, H.: Marketingmanagement: Strategie - Instrumente - Umsetzung - Unternehmensführung, 1. Auflage, Wiesbaden 2003.

Hoyningen-Huene 2004: Hoyningen-Huene, D. v.: Grußwort. In: Hochschulrektorenkonferenz (Hrsg.): Alternativen in der Hochschulfinanzierung, Bonn 2004, S. 1-8.

HRG 2002: Hochschulrahmengesetz, http://www.bmbf.de/pub/hrg_20020815.pdf, Stand: 08/2002; Abruf: 03.02.2004.

HRK 2003: European Credit Transfer and Accumulation System, http://www.hrk.de/de/service_fuer_ hochschulmitglieder/154.php, Stand: 2003; Abruf: 27.01.2004.

HRK 2004a: Im Brennpunkt: Die Hochschulfinanzierung, http://www.hrk.de/de/home/112.php, Stand: 09/2004; Abruf: 04.03.2005.

HRK 2004b: Hochschulrektorenkonferenz (Hrsg.): Alternativen in der Hochschulfinanzierung: Sponsoring, Fundraising, Stiftungen, Bonn 2004.

HRK 2005: Staatliche Hochschulen in Deutschland, http://www.hochschulkompass.de/, Stand: o. A.; Abruf: 26.09.2005.

Huber 2003: Huber, A.: Public Private Partnership - IT-Beteiligungsmanagement zwischen M&A und Max Weber. In: Information Management & Consulting, 18, (2003) 01, S. 108-115.

Hungenberg 2000: Hungenberg, H.: Strategisches Management in Unternehmen - Ziele, Prozesse, Verfahren, Wiesbaden 2000.

Ipsen 2005: Ipsen, J.: Ranking juristischer Fakultäten in Deutschland. In: Forschung & Lehre, (2005) 5, S. 248-249.

Jaich 2005: Jaich, R.: Individuelle Bildungskonten, Bildungsgutscheine, Bildungsfonds - innovative Instrumente? In: Faulstich, P./Bayer, M. (Hrsg.): Lerngelder: für öffentliche Verantwortung in der Weiterbildung, Hamburg 2005, S. 128-143.

Kamin 2004: Kamin, O.: Mehrfachverwendbare elektronische Lehr-/Lernarrangements, Köln 2004.

Kamin/Hagenhoff 2004: Kamin, O./Hagenhoff, S.: Modular Web-Based Teaching and Learning Environment as a Way to Improve E-Learning. In: Howard, C./Schenk, K./Discenza, R. (Hrsg.): Distance Learning and University Effectiveness: Changing Educational Paradigms for Online Learning, Hershey / USA 2004, S. 190-212.

Kapferer 2000: Kapferer, J.: Strategic brand management: Creating and sustaining brand equity long term, 2. Auflage, London et al. 2000.

Kaplan/Norton 1998: Kaplan, R./Norton, D.: Balanced Scorecard: Strategien erfolgreich umsetzen, Stuttgart 1998.

Keating 2002: Keating, M.: Geschäftsmodelle für Bildungsportale - Einsichten in den US-amerikanischen Markt. In: Bentlage, U./Glotz, P./Hamm, I./Hummel, J. (Hrsg.): E-Learning: Märkte, Geschäftsmodelle, Perspektiven, Gütersloh 2002, S. 57-77.

Kerin/Harvey/Rothe 1978: Kerin, R./Harvey, M./Rothe, J.: Cannibalism and New Product Development. In: Business Horizons, (1978) 5, S. 25-31.

Kerstermann 1992: Kerstermann, R.: Public Private Partnership in den USA und der Bundesrepublik Deutschland. Bonn-Bad Godesberg 1992, S. 7-41.

Kiefer/Spiller 2004: Kiefer, S./Spiller, A.: Zentrale versus dezentrale Organisationsstrukturen bei Weiterbildungseinrichtungen an Hochschulen. In: Deutsche Gesellschaft für wissenschaftliche Weiterbildung und Fernstudium (DGWF) e.V. (Hrsg.): Profil und Qualität wissenschaftlicher Weiterbildung zwischen Wirtschaftlichkeit und Wissenschaft, Hamburg 2004, S. 187-197.

Kieser 1998: Kieser, A.: Going Dutch - Was lehren niederländische Erfahrungen mit der Evaluation universitärer Forschung? In: Die Betriebswirtschaft, (1998) 2, S. 208-224.

Kiesler/Siegel/McGuire 1984: Kiesler, S./Siegel, J./McGuire, T.: Social Psychological Aspects of Computer-Mediated Communication. In: American Psychologist, (1984) 10, S. 1123-1134.

Kirsch 1997: Kirsch, D.: Public Private Partnership, Köln 1997.

Klages 1991: Klages, H.: Wertewandel: Rückblick, Gegenwartsanalyse, Ausblick. In: Feix, W. (Hrsg.): Personal 2000: Visionen und Strategien erfolgreicher Personalarbeit, Frankfurt am Main 1991, S. 51-78.

Kleimann 2005: Kleimann, B.: E-Learning-Geschäftsmodelle für Hochschulen. In: Breitner, M./Hoppe, G. (Hrsg.): E-Learning - Einsatzkonzepte und Geschäftsmodelle, Heidelberg 2005, S. 225-240.

Kleimann/Wannemacher 2004: Kleimann, B./Wannemacher, K.: E-Learning an deutschen Hochschulen - Von der Projektentwicklung zur nachhaltigen Implementierung. In: HIS Hochschul-Informations-System GmbH (Hrsg.): Hochschulplanung, Hannover 2004.

KMK 2002: Anrechnung von außerhalb des Hochschulwesens erworbenen Kenntnissen und Fähigkeiten auf ein Hochschulstudium, http://www.kmk.org/doc/beschl/anrechnung.pdf, Stand: 06/2002; Abruf: 02.03.2005.

KMK 2003: Prognose der Studienanfänger, Studierenden und Hochschulabsolventen bis 2020, http://www.kultusministerkonferenz.de/statist/home1.htm, Stand: 03/2003; Abruf: 09.03.2005.

KMK 2004: Einordnung der Bachelorausbildungsgänge an Berufsakademien in die konsekutive Studienstruktur. Beschluss der KMK vom 15.10.2004, http://www.kmk.org/hschule/home.htm, Stand: 10/2004; Abruf: 07.04.2005.

KMK 2005: Ländergemeinsame Strukturvorgaben gemäß § 9 Abs. 2 HRG für die Akkreditierung von Bachelor- und Masterstudiengängen, http://www.kmk.org/doc/beschl/strukvorgaben.pdf, Stand: 04/2005; Abruf: 16.09.2005.

Knight 1967: Knight, K.: A Descriptive Model of the Intra-Firm Innovation-Process. In: Journal of Business, (1967) 40, S. 478-496.

Knoblich 1969: Knoblich, H.: Zwischenbetriebliche Kooperationen. In: Zeitschrift für Betriebswirtschaft, (1969) 08, S. 497-514.

Knust/Hagenhoff 2005: Knust, M./Hagenhoff, S.: The Cooperation Solution for Universities. In: Howard, C./ Boettcher, J./ Justice, L./ Schenk, K. et al. (Hrsg.): Encyclopedia of Distance Learning, Hershey / USA 2005, S. 423-429.

Koenegen-Grenier/Winde 2000: Koenegen-Grenier, C./Winde, M.: Public Private Partnership in der Hochschullehre, Köln 2000.

König 2001: König, U.: Drittmittel und sonstige Einnahmen. In: Forschung & Lehre, (2001) 02, S. 66-69.

Koppelmann 2001: Koppelmann, U.: Produktmarketing: Entscheidungsgrundlagen für Produktmanager, 6. Auflage, Berlin et al. 2001.

Kotler/Bliemel 2001: Kotler, P./Bliemel, F.: Marketing-Management: Analyse, Planung und Verwirklichung, 10. Auflage, Stuttgart 2001.

Kotler/Fox 2002: Kotler, P./Fox, K.: Strategic marketing for educational institutions, 2. Auflage, Upper Saddle River, NJ 2002.

Kraege 1997: Kraege, R.: Controlling strategischer Unternehmungskooperationen: Aufgaben, Instrumente und Gestaltungsempfehlungen, München et al. 1997.

Kraemer/Milius 2000: Kraemer, W./Milius, F.: Vom Lernen aus Vorrat zum Lernen auf Abruf - Anwendungspotenziale von E-Learning in Unternehmen. In: Industrie Management, (2000) 16, S. 25-30.

Kreikebaum 1997: Kreikebaum, H.: Strategische Unternehmensplanung, 6. Auflage, Stuttgart 1997.

Kreutz-Gers 1997: Kreutz-Gers, W. (Hrsg.): Hochschulfinanzierung in Deutschland. In: Ministerium für Wissenschaft und Forschung des Landes Nordrhein-Westfalen MWF (Hrsg.): Hochschulfinanzierung in der Grenzregion: ein Ländervergleich, Düsseldorf, 1997.

Kromrey 1987: Kromrey, H.: Zur Verallgemeinerbarkeit empirischer Befunde bei nichtrepräsentativen Stichproben. In: Rundfunk und Fernsehen, (1987) 4, S. 478-499.

Kromrey 2002: Kromrey, H.: Empirische Sozialforschung, 10. Auflage, Opladen 2002.

Krüger 1997: Krüger, W.: Kernkompetenz-Management: Steigerung von Flexibilität und Schlagkraft im Wettbewerb, Wiesbaden 1997.

Krumbiegel 1997: Krumbiegel, J.: Integrale Gestaltung von Geschäftsprozessen und Anwendungssystemen in Dienstleistungsbetrieben, Wiesbaden 1997.

Kuhn 1990: Kuhn, A.: Unternehmensführung, 2. Auflage, München 1990.

Kuwan et al. 2003: Kuwan, H./ Thebis, F./ Gnahs, D./ Sandau, E. et al.: Berichtssystem Weiterbildung VIII: Integrierter Gesamtbericht zur Weiterbildungssituation in Deutschland, Bonn 2003.

Lambert 1972: Lambert, Z.: Price and choice behavior. In: Journal of marketing research, (1972) 1, S. 35-40.

Lang 2002: Lang, N.: Lernen in der Informationsgesellschaft. In: Scheffer, U./Hesse, F. (Hrsg.): E-Learning - Die Revolution des Lernens gewinnbringend einsetzen, Stuttgart 2002, S. 23-42.

Laßmann 1992: Laßmann, A.: Organisatorische Koordination: Konzepte und Prinzipien zur Einordnung von Teilaufgaben, Wiesbaden 1992.

Leszczensky 2004: Leszczensky, M.: Paradigmenwechsel in der Hochschulfinanzierung. In: Das Parlament (Beilage): Aus Politik und Zeitgeschichte, (2004) S. 18-25.

Leszczensky/Barna/Schacher 2000: Leszczensky, M./Barna, A./Schacher, M.: Ausstattungs- und Kostenvergleich niedersächsischer Universitäten, HIS Reihe Hochschulplanung, Nr. 144, Hannover 2000.

Liefner 2002: Liefner, I.: Leistungsfähigere Universitäten durch leistungsorientierte Ressourcensteuerung? In: WiSt, (2002) 1, S. 9-14.

Link/Hildebrand 1997: Link, J./Hildebrand, V.: Grundlagen des Database-Marketing. In: Link, J./Brändel, D./Schleuning, C./Hehl, R. (Hrsg.): Handbuch Database-Marketing, 2. Auflage, Ettlingen 1997, S. 16-36.

LQW 2005: Lernerorientierte Qualitätstestierung in der Weiterbildung, http://www.artset-lqw.de, Stand: o. A.; Abruf: 01.09.2005.

Mag 1999: Mag, W.: Planung und Kontrolle. In: Bitz, M./Dellmann, K./Domsch, M./Wagner, F. (Hrsg.): Vahlens Kompendium der Betriebswirtschaftslehre, 4. Auflage, München 1999, S. 1-58.

Masterstudiengänge 2005: Masterstudiengänge der Volkswagen AutoUni, http://www.autouni. de/autouni_publish/master/de/lehre/studiengaenge.html, Stand: o.A.; Abruf: 08.04.2005.

MBA 2004: MBA-Auswahl: Rankings, http://mba-gate.de/de/mba/auswahl/rankings.html, Stand: o. A., Abruf: 17.08.2004.

Meffert 2000: Meffert, H.: Marketing: Grundlagen marktorientierter Unternehmensführung, 9. Auflage, Wiesbaden 2000.

Meffert/Bruhn 2003: Meffert, H./Bruhn, M.: Dienstleistungsmarketing: Grundlagen, Konzepte, Methoden, 4. Auflage, Wiesbaden 2003.

Meffert/Burmann 1996a: Meffert, H./Burmann, C.: Value-Added-Services bei Banken. In: Bank & Markt, (1996) 4, S. 26-29.

Meffert/Burmann 1996b: Meffert, H./Burmann, P.: Identitätsorientierte Markenführung. In: Markenartikel, (1996) 8, S. 373-380.

Meffert/Burmann 2002: Meffert, H./Burmann, C.: Markenbildung und Markenstrategien. In: Albers, S./Harrmann, A. (Hrsg.): Handbuch Produktmanagement: Strategieentwicklung - Produktplanung - Organisation - Kontrolle, Wiesbaden 2002, S. 167-187.

Meyer 1998: Meyer, A.: Dienstleistungsmarketing: Erkenntnisse und praktische Beispiele, 8. Auflage, München 1998.

Meyer/Mattmüller 1987: Meyer, A./Mattmüller, R.: Qualität von Dienstleistungen: Entwurf eines praxisorientierten Qualitätsmodells. In: Marketing ZFP, (1987) 3, S. 187-195.

Michel/Pelka 2003: Michel, L./Pelka, B.: Marktumfeld und Marktentwicklung. In: Dohmen, D./Michel, L. (Hrsg.): Marktpotenziale und Geschäftsmodelle für eLearning-Angebote deutscher Hochschulen, Bielefeld 2003, S. 93-144.

Miles 1996: Miles, I.: Infrastructure and the delivery of new services. In: OECD (Hrsg.): Employment and Growth in the Knowledge-Based Economy, Paris 1996, S. 115-131.

Mönch 2002: Mönch, R.: Fundraising an deutschen Hochschulen - altuelle Entwicklungen. In: Evangelische Akademie Bad Boll (Hrsg.): Fundraising für Hochschulen: Spenden, Sponsoring und Stiftungen als Chance, Bad Boll 2002, S. 3-9.

Moraal/Schönfeld 2005: Moraal, D./Schönfeld, G.: Deutschland, Frankreich, Niederlande - drei Modelle der Finanzierung der betrieblichen Weiterbildung. In: Faulstich, P./Bayer, M. (Hrsg.): Lerngelder: für öffentliche Verantwortung in der Weiterbildung, Hamburg 2005, S. 48-64.

Morath 1999: Morath, F.: Neue Kooperationsformen. Zürich 1999, S. 221-231.

Müller 1990: Müller, R.: Geschichte der Universität. Von der mittelalterlichen universitas zur deutschen Hochschule, München 1990.

Müller-Böling 1995: Müller-Böling, D.: Qualitätssicherung in Hochschulen. Grundlage einer wissenschaftsbasierten Gesellschaft. In: Müller-Böling, D. (Hrsg.): Qualitätssicherung in Hochschulen: Forschung - Lehre - Management, Gütersloh 1995, S. 27-45.

Müller-Böling 2000: Müller-Böling, D.: Die entfesselte Hochschule, Gütersloh 2000.

Müller-Böling 2001: Müller-Böling, D.: Für eine nachfrageorientierte Steuerung des Studienangebots an Hochschulen - Vorschläge zur Ablösung der Kapazitätsverordnung, http://www.che.de/downloads/AP31.pdf, Stand: 2001; Abruf: 09.12.2004.

Müller-Böling 2003: Müller-Böling, D.: Die Reformuni, http://zeus.zeit.de/text/2003/09/C-Bewegung, Stand: 09/2003; Abruf: 09.12.2004.

Müller-Böling 2005: Müller-Böling, D.: Kritik an einem Phantom. In: Forschung & Lehre, (2005) 7, S. 366-367.

Müller-Stewens/Lechner 2001: Müller-Stewens, G./Lechner, C.: Strategisches Management, Stuttgart 2001.

MWK 2000: Vergütung von Lehrbeauftragten im Rahmen des Weiterbildungsstudiums, Schreiben des Niedersächsischen Ministeriums für Wissenschaft und Kultur, Hannover 2000.

Nagel 1992: Nagel: Techniken der Zielformulierung. In: Frese, E. (Hrsg.): Handwörterbuch der Organisation, 3. Auflage, Stuttgart 1992, Sp. 2626-2634.

Naschold 1997: Naschold, F.: Public Private Partnership in den internationalen Modernisierungsstrategien des Staates. Baden-Baden 1997, S. 67-86.

Nehls/Baumgartner 2000: Nehls, R./Baumgartner, P.: Value Growth: neue Strategieregeln für wertorientiertes Wachstum. In: Management Consulting, München, (2000) S. 79-93.

Neue Medien 1999: Neue Medien in der Bildung, www.medien-bildung.net, Stand: 1999; Abruf: 09.11.2004.

NHG 2002: Niedersächsisches Hochschulgesetz, http://www.schure.de/, Stand: 06/2002; Abruf: 03.02.2004.

Niedersächsisches Finanzministerium 2004: Neubekanntmachung des Niedersächsischen Besoldungsgesetzes, http://cdl.niedersachsen.de/blob/images/C194605_L20.pdf, Stand: 02/2004; Abruf: 12.11.2004.

Nuissl 2003: Nuissl, E.: Kundschaft von Weiterbildung erzeugen. In: GdWZ, (2003) 4, S. 176-178.

Odiorne 1967: Odiorne, G.: Management by objectives: Führung durch Vorgabe von Zielen, München 1967.

Oechsler/Reichwald 1997: Oechsler, W./Reichwald, R.: Managementstrukturen an deutschen Universitäten. In: Forschung & Lehre, (1997) 06, S. 282-285.

Oliver 1999: Oliver, R.: Whence Customer Loyalty? In: Journal of Marketing, (1999) 63, S. 33-44.

Orthey 2003: Orthey, F.: Zuspitzung zum Konzept der Kundenorientierung. In: GdWZ, (2003) 2, S. 179-182.

Osborn 1953: Osborn, A.: Applied imagination: principles and procedures of creative thinking, New York 1953.

Oster 1999: Oster, S.: Modern competitive analysis, 3. Auflage, Oxford 1999.

Parasuraman/Zeithaml/Berry 1985: Parasuraman, A./Zeithaml, V./Berry, L.: A Conceptual Model of Service Quality and Its Implications for Future Research. In: Journal of Marketing, (1985) 1, S. 41-50.

PAS 2004: Publicly Available Specification 1032-1: Aus- und Weiterbildung unter besonderer Berücksichtigung von e-Learning, Teil 1: Referenzmodell für Qualitätsmanagement und Qualitätssicherung, Berlin 2004.

Pastowski 2004: Pastowski, S.: Messung der Dienstleistungsqualität in komplexen Marktstrukturen: Perspektiven für ein Qualitätsmanagement von Hochschulen, Wiesbaden 2004.

Pearce/Robinson 2003: Pearce, J./Robinson, R.: Strategic management: formulation, implementation, and control, 8. Auflage, Boston, Mass. 2003.

Penrose 1959: Penrose, E.: The theory of the growth of the firm, Oxford 1959.

Petrie 1977: Petrie, K.: Alternativen empirischer Zielforschung - Diskutiert am Beispiel der Arbeiten von Hauschildt und Hamel. In: Köhler, R. (Hrsg.): Empirische und handlungstheoretische Forschungskonzeptionen in der Betriebswirtschaftslehre, Stuttgart 1977, S. 85-102.

Pfeiffer/Bischoff 1981: Pfeiffer, W./Bischoff, P.: Produktlebenszyklen - Instrument jeder strategischen Planung. In: Steinmann, H. (Hrsg.): Planung und Kontrolle: Probleme der strategischen Unternehmensführung, München 1981, S. 133-166.

Picot 1982: Picot, A.: Transaktionskostenansatz in der Organisationstheorie: Stand der Diskussion und Aussagewert. In: Die Betriebswirtschaft, (1982) 2, S. 267-284.

Picot 1986: Picot, A.: Transaktionskosten im Handel: zur Notwendigkeit einer flexiblen Strukturentwicklung in der Distribution. In: Betriebs-Berater, (1986) S. 2-16.

Picot/Reichwald/Wigand 2003: Picot, A./Reichwald, R./Wigand, R.: Die grenzenlose Unternehmung, Information, Organisation und Management, 5. Auflage, Wiesbaden 2003.

Piller 2003: Piller, F.: Mass Customization: ein wettbewerbsstrategisches Konzept im Informationszeitalter, 3. Auflage, Wiesbaden 2003.

Pine 1994: Pine, B.: Maßgeschneiderte Massenfertigung: neue Dimensionen im Wettbewerb, Wien 1994.

Pohl 2003: Pohl, H.: Hochschul-Marketing in Deutschland: Stellenwert - Strukturen - Ressourcen. In: DUZ Spezial, (2003) Juni, S. 4-20.

Porter 1999: Porter, M.: Wettbewerbsstrategie: Methoden zur Analyse von Branchen und Konkurrenten (Competitive strategy), 10. Auflage, Frankfurt a. M. et al. 1999.

Porter 2001: Porter, M.: Bewährte Strategien werden durch das Internet noch wirksamer. In: Harvard Business manager, (2001) 2, S. 64-81.

Post 2002: Post, A.: Die Stärken und Schwächen des Partners sind bekannt. In: wissenschaftsmanagement, (2002) 05, S. 9-14.

Prahalad/Hamel 1991: Prahalad, C./Hamel, G.: Der globale Verdrängungswettbewerb zwingt die Unternehmen, alle Kräfte auf das zu konzentrieren, was sie besonders gut beherrschen. In: Harvard Business Manager, (1991) 2, S. 66-78.

Reichard 2003: Reichard, C.: 'New Public Management' als Auslöser zunehmender Ökonomisierung der Verwaltung. Baden-Baden 2003, S. 119-143.

Reichwald 2000: Reichwald, R.: Organisations- und Führungsstrukturen zur Stärkung der Wettbewerbsfähigkeit der Universität von morgen. In: Laske, S./Scheytt, T./Meister-Scheytt, C./Scharmer, C. (Hrsg.): Universität im 21. Jahrhundert, München 2000.

Riezler 1996: Riezler, S.: Lebenszyklusrechnung: Instrument des Controlling strategischer Projekte, Wiesbaden 1996.

Rogers 1962: Rogers, E.: Diffusion of innovations, New York et al. 1962.

Rogge 2004: Rogge, H.: Werbung, 6. Auflage, Ludwigshafen (Rhein) 2004.

Roggencamp 1999: Roggencamp, S.: Public Private Partnership: Entstehung und Funktionsweise kooperativer Arrangements zwischen öffentlichem Sektor und Privatwirtschaft, Frankfurt a. M.; Berlin; Bern; New York; Paris; Wien 1999.

Roland 2001: Roland, F.: Dimensionen des Qualitätsmanagements an Hochschulen. In: Cordes, J./Roland, F./Westermann, G. (Hrsg.): Hochschulmanagement: Betriebswirtschaftliche Aspekte der Hochschulsteuerung, Wiesbaden 2001, S. 103-121.

Roland/Daub 2000: Roland, F./Daub, A.: Zeitmanagement in der Dienstleistungsproduktion. In: Götze, U./Mikus, B./Bloech, J. (Hrsg.): Management und Zeit, Heidelberg 2000, S. 435-454.

Rosigkeit 1996: Rosigkeit, A.: Reformdefizite der deutschen Hochschule: zum Dilemma der staatlichen Universität im Spannungsfeld zwischen Normativer Theorie und Politischer Realität, 2. durchgesehene Auflage, Frankfurt am Main et al. 1996.

Rotering 1990: Rotering, C.: Forschung- und Entwicklungskooperationen zwischen Unternehmen, Stuttgart 1990.

Roth 2001: Roth, S.: Interaktionen im Dienstleistungsmanagement - eine informationsökonomische Analyse. In: Bruhn, M./Stauss, B. (Hrsg.): Dienstleistungsmanagement, Wiesbaden 2001, S. 35-66.

Rüegg-Stürm 2000: Rüegg-Stürm, J.: Was 'ist' eine Unternehmung? Ein Unternehmensmodell zur Einführung in die Grundkategorie einer modernen Managementlehre. Diskussionsbeiträge Nr. 36, St. Gallen: IfB-HSG 2000.

Rüegg-Stürm 2002: Rüegg-Stürm, J.: Das neue St. Gallener Management-Modell: Grundkategorien einer integrierten Managementlehre - der HSG-Ansatz, Bern et al. 2002.

Rust/Subramanian/Wells 1992: Rust, R./Subramanian, B./Wells, M.: Making Complaints a Management Tool. In: Marketing Management, (1992) 3, S. 41-45.

Sandberg/Bertelsmann 2000: Sandberg, B./Bertelsmann, R.: Hochschulen - Erfolg fundiert ermitteln. In: Wissenschaftsmanagement, (2000) 3, S. 11-17.

Sauter 2005: Sauter, E.: AFG- und SGB III-finanzierte Weiterbildung. In: Faulstich, P./Bayer, M. (Hrsg.): Lerngelder: für öffentliche Verantwortung in der Weiterbildung, Hamburg 2005, S. 106-116.

Scharitzer 1994: Scharitzer, D.: Dienstleistungsqualität - Kundenzufriedenheit, Wien 1994.

Scheer/Deelmann/Loos 2003: Scheer, C./Deelmann, T./Loos, P.: Geschäftsmodelle und internetbasierte Geschäftsmodelle - Begriffsbestimmung und Teilnehmermodell. Arbeitsbericht des Lehrstuhls für Wirtschaftsinformatik und BWL der Johannes Gutenberg-Universität Mainz, Mainz 2003.

Scheidegger 2001: Scheidegger, U.: Management des Strategieprozesses an Universitäten, Bern, Stuttgart, Wien 2001.

Schengber 1996: Schengber, R.: Marktabgrenzung und Machtmessung: eine Analyse von Methoden und Indikatoren für das Koordinationsmängel-Diagnosekonzept, Bergisch Gladbach et al. 1996.

Scherm/Süß/Wanka 2003: Scherm, E./Süß, S./Wanka, P.: Eine ökonomische Analyse des Fernstudiums. In: WiSt, (2003) 11, S. 683-687.

Schlaffke 2005: Schlaffke, W.: Schulqualität und Schulreform -Weichenstellungen für ein zukunftweisendes Schulsystem, http://www.bund-freiheit-wissenschaft.de/html/schlaffke. html, Stand: 01/2005; Abruf: 18.02.2005.

Schnell/Hill/Esser 1999: Schnell, R./Hill, P./Esser, E.: Methoden der empirischen Sozialforschung, 6. Auflage, München 1999.

Schnitzer 2005: Schnitzer, K.: Von Bologna nach Bergen. In: Leszczensky, M.; Wolter, A. (Hrsg.): Der Bologna-Prozess im Spiegel der HIS-Hochschulforschung, http://www.his.de/Service/Publikationen/Neu/Kia/pdf/Kia/kia200506.pdf, Stand: 04/2005; Abruf: 14.06.2005, S. 1-9.

Schögel 2002: Schögel, K.: Bezugsrahmen der Geschäftsmodellierung. In: Schögel, M./Tomczak, T./Belz, C. (Hrsg.): Roadmap to E-Business: wie Unternehmen das Internet erfolgreich nutzen ; Festschrift zum 75. Geburtstag von Prof. Dr. Heinz Weinhold-Stünzi, St. Gallen 2002, S. 374-399.

Schöll 2005: Schöll, I.: Marketing in der öffentlichen Weiterbildung, 3. Auflage, Bielefeld 2005.

Schreyögg 1993: Schreyögg, G.: Unternehmensstrategie: Grundfragen einer Theorie strategischer Unternehmensführung, Berlin et al. 1993.

Schreyögg 2003: Schreyögg, G.: Organisation: Grundlagen moderner Organisationsgestaltung, 4. Auflage, Wiesbaden 2003.

Schröder 2003: Schröder, T.: Leistungsorientierte Ressourcensteuerung und Anreizstrukturen im deutschen Hochschulsystem, Berlin 2003.

Schröder/Schiel/Aust 2004: Schröder, H./Schiel, S./Aust, F.: Nichtteilnahme an beruflicher Weiterbildung - Motive, Beweggründe, Hindernisse. Gutachten für die Expertenkommission 'Finanzierung lebenslangen Lernens', Bielefeld 2004.

Schubert 1991: Schubert, B.: Entwicklung von Konzepten für Produktinnovationen mittels Conjointanalyse, Stuttgart 1991.

Schubert 1995: Schubert, B.: Conjoint-Analyse. In: Tietz, B./Köhler, R./Zentes, J. (Hrsg.): Handwörterbuch des Marketing, 2. Auflage, Stuttgart 1995, S. 376-390.

Schumann 2003: Schumann, M.: Möglichkeiten der Mehrfachverwendung von Inhalten bei Medienunternehmen - technische, organisatorische und ökonomische Betrachtung. In: Ehrenberg, D./Kaftan, H. (Hrsg.): Herausforderungen der Wirtschaftsinformatik in der Informationsgesellschaft, Leipzig 2003, S. 193-210.

Schweitzer 2000: Schweitzer, M.: Gegenstand und Methoden der Betriebswirtschaftslehre. In: Bea, F./Dichtl, E./Schweitzer, M. (Hrsg.): Allgemeine Betriebswirtschaftslehre - Bd. 1: Grundfragen, 8. Auflage, Stuttgart 2000, S. 23-79.

Schweitzer/Küpper 2003: Schweitzer, M./Küpper, H.: Systeme der Kosten- und Erlösrechnung, 8. Auflage, München 2003.

Seidenschwarz 1992: Seidenschwarz, B.: Entwicklung eines Controllingkonzeptes für öffentliche Institutionen - dargestellt am beispiel einer Universität, 1. Auflage, München 1992.

Shostack 1984: Shostack, L.: Designing Services that deliver. In: Harvard Business Review, (1984) 2, S. 133-139.

Silberer/Wandt 2005: Silberer, G./Wandt, J.: Customer Orientation in Higher Education: Differing Customer Definitions and Limited Customer Knowledge. In: Silberer, G. (Hrsg.): Beiträge zur Marketingwissenschaft, Göttingen 2005.

Simon/Möhrle 1993: Simon, H./Möhrle, M.: Werbebudgetierung. In: Berndt, R./Hermanns, A. (Hrsg.): Handbuch Marketing-Kommunikation: Strategien, Instrumente, Perspektiven, Wiesbaden 1993, S. 301-316.

Smith/Cavusgil 1984: Smith, L./Cavusgil, S.: Marketing Planning for Colleges and Universities. In: Long Range Planning, (1984) 6, S. 104-117.

Sporn 1992: Sporn, B.: Universitätskultur: Ausgangspunkt für eine strategische Marketingplanung an Universitäten, Heidelberg 1992.

Srivastava/Alpert/Shocker 1984: Srivastava, R./Alpert, M./Shocker, A.: A Customer-oriented Approach for Determining Market Structures. In: Journal of Marketing, (1984) 2, S. 32-45.

Stachowiak 1992: Stachowiak, H.: Modell. In: Seiffert, H./Radnitzky, G. (Hrsg.): Handlexikon der Wissenschaftstheorie, München 1992, S. 219-222.

Stadtler 1993: Stadtler, K.: Conjoint-Measurement. In: Planung und Analyse, (1993) 4, S. 32-38.

Stangl 2004: Stangl, W.: Gütekriterien empirischer Forschung, http://www.stangltaller.at/ARBEITSBLAETTER/FORSCHUNGSMETHODEN/Guetekriterien.shtml, Stand: 2004; Abruf: 14.07.2004.

Statistisches Bundesamt 2002: 10 Jahre Erwerbsleben in Deutschland: Zeitreihen zur Entwicklung der Erwerbsbeteiligung 1991 - 2001, Band 1, allgemeiner Teil, http://www.destatis.de/download/d/veroe/d_erwerbsl.pdf, Stand: 2002; Abruf: 24.02.2005.

Statistisches Bundesamt 2004a: Statistisches Bundesamt: Bildung im Zahlenspiegel, Wiesbaden 2004.

Statistisches Bundesamt 2004b: Statistisches Bundesamt: Ausgewählte lange Reihen zu den Volkswirtschaftlichen Gesamtrechnungen ab 1970, http://www.destatis.de/download/veroe/lreihenab1970.xls, Stand: 08/2004; Abruf: 23.02.2005.

Statistisches Bundesamt 2004c: Statistisches Bundesamt: Leben und Arbeiten in Deutschland: Ergebnisse des Mikrozensus 2003, http://www.destatis.de/presse/deutsch/pk/2004/mikrozensus_2003i.pdf, Stand: 04/2004; Abruf: 24.02.2005.

Statisches Bundesamt 2004d: Statistisches Bundesamt: Informationstechnologien in Haushalten, http://www.destatis.de/download/d/veroe/itinhaushalten03.pdf, Stand: 08/2004; Abruf: 28.02.2005.

Statistisches Bundesamt 2004e: Statistisches Bundesamt: Informationstechnologie in Unternehmen, http://www.destatis.de/download/d/veroe/itinunternehmen03.pdf, Stand: 03/2004; Abruf: 28.02.2005.

Staudt 1993: Staudt, E.: Forschung und Entwicklung. In: Wittmann, W./ Kern, W./ Köhler, R./ Küpper, H. et al. (Hrsg.): Handwörterbuch der Betriebswirtschaft, 5. Auflage, Stuttgart 1993, S. 1185-1198.

Stauss 1994: Stauss, B.: Total Quality Management und Marketing. In: Marketing-ZFP, (1994) 3, 3. Quartal, S. 149-158.

Stauss 1995: Stauss, B.: Kundenprozeßorientiertes Qualitätsmanagement im Dienstleistungsbereich. In: Preßmar, D. (Hrsg.): Total Quality Management II, Wiesbaden 1995, S. 25-50.

Stauss 1998: Stauss, B.: Dienstleistung als Markenartikel - etwas Besonderes? In: Tomczak, T./Schögel, M./Ludwig, E. (Hrsg.): Markenmanagement für Dienstleistungen, St. Gallen 1998, S. 10-23.

Stauss/Neuhaus 1995: Stauss, B./Neuhaus P.: Das Qualitative Zufriedenheitsmodell (QZM), Ingolstadt 1995.

Stehr 1994: Stehr, N.: Arbeit, Eigentum und Wissen: zur Theorie von Wissensgesellschaften, Frankfurt am Main 1994.

Steiner 1971: Steiner, G.: Top-Management-Planung, München 1971.

Steinke 2004: Steinke, I.: Quality Criteria in Qualitative Research. London 2004, S. 184-190.

Steinmann/Schreyögg 2002: Steinmann, H./Schreyögg, G.: Management: Grundlagen der Unternehmensführung, Konzepte - Funktionen - Fallstudien, 5. überarbeitete Auflage, Wiesbaden 2002.

Stifterverband 2003: Stifterverband für die deutsche Wissenschaft e.V. (Hrsg.): Hochschulen im Weiterbildungsmarkt, Essen 2003.

Stifterverband 2004: Stifterverband: Stifterverband für die deutsche Wissenschaft e.V. (Hrsg.): Perspektiven der akademischen Weiterbildung. Erweiterter Sonderdruck aus 'Wirtschafts & Wissenschaft' (3. Quartal), Essen 2004.

Strake 2000: Strake, G.: Lernen unter informellen Bedingungen. Begriffsbestimmung, Diskussion in Deutschland, Evaluation und Desiderate. Münster u.a. 2000, S. 15-70.

Stuchtey 2001: Stuchtey, T.: Die Finanzierung von Hochschulbildung, Baden-Baden 2001.

Teschler/Pawlowski 2005: Teschler, S./Pawlowski, J.: Qualitätssicherung einer Blended-Learning Aus- und Weiterbildungsmaßnahme. In: Breitner, M./Hoppe, G. (Hrsg.): E-Learning - Einsatzkonzepte und Geschäftsmodelle, Heidelberg 2005, S. 349-358.

Teufel/Erat 2003: Teufel, S./Erat, A.: Personalisierung im Freiburger ICT-Management Framework. In: Uhr, W./Esswein, W./Schoop, E. (Hrsg.): Wirtschaftsinformatik 2003: Medien - Märkte - Mobilität, Heidelberg 2003, S. 509-530.

Theobald 2000: Theobald, A.: Das World Wide Web als Befragungsinstrument, Wiesbaden 2000.

Thommen 2004: Thommen, J.: Managementorientierte Betriebswirtschaftslehre, 7. Auflage, Zürich 2004.

Timmermann 2000: Timmermann, D.: Alternativen - Modelle zur Finanzierung lebenslangen Lernens. In: DIE Zeitschrift, (2000) 1, S. 21-23.

Timmers 1998: Timmers, P.: Business Models for Electronic Markets. In: EM - Electronic Markets, 8, (1998) 2, S. 3-8.

Tomczak 1992: Tomczak, T.: Forschungsmethoden in de Marketingwissenschaft. In: Marketing ZFP, (1992) 2, S. 77-87.

Turner 1986: Turner, G.: Universitäten in der Konkurrenz: Möglichkeiten und Grenzen von Wettbewerb im Hochschulbereich, Stuttgart 1986.

Urban/Hauser 1993: Urban, G./Hauser, J.: Design and marketing of new products, Englewood Cliffs et al. 1993.

VNU 2004: Verbund Norddeutscher Universitäten: Links zur Evaluation, http://www.uni-nord-verbund.de/html/2pro/eva.html, Stand: 11/2004; Abruf: 08.12.2004.

Vogel 2001: Vogel, B.: Public Private Partnership als Instrument gemeinsamer Ziele. In: wissenschaftsmanagement special, Beilage, (2001) 03, S. 4-5.

Vogel/Stratmann 2000: Vogel, B./Stratmann, B.: Public Private Partnership in der Forschung, Hannover 2000.

Vogt et al. 2004: Vogt, T./Lauer, F./Scholz, G./Michaelis, J.: Vom Leitbild zur Strategie. In: wissenschaftsmanagement, (2004) 2, S. 32-38.

Voigt 1993: Voigt, K.: Strategische Unternehmensplanung: Grundlagen - Konzepte - Anwendung, Wiesbaden 1993.

Wagner 2002: Wagner, R.: Keine 'Discounter' auf dem Weiterbildungsmarkt. In: Grundlagen der Weiterbildung, 13, (2002) 5, S. 225-228.

Wang 2002: Wang, E.: Die Zukunft ist nicht mehr, was sie war - ein Rückblick auf Vorhersagen zur Entwicklung des Corporate E-Learning-Markts in den USA und Deutschland. In: Hohenstein, A./Wilbers, K. (Hrsg.): Handbuch E-Learning, 1. Erg.-Lfg., Kap. 2.4, Köln 2002, S. 1-14.

Watt 1997: Watt, J.: Using the Internet for quantitative survey research. In: Quirk's Marketing Research Review, http://www.quirks.com/articles/article_print.asp?arg_articleid=248, Stand: 1997; Abruf: 28.04.2005.

Weber 2002: Weber, K.: Wissenschaftliche Weiterbildung. In: Grundlagen der Weiterbildung, (2002) 5, S. 229-232.

Weichselbaumer 2003: Weichselbaumer, J.: Überlegungen zum Rechnungswesen von Hochschulen. In: Leszczensky, M. (Hrsg.): Internes und externes Hochschulcontrolling, Band 1, Hannover 2003, S. 25-36.

Weizsäcker 1980: Weizsäcker, C. v.: Barriers to entry: a theoretical treatment, Berlin et al. 1980.

Welbers 2002: Welbers, U.: Berufsorientierung in Hochschulstudiengängen. Stuttgart et al. 2002, S. 1-20 K 3.1.

Welge/Al-Laham 2003: Welge, M./Al-Laham, A.: Strategisches Management: Grundlagen - Prozess - Implementierung, 4. Auflage, Wiesbaden 2003.

Wernerfelt 1984: Wernerfelt, B.: A Resource-based View of the Firm. In: Strategic management journal, (1984) 2, S. 171-180.

Westebbe/Winter/Trost 1997: Westebbe, A./Winter, E./Trost, O.: Hochschul-Sponsoring: ein Leitfaden für die Sponsoringpraxis an Hochschulen, Stuttgart et al. 1997.

Wildemann 1997: Wildemann, H.: Qualität und Unternehmenserfolg: neue Lösungen und Fallbeispiele, 1. Auflage, München 1997.

Williamson 1991: Williamson, O.: Comparative economic organization: the analysis of discrete structural alternatives, Saarbrücken 1991.

Willich/Minks 2003: Willich, J./Minks, K.: Die Rolle der Hochschulen bei der beruflichen Weiterbildung von Hochschulabsolventen, Hannover: HIS Hochschul Informations System 2003.

Willich/Minks/Schaeper 2002: Willich, J./Minks, K./Schaeper, H.: Was fördert, was hemmt die Teilnahme an beruflicher Weiterbildung? Hannover: HIS-Hochschul-Informations-System GmbH 2002.

Wimmer/Emmerich/Nicolai 2002: Wimmer, R./Emmerich, A./Nicolai, A.: Corporate Universities in Deutschland - eine empirische Untersuchung zu ihrer Verbreitung und strategischen Bedeutung, Witten/Herdecke 2002.

Wirtz 2003: Wirtz, B.: Medien- und Internetmanagement, 3. überarbeitete und erweiterte Auflage, Wiesbaden 2003.

Wissenschaftsrat 2004: Wissenschaftsrat will Entmachtung der ZVS, http://www.heute.t-online.de/ZDFheute/artikel_drucken/0,1381,2101129,00.html, Stand: 02/2004; Abruf: 08.12.2004.

Witte 1973: Witte, E.: Organisation für Innovationsentscheidungen: das Promotoren-Modell, Göttingen 1973.

Witte 1999: Witte, E.: Das Promotoren-Modell. In: Hauschildt, J./Gemünden, H. (Hrsg.): Promotoren - Champions der Innovation, 2. Auflage, Wiesbaden 1999, S. 11-41.

Wittink/Vriens/Burhenne 1992: Wittink, D./Vriens, M./Burhenne, W.: Commercial Use of Conjoint Analysis in Europe, http://www.sawtoothsoftware.com/download/techpap/caeurope.pdf, Stand: 1992; Abruf: 21.08.2005.

Wolter 2004: Wolter, A.: Weiterbildung und Lebenslanges Lernen als neue Aufgaben der Hochschule. In: BLK Bund-Länder-Kommission für Bildungsplanung und Forschungsförderung (Hrsg.): Auftaktveranstaltung zum BLK-Programm 'Wissenschaftliche Weiterbildung. Zukunftsfähig Lernen und Organisieren im Verbund - Weiterbildung und Hochschulreform' am 17.+18.05.2004 an der Universität Rostock. Bonn, S. 17-34.

Zech 2004: Zech, R.: Lernerorientierte Qualitätsentwicklung in der Weiterbildung. In: Fröhlich, W./Jütte, W. (Hrsg.): Qualitätsentwicklung in der postgradualen Weiterbildung, Münster 2004, S. 207-224.

Zeithaml/Berry/Parasuraman 1988: Zeithaml, V./Berry, L./Parasuraman, A.: Communication and control processes in the delivery of service quality. In: Journal of Marketing, (1988) 2, S. 35-48.

Zeithaml/Parasuraman/Berry 1992: Zeithaml, V./Parasuraman, A./Berry, L.: Qualitätsservice: was Ihre Kunden erwarten - was Sie leisten müssen, Frankfurt am Main et al. 1992.

ZEvA 2002: Akkreditierung neuer Studiengänge mit dem Abschluss Bachelor und Master, http://www.zeva.uni-hannover.de/akkred/verfahren/Leitfaden-3.Auflage.pdf, Stand: 2002; Abruf: 22.06.2004.

Zimmer 2003: Zimmer, G.: Aufgabenorientierte Didaktik des E-Learning. In: Hohenstein, A./Wilbers, K. (Hrsg.): Handbuch E-Learning, 4. Erg.-Lief., Kapitel 4.15, Köln 2003, S. 1-14.

Zu Knyphausen-Aufseß/Meinhardt 2002: Zu Knyphausen-Aufseß, D./Meinhardt, Y.: Revisiting Strategy: Ein Ansatz zur Systematisierung von Geschäftsmodellen. In: Bieger, T./ Bickhoff, N./ Caspers, R./ zu Knyphausen-Aufseß, D. et al. (Hrsg.): Zukünftige Geschäftsmodelle, Berlin, Heidelberg et al. 2002, S. 63-89.

ZVS 2005: Zentralstelle für die Vergabe von Studienplätzen, http://www.zvs.de, Stand: Wintersemester 2005/2006; Abruf: 05.09.2005.

Zwicky 1966: Zwicky, F.: Entdecken, erfinden, forschen im morphologischen Weltbild, München et al. 1966.

AUSGEWÄHLTE VERÖFFENTLICHUNGEN

WISSENSCHAFTS- UND HOCHSCHULMANAGEMENT
Herausgegeben von Prof. Dr. Detlef Müller-Böling, Gütersloh, und Prof. Dr. Reinhard Schulte, Lüneburg

Band 1
Christine Philipp
Auf dem Wege zum europäischen Bildungsmarkt – Supranationale Hochschulpolitik oder Wettbewerb der Hochschulsysteme?
Lohmar – Köln 2000 ♦ 248 S. ♦ € 39,- (D) ♦ ISBN 3-89012-727-4

Band 2
Steffen Heise
Hochschulkostenrechnung – Forschung durch Entwicklung ausgehend vom Projekt der Fachhochschule Bochum
Lohmar – Köln 2001 ♦ 336 S. ♦ € 46,- (D) ♦ ISBN 3-89012-829-7

Band 3
Uwe Schmidt
Kosteninformationen für universitäre Hilfsdienste – Bedarf und Erhebungskonzept
Lohmar – Köln 2004 ♦ 274 S. ♦ € 46,- (D) ♦ ISBN 3-89936-012-5

Band 4
Roland Gilles
Performance Measurement mittels Data Envelopment Analysis – Theoretisches Grundkonzept und universitäre Forschungsperformance als Anwendungsfall
Lohmar – Köln 2005 ♦ 286 S. ♦ € 48,- (D) ♦ ISBN 3-89936-369-8

Band 5
Rödiger Voss und Thorsten Gruber (Hrsg.)
Hochschulmarketing
Lohmar – Köln 2006 ♦ 254 S. ♦ € 47,- (D) ♦ ISBN 3-89936-423-6

Band 6
Michaela Knust
Geschäftsmodelle der wissenschaftlichen Weiterbildung – Eine Analyse unter Berücksichtigung empirischer Ergebnisse
Lohmar – Köln 2006 ♦ 370 S. ♦ € 55,- (D) ♦ ISBN 3-89936-438-4

PLANUNG, ORGANISATION UND UNTERNEHMUNGSFÜHRUNG

Herausgegeben von Prof. Dr. Dr. h. c. Norbert Szyperski, Köln, Prof. Dr. Winfried Matthes, Wuppertal, Prof. Dr. Udo Winand, Kassel, Prof. (em.) Dr. Joachim Griese, Bern, PD Dr. Harald F. O. von Kortzfleisch, Kassel, Prof. Dr. Ludwig Theuvsen, Göttingen, und Prof. Dr. Andreas Al-Laham, Stuttgart

Band 74
Birgit Block
Gestaltung und Steuerung einer Hersteller-Händler-Kooperation in der Lebensmittelbranche
Lohmar – Köln 2001 ♦ 406 S. ♦ € 49,- (D) ♦ ISBN 3-89012-876-9

Band 75
Markus A. Happel
Wertorientiertes Controlling in der Praxis – Eine empirische Überprüfung
Lohmar – Köln 2001 ♦ 296 S. ♦ € 44,- (D) ♦ ISBN 3-89012-909-9

Band 76
Martin Kupp
Kooperationen zwischen Umweltschutzorganisationen und Unternehmen
Lohmar – Köln 2001 ♦ 200 S. ♦ € 38,- (D) ♦ ISBN 3-89012-914-5

Band 77
Andreas Lasar
Dezentrale Organisation in der Kommunalverwaltung
Lohmar – Köln 2001 ♦ 308 S. ♦ € 45,- (D) ♦ ISBN 3-89012-920-X

Band 78
Mathias Luhn
Flexible Prozeßrechnung für ein Geschäftsprozeßmanagement
Lohmar – Köln 2002 ♦ 350 S. ♦ € 48,- (D) ♦ ISBN 3-89012-927-7

Band 79
Martin Hermesch
Die Gestaltung von Interorganisationsbeziehungen – Theoretische sowie empirische Analysen und Erklärungen
Lohmar – Köln 2002 ♦ 322 S. ♦ € 46,- (D) ♦ ISBN 3-89012-928-5

Band 80
Achim Korten
Wirkung kompetenzorientierter Strategien auf den Unternehmenswert – Eine simulationsbasierte Analyse mit System Dynamics
Lohmar – Köln 2002 ♦ 334 S. ♦ € 47,- (D) ♦ ISBN 3-89012-937-4

Band 81
Thorsten Peske
Eignung des Realoptionsansatzes für die Unternehmensführung
Lohmar – Köln 2002 ♦ 278 S. ♦ € 43,- (D) ♦ ISBN 3-89012-941-2

Band 82
Clemens Odendahl
Cooperation Resource Planning – Planung und Steuerung dynamischer Kooperationsnetzwerke
Lohmar – Köln 2002 ♦ 228 S. ♦ € 41,- (D) ♦ ISBN 3-89012-962-5

Band 83
Yven Schmidt
Verbesserungsprozeßmanagement – Entwicklung eines Werkzeuges für die koordinierte Verbesserung von Geschäftsprozessen
Lohmar – Köln 2002 ♦ 232 S. ♦ € 44,- (D) ♦ ISBN 3-89012-975-7

Band 84
Gerrit Andreas Marx
Wertorientiertes Management einer Region – Regional Resident Value und Corporate Shareholder Value als Management-Missionen einer Public-Private-Partnership auf Aktien
Lohmar – Köln 2002 ♦ 304 S. ♦ € 48,- (D) ♦ ISBN 3-89012-982-X

Band 85
Felix Zimmermann
Vertrauen in Virtuellen Unternehmen
Lohmar – Köln 2003 ♦ 272 S. ♦ € 46,- (D) ♦ ISBN 3-89936-077-X

Band 86
Beate Degen
Responsible Care© in Investments
Lohmar – Köln 2003 ♦ 314 S. ♦ € 48,- (D) ♦ ISBN 3-89936-087-7

Band 87
Harald Wüllenweber
Mehr Kundenbindung durch Organisationales Lernen – Konzept – Modellierung – empirische Befunde
Lohmar – Köln 2003 ♦ 354 S. ♦ € 52,- (D) ♦ ISBN 3-89936-106-7

Band 88
Carolina Catrin Schnitzler
Unternehmenskultur in Internet-Unternehmen – Gestaltungsmöglichkeiten durch Gründer und Führungskräfte
Lohmar – Köln 2003 ♦ 284 S. ♦ € 48,- (D) ♦ ISBN 3-89936-111-3

Band 89
Jens Kiefel
Unternehmenssteuerung im Informationszeitalter – Gestaltung zwischen systemischer Machbarkeit und ökonomischer Rationalität
Lohmar – Köln 2003 ♦ 360 S. ♦ € 53,- (D) ♦ ISBN 3-89936-134-2

Band 90
Matthias Kern
Lean Information System – Problemorientierte Gestaltung von Informationssystemen unter besonderer Berücksichtigung von Lean Management
Lohmar – Köln 2003 ♦ 372 S. ♦ € 54,- (D) ♦ ISBN 3-89936-141-5

Band 91
Jochen Großpietsch
Supply Chain Management in der Konsumgüterindustrie
Lohmar – Köln 2003 ♦ 254 S. ♦ € 46,- (D) ♦ ISBN 3-89936-145-8

Band 92
Stefan Sekul
Ökologisches Konfliktmanagement
Lohmar – Köln 2003 ♦ 286 S. ♦ € 48,- (D) ♦ ISBN 3-89936-163-6

Band 93
Bernd Bräuer
Wissensmanagementstrategietypen in temporär intendierten Unternehmensnetzwerken
Lohmar – Köln 2003 ♦ 410 S. ♦ € 56,- (D) ♦ ISBN 3-89936-179-2

Band 94
Frank Czymmek
Ökoeffizienz und unternehmerische Stakeholder
Lohmar – Köln 2003 ♦ 266 S. ♦ € 47,- (D) ♦ ISBN 3-89936-180-6

Band 95
Florian Kelber
Turnaround Management von Dotcoms
Lohmar – Köln 2004 ♦ 432 S. ♦ € 56,- (D) ♦ ISBN 3-89936-203-9

Band 96
Wolfgang Irrek
Controlling der Energiedienstleistungsunternehmen
Lohmar – Köln 2004 ♦ 552 S. ♦ € 65,- (D) ♦ ISBN 3-89936-219-5

Band 97
Guido Paffenholz
Exitmanagement – Desinvestitionen von Beteiligungsgesellschaften
Lohmar – Köln 2004 ♦ 276 S. ♦ € 47,- (D) ♦ ISBN 3-89936-256-X

Band 98
Ingmar Ackermann
Supply Chain Management in der Automobilindustrie
Lohmar – Köln 2004 ♦ 428 S. ♦ € 56,- (D) ♦ ISBN 3-89936-269-1

Band 99
Lars-Heiko Rauscher
Strategische Frühaufklärung – Neuer Vorschlag zur finanziellen Bewertung
Lohmar – Köln 2004 ♦ 292 S. ♦ € 49,- (D) ♦ ISBN 3-89936-271-3

Band 100
Katharina Brigitte Rick
Corporate Governance and Balanced Scorecard – A Strategic Monitoring System for Swiss Boards of Directors
Lohmar – Köln 2004 ♦ 288 S. ♦ € 48,- (D) ♦ ISBN 3-89936-273-X

Band 101
Jens D.-O. Heymans
Management der textilen Supply Chain durch den Bekleidungseinzelhandel
Lohmar – Köln 2004 ♦ 314 S. ♦ € 52,- (D) ♦ ISBN 3-89936-274-8

Band 102
Roland Rolles
Content Management in der öffentlichen Verwaltung
Lohmar – Köln 2004 ♦ 268 S. ♦ € 47,- (D) ♦ ISBN 3-89936-287-X

Band 103
Erik Hofmann
Strategisches Synergie- und Dyssynergiemanagement
Lohmar – Köln 2004 ♦ 406 S. ♦ € 56,- (D) ♦ ISBN 3-89936-289-6

Band 104
Hanns Martin Schindewolf
Organisches Wachstum internationaler Unternehmen – Eine empirische Exploration
Lohmar – Köln 2004 ♦ 350 S. ♦ € 54,- (D) ♦ ISBN 3-89936-292-6

Band 105
Oliver Schwarz
Die Anwendung des Markt- und Ressourcenorientierten Ansatzes des Strategischen Managements – Dargestellt am Beispiel der IPOs am Neuen Markt
Lohmar – Köln 2004 ♦ 442 S. ♦ € 58,- (D) ♦ ISBN 3-89936-304-3

Band 106
Leonhard von Metzler
Risikoaggregation im industriellen Controlling
Lohmar – Köln 2004 ♦ 262 S. ♦ € 47,- (D) ♦ ISBN 3-89936-306-X

Band 107
Markus Welter
Informations-, Wissens- und Meinungsmanagement für Dienstleistungsunternehmen – Analyse und Entwurf unter besonderer Berücksichtigung informationsökonomischer Aspekte
Lohmar – Köln 2005 ♦ 328 S. ♦ € 52,- (D) ♦ ISBN 3-89936-332-9

Band 108
Michael Krupp
Kooperatives Verhalten auf der sozialen Ebene einer Supply Chain
Lohmar – Köln 2005 ♦ 252 S. ♦ € 47,- (D) ♦ ISBN 3-89936-379-5

Band 109
Markus A. Launer
Coordination of Foreign Subsidiaries in Multinational Enterprises
Lohmar – Köln 2005 ♦ 132 S. ♦ € 38,- (D) ♦ ISBN 3-89936-397-3

Weitere Schriftenreihen:

UNIVERSITÄTS-SCHRIFTENREIHEN

- **Reihe: Steuer, Wirtschaft und Recht**
  Herausgegeben von vBP StB Prof. Dr. Johannes Georg Bischoff, Wuppertal, Dr. Alfred Kellermann, Vorsitzender Richter (a. D.) am BGH, Karlsruhe, Prof. (em.) Dr. Günter Sieben, Köln, und WP StB Prof. Dr. Norbert Herzig, Köln

- **Reihe: Rechnungslegung und Wirtschaftsprüfung**
  Herausgegeben von Prof. (em.) Dr. Dr. h. c. Jörg Baetge, Universität Münster, Prof. Dr. Hans-Jürgen Kirsch, Universität Hannover, und Dr. Stefan Thiele, Universität Münster

- **Reihe: Wirtschaftsinformatik**
  Herausgegeben von Prof. Dr. Dietrich Seibt, Köln, Prof. Dr. Hans-Georg Kemper, Stuttgart, Prof. Dr. Georg Herzwurm, Stuttgart, Prof. Dr. Dirk Stelzer, Ilmenau, und Prof. Dr. Detlef Schoder, Köln

- **Reihe: Schriften zu Kooperations- und Mediensystemen**
  Herausgegeben von Prof. Dr. Volker Wulf, Siegen, Prof. Dr. Jörg Haake, Hagen, Prof. Dr. Thomas Herrmann, Dortmund, Prof. Dr. Helmut Krcmar, München, Prof. Dr. Johann Schlichter, München, Prof. Dr. Gerhard Schwabe, Zürich, und Dr.-Ing. Jürgen Ziegler, Stuttgart

- **Reihe: Telekommunikation @ Medienwirtschaft**
  Herausgegeben von Prof. Dr. Dr. h. c. Norbert Szyperski, Köln, Prof. Dr. Udo Winand, Kassel, Prof. (em.) Dr. Dietrich Seibt, Köln, Prof. Dr. Rainer Kuhlen, Konstanz, Dr. Rudolf Pospischil, Bonn, Prof. Dr. Claudia Löbbecke, Köln, und Prof. Dr. Christoph Zacharias, Köln

- **Reihe: Electronic Commerce**
  Herausgegeben von Prof. Dr. Dr. h. c. Norbert Szyperski, Köln, Prof. Dr. Beat F. Schmid, St. Gallen, Prof. Dr. Dr. h. c. August-Wilhelm Scheer, Saarbrücken, Prof. Dr. Günther Pernul, Regensburg, und Prof. Dr. Stefan Klein, Münster

- **Reihe: E-Learning**
  Herausgegeben von Prof. Dr. Dietrich Seibt, Köln, Prof. Dr. Freimut Bodendorf, Nürnberg, Prof. Dr. Dieter Euler, St. Gallen, und Prof. Dr. Udo Winand, Kassel

- **Reihe: InterScience Reports**
  Herausgegeben von Prof. Dr. Dr. h. c. Norbert Szyperski, Köln, PD Dr. Harald F. O. von Kortzfleisch, Kassel, und Prof. Dr. Dietrich Seibt, Köln

- **Reihe: FGF Entrepreneurship-Research Monographien**
  Herausgegeben von Prof. Dr. Heinz Klandt, Oestrich-Winkel, Prof. Dr. Dr. h. c. Norbert Szyperski, Köln, Prof. Dr. Michael Frese, Gießen, Prof. Dr. Josef Brüderl, Mannheim, Prof. Dr. Rolf Sternberg, Hannover, Prof. Dr. Ulrich Braukmann, Wuppertal, und Prof. Dr. Lambert T. Koch, Wuppertal

- **Reihe: Technologiemanagement, Innovation und Beratung**
  Herausgegeben von Prof. Dr. Dr. h. c. Norbert Szyperski, Köln, vBP StB Prof. Dr. Johannes Georg Bischoff, Wuppertal, und Prof. Dr. Heinz Klandt, Oestrich-Winkel

- **Reihe: Kleine und mittlere Unternehmen**
  Herausgegeben von Prof. Dr. Jörn-Axel Meyer, Flensburg

- **Reihe: Wissenschafts- und Hochschulmanagement**
  Herausgegeben von Prof. Dr. Detlef Müller-Böling, Gütersloh, und Prof. Dr. Reinhard Schulte, Lüneburg

- **Reihe: Finanzierung, Kapitalmarkt und Banken**
  Herausgegeben von Prof. Dr. Hermann Locarek-Junge, Dresden, Prof. Dr. Klaus Röder, Münster, und Prof. Dr. Mark Wahrenburg, Frankfurt

- **Reihe: Marketing**
  Herausgegeben von Prof. Dr. Heribert Gierl, Augsburg, Prof. Dr. Roland Helm, Jena, Prof. Dr. Frank Huber, Mainz, und Prof. Dr. Henrik Sattler, Hamburg

- **Reihe: Marketing, Handel und Management**
  Herausgegeben von Prof. Dr. Rainer Olbrich, Hagen
- **Reihe: Produktionswirtschaft und Industriebetriebslehre**
  Herausgegeben von Prof. Dr. Jörg Schlüchtermann, Bayreuth
- **Reihe: Europäische Wirtschaft**
  Herausgegeben von Prof. Dr. Winfried Matthes, Wuppertal
- **Reihe: Katallaktik – Quantitative Modellierung menschlicher Interaktionen auf Märkten**
  Herausgegeben von Prof. Dr. Otto Loistl, Wien, und Prof. Dr. Markus Rudolf, Koblenz
- **Reihe: Quantitative Ökonomie**
  Herausgegeben von Prof. Dr. Eckart Bomsdorf, Köln, Prof. Dr. Wim Kösters, Bochum, und Prof. Dr. Winfried Matthes, Wuppertal
- **Reihe: Internationale Wirtschaft**
  Herausgegeben von Prof. Dr. Manfred Borchert, Münster, Prof. Dr. Gustav Dieckheuer, Münster, und Prof. Dr. Paul J. J. Welfens, Wuppertal
- **Reihe: Studien zur Dynamik der Wirtschaftsstruktur**
  Herausgegeben von Prof. Dr. Heinz Grossekettler, Münster
- **Reihe: Versicherungswirtschaft**
  Herausgegeben von Prof. (em.) Dr. Dieter Farny, Köln, und Prof. Dr. Heinrich R. Schradin, Köln
- **Reihe: Wirtschaftsgeographie und Wirtschaftsgeschichte**
  Herausgegeben von Prof. Dr. Ewald Gläßer, Köln, Prof. Dr. Josef Nipper, Köln, Dr. Martin W. Schmied, Köln, und Prof. Dr. Günther Schulz, Bonn
- **Reihe: Wirtschafts- und Sozialordnung: FRANZ-BÖHM-KOLLEG – Vorträge und Essays**
  Herausgegeben von Prof. Dr. Bodo B. Gemper, Siegen
- **Reihe: WISO-Studientexte**
  Herausgegeben von Prof. Dr. Eckart Bomsdorf, Köln, und Prof. (em.) Dr. Dr. h. c. Dr. h. c. Josef Kloock, Köln
- **Reihe: Kunstgeschichte**
  Herausgegeben von Prof. Dr. Norbert Werner, Gießen

FACHHOCHSCHUL-SCHRIFTENREIHEN
- **Reihe: Institut für betriebliche Datenverarbeitung (IBD) e. V. im Forschungsschwerpunkt Informationsmanagement für KMU**
  Herausgegeben von Prof. Dr. Felicitas Albers, Düsseldorf
- **Reihe: FH-Schriften zu Marketing und IT**
  Herausgegeben von Prof. Dr. Doris Kortus-Schultes, Mönchengladbach, und Prof. Dr. Frank Victor, Gummersbach
- **Reihe: Medienmanagement**
  Herausgegeben von Prof. Dr. Thomas Breyer-Mayländer, Offenburg
- **Reihe: FuturE-Business**
  Herausgegeben von Prof. Dr. Michael Müßig, Würzburg-Schweinfurt
- **Reihe: Controlling-Forum – Wege zum Erfolg**
  Herausgegeben von Prof. Dr. Jochem Müller, Ansbach
- **Reihe: Unternehmensführung und Controlling in der Praxis**
  Herausgegeben von Prof. Dr. Thomas Rautenstrauch, Bielefeld

- **Reihe: Economy and Labour**
  Herausgegeben von EUR ING Prof. Dr.-Ing. Hans-Georg Nollau MBCS, Regensburg

- **Reihe: Institut für Regionale Innovationsforschung (IRI)**
  Herausgegeben von Prof. Dr. Rainer Voß, Wildau

- **Reihe: Interkulturelles Medienmanagement**
  Herausgegeben von Prof. Dr. Edda Pulst, Gelsenkirchen

PRAKTIKER-SCHRIFTENREIHEN
- **Reihe: Transparenz im Versicherungsmarkt**
  Herausgegeben von *ASSEKURATA* GmbH, Köln

- **Reihe: Betriebliche Praxis**
  Herausgegeben von vBP StB Prof. Dr. Johannes Georg Bischoff, Wuppertal

- **Reihe: Regulierungsrecht und Regulierungsökonomie**
  Herausgegeben von Piepenbrock ♦ Schuster, Düsseldorf

EINZELSCHRIFTEN